하나님 임재와
성경일독

하나님 임재와 성경일독

황웅렬 지음

하나님 나라는 말씀과 연결된
지금 이 순간 여기
하나님 임재에 있습니다.

좋은땅

· 들어가면서 ·

2015년 가을, 하늘의 문을 열어 달라고 간구했던 40일의 기도 여정을 마무리할 즈음에, 주님께서 하늘에서 생명의 말씀을 만나로 내려 주시는 환상을 보게 하셨습니다. 만나를 담을 수 있는 광주리를 마련해야겠다 싶어 준비한 것이 성경일독입니다. 저는 1980년대 초에 캠퍼스 성경일독 모임에서 처음 성경을 일독했습니다. 그때 토기장이 하나님께서 목이 곧은 백성을 하나님 뜻대로 빚으시는 아가페 사랑 앞에 무릎을 꿇게 하셨고, 절망에서 산 소망으로 옮겨진 나 자신을 발견하며 고백하게 하셨습니다: '주님, 평생 이 책 한 권으로 살겠습니다.' 하나님께서 말씀의 만나를 내려 주시니, 저와 섬기는 교회는 성경일독의 광주리를 마련하여 만나를 담았습니다. 추수감사절 이후부터 부활주일까지 17주 120일 동안 성경일독을 계획하여 해마다 하였고, 올해 아홉 번째 성경일독을 마쳤습니다.

　　이번에는 특별히 하나님 임재 가운데 성경일독을 했습니다.《하나님 임재와 천국 지금 이 순간 여기에》10주 70일간 임재연습을 한 직후에 성경일독을 했기에, 하나님 임재 가운데 성경일독을 하는 것이 자연스러웠습니다. 우리는 그리스도와 함께 십자가에 못 박혔습니다. 죽기 전에 죽었습니다. 우리 혼이 본래 있어야 할 자리로 돌아왔습니다. 우리 존재 중심에 계시는 주님의 은혜 보좌 앞입니다. 지금 이 순간 여기에 영원히 현존하시는 하나님 생명과 연결되어 들숨과 날숨에 하나님 임재를 경험합니다. 이렇게 임재 호흡을 하며 성경을 읽으면, 눈으로 읽는 말씀을 귀로 경청하게 됩니다. 주 성령께서 경청하는 말씀을 우리 심중에 새겨 놓으십니다. 심중에 새겨진 말씀은 우리 혼을 구원할 수 있습니다(야고보서 1:21). 새겨진 말씀을 따라 생각하고 말하고 느끼고 행동합니다. 이것을 통해 우리 혼이 하나님과 연합되어 있음을 의식하며 누립니다. 그리고 주님께서 우리로 하여금 그 구원의 즐거움으로 지금 이 순간 여기를 살게 하십니다. 하나님은 영이요 생명이시며, 하나님 입술에서 나오는 말씀 또한 영이요 생명입니다. 그 말씀으로 다시 태어난 우리 역시 영이요 생명이며, 우리의 양식은 생명의 말씀입니다. 갓난아기들이 엄마의 젖을 찾듯이, 우리도 순수하고 신령한 말씀을 갈망합니다(베드로전서 2:2).

　　　하나님 임재 가운데 말씀을 읽게 되면, 그 말씀으로 인해 우리가 하나님과 연합되어 있다는 것을 알고 느끼게 됩니다. 하나님은 영원 안에 존재하십니다. 그러므로 우리는 하나님의 시간 안에서 오직 믿음으로 영원을 직관합니다. 밖에서 들려오는 말씀의 소리는 왔다가 사라지고 시작했다가 끝납니다. 그러나 우리 심중에 새겨진 말씀으로 인해 내 안에서 들려오는 말씀의 소리는 영원합니다. 지금 이 순간 여기에 현존하는 하나님의 음성입니다. 하나님 성품에 참여하여 말씀대로 생각하고 말하고 느끼고 선포하며 그리스도를 살며 그리스도를 나타내게 하십니다. 이렇게 하나님 임재 연습을 아침저녁으로 15분씩 하며 성경일독을 하였습니다. 또한 날마다 교회 멤버들에게 메시지를 내보냈고, 그리고 120일 120개의 메시지들을 모아 이렇게 책을 냅니다.

· 이 책에 대하여 ·

우리는 성경일독을 출애굽기부터 시작합니다. 성경 66권을 모세의 출애굽과 예수님의 출애굽 구도로 보기 때문입니다. 모세가 하나님 백성을 출애굽시켜 약속의 땅으로 들어가 살게 하는 것은 예수님께서 하나님 백성을 세상에서 하나님 나라로 옮겨 하늘에서 이루어진 뜻을 이 땅에도 이루어지게 하는 것에 대한 표상입니다. 모세는 예수 그리스도에 대해서 기록했습니다(요한복음 5:46). 모든 구약성경에 쓴 내용은 다 주 예수님께 관한 것입니다(누가복음 24:27). 그러므로 우리는 구약을 읽으며 그리스도를 읽습니다. 그리고 신약을 읽으며 구약의 틀을 벗어나지 않습니다. 구약에서 약속하신 메시아가 바로 우리 주 예수 그리스도이기 때문입니다. 이 책은 구약의 저자 하나님의 권위 아래 구약의 예언을 성취하여 완성하는 신약 읽기를 하며 날마다 메시지를 전합니다.

하나님 임재 가운데 성경일독을 하는 요령과 내용은 다음과 같습니다. 먼저 17주 120일을 작정하여 주님께 드립니다. 120일 동안 매일 임재 호흡기도를 아침에 15분 & 저녁에 15분, 하루 두 번 합니다. 이 기도훈련을 통해, 지금 이 순간 여기에 내 모습 이대로 영원히 현존하시는 하나님 생명과 연결되어 하나님 임재 아래 머물고 있음을 의식합니다. 그리고 성경 읽기표를 따라 날마다 성경을 읽으며 메시지도 함께 읽습니다.

메시지 내용은 1주 차에는 고통과 괴로움은 구원의 메신저임을 출애굽 사건을 통해 배웁니다. 2주 차는 죽기 전에 죽은 야곱의 허리에서 꺼낸 70명이 거룩한 민족이 되는 이야기입니다. 오직 은혜로 한 민족이 존재합니다. 3주 차는 하나님 백성은 오직 믿음으로 살아야 함을 뼈저리게 깨닫는 광야 이야기입니다. 4주 차는 사람의 저주가 끊어지고 하나님 은혜로 다스려지는 땅, 가나안에 오직 믿음으로 들어가 오직 은혜로 그 땅을 정복하여 정착하는 이야기입니다. 5주 차는 그 땅에 하나님 나라 건설을 위해 기름 부음을 받은 두 왕 이야기입니다. 6주 차는 아브라함부터 다윗에 이르기까지 천 년의 세월을 통해 축적된 지혜에 관한 말씀입니다. 참지혜를 배우자로 모시고 사는 것이 여호와를 경외하는 것입니다. 7주 차에서, 사랑하는 이에게 몸을 기대고 왕들의 벌판을 달리며 하나님의 종들은 선포합니다: "하나님이 왕이시다!!" 8주 차에서 선지자 이사야는 거룩과 구속을 증거합니다. 거룩과 구속이 만나니, 주의 영이 임하여 거룩한 길을 가게 하십니다. 9주 차에서는 뽑고 허물고 파괴시키는 사역에서 세우고 심는 회복의 사역으로 나아가는 예레미야와 종들을 보게 됩니다.

10주 차에서는, 잡혀갔다가 돌아온 주의 백성들이 천국의 관점에서 이스라엘 역사를 재구성하고 정신차리려고 애쓰는 모습을 보게 됩니다. 11주 차에서는, 예루살렘과 성전은 혼이 본래 있어야 하는 아버지 집과 보좌를 상징한다는 것을, 망하고 나서 뼈저리게 회상하는 주의 백성들에게서 내 모습을 보게 하십니다. 12주 차에서는, 포로로 잡혀간 바빌론에서 무슨 일이 있었는가, 다니엘과 에스겔을 통해 자세히 알아봅니다. 13주 차는 구약의 막바지입니다. 이것은 새 언약과 새 창조로 가기 위한 빌드업의 완성 단계이기도 합니다.

14주 차 전반부는 욥기를 통해 구약을 매듭짓습니다. 그리고 마태복음을 통해, 성육신과 십자가와 부활에서 나타난 새 언약의 성취와 새 창조의 시작을 보고 듣습니다. 15주 차는 하나님 임재 아래 있는 '지금 이 순간 여기서'의 천국을 요한 공동체를 통해 보게 됩니다. 16주 차는 주님과 연합된 혼의 부활능력으로 주님 다시 오실 길 예비하는 사도들과 교회들을 대면합니다. 17주 차는 어린양 혼인잔치가 펼쳐지는 영원한 그리스도의 나라를 믿음의 실상으로 간직하고 지금 이 순간 여기를 살아가며 주님 다시 오실 길을 예비하는 참교회의 모습을 대면합니다. 그리고 결론으로, 창조의 시작과 그 완성의 풍경을 감상합니다. 이것이 성경 66권의 이야기입니다. 성경은 새번역과 개역개정을 사용했습니다.

· 목차 ·

주일: 출애굽기 1-11장
· 고통과 괴로움은 주님이 보내신 구원의 메신저입니다.
· 고통이 더해지는 자들을 속량하시어 자기 백성 삼으십니다.
· 모든 시선을 주님께 드리니, 전능자의 일하심을 보게 하십니다.

월: 출애굽기 12:1-19:1
· 알아차렸으니, 그 응답이 반드시 있음을 확신하며 체험합니다.
· 외부에서 내면으로 전환하여 주 성령님 인도를 받으니, 입을 것 먹을 것
　더하시며 하나님 말씀 앞에 세우십니다.

화: 출애굽기 19:2-31장
· 십계명과 율법을 통해, 하나님은 자신을 백성들에게 나타내십니다.
· 피뿌림을 받은 백성은 하나님과 언약의 피로 관계를 맺습니다.
· 하나님께서 그들 가운데 머물 성소를 만들도록 명하십니다.

수: 출애굽기 32-40장
· 피언약을 맺자마자 옛 습성으로 인해 고꾸라지는 백성입니다.
· 중보기도자의 중재로 인해 겨우 파국/파혼을 면합니다.
· 주님께서 명령하신 '그대로' 만남의 장소를 지어 봉헌합니다.

목: 창세기 1-2장; 요한계시록 21-22장
· 알파의 하나님, 온 우주를 창조하시고 믿음을 세우십니다.
· 오메가의 하나님, 재창조를 마치시고 믿음을 완성하십니다.
· 에덴의 부부는 새 하늘과 새 땅의 어린양과 신부로 열방에 펼쳐집니다.

금: 창세기 3-11장

· 하나인 생명의 세계가 둘로 나뉜 선과 악으로 펼쳐진 실낙원.

· 그 열매는 자신이 주체가 된 형이 동생을 시기하여 살인한 것입니다.

· 심판을 받아도 또다시 하나님을 대적하여 바벨탑을 쌓습니다.

토: 창세기 12-20장

· 한 사람을 생명에로 불러내시어 구원의 역사를 시작하십니다.

· 75세 때 지은 죄를 99세 때 반복하며 하나님 섭리를 가려도, 일단 개입된 하나님의 일하심은 멈출 수 없습니다. 아내 사라가 임신합니다.

고통과 괴로움은
구원의 메신저입니다

정상적인 그리스도인의 생활은 십자가에서 시작됩니다. 죽기 전에 죽었고, 이제는 내가 아닌 그리스도께서 내 안에 사십니다. 보이는 대로 살지 않습니다. 오직 믿음으로 주를 따르며 삽니다. 이런 믿음의 삶이 어떻게 시작되었는지를, 모세의 출애굽에서 봅니다.

고통과 괴로움과 불안함은 구원의 메신저입니다. 이집트의 이스라엘 백성들은 이것을 알아차리고 메신저를 보내신 주 하나님, 즉 자신들의 조상 아브라함과 이삭과 야곱의 하나님께 부르짖기 시작합니다. 하나님은 그들 조상과의 언약을 기억하시고 그들의 세상 종살이를 보시며 그들을 몸소 아십니다(출애굽기 2:25). 하나님은 떨기나무의 불꽃 가운데 자기의 종 모세를 부르시고 그와 함께 이집트로 갑니다: "나는 스스로 있는 자이니라 또 이르시되 너는 이스라엘 자손에게 이같이 이르기를 스스로 있는 자가 나를 너희에게 보내셨다 하라"(출애굽기 3:14). 70인역 성경은 '나는 스스로 있는 자이다 I AM WHO I AM'를 *ego eimi ho on*으로 번역합니다. 그런데 우리에게 생명을 주기 위해 오신 주 예수님께서 바로 자신을 '나다, I AM, *ego eimi*'라고 하십니다(요한복음 4:26, 6:20, 8:24, 28). 예수님은 아버지와 하나이십니다(요한복음 10:30). 예수님은 보이지 않는 하나님의 형상입니다(골로새서 1:15). 그러므로 우리는 출애굽을 위해 모세를 보내신 분이 바로 아들과 하나이신 하나님이라는 것을 알 수 있습니다. 메시아 하나님이 부르짖는 자기 백성에게 모세를 보내시며 주님도 그와 함께 가십니다.

알아차리고 부르짖으니, 하나님께서 모세를 통해 구원을 펼치십니다.

이집트 왕은 저항하며 이전보다 더 혹독하게 노예들을 대합니다. 이스라엘 백성들은 더욱 고된 노동과 괴로움 가운데 모세와 아론에게 거칠게 항의합니다(출애굽기 5:21). 모세는 그들의 고통을 가지고 주 여호와께 나아갑니다. 주님은 말씀하십니다: "나는 여호와라 내가 애굽 사람의 무거운 짐 밑에서 너희를 빼내며 그들의 노역에서 너희를 건지며 편 팔과 여러 큰 심판들로써 **너희를 속량하여** 너희를 내 백성으로 삼고 나는 너희의 하나님이 되리니"(출애굽기 6:6-7). **속량(구속, gaal)이라는 단어가 성경에서 이곳에 처음 등장합니다.** 속량/구속은 어린양의 피로 죗값을 지불하고 하나님과 백성이 함께 산다는 뜻입니다. 이것이 성경 66권 전체의 주제입니다. **성경은 죄인 된 우리가 죄 사함을 받아 하나님과 연합하고 영원히 함께 사는 것을 증거합니다.**

주님은 홍해를 가르시며 자기 백성을 구원하고 불순종 세력을 심판하십니다. 시내산 말씀의 자리에서 피언약을 맺으시며 성막을 짓게 하십니다. 그 성막에서, 하나님은 자기 백성을 만납니다. 번제단을 통과하며 내가 죽기 전에 죽었습니다. 물두멍에서 영의 말씀으로 육신의 생각을 죽음에 넘기니, 영의 생각 속에 생명과 평강을 갖습니다. 그리고 성소 안으로 들어가 예수님과 연합되어 예수님의 심중의 눈으로 나와 세상을 바라봅니다. 떡상에서 그리스도는 만유시며 만유 가운데 계심을, 온몸으로 체득합니다. 그분은 창조의 시작이며 완성입니다. 믿음의 창시자이시며 완성자이십니다. 빛이 있으라 말씀하시니 빛이 창조됩니다. 회개하라 하시니, 육신의 차원에서 영의 차원으로 전환되어 하나님 나라에 동참합니다. 그리스도 안에서 만물이 새롭게 창조되며, 그리스도의 몸 교회가 신부단장을 마칩니다. 새 하늘과 새 땅에 어린양 혼인잔치가 펼쳐집니다. 이것을 한 사람 아브라함을 부르시며 주님께서 시작하셨음을, 모세는 지성소에서 주님과 연합됨으로 인해 몸소 보며 기록합니다.

성경은 세상에서 하나님을 예배하는 광야로 옮겨지며 시작됩니다. 광야는 하나님 말씀이 들려지고 보여지는 곳입니다. 그리스도 안에서 즉 성막에서 하나님을 몸소 만납니다. 지성소에서 하나님과 연합됨으로 창조의 시작이 어떠하였는지를, 그리고 십자가에서 어떻게 회복되어 창조가 완성되는가를 알게 하십니다. 한 사람 아브람을 부르시어 시작하셨고, 우리를 부르시어 확장하시고, 그리고 우리를 통한 또 한 사람의 부름을 통해 어린 양의 신부는 단장되고 있습니다. 성경 66권 이야기입니다.

첫째 날 – 주야로 15분씩 임재 기도

출애굽기 1-11장

불타는 떨기나무는 고통 속에 부르짖는 이집트의 노예들입니다. 불타는데도 불구하고 떨기나무가 멀쩡한 것은 하나님께서 그들과 함께 계시기 때문입니다. 구별된 거룩한 곳이기에 모세는 신발을 벗고 경배합니다. 하나님은 모세에게 자신의 이름을 밝히십니다. '나는 곧 나다. I AM WHO I AM.' 하나님은 과거 현재 미래가 언제나 동일하십니다. 그래서 어떤 일을 계획하면, 그 결과가 이미 하나님 스스로 가운데 성취되어 계신 분이십니다. 그 뜻이 곧 '나는 나다. I AM WHO I AM.'입니다. 바로 그분 'I AM'께서 고통을 구원의 메신저로 알아차려 부르짖는 자들에게 모세를 보내시는 것입니다. '나다 I AM' 말씀하시는 그분의 심중에는 이미 출애굽을 하여 자신을 예배하는 자기 백성이 실상reality으로 존재합니다.

　　여기서 출애굽 이야기의 주인공은 모세가 아닙니다. 모세를 보내시는 하나님입니다. 하나님의 영이 임하면, 어린아이도 출애굽 이야기의 주인공은 하나님이시라는 것을 압니다. 하지만 하나님의 영의 다스림을 받지 못한다면, 사람들은 출애굽 이야기를 읽으며 모세에게 집착하게 됩니다. 그러면 성경의 진리로 나가지 못할 것입니다. 지혜와 계시의 영이 임하여 주님께서 말씀하시고 보여 주시는 대로 생각하고 말하고 느끼고 선포하며 살기에, 우리는 이 사건의 주인공이 사람이 아닌 하나님이시라는 것을 아는 것입니다. 성경은 혈과 육에 속한 것이 아닙니다. 하나님 영에 속한 것입니다.

　　성경은 하나님께서 계획을 세우시고 그것을 스스로 성취하시는 것을 문자로 담아 놓은 책입니다. 모세는 하나님께서 역사에 개입하여 활동하심을 수종 드는 자입니다. 모세는 자신 안에서 활동하시는 하나님과 그 은혜를 나타내는 자입니다. 그러므로 하나님과 모세의 관계에서, 우리는 그리스도와 나와의 관계를 보게 됩니다. 내가 죽기 전에 죽어 이제는 내 안에 그리스도 사시며, 이제 내가 육체 가운데 사는 것은 내 안에 사시는 우리 주 예수 그리스도를 믿는 믿음으로 존재하는 것입니다. 그러므로 모세와 하나님 관계에서, 우리는 나와 그리스도의 관계를 매칭합니다. 나의 나 됨은 오직 하나님 은혜입니다. I am who I am by the Grace of God(고린도전서 15:10).

고통 속에 메신저를 알아차려 부르짖으니, 주께서 구원의 손길을 펼치십니다. 10가지 재앙을 통해, 생사화복의 주관자가 오직 하나님이심을 스스로 드러내십니다. 그리고 10번째 장자 재앙에서는, 수종 드는 모세를 통해 직접 역사에 개입하십니다. "내가 한밤중에 이집트 사람 가운데로 지나갈 것이니… 맏아들을 비롯하여… 맏배가 다 죽을 것이다"(출애굽기 11:4-5). 모든 하늘들의 주인이 바로 우리 주 하나님이시며, 뿐만 아니라 이 땅 또한 우리 주 하나님이 주인이십니다. 이 진리를 하나님 스스로 역사에 개입하시어 입증하십니다. 이것이 출애굽의 시작입니다.

둘째 날 – 주야로 15분씩 임재 기도

출애굽기 12:1-19:1

출애굽 이야기의 주인공은 하나님이십니다. 주인공이 역사에 개입하여 직접 행하신 사건이 바로 이집트에서 유월절을 지키는 것입니다. 열 번째 재앙 가운데 이집트 장자들은 죽고 이스라엘 장자들은 어린양의 피로 인해 삽니다. 주인공 하나님께서 낮에는 구름 기둥으로 밤에는 불 기둥으로 이끄시며 홍해를 가르시어 자기 백성을 구원하십니다. 반면에, 이집트 군사들은 심판을 당합니다. 이 사건을 통해, 애굽 사람들이 하나님을 'I AM WHO I AM'으로 알게 하십니다. 마라의 쓴물을 달게 하시고 저녁에는 메추라기 아침에는 하늘의 빵 만나를 먹이십니다. 그리스도이신 반석을 쳐 물을 먹게 하십니다. 대적하는 아멜렉을 무찌르며 말씀하십니다. "내가 아말렉을 없이하여 천하에서 기억도 못하게 하리라"(출애굽기 17:14). 그리고 애굽 땅을 떠난 지 삼 개월이 되던 날 시내 광야 시내산에 자기 백성을 세우십니다.

이러한 주인공의 동선을 파악할 때 대체로 이해가 다 됩니다. 다만 한 가지 갸우뚱한 것은 유월절을 출애굽하여 지켰으면 좀 더 안심되고 안정되었을 텐데, 무슨 까닭으로 이집트 땅에서 하였을까 하는 의문점입니다. 이것을 해결해 주는 단서는 조연역할을 감당하는 모세의 가슴에서 나온 노래에 있습니다. "주님, 주님의 권능의 팔 때문에, 주님의 백성이 다 지나갈 때까지, **주님께서 속량하신 이 백성이** 다 지나갈 때까지, 그들은 돌처럼 잠잠하였습니다. 주님께서 그들을 데려다가 주님의 소유인 주님의 산에 심으실 것입니다. 주님, 이곳이 바로 주님께서 계시려고 만드신 곳입니다. 주님, 주님께서 손수 세우신 성소입니다"(출애굽기 15:16-17).

하나님께서 역사에 직접 개입하여 행하신 일이 바로 피값을 지불하고 자기 백성을 속량한 것입니다. 그 결과로, 주인공 하나님은 자기 백성과 동행할 수 있습니다. 또한 전능자 하나님께서 그들과 함께하시기 때문에, 오합지졸 같은 그들을 '여호와의 군대'라고 부를 수 있는 것입니다. "사백삼십 년이 끝나는 바로 그날, 주님의 모든 군대가 이집트 땅에서 나왔다"(출애굽기 12:41). 그래서 사막의 정예 게릴라 부대 아말렉을, 오직 주 하나님의 능력으로 이길 수 있었던 것입니다. 그래서 홍해를 가르시고, 낮에는 구름기둥으로 사막의 열기에서 보호해 주셨고, 밤에는 불기둥으로 사막의 추위를 막아 주셨던 것입니다. 그래서 저녁에는 메추라기로 아침에는 하늘의 만나로 먹여 주셨던 것입니다. 그래서 쓴 물을 달게 하시고 반석에서 생수를 얻게 하신 것입니다. 여기에 나열된 어느 것 하나 조연역할을 감당하는 모세 스스로 할 수 있는 것들이 없습니다. 더더욱 툭하면 원망을 일삼는 이스라엘 백성들 또한 전혀 할 수 있는 것들이 없습니다. 어미 독수리가 그 날개로 새끼를 업어 나르듯이, 그렇게 오직 주인공 하나님만이 할 수 있는 일들로 자기 백성을 먹이고 입히시며 시내산 말씀 언약의 자리로 이끄신 것입니다.

우리의 신앙 여정도 똑같습니다. 십자가에서 흘리신 피값으로 속량해 주셨기에, 그 은혜를 거저 받아 하나님 자녀 된 것입니다. 하나님 자녀 되었기에, 외부에서 내면으로 방향을 전환하여 성령님 인도를 받아 존재 중심에 계신 그리스도께로 나갈 수 있는 것입니다. 그리스도 안에 머물기에, 주와 합한 한 영 되어 주 성령님의 가르침과 공급을 받는 것입니다. 그리고 그리스도 안에서 절대 안식을 누리며 고백합니다. "여호와는 나의 목자시니 내가 부족함이 없습니다"(시편 23:1). 어느 것 하나 육신이 할 수 있는 것이 없습니다. 오직 내 삶의 주체되시는 우리 주 예수 그리스도로 인하여 이루어졌고 이루어지고 이루어질 것들뿐입니다.

셋째 날 - 주야로 15분씩 임재 기도

출애굽기 19:2-31장

십계명과 뒤따르는 율법들은 하나님 형상대로 지음을 받은 참모습이 어떠한지 잘 보여 줍니다. 그것들이 온전히 성취된 모습을 보면, 우리의 창조 본래의 모습이 보입니다. 말씀이 육신 되시어 하나님의 영광을 아는 빛으로 가득했던 우리 주 예수님의 얼굴에서, 우리는 온전한 모범을 봅니다.

1-2계명. 하나님에게서 시선이 빗나가면, 원하던 원하지 않던 내 안과 밖에 우상은 수두룩하게 생겨납니다. 하나님이 말씀으로 만물을 창조하셨고, 그 말씀으로 인해 만물에는 하나님의 영원하신 능력과 신성이 반영되어 있기 때문입니다(로마서 1:20). 생육과 번성을 위해, 하늘의 태양을 본떠 바알을 그리고 땅에 있는 소의 이미지를 따라 금송아지를 만들어 예배합니다. 생존본능을 따라 만물에 깃든 영원하신 하나님의 신성과 능력을 도둑질해 나의 안녕과 보존을 위해 만든 신들이기에, 불바다에 던져지게까지 존속될 것입니다. 하나님 형상을 따라 지음을 받은 사람은 더 세련되게 우상화되어 '고등종교'라는 타이틀을 가지고 등장합니다. 가족과 내 자존심과 옳음과 권력과 돈도, 모든 시선을 주님께 드리지 못하면 언제든 우상이 됩니다. 이 모든 것들 배후에는 원수 마귀가 있습니다. 온 세상은 마귀의 세력 아래 놓여 있습니다.

그러한 세상의 노예생활에서 이끌어 내신 주 하나님께서 자기 백성에게 첫 번째와 두 번째 계명을 주시며 말씀하십니다: '내 앞에 우상을 두지 마라. 나의 영원한 신성과 능력을 따라 빚어진 창조물을 우상으로 만들어 스스로 예속되어 마귀의 노예 되는 짓을 더 이상 반복하지 마라. 나 네 하나님 여호와는 질투하는 하나님이다.' 죄와 사망의 율법 아래서는, 출애굽을 하였어도, 다시 조물주를 피조물들과 경쟁시키며 우상을 만들어 섬기면 또 다시 이집트의 노예생활로 떨어지게 됩니다. 그래서 구약의 끝자락에서 보여지는 것이 곧 바빌론 포로 생활입니다. 스스로를 죄의 노예로 만들어 또 다시 악마의 세력 아래 갇히게 된 모습입니다.

그리스도 예수 안에서 첫 번째와 두 번째 계명은 우리를 살리는 생명의 말씀이 됩니다. 생명을 주시는 성령의 법이 우리를 죄와 사망의 법에서 해방시켜 주셨기 때문입니다. 그리스도 안에서 모든 시선을 주님께 드려 내 신랑 예수로 가득하니, 다른 신들이 곁에 있을 자리가 전혀 없습니다. 죄와 세상과 율법에 대하여 죽었으니, 하늘과 땅과 바다의 만물들 그 모습 그대로를 보게 하십니다. 그리스도는 만유시며 만유 안에 충만하십니다. 들숨에 '그리스도 안에서' 하나님의 생명을 존재 중심까지 받아들입니다. 날숨에 '아버지 사랑으로' 그 생명이 온 만물과 하늘 보좌까지 퍼져 나갑니다. 천국입니다.

3-4계명. 영이요 생명이요 하나님이신 말씀의 자리로 나아갑니다. "복 있는 사람은 … 오로지 주님의 율법을 즐거워하며, 밤낮으로 율법을 묵상하는 사람이다."(시편 1:1-2). 우리를 이집트 땅 노예생활에서 불러내어 복된 자 되게 하십니다. 성경을 통해 말씀하시는 하나님 음성에 경청하게 하십니다. 말씀이신 우리 주 예수 그리스도의 그 이름을 내 정욕을 위해 이용하지 않습니다. 주님의 나라와 그 의를 위해 그 이름을 사용합니다. 주께서 그 믿음을 통해 기름을 부으시니, 하나님 생명으로 참된 쉼을 누립니다.

수고하고 무거운 짐을 진 자들이 주 예수께로 나아가 십자가 멍에를 메고 주님께 자비mercy를 배우니, 쉼을 얻습니다. 그리스도 안에 있는 안식입니다. 하나님의 질서에서 비롯된 샬롬/평강의 기쁨과 감사가 존재 중심에 계신 주님의 보좌로부터 강물처럼 흐릅니다. 주님이 말씀하시는 오늘이라는 이날, 몸(생각, 감정, 신체)을 산 제물로 드립니다. 하나님이 기뻐 받으시는 합당한 예배입니다. 지금 이 순간 여기에 영원히 현존하는 하나님 생명과 연결되어 호흡합니다. 보이는 상황과 여건에 붙잡히지 않습니다. 믿음으로 삽니다. 심중에 새겨진 말씀대로 생각하고 말하고 선포합니다.

이 안식의 평강을 마귀로부터 지켜냅니다. 이 쉼을 세상에 빼앗기지 않습니다. 어떤 형편이나 상황에 있더라도, 내 생각과 감정이 어떠하던지 상관없습니다. 내 혼이 그리스도 안에서 주님께 나아가 보좌 앞에 머무니, 내 모습 이대로 기뻐하며 감사합니다. 신체가 아파도 그것에 붙잡히지 않고 '주님이 채찍에 맞으므로 우리가 나음을 받았습니다' 주 말씀대로 생각하고 말하고 선포하며 내 중심에 허락하신 안식을 지켜냅니다. 이것이 곧 안식일을 거룩하게 지키는 것입니다. 하루 24시간 1주일 168시간, 하나님과 연합하여 살아 숨 쉬는 안식입니다.

5-10계명. 참된 안식 가운데, 선과 악으로 빚어진 나는 없습니다. I am nothingness. I am emptiness. I am stillness. 오직 그리스도만이 나의 주체 되십니다. 하나님 생명으로 숨 쉬며 오직 믿음으로 존재합니다. 정죄함이 없고 이미 온전하고 의롭고 영광스러운 진정한 나를 발견하게 하십니다. 지금 이 순간 여기에 영원히 현존하시는 하나님 생명과 연결되어 숨결에 내 안에 계신 주 예수님을 의식합니다. 더 이상 옳고 그름 좋고 싫음의 선악과가 필요 없는 회복된 에덴 동산입니다. 그 하나님 나라에서는, 당신은 나입니다. 당신을 내 몸 같이 사랑합니다. 부모를 공경합니다. 미워하지 않습니다. 음욕을 품지 않습니다. 도둑질하지 않습니다. 거짓 증언하지 않습니다. 이웃의 집을 탐내지 않습니다. 왜냐하면 당신은 나이기 때문입니다.

넷째 날 - 주야로 15분씩 임재 기도

출애굽기 32-40장

두 그룹이 있습니다. 피뿌림의 말씀 언약 가운데 하나님 안에 있는 그룹과 육신의 경험과 지식에 의존해서 생각하고 판단하는 그룹입니다. 첫 번째 그룹은 그들의 시선이 하나님의 눈에서 빗나가지 않습니다. 다른 신은 없습니다. 오직 하나님만 예배합니다. 하나님의 소원을 따라 주 예수 그리스도의 이름을 사용합니다. 내 안에 계신 그리스도로 인해 상황과 형편에 따라 좌우되지 않는 절대 안식을 갖습니다. 그 평강으로 인해 상대방을 자신으로 간주합니다. '당신은 나입니다.' 반면에, 다른 그룹은 자신의 지식과 경험에 의존해서 생각하고 판단하기에 상황과 여건 같은 보이는 것에 좌우됩니다. 그래서 모세가 산에서 오랫동안 내려오지 않자, 어떻게 되었는지 모른다는 상황인식을 하며 자신들의 생존과 번영에 큰 위기감을 스스로 생겨나게 합니다. 두려움과 조바심을 없애려고 이집트 땅에서 이끌어 낸 신을 형상화합니다. 즉 생육과 번성의 상징인 소를 이용하여 금송아지 우상을 만듭니다. 그리고 제단을 쌓고 화목제를 드리고 먹고 마시며 일어나서 뛰놉니다.

사실 그 두 그룹은 동일 인물들입니다. 모든 시선을 하나님께 드렸느냐 아니면 시선을 육신의 자기 자신에게 두고 있느냐의 차이가 저렇게 하늘과 땅만큼의 차이를 일으킨 것입니다. 모든 시선을 어디에 두느냐에 따라 참하나님을 예배할 수도 있고, 반대로 하나님을 바알로 둔갑시켜 섬길 수도 있습니다. 시선을 보이는 곳에 두니 금송아지를 만들어 숭배합니다. 회개합니다. 돌이켜 보이는 대로가 아닌 오직 믿음으로 삽니다. 모든 시선을 보이는 것의 실상reality을 빚어내는 말씀이신 주 예수 그리스도께 두어야 참하나님을 만나 섬길 수 있습니다. 성막은 '그리스도 안에서'입니다. 오직 그리스도 안에서만 참하나님을 만나 예배할 수 있습니다.

하나님의 일하심을 오직 믿음으로 수종 드는 모세는 저 금송아지 사건으로 인해 한 번 더 40일 금식을 합니다. 하나님도 돌판에 십계명을 두 번 새기십니다. 백성들은 심판의 재앙을 받습니다. 시선 한번 잘못 두었다가, 모두가 다 고생입니다. 시선이 목숨줄 생명줄입니다. 마음(심중) 다해 목숨 다해 뜻과 정성 다해 모든 시선을 주님께 드리는 것이 신앙생활의 알파와 오메가입니다. 외부에서 내 안에 계신 주님께로 방향을 전환하여 모든 시선을 주님께 드립니다. 성령님의 인도를 받아 '그리스도 안에서' 생명의 숨을 깊게 들이마십니다. '아버지 사랑으로' 그 생명의 숨을 온 우주와 하늘 보좌까지 내쉽니다. 지금 이 순간 여기에 영원히 현존하시는 하나님 생명과 연결되어 다스림을 받습니다. 성막 곧 그리스도 안에 나타나는 하나님 나라입니다.

모세가 40일 금식하며 하나님과 독대하여 지시를 받은 것은 성막에 대한 청사진입니다. 하나님께서 이 땅 주의 백성들 가운데 계실 집을 짓는 설계도입니다. 금송아지 사건 직전에 그 청사진을 받았습니다. 그런데 금송아지 숭배사건이 터져 심판을 받는 과정에서 십계명 돌판이 깨졌으니, 하나님께서 모세를 다시 부르십니다. 하나님을 만나면 육신의 사람은 죽습니다. 죄의 결과입니다. 그래서 아무도 모세와 함께 올라와서는 안 된다고 말씀하십니다(출애굽기 34:3). 모세의 금식은 죽기 전에 죽었음을 상징하며, 하나님 앞에 머무는 모세는 오직 믿음으로 존재하는 것입니다. 하나님께서 동일한 계명의 말씀을 다시 주시는데, **그 핵심 내용은 두 가지입니다: '우상숭배 하지 마라. 두 마음을 품은 음란한 짓을 하지 마라.'** 이 두 가지는 구약 전체에 걸쳐 특히 예언서에서 집중 반복하여 강조됩니다.

산에서 내려오는 모세의 얼굴에는 하나님의 영광을 아는 빛이 가득합니다(출애굽기 34:29). 그리고 청사진 대로 성막을 건축합니다. 건축 때 절대 원칙은 주님께서 모세에게 명하신 '모든 것을 그대로' 다 하는 것입니다. 그들은 모든 시선을 명령하신 그 말씀에 두어 정말 그대로 다 했습니다(출애굽기 39:32). 하나님 일은 무조건 하나님 방식을 따라 하나님 말씀대로 하는 것입니다. 육신의 방식이나 생각대로 하면, 무조건 아웃입니다. 오직 믿음으로 오직 말씀대로 생각하고 말하고 느끼고 선포하며 주님을 따를 때, 주님께서 주님 자신의 일을 이루십니다. 하나님 나라의 변함없는 절대 원칙입니다. 바로 그렇게 모든 일을 다 마치니, 그때에 구름이 회막을 덮고, 주님의 영광이 가득 찹니다(출애굽기 40:33-34). 하나님 임재가 성막에 있는 것입니다. 성막으로 인해 하나님 나라가 이 땅에 임한 것입니다.

다섯째 날 – 주야로 15분씩 임재 기도

창세기 1-2장; 요한계시록 21-22장

모세는 시내산에서 하나님과 독대합니다. 성막에서도, 사람이 자기의 친구와 이야기함 같이, 여호와께서는 모세와 대면하여 말씀하십니다(출애굽기 33:11). 모세는 주 성령님께 사로잡혀 완전한 영감inspiration으로 그동안 구전되고 전승된 자료들과 문헌들을 가지고 하나님께 확증을 받아 모세 5경을 기록합니다. 특별히 그는 오직 믿음으로 지금 이 순간 여기에 영원히 현존하시는 하나님 생명과 연결되어 창조의 시작을 보고 듣습니다. 그리고 자기 조상 아브라함과 이삭과 야곱을 통하여 펼치시는 하나님의 구속 경륜을 주의 영을 먹물 삼아 기록합니다. 이것이 곧 창세기입니다.

처음에 하나님께서 여러 개의 하늘들과 땅 하나를 오직 말씀으로 창조하십니다. 지금 우리가 경험하는 시간과 공간은, 그 처음에는 없었습니다. 땅은 형체가 없이 텅~ 비어 있었고 흑암이 깊음의 표면을 덮고 있었습니다. 하나님의 영은 그 위에 운행하고 계셨습니다. It's nothingness. It's emptiness. It's stillness. And the Spirit's movement. 바로 그때에, 하나님께서 '빛이 있으라' 말씀하시니, 그 깊음의 표면 위로 빛의 형체가 드러나며 시간과 공간이 창조됩니다. 빛이 하나님 보시기에 좋았습니다. 낮과 밤, 하늘과 땅과 바다, 식물과 동물, 그리고 마지막에 하나님의 형상을 닮은 사람이 창조됩니다. 하나님께서 이 모든 것들을 한 장면으로 보시며 '보시기에 심히 좋았더라' 하십니다.

7일째, 하나님은 안식하시며 사람을 통해 온 창조 세계를 통치하시며 하나님 영광을 드러냅니다. 강이 에덴에서 흘러나와 동산을 적시고 네 근원으로 갈라져 4개의 강이 금과 진주와 보석이 가득한 땅으로 갈라져 흐릅니다. 첫째 아담은 생혼a living soul입니다. 그는 하나님의 창조 세계를 경작하며 지킵니다. 하나님께서 그에게 모든 생물들을 데려와 그로 하여금 지배하게 하고 번성하게 하십니다. 사람이 그리스도 안에서 안식을 지켜내면, 하나님께서 안식하는 그를 통해 나타나시어 창조 세계를 다스리시며 자신의 영광을 온 창조 세계에 나타내는 것입니다. 이것이 창조 본연의 목적입니다. 하나님은 깊이 잠든 아담에게서 갈빗대 하나를 취하여 여자를 만드시고 그에게 데려옵니다. 아담은 환호성을 지르며 말합니다. "이는 내 뼈 중의 뼈요 살 중의 살이라 이것을 남자(이쉬)에게서 취하였은즉 여자isha라 부르리라"(창세기 2:23).

말씀이 육신 되시어 죽으시고 부활 승천하신 **우리 주 예수 그리스도를 통하여 이 창조 본연의 목적은 회복되었고 지금 확장되고 있습니다.** "내 아버지께 복을 받은 사람들아, 와서, 창세 때로부터 너희를 위하여 준비한 이 나라를 차지하여라. 너희는, 내가 주릴 때에 내게 먹을 것을 주었고 … 감옥에 갇혀 있을 때에 찾아 주었다"(마태복음 25:34-36). 외부에서 내면으로 방향을 전환하여 모든 시선을 내 안의 주님께 드리고 주의 영의 인도를 받습니다. 주님께서 기름을 부으시며 지혜로운 다섯 처녀와 달란트를 충성되게 사용하는 자들을 통해 하나님 나라를 확장하십니다.

마지막 날, 온 천하만민은 **새 하늘과 새 땅의 어린양 혼인잔치 자리에서 창조가 완성된 모습을 보게 될 것입니다.** 아담과 하와의 완성된 모습은 그리스도와 신부인 교회입니다. 에덴동산은 하늘로부터 내려오는 금과 진주와 12보석으로 건축된 거룩한 도성 예루살렘입니다. 금처럼 변하지 않는 주 예수님과 진주와 보석처럼 변화된 성도들이 연합하여 함께 사는 새 도시, 그리스도의 신부의 영광스러운 모습입니다. 민족들이 하나님 영광의 빛 가운데로 다니며, 땅의 왕들이 자기 영광을 가지고 그 도성으로 들어옵니다. 에덴 동산을 흐르던 강물처럼, 하나님의 보좌와 어린양의 보좌로부터 물이 흘러나와 도시의 넓은 거리 한가운데를 흐릅니다. 강 양쪽에는 열두 종류의 생명 나무가 달마다 열매를 내며, 그 나뭇잎은 민족들을 치료하는 데 쓰입니다. 선악과 나무가 없으니, 다시 저주를 받을 일이 전혀 없습니다. 주께서 말씀하십니다. "내가 속히 오겠다." 성령과 신부된 우리가 말합니다. "아멘. 오십시오, 주 예수님!"

여섯째 날 - 주야로 15분씩 임재 기도

창세기 3-11장

창세기 3-11장은 역사의 원형archetype입니다. '타락-심판-구원'의 창조 세계의 근본 질서와 운행 원리입니다. 이것은 우리 모두가 창조 세계에서 알게 모르게 행하고 있는 보편적 질서임과 동시에, 그 가운데 창조주 하나님께서 자신의 경륜을 펼치시는 섭리입니다. '타락-심판-구원'은 역사의 마지막 때까지 지속 반복됩니다. 즉 마귀와 불순종의 세력들이 유황이 타오르는 불바다로 던져지고 땅과 하늘이 새 하늘과 새 땅으로 변형되어 영원한 그리스도의 나라가 펼쳐지기까지 역사의 원형으로 작동됩니다.

타락은 말씀에 불순종하여 스스로 시비선악의 주체가 되는 것입니다. 그 결과는 아버지 집을 떠나 시기질시 속에 동생을 죽이고 방황하며 자기성을 쌓는 것입니다. 카인계열의 7대손 라멕은 선언합니다: "가인을 해친 벌이 일곱 갑절이면, 라멕을 해치는 벌은 일흔일곱 갑절이다"(창세기 4:24). 죄의 삯은 사망입니다. 첫째 아담은 생혼a living soul으로 창조되었으나, 죄로 인해 죽을 육신flesh이 됩니다. 주님께서 아담/사람의 죄악이 세상에 가득하고 그의 심중에 생각하는 의도가 언제나 악한 것뿐임을 보시며 홍수로 심판하십니다. 그러나 노아는 주 여호와께 은혜를 입은 자입니다. 노아의 방주로 심판 가운데 구원의 은총을 베푸십니다. 그리고 무지개언약 가운데 노아의 식구 8명으로 다시 시작합니다. 즉 이것을 시작점으로 하여 '타락-구원-심판'의 역사원형은 다시 반복됩니다.

노아의 둘째 아들은 함입니다. 함의 손주 니므롯은 세상에 처음 나타난 장사입니다. 그는 주님께서 보시기에도 힘이 센 사냥꾼입니다. 그를 중심으로 세력이 형성되어 도시를 세우고 바벨탑을 쌓습니다. 그 의도는 탑 꼭대기가 하늘에 닿게 하여, 자신들의 이름을 날리고, 온 땅 위에 흩어지지 않게 하는 것입니다. 즉 스스로 하나님처럼 되어 시비선악의 주체로서 하나님을 대적하는 자신의 나라를 건설하는 것입니다. 하나님께서 이 땅에 내려와 보시고 그들의 언어를 혼잡하게 하여 그들을 온 땅에 흩으셨습니다. 심판입니다. 그리고 한 사람 아브람을 부르시어 구원을 펼치십니다. '타락-심판-구원'의 역사 원형입니다.

카인의 동생 아벨의 핏소리가 땅에서부터 하나님께 울부짖는 것을, 하나님께서 들으십니다. '주여 저들의 죄를 용서하여 주소서' 십자가에서 피 흘리며 간구하는 주 예수님의 간구를, 하나님께서 들으십니다. 그 응답으로 한 사람 아브라함을 부르시어 하나님 자신의 나라를 이 땅에 펼치십니다. 타락과 심판 가운데 펼치시는 하나님의 구원의 손길입니다. *그 나라는 '일흔 번을 일곱 번'이라도 용서하는 나라입니다*(마태복음 18:22). **성막 즉 '그리스도 예수 안에'는 '타락-심판-구원'의 역사원형에 마침표를 찍습니다.** 멈추고 포기하고 그리스도 안에서 주의 영 성령의 인도를 받아 존재 중심에 계신 주님 보좌로 나아가면, 오직 생명의 구원만 있습니다. 그리스도 안에는 선악과 나무가 없으니, 다시 타락하고 심판 받을 일이 전혀 없습니다.

일곱째 날 - 주야로 15분씩 임재 기도

창세기 12-20장

성경의 주인공 주 하나님께서 한 사람 아브람을 본토 친척으로부터 불러내어 복의 근원으로 삼으십니다(창세기 12:2). 조카 롯이 아브람에게서 떠난 후에, 주 여호와께서 다시 자식이 없는 아브람에게 축복하십니다: "내가 너의 자손을 땅의 먼지처럼 셀 수 없이 많아지게 하겠다"(창세기 13:16). 전심으로 하나님만 의지할 때마다 나타나시어 복을 베푸십니다. 아브람이 위험에 빠진 롯을 구출하고 멜기세덱에게 십일조를 바친 후에, 주 여호와께서 아브람과 언약을 맺습니다: "너의 자손이 다른 나라에서 나그네살이를 하다가, 마침내 종이 되어서, 사백 년 동안 괴로움을 받을 것이다. 그러나 너의 자손을 종살이하게 한 그 나라를 내가 반드시 벌할 것이며, 그다음에 너의 자손이 재물을 많이 가지고 나올 것이다. … 너의 자손은 사대 째가 되어서야 이 땅으로 돌아올 것이다"(창세기 15:13-16).

광야에서 자신과 함께 하는 민족을, 출애굽의 모세는 바로 이 말씀의 빛 가운데 바라보고 있습니다. 400년 전 아브람 한 사람을 선택하여 맺은 그 언약을 스스로 성취해 가시는 주 여호와 하나님의 손 안에 자신과 민족이 있는 것입니다. 한 걸음 더 나아가, 지금 이 순간 여기에 영원히 현존하시는 주의 말씀 가운데, 오직 믿음으로 모세는 아브라함에게 내리신 복을 열방의 이방 사람에게 미치게 하시어 약속하신 성령으로 거듭나는 수많은 하나님의 자녀들을 바라봅니다. 누구든지 그리스도께 속한 사람이면, 그 사람은 아브라함의 후손이요, 약속을 따라 정해진 상속자입니다(갈라디아서 3:14, 29).

아브람에게는 데려온 자식 엘리에셀뿐입니다. 그런데 주님은 아브람의 몸에서 태어날 아들이 상속자라고 말씀하십니다. 그래서 여종의 몸을 빌려 인간적인 방법으로 이스마엘을 얻습니다. 하지만 하나님은 아브람이 할 수 있는 인간적인 방식 모든 것을 거절하시고 오직 하나님만 할 수 있는 방법으로 하나님의 약속을 아브람에게서 성취하십니다. 아브람 99세 때에 하나님은 자신을 전능한 하나님(엘 샤다이)으로 나타내시며 말씀하십니다: "이스마엘에게 복을 주어서, 그가 자식을 많이 낳게 하고, 그 자손이 크게 불어나게 할 것이다. … 그러나 나는 내년 이맘때에, 사라가 너에게 낳아 줄 아들 이삭과 언약을 세우겠다"(창세기 17:20-21). 이때 아브람(존경받는 아버지)의 이름은 아브라함(열방의 아버지)으로 바뀝니다. 그리고 **아브라함은 이삭을 통해 오시는 그리스도의 날을 기대하며 즐거워하였습니다.** 또한 하늘에서 마침내 그날을 보고 기뻐하였습니다. 이것은 우리 주 예수님께서 직접 증언하신 말씀입니다(요한복음 8:56).

아브라함은 천사 3명의 방문을 통하여 한 번 더 이 언약에 대해 확증을 받습니다. 그런데 아브라함이 그랄에서 자기 아내 사라를 자기 누이라고 소개하였기에, 그랄 왕 아비멜렉이 사라를 데려갑니다. 속수무책입니다. 그래서 그날 밤에 하나님이 꿈에 아비멜렉에게 나타나셨습니다: "네가 이 여자를 데려왔으니, 너는 곧 죽는다. 이 여자는 남편이 있는 여자다"(창세기 20:3). 멘붕이 온 아비멜렉은 재물과 함께 사라를 아브라함에게 돌려보냅니다. 육신의 연약함과 허물 가운데서도, 하나님은 자신의 언약을 스스로 지켜 나가십니다. 주님께서 사라에게 약속하신 그대로 이루시니, 사라가 임신하여 늙은 아브라함과 사라 사이에서 아들이 태어납니다(창세기 21:1-2).

주일: 창세기 21-31장

· 이스마엘 vs. 이삭; 에서 vs. 야곱. 육신의 소욕과 성령은 서로 적대관계에 있습니다. 성경은 육신의 소욕이 아닌 성령으로 본문을 읽도록 우리를 인도합니다. 아브라함 이삭 야곱의 하나님은 영이십니다.

월: 창세기 32-40장

· 야곱의 허리에서 12아들이 나오고, 그들로 인해 70인이 형성됩니다. 그런데 그 허리는 부러져 기능을 못 합니다.

· 오직 하나님 은혜로 출애굽의 씨앗 70인이 빚어진 것입니다.

화: 창세기 41-50장

· 70인이 하나의 씨앗으로 만들어지기까지, 그리스도 안에서 새로운 피조물 된 요셉의 화목의 직책 수행과 형제들의 죄고백과 자기 희생이 있었습니다. 합력해서 선을 이루시는 하나님입니다.

수: 레위기 1-10장

· 성막에 들어서자마자 십자가 제단인 번제단을 맞이합니다.

· 육체는 하나님을 만나지 못합니다. 죽어야 합니다. 제단에 올려진 동물이 우리의 죽음을 대신합니다. 죽기 전에 죽었기에, 우리가 하나님 임재 가운데 들어가는 것입니다.

목: 레위기 11-16장

· '내가 거룩하니 자녀 된 너희도 거룩하라'라고 말씀하십니다.

· 오직 하나님만 거룩하시며 하나님만 거룩하게 만드십니다.

· 하나님 임재 가운데 있는 것이 곧 우리의 거룩입니다.

금: 레위기 17-27장

· 하나님 임재로 인한 거룩의 체험은 이웃을 내 몸처럼 사랑함에로 연결됩니다. 율법의 완성자 주 예수님께서 우리 안에 계십니다. 이 믿음을 통해, 주께서 기름 부으시며 이웃을 사랑케 하십니다.

토: 민수기 1-9장

· 이집트에서 유월절을 지키고 출애굽하여 시내산에서 1년을 보냈습니다. 이제 다시금 두 번째 유월절을 지킵니다. 그리고 인구 조사를 통해 군대를 정비하고 약속의 땅으로 출발합니다.

죽기 전에 죽은 야곱, 그 허리에서 꺼낸
70명이 거룩한 민족이 되는 이야기

불이 타는 떨기나무에서 하나님은 모세에게 '아브라함의 하나님, 이삭의 하나님, 야곱의 하나님'으로 나타나십니다(출애굽기 3:6). 모세는 자기의 민족과 함께 출애굽을 하여 하나님 면전에 서 있습니다: "이제 너희가 정말로 나의 말을 듣고, 내가 세워 준 언약을 지키면, … 너희는 내가 선택한 백성이 되고, 너희의 나라는 나를 섬기는 제사장 나라가 되고, 너희는 거룩한 민족이 될 것이다"(출애굽기 19:5-6). 조상들의 하나님의 주권에 의해 자신들이 지금 여기 하나님 임재 가운데 머무는 것입니다. 말씀을 듣고 언약을 지키면 제사장 나라와 거룩한 민족이 된다는 사명을, 언약 백성은 지금 여기서 갖습니다.

그 사명감 가운데, 모세는 아브라함과 이삭과 야곱을 주목합니다. 그리고 그는 반문합니다: '왜 하나님은 아브라함의 하나님이시기를 기뻐하시는가?' 아브라함은 아비 본토 친척집을 떠나 **오직 하나님께만 속했기 때문입니다.** 조카 롯도 떠나 보냈습니다. 100세에 얻은 자식도 번제단에 바쳤습니다. 이미 죽기 전에 죽어 하나님만 자신의 전부입니다. 그래서 하나님은 그런 아브라함의 하나님 되시는 것이 자랑스럽습니다. 하나님은 이삭의 하나님이시기를 기뻐하십니다. 왜냐하면 이삭은 자신을 제단에 제물로 드려 죽기 전에 죽었기 때문입니다. 하나님은 이삭의 육신의 모습 그대로를 품습니다. 그가 하나님께 속했기 때문입니다. 그리고 이삭의 하나님이시기를 좋아하십니다. 하나님은 야곱의 하나님이시기를 기뻐하십니다. 왜냐하면 야곱은 천사와 씨름하며 환도뼈/허리가 부러지기까지 그 은총을 사모하며 하나님께만 속했기 때문입니다. 생식 기능이 끊어진 그 허리에서 70명이 나왔고, 야곱의 허리에서 나온 70명이 지금 모세 앞에 거대한 민족으로 서 있는 것입니다. 이러한 야곱의 하나님이시기를, 하나님은 기뻐하십니다.

아브라함과 이삭과 야곱의 공통점은 죽기 전에 죽었다는 것입니다. 이제는 내가 사는 것이 아닙니다. 죽은 나를 통하여 하나님 임하시어 다스리시며 하나님 나라를 이 땅에 펼치십니다. **이 은혜 줄기에서 요셉이 나옵니다. 요셉은 그리스도 안에서 하나님과 화해한 새로운 피조물을 상징합니다.** 요셉은 화목의 직책을 갖습니다. 아버지와 형들 사이에 '샬롬'을 전달합니다. 보디발의 집에서도, 요셉은 화목의 직책을 수행하니, 하나님께서 그 믿음을 통해 나타나시어 형통케 하십니다. 감옥에서도 화목의 직책을 감당하니, 하나님은 꿈으로 다스리십니다. 요셉은 항상 지금 이 순간 여기에 하나님 생명과 연결되어 내 모습 이대로 화목의 직책을 감당합니다. 이집트 국무총리의 자리에서도 여전히 화목의 직책을 수행하니, 하나님 능력이 흘러 형통케 하십니다. 이 직책으로 형들도 용서하고, 형들은 서로 죄를 고백하며 각자 희생하며 하나 됨의 화목을 일궈냅니다. 그렇게 주의 약속을 따라 야곱의 생식기능을 할 수 없는 부러진 허리에서 70인이 나옵니다. 오직 은혜로 하나님의 전능하심에 의해 그 허리에서 70인이 나와 하나 되게 하셨고, 400년이 지나 큰 민족이 되어 출애굽을 하게 하셨던 것입니다. 그리고 말씀과 성막을 주셨습니다.

하나님께서 하십니다. 성막에 들어서자 마자 십자가 번제단을 맞이합니다. 나를 대신하여 동물을 제단에 올리고 불사릅니다. 내가 죽기 전에 죽었다는 뜻입니다. 죽었기에 성소에 들어가 하나님을 만납니다. 그리고 하나님과 동행합니다. 나를 대신하여 그리스도께서 십자가 제단에서 피 흘리셨습니다. 그 은혜를 입은 우리들 또한 그리스도와 함께 십자가에 못 박혔고 부활하여 새로운 피조물 되었습니다. 화목의 직책을 감당합니다. 이것을 기록해 놓은 것이 바로 성경책입니다. **성경은 우리 삶의 현장에 하나님**

이 함께 계신다는 것을 증언하는 하나님 말씀입니다. 우리가 그리스도와 함께 십자가에 못 박혔기에, 주께서 그분의 영으로 우리와 연합하여 한 영 되어 함께 계신 것입니다. 2주 차 성경 읽기는 이것을 증언하고 있습니다.

첫째 날 - 주야로 15분씩 임재 기도

창세기 21-31장

육신을 따라 난 이스마엘이 성령을 따라 난 이삭을 조롱합니다. 그때나 지금이나 육신으로 난 자가 성령으로 난 자를 박해합니다. 그런데 상속을 받는 자는 이삭과 그리스도 안에 있는 우리들입니다. 우리는 자유를 가진 사라의 자녀입니다(갈라디아서 4:27-31). 이삭은 번제에 사용할 장작을 메고 아버지를 따라 나섭니다. 결박을 당한 채, 이삭은 제단 위에 올려놓아집니다. 아버지가 자신을 칼로 내리치려는 순간 주님께서 미리 준비하신 숫양 한 마리를 주십니다. 아브라함은 아들 이삭 대신에 그것으로 번제를 드립니다. **여기서 예수님을 표상하는 것은 이삭이 아닌 숫양입니다.** 이삭을 대신하여 죽임을 당하고 불살라진 숫양처럼, 예수님은 우리를 대신하여 십자가에서 실제로 죽으셨습니다. 숫양은 대신 죽고 이삭은 살아났습니다. 예수님은 우리 대신 죽고 우리는 죽기 전에 죽은 자로 간주되어 삽니다. 그리스도 안에서 죽기 전에 죽어 산 제물 된 우리는 이삭과 함께 번제단에 올려졌고, 그리고 이제는 내가 사는 것 아니요 내 안에 그리스도 사시는 것입니다.

이 사건으로 인해, 아브라함은 육신에 속한 정과 욕심을 끊습니다. 반면에 이삭은 이후로 아버지와 대화하는 모습은 없고 의지하던 엄마는 세상을 떠납니다. 그리고 아내 리브가를 맞이하여 위로를 받습니다. 쌍둥이 자식 중에서 에서가 사냥해 온 고기에 맛을 들이더니 그를 사랑합니다. 분명 아내로부터 하나님의 섭리는 동생 야곱에게 있다는 말을 들었을 텐데, 그것과 상관없이 장남을 편애하고 그에게 장자의 축복권을 베풀려 합니다. 하나님은 모리아산 제단 위에 자신을 제물로 드린 이삭의 순종을 받으셨습니다. 그것으로 충분합니다. 이삭의 육신의 연약한 그 모습 그대로 사랑하십니다. 그 땅에 흉년이 들었을 때, 주님께서 이삭에게 나타나 말씀하십니다: "이집트에 가지 말아라. 내가 너에게 살라고 한 이 땅에서 살아라. … 내가 너를 보살피고, 너에게 복을 주겠다. … 이 세상 모든 민족이 네 씨의 덕을 입어서, 복을 받게 하겠다. 이것은, 아브라함이 나의 말에 순종하고, 나의 명령과 나의 계명과 나의 율례와 나의 법도를 잘 지켰기 때문이다"(창세기 26:2-5).

이삭은 세상의 이치를 따라 축복권을 장남에게 행사하려 합니다. 그러나 하나님은 아내 리브가를 통해 둘째 야곱에게 복을 베풀게 합니다. "육체의 욕망은 성령을 거스르고, 성령이 바라시는 것은 육체를 거스릅니다"(갈라디아서 5:17). 이 둘이 서로 적대관계에 있으므로, 모태에서부터 다투었고 이제 장자의 축복권을 갖고 심한 분쟁을 일으킵니다. 하나님은 육신의 에서를 사냥터로 보내 버립니다. 그리고 이삭의 어두운 눈을 이용하여 영의 야곱에게 축복하게 하십니다. 하나님께서 아브라함에게 베푸신 복이 이삭에게로, 그리고 이삭에게서 야곱에게로 전수됩니다.

야곱은 성령의 인도를 따라 끊임없이 주께로 나갑니다. 돌을 베고 자던 중에 꿈에 하나님이 나타나 그에게 말씀하십니다: "나는 주, 너의 할아버지 아브라함을 보살펴 준 하나님이요, 너의 아버지 이삭을 보살펴 준 하나님이다. 네가 지금 누워 있는 이 땅을, 내가 너와 너의 자손에게 주겠다. … 이 땅 위의 모든 백성이 너와 너의 자손 덕에 복을 받게 될 것이다. 내가 너와 함께 있어서, 네가 어디로 가든지 너를 지켜 주며, 내가 너를 다시 이 땅으로 데려오겠다. 내가 너에게 약속한 것을 다 이루기까지, 내가 너를 떠나지 않겠다"(창세기 28:13-15). 이것은 예수님께서 제자들에게 하신 마지막 말씀과 같은 패턴을 갖습니다: "나는 하늘과 땅의 모든 권세를 받았다. 그러므로 너희는 가서, 모든 민족을 제자로 삼아서 … 가르쳐 지키게 하여라. 보아라, 내가 세상 끝 날까지 항상 너희와 함께 있을 것이다"(마태복음 28:18-

20). **야곱에게 말씀하고 계신 하나님은 곧 제자들에게 말씀하고 계신 우리 주 예수 그리스도이십니다.** 이것은 우리로 하여금 하나님 임재 아래 야곱의 동선을 육신이 아닌 영으로 파악하도록 이끕니다.

우리 자신이 예수님의 제자가 되는 것도 어렵고 다른 사람을 제자 삼는 것도 힘듭니다. 마찬가지로, 야곱이 하나님의 축복권을 붙잡고 외삼촌 집에서 21년을 노동하며 산 것도 힘들고 시기와 경쟁속에 12아들을 낳아 12지파로 세우는 과정은 더더욱 어렵습니다. 하지만 하나님을 사랑하는 사람들, 곧 하나님의 뜻대로 부르심을 받은 사람들에게는, 이 모든 일이 함께 작동하여 하나님의 뜻을 이룹니다. 그러므로 천성에 가는 길 험하여도 생명 길 되기에 은혜입니다. 오직 은혜로 야곱과 가족은 드디어 고향으로 돌아갑니다.

둘째 날 - 주야로 15분씩 임재 기도

창세기 32-40장

야곱은 얍복 나루에 홀로 남습니다. 밤새 주의 천사와 씨름을 하는데, 천사가 야곱의 엉덩이뼈yarek를 칩니다. 구약언어 yarek은 허리 혹은 허벅지로도 번역되는데, 남자의 생식기와 닿아 있는 뼈를 뜻합니다. 아브라함이 며느리를 얻으려고 자기 종을 고향 하란으로 보낼 때, 자기 허벅지 아래 손을 넣게 하고 축복을 합니다(창세기 24:2, 9). 이때 허벅지는 같은 단어 yarek입니다. 생육과 번성을 소망하는 축복 행위입니다. 또한 출애굽기 1장 5절에서도 같은 단어를 사용합니다. "야곱의 허리yarek에서 나온 사람이 모두 칠십이요 요셉은 애굽에 있었더라." 한편, 야곱이 가족들과 함께 벧엘로 올라가 제단을 쌓았을 때, 주님께서 나타나시어 축복하십니다: "나는 전능한 하나님이라 생육하며 번성하라 한 백성과 백성들의 총회가 네게서 나오고 왕들이 네 허리chalats에서 나오리라"(창세기 35:11).

　야곱의 엉덩이뼈가 부러졌다는 것은 육신의 생육과 번식은 끝났다는 뜻입니다. 그러나 그럼에도 불구하고 그 엉덩이뼈 허리에서부터 자손이 형성되어 이집트 고센 땅에 70명이 자리를 잡습니다. 부러지기 전에 하란 땅에서 자식 12명을 낳았습니다. 그러나 지금 형 에서가 군대를 이끌고 오고 있습니다. 야곱은 전멸의 위기감 가운데 밤새 천사와 씨름을 하고 '이스라엘' 즉 '너가 하나님과 겨루어 이겼다'는 칭호를 얻습니다. 그리고 그는 말합니다: "내가 하나님의 얼굴을 직접 뵙고도, 목숨이 이렇게 붙어 있구나!"(창세기 32:30). 이미 여기서 야곱의 가족은 다 죽은 것입니다. 그리고 하나님께서 야곱의 허리에서 가족을 꺼내 다시 살리신 것입니다. **성경은 증언합**

니다: '야곱의 허리에서 나온 70명.' 성경은 이 스토리의 주인공은 하나님이 시라는 것을 이렇게 '엉덩이뼈/허리'라는 표상表象을 통해 분명히 증언합니다. 늙어 생식의 기능이 끊어진 사라의 몸에서 약속의 아들 이삭을 낳고, 엉덩이뼈가 부러져 생식하지 못하는 야곱의 허리에서 시작된 70명이 400년을 지나 200만 명의 민족으로 형성됩니다. 즉, 출애굽의 주체세력은 400년 전 야곱의 허리에서 나온 70명에서 시작됩니다.

그런데 야곱의 허리는 끊어져 제 기능을 하지 못하기에, 우리가 이것을 영으로 읽을 때에 **진정한 출애굽의 주체는 70명을 있게 한 우리 주 하나님**이시라는 것을 쉽게 알 수 있습니다. 출애굽하는 그 노예 무리를 향하여 '여호와의 군대'라고, 성경은 증언합니다(출애굽기 12:41). 하나님의 영이 그들과 함께하기 때문입니다. 사람이 아닌 하나님이 이 일을 하셨습니다. 영의 일은 영이신 하나님께서 하십니다. 첫째 아담의 허리에서 갈비뼈를 취하시어 여자를 만드십니다. 둘째 아담은 허리에 깊이 찔린 창으로 인해, 아마도 생식의 근원이 끊어졌을 겁니다. 그런데 전능자 하나님께서는 바로 그 허리에 손을 깊숙이 넣어 교회를 꺼내신 것입니다. 부활의 주 예수님은 의심하는 도마에게 말씀하십니다: "네 손을 내 옆구리에 넣어 보아라. 그래서 의심을 떨쳐버리고 믿음을 가져라"(요한복음 20:27). 우리 주 예수님은 영원히 야곱의 집을 다스리고, 그의 나라는 무궁합니다(누가복음 1:33).

아브라함과 이삭과 야곱의 하나님께서 베푸시는 복을 한 몸에 받아 태어난 요셉은 그리스도 안에 있는 새로운 피조물을 상징합니다. 하나님과 화목한 요셉은 이 땅에서 화목의 직책을 수행합니다. 그는 아버지와 형제들 사이를 오가며 '샬롬'을 전달합니다. "Go and see if all is well/ *shalom* with your brothers and with the flocks and bring word back to me"(Genesis 37:14 NIV). 요셉은 팔려간 보디발의 집에서 화목의 직책을 수행합니다. 끌려간 감옥에서도 죄인들의 형편을 살피며 화목의 직책을 감당합니다. 여호와 하나님께서는 화목의 직책을 감당하는 요셉과 함께 계십니다. ***그가 하는 일마다 형통하게 만드십니다***(창세기 39:3). 주변 사람들도 하나님이 요셉과 함께하시는 것을 압니다: "그 주인은, 주님께서 요셉과 함께 계시며, 요셉이 하는 일마다 잘되도록 주님께서 돌보신다는 것을 알았다"(창세기 39:3). 감옥에서도 간수장은 요셉에게 모든 일을 맡기고 아무것도 간섭하지 않았습니다. 그것은 주 여호와께서 요셉과 함께 계시기 때문입니다.

셋째 날 – 주야로 15분씩 임재 기도

창세기 41-50장

"야곱과 함께 애굽에 들어간 자는 야곱의 며느리들 외에 육십육 명이니 이는 다 야곱의 몸(yarek/허리)에서 태어난 자이며"(창세기 46:26). 애굽에서 요셉이 낳은 아들 둘을 포함하면 모두 70명입니다. "야곱의 허리에서 나온 사람이 모두 칠십이요"(출애굽기 1:5). 그들은 아버지는 한 분 이어도 서로 배다른 어머니들의 시기와 경쟁 가운데 출생한 자들입니다. 당연히 서로 간에 반목과 질시는 몹시 심했고, 급기야 동생 요셉을 죽이려다 미디안 상인에게 팔아 넘긴 형제들입니다. 서로 하나가 된다는 것은 낙타가 바늘귀로 들어가는 것만큼 불가능합니다. 그런데 하나님께서는 그들이 서로 하나 되는 일을 해내셨습니다. 그리고 그 70인을 이집트에서 큰 민족으로 만드십니다. 주님께서 야곱에게 말씀하십니다: "나는 하나님, 곧 너의 아버지의 하나님이다. 이집트로 내려가는 것을 두려워하지 말아라. 내가 거기에서 너를 큰 민족이 되게 하고, **나도 너와 함께 이집트로 내려갔다가, 내가 반드시 너를 거기에서 데리고 나오겠다.** 요셉이 너의 눈을 직접 감길 것이다"(창세기 46:3-4).

요셉의 화목의 직책을 수행하는 리더십을 통하여, 하나님은 아버지와 형제들 모두가 서로 희생함으로 하나 되게 하셨습니다. 요셉은 곡식을 사러 온 형들을 알아보고 스파이가 아니냐고 추궁합니다. 그들은 위기 속에 서로의 죄를 자백합니다: "아우의 일로 벌을 받는 것이 분명하다! … 이제 우리가 그 아이의 피값을 치르게 되었다"(창세기 42:21-22). 요셉은 동생 베냐민을 데려오게 합니다. 야곱은 라헬을 통해 얻은 요셉을 잃었고 이제 베냐민까지 내놓고 전능자 하나님만을 의존합니다: "내가 자식을 잃게 되면 잃으리로다"(창세기 43:14). 베냐민을 인질 삼으려 하자, 유다가 대신 인질 되기를 강청합니다. 요셉이 정을 억제하지 못하고 큰 소리로 울며 형들에게 자신을 드러냅니다: "하나님이 생명을 구원하시려고 나를 당신들보다 먼저 보내셨나이다"(창세기 45:5). 그리고 아버지를 모시고 오게 합니다.

그냥 저절로 하나가 된 것이 아닙니다. 형제들 모두가 다 각자 자기 죄를 고백하였고, 요셉은 복수를 포기하고 화목을 선택하는 희생이 있었고, 그리고 아버지는 자식 편애를 버리고 오직 하나님만을 의지했습니다. 화목의 과정에서 각자 자기 몫의 희생을 감당했기에, '하나 됨'으로 회복될 수 있었습니다. 이 모든 과정을 주도하신 분은 우리 주 하나님이십니다. 요셉은 힘주어 말합니다: "실제로 나를 이리로 보낸 것은 형님들이 아니라 하나님이십니다"(창세기 45:8). "내가 하나님을 대신하기라도 하겠습니까? 형님들은 나를 해치려고 하였지만, 하나님은 오히려 그것을 선하게 바꾸셔서, 오늘과 같이 수많은 사람의 생명을 구원하셨습니다"(창세기 50:19-20). 이것은 우리 주 예수 그리스도의 화목제물 됨을 통해 고멜 같은 우리들이 그리스도의 몸으로 부르심을 받은 것을 미리 보여 주고 있습니다. **_그냥 저절로 하나가 된 것이 아닙니다._** 예수님이 죽으셨고, 우리도 죽기 전에 죽었기 때문입니다. 야곱의 허리에서 나온 70인이 큰 민족을 이루어 출애굽하는 이 사건을 통해, 주님은 오늘 우리에게 말씀하십니다: '은혜를 입어 그리스도의 몸으로 부름을 받은 너희들이 서로 죄를 고백하고 각자 희생의 몫을 감당하므로 이 땅에 그리스도의 몸 교회가 세워지는 것이다.'

요셉은 110세로 죽을 때 이스라엘 자손에게 맹세를 시키면서 유언을 남깁니다: "하나님께서 반드시 너희를 돌보실 날이 온다. 그때에 너희는 나의 뼈를 이곳에서 옮겨서, 그리고 가지고 가야 한다"(창세기 50:25). 믿음으로 요셉은 임종 시에 이스라엘 자손들이 떠날 것을 말하고 또 자기의 뼈를 위하여 명하였던 것입니다(히브리서 11:22). 400년 후, 요셉이 말한 '하나님

께서 틀림없이 너희를 찾아오신다'고 예언한 때가 도래하였습니다. 모세는
출애굽 때 요셉의 유골을 가지고 나왔습니다(출애굽기 13:19).

넷째 날 – 주야로 15분씩 임재 기도

___

레위기 1-10장

주 여호와께서 요셉의 유골을 들고 출애굽한 모세를 성막으로 부르십니다. 그리고 번제를 가르치시고 실행하도록 명령하십니다. 성막에 들어서자 마자 번제단을 마주합니다. 번제의 구약언어 *ola*는 '올리는 것'이라는 뜻입니다. 그런데 그 번제를 드릴 때, 제단에 장작을 지피고 불타는 장작 위에 제물을 놓아 불사릅니다. 즉 그 방식에 있어서 제물을 불에 태워서 하늘로 올라가는 그 향기로 주 하나님을 기쁘게 하는 화제火祭의 방식을 갖습니다. 그래서 올라*ola*를 번역할 때, 불에 태운다는 뜻을 포함한 번제the burnt offering로 한 것입니다. **번제물은 죄인의 죗값을 대신 치르는 대속물입니다.** 번제물 머리에 손을 얹으면, 죄인의 죄가 그 제물에게 옮겨집니다. 그 이유는 하나님께서 직접 그렇게 말씀하셨기 때문입니다: "그는 번제물의 머리에 안수할지니 그를 위하여 기쁘게 받으심이 되어 그를 위하여 속죄가 될 것이라"(레위기 1:4).

번제단은 십자가 제단입니다. **우리의 죄를 대속할 번제물은 우리 주 예수 그리스도이십니다.** 흠 없는 제물만을 받으시는 주 하나님은 흠 없이 온전한 주 예수님을 우리를 대속할 제물로 삼아 죗값을 다 치르게 하십니다. 우리가 예수를 그리스도로 주인으로 모셔드릴 때, 우리의 죄는 주 예수님께 전가됩니다. 이유는 번제 때와 같습니다. 주 하나님께서 그렇게 말씀하셨기 때문입니다. 오직 그 말씀대로 생각하고 말하고 느끼고 선포하는 우리를, 주 하나님께서 십자가를 통해 바라보시며 말씀하십니다: '너는 죄 없다. 너는 이미 온전하고 의롭고 영광스럽다. 너는 내가 사랑하는 나의 자

녀이다.'

　레위기의 번제는 죄를 지을 때마다 성막에 나아와 짐승의 피를 흘려야 합니다. 그런데 이 번제는 십자가 제단에서 영원히 단번에 올려지는 십자가 제사의 그림자입니다. 그리스도께서는 손으로 만든 성소가 아닌 하늘의 성소를 통과합니다. 염소와 송아지의 피로 하지 않고 오직 자기 자신의 피로 영원한 속죄를 이루시며 단번에 지성소에 들어가십니다. 염소나 황소의 피와 재를 뿌려도 그 육체가 깨끗해져 거룩하게 됩니다. 그런데 하물며 영원한 성령을 힘입어 자기 몸을 흠 없는 제물 삼아 하나님께 바치신 그리스도의 피가 어찌 우리 양심을 죽은 행실에서 깨끗하게 하여 하나님을 섬기게 하지 않겠습니까?(히브리서 9:11-14) 주 예수께서는 육체의 휘장을 뚫고 우리에게 새로운 살길을 열어 주십니다. 우리는 주 예수의 피를 힘입어서 담대하게 지성소에 들어갑니다(히브리서 10:19-20).

　우리 주 예수 그리스도의 십자가는 우리의 영원한 번제입니다. 그 십자가는 우리의 감사를 나타내는 영원한 소제입니다. 그 십자가는 서로 화목의 직책을 수행하게 하는 영원한 화목제입니다. 그 십자가는 우리의 영원한 속죄제입니다. 그 십자가는 우리의 영원한 속건제입니다. **바로 그 십자가에서, 우리는 그리스도와 함께 못 박혔습니다.** 이제는 내가 사는 것이 아닙니다. 내 안에 그리스도 사십니다. 우리가 지금 육체 가운데 사는 것은, *우리를 사랑하셔서 우리를 위하여 자기 몸을 내어주신 하나님의 아들을 믿는 그 믿음으로 존재하는 것입니다. 그리스도 안에 있는 바로 그 믿음을 통하여, 주께서 우리 혼과 몸(생각, 감정, 신체)을 사로잡으시어 만지시고 치유하십니다. 그리스도 안에서 하나님과 화해한 새로운 피조물로서 화목의 직책을 감당하게 하십니다. 이것이 레위기 전체가 증거하는 핵심입니다.*

다섯째 날 - 주야로 15분씩 임재 기도

레위기 11-16장

"나는 주 너희의 하나님이다. 그러므로 너희는 몸을 구별하여 바쳐서, 거룩한 사람이 되어야 한다. 내가 거룩하니, 너희도 거룩하게 되어야 한다. … 나는 너희 하나님이 되려고, 너희를 이집트 땅에서 데리고 나온 주다. 내가 거룩하니, 너희도 거룩하게 되어야 한다"(레위기 11:44-45).

출애굽한 백성은 깨끗함과 부정함의 구분도 없이 세상노예 되어 하루하루 살던 자들입니다. 주 하나님께서 그런 백성에게 율법의 말씀을 주시며 '구별되라' 하십니다. 하나님께서 구별되었기에 하나님의 소유된 백성도 세상과 구별되어야 합니다. 그러나 해마다 반복해서 드리는 똑같은 희생제사로는 그들을 완전하게 할 수 없습니다. *번제와 속죄제로 드리는 제사에는 해마다 죄를 회상시키는 효력은 있습니다. 그래서 죄의식 없이 막살던 인생이 이제는 죄의식을 갖고 양심을 회복해 자신이 하나님을 닮은 존재라는 것을 떠올리며 사는 것입니다.* **그러나 그런다고 해서 율법을 따라 드려지는 황소와 염소의 피가 죄를 영원히 없애 줄 수는 없습니다.** 그래서 말씀이 육신 되신 우리 주 예수 그리스도께서 죄를 사하시려고, 단 한 번의 영원히 유효한 제사를 드리신 것입니다. 그리고 그 뒤에 하나님 오른쪽에 앉으셨습니다. 그분은 거룩하게 되는 사람들을 단 한 번의 희생제사로 영원히 완전하게 하셨습니다(히브리서 10:1-14).

예수를 구주로 주인으로 모신 나는 그리스도와 함께 십자가에 못 박혔습니다. 죽기 전에 세상과 죄와 율법에 대해서 죽었습니다. 하나님을 향해서 그리스도 안에서 살아나 오직 믿음으로 존재합니다. 생각과 감정 이

전에, 그리스도 안에서 새로운 피조물로 존재합니다. 그리스도 영 안에 있는 이 믿음을 통해, 주 성령께서 기름 부으시며 혼과 몸(생각, 감정, 신체)을 만지시며 통치하시니, 우리는 주님의 말씀 따라 생각하고 느끼고 말하고 선포하며 삽니다. 그 선포 따라 주께서 우리의 모든 행실을 통해 나타나시니, **하나님 임재로 인해 우리 행실이 거룩한 것입니다.** "이제는 여러분의 지체를 의의 종으로 바쳐서 거룩함에 이르도록 하라"는 로마서 6장 19절 말씀은, 이미 하나님 자비로 인해 거룩하게 되었으니 하나님 임재 가운데 그 거룩을 즐기며 나타내라는 말씀입니다. "여러분을 불러주신 그 거룩하신 분을 따라 모든 행실을 거룩하게 하십시오."라는 말씀 또한 이미 예수 그리스도의 피뿌림을 받아 새롭게 태어났으니, 하나님 임재 가운데 생각과 감정과 신체를 통해 그 거룩을 나타내라는 말씀입니다(베드로전서 1:2-3, 15). 이 맥락에서, 레위기 11장 45절의 "내가 거룩하니, 너희도 거룩하게 되어야 한다."는 말씀을 받으면 됩니다.

우리 안에 계신 우리 주 예수 그리스도께서 이미 레위기의 모든 율법의 요구를 만족시켜 완성케 하셨습니다. 그러므로 우리 안에 계신 주 예수님을 믿는 믿음으로 말미암아, 우리는 우리 모습 이대로 자유합니다. 생명을 주시는 성령의 법이 우리를 죄와 사망의 법에서 해방시키셨습니다. 그리스도 안에서 더 이상 정죄는 없습니다. 우리 육신의 생각과 감정은 진리도 아니고 실재도 아니며 나도 아닙니다. 이스라엘 백성이 용서받은 죄악을 숫염소의 머리에 씌워 황무지로 내보내듯(레위기 16:21), 그렇게 나에게 찾아오는 용서받은 죄악과 부정적인 생각과 감정들은 붙잡지 않고 그냥 떠나보내면 됩니다. **그리스도 안에서 내 혼이 주님 보좌로 나아가 주와 합하여 한 영 됨에, 우리의 참된 정체성과 거룩함이 있습니다.** 그리스도 안에서 발견되는 우리의 참모습은 이미 항상 거룩합니다.

여섯째 날 - 주야로 15분씩 임재 기도

레위기 17-27장

모세가 광야에서 기록한 5경 전체를 계명으로 만들면 613개가 됩니다. 이 613개 계명 가운데 어느 것이 중요할까요? 이것에 대해 예수님께서 대답하십니다: "네 마음을 다하고, 네 목숨을 다 하고, 네 뜻을 다하여, 주 너의 하나님을 사랑하여라' 하였으니, 이것이 가장 중요하고 으뜸 가는 계명이다. 둘째 계명도 이것과 같은데, '네 이웃을 네 몸과 같이 사랑하여라' 한 것이다. 이 두 계명에 온 율법과 예언서의 본 뜻이 달려 있다"(마태복음 22:37-40). 613개 계명을 2개로 함축한 것입니다.

레위기는 하나님 사랑과 이웃 사랑 2개로 구성되어 있습니다. 1-17장에서 마음을 다하고 목숨을 다하고 뜻을 다하여 하나님 사랑하는 법을 가르칩니다. 18-27장에서는 하나님과 동행하며 이웃을 내 몸같이 사랑하는 법을 가르칩니다. 레위기 19장 2절에서 "너희의 하나님인 나 주가 거룩하니, 너희도 거룩해야 한다."는 말씀은 첫 번째 계명인 하나님 사랑을 가리킵니다. 하나님 임재로 인해 우리는 거룩한 것입니다. 레위기 19장 18절에서는 둘째 계명인 이웃 사랑을 말씀합니다: "너는 너의 이웃을 네 몸처럼 사랑하여라."

베드로는 이 두가지 계명을 합하여 이렇게 말씀합니다: "여러분은 열성을 다하여 여러분의 믿음에 덕을 더하고, 덕에 지식을 더하고, 지식에 절제를 더하고, 절제에 인내를 더하고, 인내에 경건을 더하고, 경건에 신도 간의 우애를 더하고, 신도간의 우애에 사랑을 더하도록 하십시오"(베드로후서 1:5-7). 예수님은 더욱 간단하게 둘을 하나로 표현하십니다: "서로 사랑하여라"(요한복음 13:34, 15:12). 서로 사랑함 가운데 하나님 영광이 나타납니다. 그 영광 가운데 우리는 그리스도 안에서 서로에게 말합니다: '당신은 나입니다.' 요한은 그리스도의 몸인 지체들에게 서로 사랑하기를 간곡히 청합니다: "사랑하는 여러분, 서로 사랑합시다. 사랑은 하나님에게서 난 것입니다. 사랑하는 사람은 다 하나님에게서 났고, 하나님을 압니다"(요한1서 4:7).

모세 5경의 613개 계명이 '서로 사랑하라'는 한 가지 계명에 함축되어 있습니다. 서로 사랑하는 사람은 다 하나님에게서 났고 하나님을 압니다. 반면에, 사랑하지 않는 사람은 하나님을 알지 못합니다. 하나님은 사랑이시기 때문입니다(요한1서 4:8). 옛 언약 레위기와 동일하게 새 언약 복음서와 서신서에서도 하나님 사랑과 이웃 사랑을 말씀하고 있습니다. 에덴동산에서 아담이 하와를 향하여 '당신은 나입니다'라고 탄성을 내었듯이, 본질은 항상 같습니다. 문제는 이것을 어떻게 실행하느냐입니다. 구약/옛 언약에서는 애를 썼는데도 잘 안되었을 뿐만 아니라 애쓴 만큼 죄의식만 더 늘어납니다. 율법은 나를 살리지 못하고 오히려 정죄하기 때문입니다. 반면에, 신약/새 언약에서는 나 대신 주 예수님께서 이 율법들을 다 지켰을 뿐만 아니라 내 죄도 짊어지시고 대신 죽으십니다. 그리고 부활 승천하시어 지금은 영으로 우리 존재 중심에 계십니다. 율법의 완성자가 내 안에 계시니, 나도 덩달아 율법을 다 지킨 것이 됩니다. 그리고 육신이 연약해 율법을 어기고 죄를 짓게 되면, 그래서 내가 그것을 시인하고 죄를 고백할 때마다 내 안에 계신 주께서 끊임없이 죄를 용서해 주고 계십니다.

그리스도와 함께 죽기 전에 죽었습니다. 내 안에 율법의 완성자 주 예수님 살아 계십니다. 외부에서 내면으로 방향을 전환하여 주 성령님 인도를 받으며 주께로 나아갑니다. 온 맘 다해 목숨 다해 주 하나님을 사랑합니다. 그리스도 안에 있는 이 믿음을 통해, 주께서 우리의 혼과 몸(생각, 감정, 신체)을 사로잡으시며 나타나십니다. 그 은혜를 경험하고 나타낼 때마다, 이웃을 내 몸같이 사랑하는 나 자신을 경험케 하십니다. 하나님께서 하나님의 일을 하신 것입니다. 그리스도 안에서 작동되는 신비로운 은총입니다. 육신의 힘을 부리며 애쓴다고 되는 것이 아닙니다. ***내 안에 허락하신 안식을 지켜내면,*** 그 믿음을 통해 주께서 '이웃을 내 몸처럼 사랑'하는 하나님의 일을 행하시고 나타내십니다. 성경의 세계입니다.

일곱째 날 - 주야로 15분씩 임재 기도

민수기 1-9장

B.C. 1446년 1월 15일 고센 지역 라암셋Rameses을 출발합니다(출애굽기 12:37). 출애굽한 이스라엘 백성들은 그후 2달 만에 시내 산에 도착합니다(출애굽기 19:1). 시내 산에서 십계명과 여러 율법들과 성막에 대한 청사진을 받아서 출애굽 1년 만에 성막을 건립합니다(B.C. 1445년 1월 1일, 출애굽기 40:17). 그리고 마침내 이스라엘 백성들은 시내 산을 떠나 가나안을 향합니다(B.C. 1445년 2월 20일, 민수기 10:11). 출애굽 때부터 지금 출발까지 총 13개월 5일이 경과됩니다.

이집트에서 유월절을 지키고 출애굽을 했습니다. 시내산에서 1년 동안 체류하며 율법과 성막을 받아 하나님과 동행하는 기본적인 소양을 배웠습니다. 그리고 이제 다시금 두 번째 유월절을 지키고 약속의 땅 가나안으로 출발합니다.

"이스라엘 자손이 이집트 땅에서 나온 이듬해 첫째 달에, 주님께서 시내 광야에서 모세에게 말씀하셨다. '이스라엘 자손은 정해진 때에 유월절을 지켜야 한다. 그 정해진 때 곧 이 달 십사일 해거름에, 모든 율례와 규례에 따라서 유월절을 지켜야 한다'"(민수기 9:1-3). 여호와의 군대에게 있어서 유월절은 항상 시작점 알파입니다. 이것은 그리스도의 군대에게 있어서 부활절이 항상 시작점 알파가 되는 것과 같은 이치입니다. 출발에 앞서 군대를 재정비합니다. 그래서 각 지파마다 인구 조사를 합니다. 그리고 주님은 모세에게 유월절과 관련하여 구체적인 지침을 주시며 백성에게 전달하게 하십니다(민수기 9:10-14).

그들에게 있어서 **유월절은, 주 여호와께서 그들의 죄를 속량하고 그들과 함께 계신다는 상징**입니다. 그들은 바로 그 유월절에서 자신들의 정체성을 찾고 유지하였던 것입니다. 마찬가지로 우리들에게 있어서 **부활절은, 하나님께서 그리스도의 대속을 통해 우리 죄를 없애시고 우리와 늘 함께 하신다는 상징**이며 우리 정체성의 근거입니다. 세상 죄를 짊어지고 가는 하나님의 어린양 예수는 자신의 죽음으로 유월절 피흘림의 참된 의미를 구체화하시고, 부활하심으로 출애굽 사건의 진정한 의미를 체현體現하십니다. 즉 창조 본연의 목적을 회복하시어 그리스도 안에서 새창조를 시작하신 것입니다. 하늘과 땅의 권세를 가지신 우리 주 예수 그리스도께서 우리와 항상 함께하신다는 것을, 우리는 부활절을 통해 그리고 주일예배와 날마다 하나님 임재 연습을 통해 체험하고 나타냅니다.

주일: 민수기 10-20장
· 율법과 성막으로 하나님과 동행할 준비를 마친 이스라엘은 이제 약속의 땅을 향해 출발합니다. 그런데 또다시 하나님을 믿지 못해, 그들은 광야 38년 동안 방황할 뿐만 아니라 그 끝에서는 집단 항명까지 합니다.

월: 민수기 21-27장
· 40년 전이나 지금이나 육신으로 전혀 바뀐 것이 없다는 것을, 불뱀 사건과 바알브올의 우상과 음란사건이 입증합니다.
· 자격이 아닌, 시선입니다. 늘 주님과 눈이 마주치면 됩니다.

화: 민수기 28-36장
· 정복 대상의 약속의 땅은 하나님이 거하실 거룩한 땅입니다.
· 절기를 규례대로 지키며 하나님을 기뻐해야 합니다.
· 불순종의 세력은 전멸입니다. 시범케이스로 미디안을 심판합니다.

수: 신명기 1:1-11:30
· 율법 강해 첫 번째 설교는 '마음heart과 성품soul과 힘might 다해 하나님 사랑'입니다. 이집트와는 다르게 가나안 땅은 오직 하나님만 의지해야 먹고살 수 있는 지리적 조건입니다.

목: 신명기 11:31-20:20
· 율법 강해 두 번째 설교는 하나님 사랑에서 비롯된 이웃 사랑.
· 고아와 과부, 나그네와 소외된 자들을 반드시 돌봐야 합니다.
· 하나님이 함께하는 피값으로 산 주님의 몸이기 때문입니다.

금: 신명기 21-30장

· 하나님의 의가 나타나는 공동체 실현을 위한 세부지침입니다.

· 율법 강해 세 번째 설교는 출애굽하여 시내산에서 받은 율법에 덧붙여, 순종의 복과 불순종의 저주를 말씀으로 받은 내용입니다.

토: 신명기 31-34장; 여호수아 1:1-5:10

· 모세의 후계자 여호수아는 자신 안에 영spirit이 있습니다.

· 하나님이 모세와 함께 했던 것처럼 여호수아와 함께합니다.

· 요단강이 갈라져 홍해를 건너듯 건너 길갈에서 할례를 받습니다.

오직 믿음으로 살아야 함을
뼈저리게 깨닫는 광야 이야기

3주 차 성경 읽기는 광야 40년 방황 이야기가 담겨 있습니다. 그러다 보니 이런저런 상념이 떠오릅니다. 출애굽하여 건설할 하나님 나라가 이집트와 무엇이 어떻게 다른지 알면 될까요? 그들이 정말 몰라서 그러는 걸까요? 아니면 이집트에서는 아무리 해도 노예일 수밖에 없으니, 일단 출애굽하여 가나안에서 가서 이집트와 비슷하지만 더 멋진 내 세상을 만들어야겠다는 심보일까요?

이집트가 나일강 지역에 세상 나라를 건설한 원동력은 무엇이겠습니까? 주님 보시기에도 힘이 센 니므롯과 같은 사냥꾼이 등장하여 땅 좋고 물 있는 곳을 차지합니다. 사람들 모여들어 농사를 지으며 문명을 일궈 냅니다. 처음엔 흙을 도구로 사용하고 점차 돌, 청동, 철기, 지금은 정보를 사용하며, 그것들을 사용할 힘과 기술과 지능이 있느냐 여부가 논란을 일으킵니다. 이런 세상에서 필요한 인재의 여부는 '자격'입니다. 자격도 없는 자가 자리를 차지해 여러 사람 고생시키면, 곤란하니까요. 그런데 이런 세상에서 진짜 문제가 되는 것은, 그 자격 논란을 비집고 들어오는 인간의 마음입니다. 사람은 선악과를 먹고 스스로 시비선악의 주체가 됩니다. 그 결과로, 사람들은 자신의 마음(심중)에 따라 귀에 걸면 귀걸이 코에 걸면 코걸이로 둔갑하며 자신의 기득권을 방어하고 획득하는 늪지역으로 다 같이 빠져듭니다. 자연만물보다 더 썩고 부패한 것이 사람 마음이라는 것을, 누가 알겠습니까? 이것이 바로 육신의 생각에서 비롯되어 바벨탑을 쌓는 문명의 벌거벗은 모습입니다.

이런 이집트 세상에서 출애굽합니다. 그리고 이런 나라와는 구별되는 하나님 나라를 건설하기 위해 가나안 땅으로 갑니다. 하나님 나라는 율법과 성막 가운데 하나님이 친히 임하시어 하나님께서 통치하시는 나라입니다. 분명 선과 악으로 빚어진 세상과는 다른 생명의 나라입니다. 세상에서는 '자격'이 목숨줄인 데 반하여, **하나님 나라에서는 자격이 아닌 '시선'입니다. 하나님과 눈만 마주치면 됩니다.** 이거 하나만 되면 만사 오케이, 일만 가지 괴로움이 다 사라집니다. 그런데 이게 안 됩니다. 그냥 하나님과 늘 눈만 마주치면, 약속의 땅에 들어가 이미 존재하는 크고 아름다운 성읍들과 집에서 잘 먹고 잘살 수 있습니다. 자신들이 파지 않은 우물이 이미 있고, 이미 가꾸어 놓은 포도원과 올리브 밭에서 마음껏 열매를 따 먹으며 자손 대대로 잘 살게 됩니다. 그런데 이게 안 된다니….

출애굽하여 블레셋 지역을 통과해 가나안에 들어가는 데 10일이면 됩니다. 그런데 하나님께서 막습니다. 뒤따라오는 바로의 군대로 인해, 백성들이 출애굽한 것을 후회하고 이집트로 돌아갈 수도 있기 때문입니다. 그래서 홍해길로 이끄시며 이스라엘은 구원하시고 바로의 군사는 심판을 하십니다. 그리고 시내산에서 율법과 성막을 주시며 13개월 만에 다시금 가나안으로 진격하게 하십니다. **시내산에서부터 가나안까지 별 탈 없이 가면 보름이면 되는데, 그런데 38년이 걸립니다. 하나님을 믿지 못하기 때문입니다.** 하나님과 눈만 마주치며 시선을 놓치지 않으면 그냥 다~ 되는 겁니다. 그런데 그걸 못 하고 자신들의 육신의 습성을 따라 '자격'에 꽂힙니다. 그러고 말합니다. '상대방은 거인이고 우리는 메뚜기다~~!!!' 거인과 메뚜기는 종種이 다릅니다. 돌연변이가 튀어나와도 안 됩니다. 즉 절대 불가능을 선포한 겁니다. 그 대가로 38년 동안 뺑뺑이를 돕니다. 그리고 원점에서 메뚜기 같은 모습을 또다시 연출합니다. **불뱀이 나와 절대 불가능을 선포하는 자들을 다 죽입니다.** 살 수 있는 길은 단 하나, 모든 시선을 하나님께 드리는 것입니다. 장대에 달린 놋뱀을 보는 자는 삽니다. 믿음의 창시자요 완성자이신 우리 주 예수 그리스도를 바라보는 자는 구원을 얻습니다.

자격이 아닙니다. 시선입니다. 선악과를 먹는 자신을 부인하고 잊어 버립니다. 죽기 전에 죽었습니다. 외부에서 내면으로 방향을 전환해 존재 중심에 계신 주 예수님께 나아갑니다. 보좌 앞에서 주님과 눈이 마주치니 쉼을 얻습니다. 이 모습 이대로 다~ 괜찮습니다. 안식 가운데 주님의 일하심을 수종 드니, 자손 대대로 잘삽니다. 천국입니다.

첫째 날 – 주야로 15분씩 임재 기도

민수기 10-20장

가나안 정탐에서 돌아온 10명은 자신들이 보고 느낀 것을 자신들의 경험과 지식에 근거하여 판단하고 말합니다. 반면에 여호수아와 갈렙은 자신을 부인하고 자기 십자가를 짊어지고 하나님 말씀에 근거하여 오직 믿음으로 생각하고 느낀 것을 말합니다. 말씀과 성막을 갖고 시내산을 출발하여 바란 광야에 머무는 언약의 백성들입니다. 출애굽 때, 주님은 유월절을 통해 자신들의 정체성을 일깨워 주셨습니다. 그리고 홍해를 가르며 구원해 주셨고 구름기둥 불기둥으로 인도하시고 아말렉을 물리치시며 만나로 먹이셨습니다. 이 모든 것이 다 하나님 레벨에서의 행하심입니다. 그런데 그들은 믿음이 아닌 자신들의 경험과 지식에 근거하여 10명의 보고를 받아들입니다. 그리고 육신의 두려움에 사로잡혀 통곡을 합니다: '차라리 우리가 이집트 땅에서 죽었거나 이 광야에서 죽었더라면 더 좋았을 것이다.' 주 여호와께서는 그런 백성들의 반응에 심한 모욕감을 받고 그들을 심판하려 하십니다: "내가 이 백성 가운데서 보인 온갖 표적들이 있는데, **언제까지 나를 믿지 않겠다더냐?** 내가 전염병으로 이들을 쳐서 없애고, 너를 이들보다 더 크고 힘센 나라가 되게 하겠다"(민수기 14:11-12).

이번이 처음은 아닙니다. 금송아지 사건 때도, 백성들이 먼저 피로 맺은 말씀 언약을 버리고 하나님을 우상으로 만들어 버렸습니다. 그런데 1년이 채 안 된 지금 또다시 백성들이 먼저 언약을 깨트립니다. 그리고 광야 38년 방황의 끝자락에 가서는 고라와 지도자 250명이 합세하여 집단 항명을 합니다: "당신들은 분에 넘치는 일을 하고 있소. 온 회중 각자가 다 거룩하고, 그들 가운데 주님께서 계시는데, 어찌하여 당신들은 주님의 회중 위에 군림하려 하오?"(민수기 16:3). 자신들의 시작이 야곱의 부러진 허리에서 비롯된 70명이며 그 주체는 하나님이시라는 것을 망각하고, 보암직하고 먹음직한 육신의 생각을 따라 반역을 합니다. 육신의 생각은 사망입니다. 그들은 제단에서 나온 여호와의 불에 다 불살라 죽습니다. 그리고 일만 사천 칠백 명이 전염병으로 죽습니다. 이것은 가나안 땅에 들어가서도 마찬가지입니다. 백성들이 먼저 언약을 깹니다. 하나님은 심판과 동시에 구원의 손길을 펼치십니다. 역사 속에 반복되며, 구약의 끝자락에서는 하나님께서 성전에서 자신의 영광을 거두시고 백성들은 바빌론 포로로 끌려갑니다. 그리고 다시 그들도 돌아오고 하나님 영광도 돌아오지만, 예전만 못합니다. 또다시 강대국의 압제 아래 놓입니다.

이스라엘이 이집트에서 나올 때에, 즉 야곱의 집안이 출애굽할 때에, 남유다는 하나님의 임재 자리가 되고, 북이스라엘은 그분의 통치 영역이 되었습니다(시편 114:1-2). 하나님과 백성이 하나 되어 살아야만 하는 언약의 관계입니다. 하지만, 서로 죽어야 살 수 있는데, 백성들은 눈 뜨고 불바다에 들어갈지라도 죽지는 못하겠다며 두 다리를 뻗칩니다. 그런 고멜을 불쌍히 여기며 호세아가 먼저 죽습니다. 말씀이 육신 되시어, 그 육신에 죄를 정하여 심판을 받습니다. 죗값을 치른 것입니다. 그리고 오직 은혜로 '너희는 죄 없다. 의롭다.' 말씀하십니다. 오직 그 은혜로 인해, 백성/고멜도 고백을 합니다: '내가 그리스도와 함께 십자가에 못 박혔습니다. 이제는 내가 사는 것이 아닙니다. 내 안에 그리스도 사십니다.' 영원한 새 언약을 맺고 약속의 땅 가나안, 즉 '그리스도 안에' 영원히 거합니다. 그리스도와 교회로, 신랑과 신부로. 모세는 오직 믿음으로 지금 이 순간 여기에 영원히 현존하시는 하나님 생명과 연결하여 영 안에서 장차 나타날 그리스도의 나라를 바라보며 광야 40년의 사건들을 기록합니다.

무엇으로 죄인이 의인으로 됩니까? 무엇으로 정결케 됩니까? 붉은 암송아지를 불사른 재를 그릇에 담아 죄를 씻는 물을 만듭니다. 그리고 우슬초로 이 물을 찍어 정결케 합니다(민수기 19:17-18). 그래서 간음과 청부살인을 했던 다윗은 탄원합니다: "우슬초로 나를 정결케 해 주십시오. 내가 깨끗하게 될 것입니다. … 내 모든 죄악을 없애 주십시오. 아, 하나님, 내 속에 깨끗한 마음을 창조하여 주시고 내 속을 견고한 심령으로 새롭게 하여 주십시오"(시편 51:7-10). 우리 주 예수 그리스도의 흘리신 피로 의인 되며 정결케 됩니다(히브리서 9:13-14). 주 예수께서 물로 포도주를 만들 때에도, 자신의 죽음을 상징하는 정결케 하는 항아리 6개에 물을 채웁니다. 그리고 포도주를 만들어 자신의 영광을 나타냅니다(요한복음 2:6-11). 즉 십자가 죽음을 통한 부활의 영광을, 가나 혼인잔치 첫 번째 이적에서 미리 보이십니다. 그리고 이 혼인잔치는 새 하늘과 새 땅의 어린양 혼인잔치에서 완성됩니다. 신랑과 신부의 새 포도주잔이 부딪히며 서로를 기뻐합니다. 모세는 지금 모세 5경을 기록하며 우리 주 예수 그리스도의 십자가 죽음과 부활의 영광을 증언하며, 오직 믿음으로 오메가 포인트에 우리와 함께 서 있는 것입니다(요한복음 5:46).

둘째 날 – 주야로 15분씩 임재 기도

민수기 21-27장

사람들은 세월이 지나면 좋아지겠지 하며 삽니다. 그런데 그냥 하는 소리지, 세월이 가면 늙어 병으로 고생하다가 죽습니다. 미리암도 아론도 그리고 광야 1세대 거의 대부분이 38년 세월 가운데 바란광야와 신광야 사이를 돌고 돌다가 죽습니다. 그리고 이제 광야 2세대만 원점인 가데스에 와서 머뭅니다. 특히 불순종하여 혈기로 공격하다가 대패를 당했던 '호르마'에서 다시 시작합니다. 영적인 원리입니다. 베드로도 모닥불 앞에서 주님을 세 번 부인하였고, 부활의 주님을 만나 생선을 구워 주시는 모닥불 앞에서 다시 시작합니다. 우리도 기도를 하다가 기도줄을 놓치고 세월이 지나 다시금 '회개-용서-회복'되어 기도를 하면, 바로 기도줄을 놓았던 그때부터 다시 영으로 기도하는 자신을 발견하곤 합니다. 주님께서 백성의 간구를 들으시고 가나안 사람들을 그들의 손에 붙이시니, 이스라엘은 그들과 그들의 성읍들을 전멸시키며 가나안 진군은 다시 시작됩니다(민수기 21:3).

　40년 방황과 훈련으로 이제 자격이 갖춰져서 다시금 가나안 진군이 시작된 것이 아닙니다. 하나님은 이것을 분명히 하십니다. 그렇게 안 하면, 그들은 또다시 '우리들의 의로움으로 인해 진군하여 그 땅을 차지하게 하셨다.'라고 말할 것이기 때문입니다. 가나안 진군이 시작된 것은 그 땅의 백성들이 악하기 때문입니다. 그리고 아브라함과 이삭과 야곱과 언약을 맺은 것을 이루시기 위해서입니다(신명기 9:4-5). 그들이 40년 전이나 지금이나 육신으로는 전혀 바뀐 것이 없다는 것을 입증하는 것이 바로 불뱀 사건입니다. 그들은 진군하자 마자 자신들 생각대로 안 되자 몹시 조급해 부모로부터 보고 배운 죄악을 쏟아내며 하나님과 모세에게 원망합니다. "어찌하여 우리를 이집트에서 데리고 나왔습니까? 이 광야에서 우리를 죽이려고 합니까? 먹을 것도 없습니다. 마실 것도 없습니다. 이 보잘것없는 음식은 이제 진저리가 납니다"(민수기 21:5). 신기합니다. 본인들은 광야에서 태어났음에도 불구하고 마치 이집트에서부터 태어나 이 모든 고생을 다한 것처럼 말합니다. 원수 마귀로부터 육신에 숨어 있던 죄가 그들 조바심을 통해 튀어나온 것입니다(로마서 7:17).

주님께서 불뱀을 보내 심판하십니다. 백성들이 원망한 것을 죄로 고백하며 용서를 구합니다. 주님께서 구원을 베푸십니다: "불뱀을 만들어 기둥 위에 달아 놓아라. 물린 사람은 누구든지 그것을 보면 살 것이다"(민수기 21:8). 뱀에게 물린 사람은 누구든지 기둥에 달아 놓은 놋뱀을 쳐다보면 살아났습니다. 모세는 이 사건을 통해 오직 믿음으로 하나님 영 안에서 1600년 후에 펼쳐질 그리스도의 구속을 바라보며 기뻐합니다: "모세가 광야에서 뱀을 든 것 같이, 인자도 들려야 한다. 그것은 그를 믿는 사람마다 영생을 얻게 하려는 것이다"(요한복음 3:14-15).

모세는 '시선'을 증언하고 있습니다. 모든 시선을 주님께 드리고 하나님 임재 가운데 전능하신 하나님을 느끼며 절대 안식 가운데 있을 때, 그때 하나님께서 일하기 시작하십니다. 누구든지 놋뱀을 쳐다보면 다 살아납니다. 누구든지 믿으면 다 영생을 얻게 됩니다. 자신의 의가 아닙니다. 자신의 자격이 아닙니다. 자신을 향한 시선은 더더욱 아닙니다. 모든 시선을 믿음의 창시자이시며 완성자이신 주 예수님께 드리고 주로 말미암는 절대 안식 가운데 있을 때, 주 하나님께서 우리의 이 믿음을 통해 하나님의 일을 하시는 것입니다. 다르게 말하면, 우리 혼이 본래 있어야 하는 하나님 보좌 면전에로 돌아와 주님과 연합하여 한 영이 되는 것입니다. 그러면 그 믿음을 통해 주 성령께서 기름을 부으시며 가르치시고 공급하시며 주님의 나라를 이 땅에 펼치십니다. 이것이 전부입니다.

육신의 생각과 감정과 신체는 훈련을 하면 할수록 더 좋아져 자격을 갖춘다고 하는 말은 시들고 떨어져 사라지는 세상에서 그냥 하는 말입니다. 그것은 안개처럼 금세 사라지는 것들을 조금이라도 더 붙잡아 보려고 무슨 말인지도 잘 모르며 하는 말들입니다. 그것은 진리가 아니고 나도 아니고 실재도 아닙니다. 불뱀 사건뿐만 아니라 바알브올에서의 모압의 여인들과의 음행과 우상숭배 사건도 이것을 입증합니다. 광야 40년 동안 육신은 바뀐 것이 없습니다. 이전 세대가 하던 죄악을 오히려 더 능숙하게 실현하는 현재 세대입니다. 모세의 즉각적인 조치와 하나님의 전염병 심판으로 일단락됩니다(민수기 25장). 자격이 아닙니다. 시선입니다. 생각을 멈추고 외부에서 내면으로 전환하여 온 맘 다해 시선을 주님께 드립니다. 그리스도 안에서 생명을 호흡하며 성령의 인도를 따라 존재 중심에 계신 주님 보좌로 나아가, 내 혼이 본래 있어야 하는 주님 보좌 앞에서 주님과 연합하여 한 영 됨이 참진리이며 참안식입니다. 광야 생활을 마무리하며 불뱀 사건과 브올에서의 음란과 우상숭배를 통해, 모세는 그리스도를 증언하며 오직 은혜, 오직 믿음, 오직 말씀임을 증거합니다.

셋째 날 - 주야로 15분씩 임재 기도

민수기 28-36장

약속의 땅 가나안은 그 땅의 죄악을 몰아내고 주 하나님께서 백성들과 함께 머물 땅입니다. 하나님은 출애굽 초창기에 율법과 성막을 주시면서도 절기를 지키도록 명령하셨는데, 이제 가나안 땅 진입을 눈앞에 두고 한 번 더 규례와 절기를 지키도록 명령하며 자세히 지시하십니다.

유월절은 백성의 죄를 속량하여 그들과 함께 하시어 출애굽시키신 하나님을 기뻐하는 날입니다. 처음 익은 열매를 드리는 날인 칠칠절/오순절은 홍해를 건넌 지 50일째 되는 날 모세가 십계명과 율법을 받으러 시내산에 올라간 날을 기념합니다. 모세는 그리스도를 표상합니다. 주 예수께서 부활하시어 승천하신 후 50일째 되는 오순절 날, 하나님은 그리스도를 통해 보혜사 성령을 이 땅에 보내십니다. 이 맥락에서 율법을 받음과 성령의 강림을 기뻐함이 곧 칠칠절/오순절입니다. 장막절/초막절은 약속의 땅을 향한 광야 여정에서 장막/초막을 쳤다 거뒀다 하며 결국은 하나님 은혜로 그 땅에 들어간 것을 기억하며 하나님을 기뻐하는 날입니다. 민수기 33장에는 지명과 함께 진(장막)을 쳤다는 말이 41번 나옵니다. 이것은 하나님께서 마치 아버지가 자식을 품에 안고 이동하듯 그렇게 밤에는 불기둥으로 낮에는 구름기둥으로 인도하시며 진 칠 곳을 친히 찾아 주시며 돌보신 것을 기록한 것입니다. 그리고 그렇게 인도해 주셔도 백성들은 여전히 자신들의 하나님을 믿지 않음을 기록에 남깁니다(신명기 1:31-33). 장막절은 오직 은혜로 그들이 약속의 땅에 들어갔음을 잊지 않고 하나님을 기뻐하는 절기입니다.

이러한 3대 절기의 공통점은, **죄를 속량하시어 출애굽 시키신 주 하나님께서 오직 은혜로 자기 백성을 약속의 땅에 자리잡게 하신 것을 기억하며 하나님을 기뻐하는 것**입니다. 이 3대 절기를 온전히 삶으로 체현體現하신 분이 바로 우리 주 예수 그리스도이십니다. 주 예수님은 유월절 어린양 피흘림을, 십자가 제단에 자신의 몸을 드려 물과 피를 쏟으심으로 온전히 구현하십니다. 장막절/초막절 마지막 날에 성전에서 일어서 큰 소리로 외칩니다: "목마른 사람은 다 나에게로 와서 마셔라. 나를 믿는 사람은, 성경이 말한 바와 같이, 그의 배에서 생수가 강물처럼 흘러나올 것이다"(요한복음 7:37-38). 그리고 칠칠절/오순절 날 그리스도의 영인 성령을 보내셔서, 믿는 자들의 존재 중심에 주님의 보좌를 펼치십니다. 누구든지 예수를 그리스도로 주인으로 믿고 모신 자들은, 자신의 존재 중심에 계신 그리스도로 인해 생수가 강물처럼 흐릅니다. 성령께서 만지시고 치유하심을 허용하는 자들마다, 배에서 의와 희락과 기쁨이 올라옴을 체험하게 하십니다.

구약의 율법과 절기들을 몸소 실행하시어 몸에 다 담고 계신 우리 주 예수님이십니다. 예수님, 우리 안에 계십니다. 그러므로 우리는 율법과 절기들에 대해 자유합니다: "그러므로 먹고 마시는 일이나 명절이나 초승달 축제나 안식일 문제로, 아무도 여러분을 심판하지 못하게 하십시오. 이런 것은 장차 올 것들의 그림자일 뿐이요, 그 실체는 그리스도에게 있습니다"(골로새서 2:16-17). 자신을 부인하고 자기 십자가를 짊어집니다. 죽기 전에 죽었습니다. 내가 사는 것이 아닙니다. 내 안에 율법과 절기들을 다 체현하신 그리스도께서 사십니다. 외부에서 내면으로 방향을 전환하여 모든 시선을 주님께 드립니다. 온 맘 다해 목숨 다해 성령님 인도를 따라 존재 중심에 계신 그리스도께로 나갑니다. 우리 혼이 본래 있어야 할 주님 보좌 앞에 머뭅니다. 절대 안식입니다. 주 성령께서 기름 부으시며 모든 것을 가르쳐 주시고 공급하십니다. 이 은혜를 받은 자로서, 이 은혜를 나타내며 지금 이 순간 여기에 오직 믿음으로 존재하게 하십니다.

주님이 거룩하니 우리도 거룩합니다. 이러한 주의 자녀를 미혹시켜 음란과 우상숭배로 이끄는 마귀와 불순종의 세력은 언제나 전멸의 대상입니다. 주님은 모세에게 군대를 일으켜 미디안을 치게 합니다. 그리고 배후에서 주의 자녀들을 미혹케 하였던 브올의 아들 발람을 칼로 죽입니다(민수기 31:1-8). 출애굽 백성이 앞으로 살게 될 약속의 땅은 하나님께서 함께 머무시는 거룩한 땅입니다. 그러므로 그 땅을 더럽히면 안 됩니다: "너희가 사는 땅, 곧 내가 머물러 있는 이 땅을 더럽히지 말아라. 나 주가 이스라엘 자손과 더불어 함께 머물고 있다"(민수기 35:34).

넷째 날 – 주야로 15분씩 임재 기도

신명기 1:1-11:30

신명기Deuteronomy는 두 번째deuteron 율법nomy입니다. 하나님이 세상에서 아브람을 부릅니다. 100세가 되어 생식능력이 없는 부부에게서 이삭을 낳게 하시어 번제단에 제물로 바치게 하십니다. 그리고 주 여호와께서는 야곱의 부러진 허리에서 빚어진 70명을 이집트 고센 땅에 정착케 하십니다. 400년이 지나 200만 명이 된 민족을 모세를 통해 출애굽시킵니다. 유월절 피로 그들의 죄를 속량하고 몸소 함께하시니, 노예의 무리들을 향하여 '여호와의 군대'라고 말씀하십니다. 시내산에 세우시어 율법과 성막을 주시며 피로 언약을 맺습니다. 율법은 하나님의 입에서 나온 말씀입니다. 성막은 하나님께서 이 땅에 거하는 장소입니다. 이 모든 사건과 동선의 주체는 우리 주 하나님이십니다. 하나님께서 광야 40년의 방황 끝에 다시금 자기 백성에게 약속의 땅 가나안을 바라보게 하십니다. 그리고 모세로 하여금 율법을 강해하며 세 번 설교를 하게 하는데, 이것을 기록한 것이 신명기입니다.

　　사람이 자기의 아들을 안는 것같이 그렇게 하나님께서 자기 백성을 품에 안고 가나안 목전까지 인도하십니다. 그런데 그들은 하나님을 믿지 않고 10명의 정탐꾼이 보고하는 육신의 생각을 따랐기에 38년 동안 38년된 베데스다 연못의 병자처럼 제자리 걸음을 합니다: "이 일에 너희가 너희의 하나님 여호와를 믿지 아니하였도다"(신명기 1:32). **육신의 생각은 절대로 하나님을 믿을 수 없습니다.** 생각은 선악과를 따라 시비선악을 따지고 의심하며 고통과 괴로움을 쌓습니다. 눈앞의 문제를 처리하기에 급급하며 살아남으려고 바둥거리기에 안식하지 못합니다. 하나님께서 광야 40년 동안 하늘의 만나를 먹이신 것은, 사람이 떡으로만 사는 것이 아니라 주 여호와의 입에서 나오는 모든 말씀으로 산다는 것을 그들에게 알려 주시려는 것입니다(신명기 8:3). 생각을 멈추고 방향을 내면으로 전환하여 말씀이신 그리스도 안에서 성령님 인도를 따라 우리 혼soul이 존재 중심의 주님 보좌로 나아가야 쉼을 얻습니다. 그리고 주님의 일하심을 체험합니다. 모세의 첫 번째 율법강론의 핵심에는 바로 이 내용이 담겨 있습니다. 말씀을 따라 심중과 목숨과 힘 다해 하나님을 사랑하는 것입니다.

주님께서 용광로와 같은 이집트에서 자기 백성을 건져내십니다. 출애굽 백성은 하나님께서 자기 소유 삼으신 민족입니다. 그러므로 그들이 하나님을 찾되 마음heart과 성품soul을 다하여 하나님을 찾으면, 하나님은 그들을 만날 것입니다(신명기 4:20, 29). 이 모든 말을 듣고 성심껏 지키면, 약속하신 대로 젖과 꿀이 흐르는 땅에서 그들이 잘 되고 크게 번성할 것입니다. "이스라엘은 들으십시오. 주님은 우리의 하나님이시요, 주님은 오직 한 분뿐이십니다. 당신들은 마음heart을 다하고 뜻soul을 다하고 힘might을 다하여, 주 당신들의 하나님을 사랑하십시오. … 당신들은 이집트 땅 종살이하던 집에서 당신들을 이끌어 내신 주님을 잊지 않도록 주의하십시오"(신명기 6:4-12).

마음heart을 다하고 성품soul을 다하여 하나님을 찾고 사랑한다는 것은, 외부의 생각과 상황 형편에서 방향을 전환하여 내 안에 계신 주님께 모든 시선을 다 드린다는 뜻입니다. 그리고 성령님 인도를 따라 존재 중심에 계신 주님 보좌로 나아가는 것입니다. 들숨에 '그리스도 안에서' 하늘 생명을 들이마십니다. 날숨에 '아버지 사랑으로' 하늘 생명을 온몸과 가정과 하늘 보좌에까지 내쉽니다. 그리스도는 만유시며 만유 가운데 계십니다. 이 복음을 위해, 하나님은 자기 백성을 이집트 땅과는 전혀 다른 가나안 땅으로 인도하십니다. 이집트에서는 채소밭에 물을 줄 때처럼, 씨를 뿌린 뒤에 언제든지 발로 나일강의 물을 댔지만, 약속의 땅에는 산과 골짜기가 많아서, 하늘에서 내린 빗물로 밭에 물을 댑니다(신명기 11:10-12). 즉 하나님께서 돌보지 않으면 살 수 없는 땅입니다. 그 땅에서는 오직 주밖에 없습니다. 그 땅에서는 그 무엇도 나를 채울 수 없습니다. 그 땅 곧 그리스도 안에서는, 내 안에 있는 주님의 평안을 그 누구도 빼앗을 수 없습니다. 이것이 곧 마음heart을 다하고 목숨soul을 다하여 하나님을 사랑하는 자녀가 받아 누리는 복입니다.

다섯째 날 - 주야로 15분씩 임재 기도

신명기 11:31-20:20

마음을 다하고 목숨을 다하여 주 여호와 하나님을 사랑하는 것은 반드시 이웃 사랑으로 나아가게 되어 있습니다. 만약에 하나님을 사랑한다고 하면서 자기 형제자매를 미워하면, 그는 거짓말쟁이입니다. 보이는 자기 형제자매를 사랑하지 않는 사람이 보이지 않는 하나님을 사랑할 수 없습니다. 특별히 세상 재물을 가지고 있으면서, 자기 형제자매의 궁핍함을 보고도 모르는 척하면, 그것은 하나님을 사랑하는 것이 아닙니다(요한1서 4:20, 3:17).

모세는 율법 강해 두 번째 설교에서 바로 이것을 강조합니다: "당신들은 매 삼 년 끝에 그 해에 난 소출의 십일조를 다 모아서 성안에 저장하여 두었다가, 당신들이 사는 성안에, 유산도 없고 차지할 몫도 없는 레위 사람이나 떠돌이나 고아나 과부들이 와서 배불리 먹게 하십시오. 그러면 주 당신들의 하나님은 당신들이 경영하는 모든 일에 복을 내려 주실 것입니다. … 당신들 가운데 가난한 사람이 없게 하십시오. 그러면 주 당신들의 하나님이 당신들에게 유산으로 주어 차지하게 하시는 땅에서 당신들이 참으로 복을 받을 것입니다"(신명기 14:28-15:4).

그리스도의 피 값으로 산 그리스도의 몸 된 공동체이기에, 하나님은 요한을 통해 강하게 말씀하십니다. 동일한 맥락에서, 하나님은 이집트에서 노예생활 하던 자기 백성을 출애굽 시켜 그들 가운데 임재하십니다. 그리고 하나님은 약속의 땅에서 친히 통치하십니다. 그러므로 그 땅의 공동체는 자신들 가운데 살아 역사하시는 하나님의 통치를 드러낼 사명이 있습니다. 같은 내용을, 예수님께서도 십자가를 짊어지기 며칠 전에 강하게 말

씀하십니다: "내 아버지께 복을 받은 사람들아, 와서, 창세 때로부터 너희를 위하여 준비한 이 나라를 차지하여라. 너희는, 내가 주릴 때에 내게 먹을 것을 주었고 … 너희가 여기 내 형제자매 가운데, 지극히 보잘것없는 사람 하나에게 한 것이 곧 내게 한 것이다"(마태복음 25:34-40). 내 혼이 그리스도 안에서 창조 본연의 자리로 돌아와 주님과 연합하여 한 영 되었으면, 반드시 공동체 식구들 서로를 긍휼히 여기며 이웃과 열방으로 그 복음이 전파되어야 함을 증언하는 말씀입니다.

　　예수님은 모세와 예언자들이 하신 그 말씀을 비유로도 말씀하십니다. 왕처럼 자색 옷을 입고 큰 저택에서 살며 날마다 잔치를 펼치고 잘 먹고 잘 살던 부자가 죽었는데, 지옥에 갔습니다. 그는 왜 지옥에 갔을까요? 단순히 부자이고 사치스럽게 살았기 때문일까요? 아닙니다. 부자가 자기 레벨에 맞게 의식주를 공급받는 것은 죄가 아닙니다. 솔로몬의 영광을 생각하면 쉽게 납득이 됩니다. 그 부자가 지옥에 간 것은 모세와 예언자들의 '가난한 자들을 돌보라'는 말씀에 복종하지 않았기 때문입니다. 부잣집 앞에서 남은 음식을 주워 먹으며 개들까지도 와서 그의 헌데를 핥았을 정도로 굶주리고 멸시를 받던 거지는 '나사로' 즉 '하나님의 도우심'이 함께 하는 공동체 지체였습니다. 그런데 부자는 하나님 공동체 멤버 나사로를 방치했기에 말씀 불복종으로 지옥에 간 것입니다(누가복음 16:19-23). 마지막 심판 때에는 이와 같은 일이 일어납니다: "저주받은 자들아, 내게서 떠나서, 악마와 그 졸개들을 가두려고 준비한 영원한 불 속으로 들어가라. 너희는 내가 주릴 때에 내게 먹을 것을 주지 않았고 … 여기 이 사람들 가운데서 지극히 보잘것없는 사람 하나에게 하지 않은 것이 곧 내게 하지 않은 것이다"(마태복음 25:41-45).

여섯째 날 – 주야로 15분씩 임재 기도

_____

신명기 21-30장

율법 강해 두 번째 설교는 26장까지 계속됩니다. 약속의 땅에 하나님께서 임재하시어 자기 백성을 통해 다스리시는 의로운 사회를 실현하기 위해, 크고 작은 일상사에 대한 세부적인 규정을 줍니다. 수많은 크고 작은 문제들 가운데 서로 상충된 가치들을 해결하는 으뜸 원리는 이웃 사랑과 '이집트 땅에서 종살이하던 때를 기억하며 소외된 자를 배려하는 것'입니다. 왜냐하면 출애굽 백성은 야곱의 허리에서 나온 하나님 백성, 하나님 소유이기 때문입니다: "당신들이 밭에서 곡식을 거둘 때에, 곡식 한 묶음을 잊어버리고 왔거든, 그것을 가지러 되돌아가지 마십시오. 그것은 외국 사람과 고아와 과부에게 돌아갈 몫입니다. … 당신들은 이집트 땅에서 종살이하던 때를 기억하십시오. 내가 당신들에게 이런 명령을 하는 까닭도 바로 여기에 있습니다"(신명기 24:19-22).

27장부터 30장까지는 율법 강해 세 번째 설교입니다. 출애굽 때 맺은 시내산 언약에 복과 저주의 말씀을 언약의 형태로 덧붙이는 내용입니다. 즉 하나님 사랑과 이웃 사랑에 순종하면 복이고 불순종하면 저주라는 언약의 말씀입니다. 육신은 하나님을 믿을 수 없습니다. 말할 수 없는 그 은혜에도 불구하고 광야 1세대는 믿지 못해 사막에서 다 죽습니다. 광야 2세대 또한 여전히 육신으로 주님을 따르기에 하나님을 믿지 못합니다. 그러나 그럼에도 불구하고 주 하나님은 그들과 맺은 '언약'으로 인해 오직 은혜로 그들을 약속의 땅으로 인도하십니다. 법궤를 바라보며 요단강을 건널 것이라 말씀하십니다.

강을 건넌다는 것은 육신이 죽기 전에 죽었다는 상징입니다. 오직 믿음으로 약속의 땅에 존재합니다. 돌비석에 율법을 새겨 넣고 쇠 연장을 대지 않아 다듬지 않은 돌로 제단을 쌓아 번제와 화목제를 드리라고 하십니다. 에덴동산에서 말씀에 자신의 생각을 덧붙임으로 불순종했던 아담의 후손이기에, **쇠 연장을 대지 않은 돌을 사용하라는 것은 육신의 생각을 하나님 말씀에 덧붙이지 말라는 뜻입니다.** 또한 불순종의 육신은 불살라 죽었다는 뜻에서 번제를 드리는 것이며, 그 결과 하나님과 화목하게 되어 서로 화목의 직책을 수행하는 백성이라는 뜻으로 화목제를 드리고 함께 먹으며 하나님을 기뻐합니다.

믿음으로 사는 것이 복입니다. 30장에는 '마음heart을 다하고 뜻soul을 다하여'라는 말이 세 번 반복됩니다. "마음을 다하고 뜻을 다하여 여호와의 말씀을 청종하면"(2절). "마음을 다하며 뜻을 다하여 네 하나님 여호와를 사랑하게 하사 너로 생명을 얻게 하실 것이며"(6절). "네 마음을 다하며 뜻을 다하여 여호와 네 하나님께로 돌아오면"(9절). 하나님께서 자녀들의 심중heart에 할례를 베푸시면, 자녀들은 마음과 뜻과 힘을 다해 하나님을 사랑할 것이라는 말씀입니다(신명기 30:6). 이것은 그리스도 안에서 성취되었고, 우리들은 지금 성령으로 심중에 그리스도의 할례를 받았습니다(로마서 2:29; 골로새서 2:11). 그러므로 **믿음으로 산다는 것은 마음(심중, heart)을 다하고 뜻soul을 다하여 외부에서 내면으로 방향을 전환해 존재 중심에 계신 주 예수님께 모든 시선을 다 드리는 것**입니다. 그러면 모든 것을 다 가르쳐 주시는 주 성령님의 인도를 받아 내 안의 주님께로 나아가 주님과 연합하여 한 영이 됩니다. 내 혼이 본래 있어야 하는 주님 보좌 면전에로 나아온 것입니다. 그 결과 그리스도 안에서 안식하며 주님 말씀대로 말하고 생각하고 느끼고 선포합니다. 즉 우리 안에 계신 그리스도께서 주체가 되시어 우리의 믿음을 통해 하나님의 통치를 이 땅에 나타내십니다. 이것이 곧 믿음으로 사는 삶이며, 하나님 자녀에게는 오직 믿음으로 사는 것이 복입니다.

보이는 대로 사는 것이 저주입니다. "당신들은 당신들의 눈으로 보는 일 때문에 미치고 말 것입니다"(신명기 28:34). 하나님 말씀에 자신의 생각을 덧붙여 먹음직하고 보암직한 선악과를 먹고 눈이 밝아졌습니다. 그 결과, 온 세상은 악마의 세력 아래 놓였습니다. 지난 일에 집착하여 자신의 스토리를 추구하며 더 나은 내일을 바라지만 뜻대로 안 됩니다. 조급해집니다. 지금 이 순간 여기를 놓치니, 말씀에 복종하려 해도 할 수가 없습니다. 오히려 말씀을 이용하여 자신의 문제를 해결하려다 더 큰 수렁에 빠집니다. 자족함은 없고 죄의식만 더 갖습니다. 남들은 잘 가는 것 같고, 나만 맨날 다람쥐 쳇바퀴를 도는 것 같습니다. 상황과 여건에 묶여 끊임없이 어제로부터 도망쳐 내일을 향해 달려가려는 결핍의 상태입니다. **하나님 자녀가 믿음으로 살지 못하고 보이는 대로 사는 것이 저주입니다. 그리스도 안에서 새로운 피조물이 된 영적 존재가 또다시 육신을 따라 사는 것이 저주입니다.** 자신이 숨을 쉬는지도 모르고 삽니다. 어쩌다 숨 쉬는 자신을 의식하면 '헛되다 헛되다 헛되다'며 한숨을 쉽니다. 보이는 대로 살며 육신에 생각을 놓으니, 사망을 경험합니다.

일곱째 날 – 주야로 15분씩 임재 기도

신명기 31-34장; 여호수아 1:1-5:10

주 하나님은 자기 백성들이 약속의 땅에서 또다시 언약을 깨뜨리고 음란과 우상숭배를 할 것을 이미 알고 계십니다(신명기 31:16, 20-21). 그때 주님은 재앙과 환란으로 백성을 심판하실 것입니다. 그러나 동시에 구원의 노래를 부르는 자들은 구원할 것입니다. 그래서 모세에게 노래를 만들어 백성들이 부르게 하십니다: "…주님의 몫은 그의 백성이니, 야곱은 그가 차지하신 유산이다. 주님께서 광야에서 야곱을 찾으셨고, 짐승의 울음소리만 들려오는 황야에서 그를 만나, 감싸 주고, 보호하고, 당신의 눈동자처럼 지켜 주셨다. … 이스라엘이 부자가 되더니, 반역자가 되었다. 먹거리가 넉넉해지고, 실컷 먹고 나더니, 자기들을 지으신 하나님을 저버리고, 자기들의 반석이신 구원자를 업신여겼다. 그들은 이방 신을 섬겨서 주님께서 질투하게 하였으며, 역겨운 짓을 하여 주님께서 진노하시게 하였다. … 나, 오직 나만이 하나님이다. 나밖에는 다른 신이 없다. 나는 죽게도 하고 살게도 한다. … 주님께서 그 종들의 피를 흘린 자에게 원수를 갚으시고 당신의 대적들에게 복수하신다. 당신의 땅과 백성이 지은 죄를 속하여 주신다"(신명기 32:1-43).

모세가 느보산에 오르니, 주 여호와께서 아브라함과 이삭과 야곱에게 맹세한 약속의 땅을 보여 주십니다. 모세는 죽을 때 120세였으나 눈이 흐리지 않고 기력도 쇠하지 않습니다. 주님은 모세에게 후계자로 여호수아를 세우게 하십니다. **여호수아는 자신 안에 영이 머무는 자입니다.** 모세가 그에게 안수를 하자, 여호수아는 지혜의 영이 충만했습니다(민수기 27:18; 신명기 34:9). 주 여호와께서 여호수아에게 말씀하십니다: "내가 모세와 함께 하였던 것과 같이 너와 함께 하며, 너를 떠나지 아니하며, 버리지 아니하겠다. 굳세고 용감하여라. … 이 율법책의 말씀을 늘 읽고 밤낮으로 그것을 공부하여, 이 율법책에 씌어진 대로, 모든 것을 성심껏 실천하여라. 그리하면 네가 가는 길이 순조로울 것이며, 네가 성공할 것이다"(여호수아 1:5-8). 여호수아가 백성에게 말합니다: "당신들은 자신을 성결하게 하시오. 주님께서 내일 당신들 가운데서 놀라운 일을 이루실 것입니다"(여호수아 3:5). 말씀대로 생각하고 말하고 선포하는 여호수아에게 하나님께서 말씀하십니다: "바로 오늘부터 내가 너를 모든 이스라엘 사람이 보는 앞에서 위대한 지도자로 세우고, 내가 모세와 함께 있던 것처럼 너와 함께 있다는 사실을 그들이 알게 하겠다. 이제 너는 언약궤를 멘 제사장들에게, 요단강의 물가에 이르거든 요단강에 들어가서 서 있으라고 하여라"(여호수아 3:7-8).

그날에 주 여호와 하나님께서 모든 이스라엘 백성들이 보는 앞에서 여호수아를 이렇게 위대한 지도자로 세우십니다. 그래서 백성들은 자신들의 지도자 모세를 두려워하였던 것처럼, 여호수아를 두려워합니다(여호수아 4:14). 하나님께서 강을 마르게 하시어 자기 백성이 건너게 하신 것은, 땅의 모든 백성에게 주 여호와의 손이 얼마나 강하신 가를 알게 허신 것입니다. 그리고 자기 백성이 영원하도록 주 여호와 하나님을 경외하도록 하신 것입니다(여호수아 4:23-24). **강을 건넌 자들은 하나님의 소유입니다.** 육신이 죽고 혼이 방향을 전환하여 자신의 존재 중심에 계신 주님 보좌 앞으로 나간 자들은 세상과 구별된 하나님의 보물 덩어리입니다. 그래서 하나님은 그 상징으로 할례를 명령합니다. 적을 눈앞에 두고도 여호수아는 돌칼을 만들어 백성들에게 할례를 베풉니다. 그들은 할례를 받고 나서 다 낫기까지 진 안에 머뭅니다. 주님께서 여호수아에게 말씀하십니다: "너희가 이집트에서 받은 수치를, 오늘 내가 없애 버렸다"(여호수아 5:9). 그래서 그곳 이름을 오늘까지 수치가 '굴러갔다'는 의미로 '길갈'이라고 합니다. 그들은 길갈에 진을 치고 유월절을 지킵니다. 자신들의 죄를 속량해 주시고 자신들과 함께 계시는 주 여호와 하나님을 기뻐합니다.

모세를 통해 자신을 나타내셨던 하나님은 이제 여호수아를 통해 하나님의 하나님 되심을 나타내십니다. 그리고 자기 백성을 하나님 소유 삼으십니다. 이것은 그리스도와 교회의 관계를 떠올리게 합니다. **그리스도를 영접한 자는 '누구든지' 여호수아처럼 자신 안에 그리스도의 영이 머무는 자입니다.** 하나님의 영과 자신의 영이 연합하여 한 영이 되어 있습니다. 이제 혼soul이 본래 있어야 하는 내 존재 중심에 계신 주님 보좌로 나아가면, 자신의 혼도 주님과 연합하여 한 영이 됩니다. 그리스도 안에 있는 이 믿음을 통해, 주님은 우리의 몸(생각, 감정, 신체)을 사로잡으시며 나타나십니다. 그리고 우리로 하여금 그리스도를 살게 하십니다. 그러므로 우리는 거룩한 민족이요 왕 같은 제사장으로서 여호수아 군대의 가나안 정복과 구약의 이야기를 읽습니다. 그리고 교회가 이 땅에 그리스도를 나타내며 다시 오실 주님의 길을 예비하는 것을, 우리는 이 이야기에서 떠올립니다.

주일: 여호수아 5:11-15:63
· 가나안 정복은 하나님께 속한 거룩한 전쟁입니다.
· 주님께서 저주를 끊고 은혜로 덮어 젖과 꿀이 흐르게 하십니다.
· 제비뽑기로 땅을 분배하니, 주님으로 인해 사람들은 평화를 누립니다.

월: 여호수아 16-24장
· 가나안 정복과 분배의 주체와 통치는 주 여호와이십니다.
· 평안을 계속 누리려면, 온 맘 다해 하나님 사랑하고 오직 주님만 섬겨야
　합니다. 여호수아는 백성들의 결단을 받아내고 죽습니다.

화: 사사기 1-8장
· 주 여호와께서 사사들을 통해 그 땅을 통치하십니다.
· 반역-보응-회개-구원의 패턴으로 새로운 세대를 빚으십니다.
· 백성이 지은 죄보다 그냥 베푸시는 은혜가 한량없이 큽니다.

수: 사사기 9-16장
· 백성이 보응에 반응하지 않고 사사들도 점점 변질됩니다.
· 주님께서 블레셋 40년의 압제를 끊기 위해 먼저 움직이시어 삼손을 세
　웁니다. 그는 자기 목숨을 사명완수와 맞바꿉니다.

목: 사사기 17-21장
· 두 개의 에피소드로 구성된 사사 시대 초창기 풍경입니다.
· 첫째는 모세의 손자가 변질된 제사장으로 등장합니다.
· 둘째는 아론의 손자가 제사장으로 있을 때 발생한 사건입니다.

금: 룻기 1-4장; 사무엘상 1-7장

· 산소 같은 여인 룻이 사사 시대의 숨통을 열어줍니다.

· 은혜받은 여인 한나가 은혜를 나타내므로, 사사 시대에서 왕정시대로 넘어가는 과도기의 리더 사무엘이 등장합니다.

토: 사무엘상 8-14장

· 이스라엘의 진정한 왕은 하나님입니다. 그런 하나님 앞에서, 백성들이 열방처럼 왕을 요구합니다. 일종의 쿠데타입니다.

· 사울이 선택되지만, 하나님의 시선이 아닌 백성의 시선을 따르다가 2년 만에 아웃 판정을 받습니다. 다윗이 예비됩니다.

사람의 저주가 끊어지고
하나님 은혜로 다스려지는 땅, 가나안

가나안은 전멸의 대상입니다. 사람의 저주를 끊고 오직 하나님 은혜로만 가득하기 위해서입니다. 여호수아 군대의 가나안 정복 이야기는 하나님의 심판과 구원 행위입니다. 이것은 하나님께서 언약의 주체 되시어 사사를 통해 그리고 왕을 통해 통치하시는 행위로 이어집니다. 새 언약의 백성인 우리들에게 가나안 정복과 통치는, 우리 주 예수 그리스도께서 십자가에서 사람의 저주를 끊고 이 땅에 하나님의 은혜를 가져온 사건을 표상하게 합니다. 우리 눈앞에 십자가에 달리신 주 예수께서 어른거리니, 우리는 외부에서 내면으로 방향을 전환하여 주 성령의 인도하심을 따라 우리 존재 중심에 계신 주님 보좌로 나아갑니다. 이 믿음을 통해 주께서 우리 몸을 통치하시며 그리스도를 살게 하십니다. 영으로 몸의 행실을 죽이며 끊임없이 그리스도 안에 머무니, 주 성령께서 우리 몸을 거처 삼아 나타나시는 겁니다.

　죄가 많은 곳에 은혜가 더욱 넘칩니다. 이집트에서 노예로 막살던 인생들이었습니다. 힘들고 고달파 이대로는 절대로 못살겠다는 것이지, 자신들이 죽을 죄를 짓고 더 이상 존재하면 안 된다고는 전혀 생각하지 못합니다. 억울하고 분하고 원통할 뿐입니다. 남들만큼 지지를 받고 기회를 얻으면 더 잘살 수 있다고만 생각했지, 자신들이 하나님 앞에 절대로 설 수 없는 죄인이라고는 생각을 못 합니다. 그런데 말씀/율법이 그들 가운데 들어옵니다. 죄가 무엇인지 알지 못했는데, 말씀/율법으로 인해 죄가 무엇인지 점차 깨달아집니다. 전에는 율법이 없어서 내가 살았는데, 이제 계명이 들어오니 죄가 살아납니다. 이것도 죄고 저것도 죄입니다. 만물보다 심히 부패한 것이 내 마음입니다. 죄의 삯은 사망입니다. 율법/말씀이 나를 죽음으로 몰아갑니다. 수고하고 무겁고 더 이상 나 자신을 견딜 수 없게 합니다. 나는 정말로 비참한 존재입니다. 누가 이 죽음의 몸에서 나를 건져 주겠습니까? 그렇게 탄식하며 광야 1세대는 사막에서 다 죽습니다.

광야 2세대는 오직 은혜로 강을 건너 오직 믿음으로 가나안을 정복하고 평안을 누립니다. 하나님께서 백성들의 주체가 되시어 통치하신 결과입니다. 하지만 하나님을 모신 모세와 여호수아가 죽고 출애굽의 하나님을 알지 못하는 다음 세대가 일어나자, 그들은 급속히 타락합니다. **육신은 하나님을 믿을 수도 없고 섬길 수도 없습니다.** '반역-보응-회개-구속'의 패턴에서 '회개'가 사라지기 시작합니다. 그냥 죄와 압제에 눌려 그럭저럭 살다가 죽겠다는 것입니다.

언약의 주체자 하나님께서 먼저 움직이시기 시작합니다. 삼손과 사무엘을 세우셔서 통치하십니다. 그런데 사무엘이 늙고 자식들은 부패하여 뇌물을 받고 판결을 하자, 이스라엘 장로들은 이러한 표면적인 이유를 내세워 이웃의 나라들처럼 왕을 세워 이스라엘을 다스리게 하라고 요구합니다. 모세가 예언한 대로, 때가 되면 이스라엘에 왕정王政제도가 도입이 되는 것이 순리입니다(신명기 17:14). 하지만 지금 장로들이 요구하는 것은 모세의 예언을 따라 말씀을 성취하기 위한 것이 아니라, 자신들의 불신앙에서 비롯된 것입니다. 즉 자신들이 지금 주변 국가들에게 압제를 당하는 이유가 자신들의 우상숭배와 음란함 때문이라는 것을 인정하지 않고, 사사士師제도와 같은 신정神政 정치 때문이라고 생각하는 것입니다. 주님이 사무엘에게 말씀하십니다: "그들이 너를 버린 것이 아니라, 나를 버려서 자기들의 왕이 되지 못하게 한 것이다"(사무엘상 8:7).

하나님의 선택을 받는 사울은 '내가 왕이 아니라 하나님이 왕이십니다!!' 끊임없이 선포하며 증거해야만 했습니다. 그런데 그는 타인의 시선에 대한 두려움이 많은 자입니다. 하나님이 기름을 붓고 영을 주셨음에도 불구하고 세상 두려움을 떨치지 못합니다. 하나님의 적극적인 개입을 상징하는 제비뽑기로 사람들 앞에서 왕으로 선택을 받을 때, 그는 타인의 시선과 직분의 두려움에 짐보따리들 사이에 숨습니다. 왕이 되어 2년이 되었을 때에는, 그는 오직 사무엘만 할 수 있는 번제를 직접 드립니다. 사무엘을 7일 동안 기다리는 중에 백성들 사이에 동요가 일어나자, 그들이 두렵고 왕의 직분이 두려워 말씀과 예배를 이용한 것입니다.

하나님의 눈높이에서 벗어난 그것으로 그는 아웃입니다. 상황과 형편에 묶여 보이는 대로 사니 점차 미쳐갑니다. 하나님의 눈높이에서 하나님을 나타내야 할 사명자가 사람을 두려워하고 사람의 눈높이를 맞추려 이리 뛰고 저리 뛰며 사니 미칠 수밖에 없습니다. **육신이 늘 짓는 죄이며, 이렇게 하나님 자녀가 보이는 대로 사는 것이 저주입니다.** 약속의 땅에서는, 하나님은 이것을 절대로 용납하지 않습니다. 그 땅은 오직 은혜로만 충만해야 하기 때문입니다. 육신에게는, 자신의 존재 자체가 자신이 감당 못 할 '수고하고 무거운 짐'입니다. 죽어야 끝나는 일입니다. 자신을 부인하고 자기 십자가 짊어지고 죽기 전에 죽었음을 받아들여야, 참된 쉼을 얻습니다. '내가 그리스도와 함께 십자가에 못 박혔다'는 것이 진정한 복음입니다.

첫째 날 - 주야로 15분씩 임재 기도

여호수아 5:11-15:63

유월절을 지키고 그 땅의 소산물을 먹으니, 그다음 날 만나가 그칩니다. 그들은 이제 가나안 땅에서 나는 것을 먹어야 합니다. 즉 가나안 땅에 대한 심판과 구원이 시작됩니다. 하나님이 칼을 들고 먼저 앞서가는 거룩한 전쟁입니다. 여호수아와 백성들은 믿음의 실상을 간직하고 여리고 성을 돕니다. 그들은 모든 시선을 제사장들이 멘 법궤에 집중하고 귀로는 희년의 뿔나팔 소리를 들으며 주님의 말씀대로 생각하고 느끼며 침묵합니다. 그렇게 하루에 한 번씩 6일을 돌고, 7일째에는 일곱 번을 돕니다. 마지막 돌 때는, 백성이 일제히 큰 소리로 외치니 성벽이 무너져 내립니다. 창녀 라합과 식구들을 제외하고는 성과 그 안에 있는 모든 것을 전멸시켜 주님께 제물로 바칩니다.

그런데 아간이 전멸시켜 주님께 바쳐야 할 물건을 탐하여 숨깁니다. 그래서 하나님은 진노하셨고, 그들은 아이성 전투에서 패배합니다. 전쟁은 하나님께 속한 것이고, 그 승패 또한 하나님의 손에 달려 있습니다. 여리고 전투의 승리로 인한 기세와 아이성의 약함으로 인해, 쉽게 이길 수 있는 전투였음에도 불구하고 하나님께서 함께하지 않으니 이스라엘은 패배를 합니다. '전멸'에 대한 한 사람의 불순종으로 인해 공동체 전체가 패배를 경험합니다.

가나안이 전멸의 대상인 까닭을 알기 위해서는 노아 때까지 올라가야 합니다. 홍수심판 이후 인류는 노아 가족 8명으로 다시 시작합니다. 노아의 손주 가나안은 우리가 알 수 없는 어떤 이유로 할아버지의 저주를 받습니

다: "가나안은 저주를 받아 그의 형제의 종들의 종이 되기를 원하노라"(창세기 9:25). 가나안의 후손은 페니키아까지 퍼져 나갔는데, 그 지역을 '가나안'이라고 이름을 지었습니다(창세기 10:19). 가나안 땅에는 성적인 문란함이 심했습니다. 그런데 하나님은 갈대아 우르에서 **아브람을 불러내어 바로 그 가나안 땅으로 가라고 하십니다. 노아의 저주가 하나님의 은혜로 바뀌는 순간입니다.** 그 땅의 저주를 거둬내고 하나님 은혜로 가득한 땅이 되도록, 하나님께서 결정하신 것입니다. 그러므로 그 땅의 죄악은 전멸되어야 하고, 또한 그 땅은 언약의 땅이 되어야 했던 것입니다. 그런데 그 땅은 전멸될 만큼 죄악이 아직 가득하지 않습니다. 그래서 하나님은 아브라함에게 400년을 기다려야 한다고 말씀하신 것입니다: "네 자손은 사대 만에 이 땅으로 돌아오리니 이는 아모리 족속의 죄악이 아직 가득 차지 아니함이니라"(창세기 15:16). 약속의 땅을 정복할 때, 정말로 가나안 땅은 일곱 족속의 죄악으로 가득했으며 특히 성적인 타락이 극심했습니다.

출애굽 백성의 광야 40년 방황과 가나안 정복 이야기는, 새 언약 백성인 우리들에게는 본보기가 됩니다(고린도전서 10:6). 저주의 가나안 땅이 하나님이 친히 거하시는 은혜의 땅이 되기 위해서, 그 땅의 일곱 족속과 소유들이 전멸되어야 합니다. 같은 이치로 우리 혼이 온전히 하나님께 속하기 위해 우리의 육신과 자아는 전멸되어야 합니다. 그리고 악마의 세력 아래 놓여 있는 이 세상 또한 새 하늘과 새 땅이 되기 위해서는 마귀와 불순종의 세력들 모두가 유황이 타오르는 불바다로 던져져야 합니다. 여리고성이 무너지고 그 땅의 정복이 시작되었듯이, 그리스도의 십자가와 부활 승천으로 인해 이 땅에 그리스도의 몸이 세워지기 시작합니다. **사람의 저주가 하나님의 은혜로 바뀌는 전환점입니다.**

여호수아 군대가 강성해질수록 일곱 족속을 점차 물리칠 수 있었듯이, 우리의 심령이 강건할수록 천국을 침노해 들어가며 일곱 귀신을 물리치고 절대 안식에 들어가게 됩니다. 우리 혼이 본래 있어야 하는 주님 보좌로 돌아와 안식하는 것입니다. 주님은 안식하는 우리의 믿음을 받으시고 우리 몸(생각, 감정, 신체)을 통치하시며 하늘에서 이루어진 뜻을 이 땅에도 이루어지게 하십니다. 그리고 이 길 따라 우리 주 예수님 다시 오시어 영원한 그리스도의 나라를 새 하늘과 새 땅에 펼치십니다. 저주가 완전히 끊어지고 완성된 은혜가 영원히 펼쳐집니다.

여호수아 군대는 가나안 중앙을 정복합니다. 그리고 세겜의 에발산에서 돌제단을 쌓아 번제와 화목제를 주님께 드리며 모압에서 받은 갱신된 언약의 축복과 저주의 말을 일일이 그대로 이방인도 한 식구 된 회중에게 낭독합니다. 갈렙은 이방인 출신입니다. 출애굽 당시 다른 여러 민족들이 많이 그들을 따라 나섰고 이스라엘 가운데 섞여 살았습니다(출애굽기 12:38; 민수기 11:4). 갈렙은 가나안 지역 그니스 족속 출신인데, 유다 지파에 속했고 그 지파 대표가 되어 가나안 정탐에 참여합니다. 그리고 지금 하나님께서 남유다 수도가 될 헤브론을 약속대로 갈렙에게 주십니다. 열방과 이방을 향한 하나님의 섭리입니다. 한편, 여호수아 군대는 가나안 남방과 북방을 정복하는데, **승리의 이유는 오직 하나님입니다**: "주 이스라엘 하나님이 이스라엘의 편이 되어 싸우셨기 때문에, 여호수아는 단번에 이 모든 왕과 그 땅을 손에 넣었다"(여호수아 10:42). 주님께서 모세에게 말씀하신 대로, 여호수아는 모든 땅을 점령하여 이스라엘 지파의 구분을 따라 제비뽑기로 유산으로 줍니다. 하나님께서 땅 분배에 적극 개입한 겁니다(여호수아 14:2, 5). 그래서 그 땅에서는 전쟁이 그치고, 사람들은 평화를 누리게 됩니다.

둘째 날 - 주야로 15분씩 임재 기도

여호수아 16-24장

가나안 땅 정복과 분배의 주체는 우리 주 여호와 하나님이십니다. 그래서 가나안 땅 정복과 분배에서 하나님의 통치가 나타났던 것입니다. 백성들의 함성에 여리고 성벽이 무너져 내렸습니다. 기브온 전투때에는 우박이 떨어지고 태양이 중천에 머물기도 했습니다. 그 땅에 하나님의 통치가 나타나니, 사방의 모든 원수들이 속절없이 이스라엘의 손에 넘겨집니다. 그래서 그들의 원수 가운데 어느 누구도 그들에게 대항하지 못합니다. 주 여호와께서 주변의 모든 원수를 멸하시어 이스라엘에게 안식을 주십니다. 다르게 표현하면, 이스라엘 족속에게 약속하신 모든 선한 말씀이, 하나도 어긋남이 없이 그대로 다 이루어집니다(여호수아 23:1, 21:45).

　　오랜 세월이 흘러서 여호수아도 나이가 많이 들었고 늙었습니다. 여호수아는 23장에서 지도자들을 불러 고별연설을 합니다. 연설의 골자는, 당신들의 주 여호와 하나님께서 당신들 편에서 싸우셨기 때문에 당신들이 지금 평안하게 살고 있다는 것입니다. 그러므로 전심으로 하나님을 사랑해야 계속 안식하며 살 수 있는데, 만약 그렇게 하지 않으면 젖과 꿀이 흐르는 이 좋은 땅에서 당신들이 멸망하게 된다는 것입니다. 가나안 땅은 저주가 끊어지고 하나님의 은혜로 덮인 좋은 땅입니다. 그런데 가나안 족속들은 여전히 저주의 그늘 아래 은혜를 대적하고 있습니다. 그렇게 계속 역겨운 짓을 하고 있는 이방인과 혼인관계를 맺으며 이 땅을 더럽히면, 땅이 가나안 일곱 족속을 토해 내었듯이 이스라엘 민족 또한 토해 내칠 것임을 경고합니다(여호수아 23:13-16; 레위기 18:28-29).

이러한 여호수아의 고별연설은 우리에게 새 언약의 말씀을 떠올리게 합니다. 그리스도께서 우리를 해방시켜 자유를 누리게 하십니다. 그러므로 굳게 서서 다시는 종살이의 멍에를 메지 말아야 합니다. 그 자유를 육체의 욕망을 만족시킬 기회로 삼지 말고, 오직 사랑으로 서로 섬겨야 합니다. 육체의 욕망은 성령을 거스르고, 성령이 바라시는 것은 육체를 거스릅니다. 이 둘이 서로 적대관계에 있기에, 우리가 양다리를 걸치고 오락가락하면 원하는 일을 할 수 없게 됩니다(갈라디아서 5:1, 16-17). 육신을 따라 살면 죽습니다. 그러나 성령으로 몸의 행실을 죽이면 삽니다. 육신의 생각은 하나님과 원수가 되고 사망을 열매 맺지만, 영의 생각은 생명과 평강입니다(로마서 8:6-13).

여호수아는 백성들을 세겜에 모이게 합니다. 이스라엘 역사를 회고하시는 하나님 말씀을, 여호수아가 하나님 임재 가운데 대언합니다. 23장 2-13절의 대언말씀에서 '내가'라는 단어가 원문 기준으로 16번 반복됩니다. **'내가'는 '나 주 여호와 I AM WHAT I AM'과 동일합니다.** 한 사람 아브람을 불러서 지금 이 가나안 땅에 한 민족이 서기까지의 모든 역사의 주체는 하나님이십니다. 그러기에 그 역사의 줄기속에 끊임없이 하나님의 통치가 나타난 것입니다. 이것을 근거로 여호수아는 백성들에게 결단을 촉구합니다: "당신들이 어떤 신들을 섬길 것인지를 오늘 선택하십시오. 나와 나의 집안은 주님을 섬길 것입니다"(여호수아 24:15). 오직 주 여호와만을 섬기겠다는 백성들에게, 여호수아는 경고합니다: "만일 당신들이 주님을 저버리고 이방 신들을 섬기면, 그는 당신들에게 대항하여 돌아서서, 재앙을 내리시고, 당신들에게 좋게 대하신 뒤에라도 당신들을 멸망시키시고 말 것입니다"(여호수아 24:20).

백성들은 오직 여호와만을 섬기겠다고 재차 말합니다. 그러자 여호수아는 그 말의 증인은 바로 그들 자신임을 상기시키며 자신들의 심중heart을 하나님께 향하게 합니다. 백성은 화답합니다: "우리가 주 우리의 하나님을 섬기며, 그분의 말씀을 따르겠습니다"(여호수아 24:24). 여호수아는 이 모든 말씀을 율법책에 기록하고 큰 돌을 취하여 증거물로 삼습니다. 주님께서 백성에게 하신 모든 말씀을 그 돌이 들었기 때문입니다(여호수아 24:27). 그날 여호수아는 세겜에서 백성들과 언약을 세우고, 그들이 지킬 율례와 법도를 만들어 주어 각각 유산으로 받은 땅으로 돌려보냅니다. 이 일을 마친 다음에, 여호와의 종 눈의 아들 여호수아는 죽습니다. 그때 그의 나이는 110세입니다.

셋째 날 – 주야로 15분씩 임재 기도

———

사사기 1-8장

가나안 땅입니다. 노아의 저주를 끊고 하나님 은혜로 덮어 젖과 꿀이 흐르는 좋은 땅입니다. 순종하면 복입니다. 말씀대로 생각하고 말하고 느끼고 선포하면, 주님의 통치가 그 땅에 나타나 약속하신 복들을 온전히 누릴 수 있는 땅입니다. 믿음으로 살면 됩니다. 그래서 여호수아의 신신당부에 백성은 화답하며 오직 은혜, 오직 믿음, 오직 말씀으로 살겠다고 선언합니다. 여호수아가 죽은 후에, 유다 지파는 말씀대로 생각하고 말하며 오직 믿음으로 나아가니 주 여호와께서 그들과 함께하십니다. 그래서 그들은 예루살렘과 헤브론을 비롯한 산간지방을 차지합니다. 그런데 그들은 철 병거로 방비하고 있는 낮은 지대 거민들은 쫓아내지 못합니다. 다른 지파들도 가나안 사람들을 쫓아내지 못하고 서로 섞여 살며 부역꾼으로 삼습니다. 불신앙과 불순종입니다.

그 결과, 하나님께서 통치할 수 없었고 저주의 열매가 남겨질 수밖에 없습니다(사사기 2:1-3). 그들은 조상들의 하나님 여호와를 버리고 가나안의 바알과 아스다롯 우상을 섬깁니다. 하나님은 그들을 약탈자들의 손에 넘기십니다. 그들이 구원을 호소하면, 주님은 사사들을 일으켜 그들을 구원하게 하십니다. 즉 주님은 사사들을 통하여 그 땅을 통치하신 것입니다. 이것은 사사기 전체를 걸쳐 '반역-보응-회개-구원'의 패턴을 보이며 점점 더 신앙이 쇠락하는 모습을 나타냅니다.

가나안 땅은 여전히 사람의 저주가 끊어지고 하나님의 은혜가 덮인 곳입니다. 하나님께서 그 땅의 주인이시며, 그 땅을 통치하십니다. 그러므로 하나님은 모세와 여호수아를 알지 못해 주 여호와 하나님을 알 수도 없는 새로운 세대를 '반역-보응-회개-구원'의 패턴으로 빚으십니다. 주님은 토기장이시며 새로운 세대는 빚음을 받는 토기입니다. 이스라엘이 불순종하여 그 땅을 완전히 정복하지 못했어도, 주 여호와께서 원하셨으면 넉넉히 정복하셨을 겁니다. 그러나 주님은 백성의 선택과 의지를 존중하고, 실패와 패배를 오히려 연단의 도구로 사용하시며 통치하십니다. 주님은 백성들이 그 땅을 정복하지 못하고 오히려 그 땅의 약탈자들에 의해 정복을 당할 때마다 구원자 사사를 일으켜 자기 백성을 살리십니다. 주님은 메소포타미아 왕을 물리친 갈렙의 사위 옷니엘을 통해 통치하십니다. 모압 왕을 죽이며 '나를 따르라' 명하는 왼손잡이 에훗을 통해 그 땅을 다스리십니다. 막대기로 블레셋을 물리친 삼갈을 통해 구원의 손길을 내미십니다. 가나안 왕의 철병거를 물리친 여선지자 드보라를 통해 구원의 은혜를 나타내십니다. 300명의 용사로 미디안을 물리치고 바알제단을 파괴한 기드온을 통해, 그 땅의 왕은 오직 주 여호와 하나님이심을 나타내십니다.

약속의 땅에 죄악이 넘쳐나도 그 땅을 향해 아브라함과 이삭과 야곱과 맺은 언약은 변치 않습니다. **하나님께서 한번 끊으신 저주는 하나님의 은혜를 이길 수 없습니다.** 하나님께서 그 땅의 주인 되시어 다스리시니, 백성들이 반역하여도 보응과 고난 가운데 다시금 주님을 찾습니다. 지은 죄보다 그냥 베푸시는 은혜가 한량없이 크십니다. 그래서 젖과 꿀이 흐르는 좋은 땅입니다. 새 언약 가운데 있는 우리에게 같은 이치가 작동됩니다. 주 예수님의 십자가는 이 땅의 저주를 끊고 하나님의 사랑과 은혜로 이 땅을 덮습니다. 내가 지은 죄보다 그냥 주시는 하나님의 은혜와 사랑이 언제나 훨씬 더 큽니다. 비교할 수 없습니다. 십자가를 통과하여 그리스도 안에 머무는 하나님 자녀들이 비록 연약하여 육신을 좇아도, **주님은 고난을 통해 다시금 자녀들을 부르십니다. 연단을 통해 정금같이 됩니다. 신부 단장입니다.** 단장을 마치면 영원세계로 들어가는 겁니다. 아멘 주 예수님, 속히 오소서!!

넷째 날 - 주야로 15분씩 임재 기도

사사기 9-16장

사사들을 통한 하나님의 통치에 문제가 생기기 시작합니다. 백성들의 죄악이 심해졌고, 사사들 자체도 점차 변질되어 갔기 때문입니다. 거짓 사사 아비멜렉이 그 시작입니다. 그는 사사가 아닙니다. 아버지 기드온의 죄악을 보고 배우다가, 아버지가 죽자 그는 기회를 포착합니다. 형제들 70명을 죽이고 스스로 왕이 된 것입니다. 사사 야일은 아들 서른 명이 있었는데, 그들은 각각 나귀를 타고 다녔고 성읍도 서른 개나 있었습니다. 재벌 사사입니다. 또한 백성들은 주님께서 보시는 앞에서 악을 저지릅니다. 그들은 바알들과 아스다롯과 아람과 시돈과 모압과 암몬의 신들과 블레셋의 신들을 섬깁니다. 주 여호와를 버리고 더 이상 주님을 섬기지 않습니다. 그래서 주님은 크게 진노하시어 그들을 블레셋과 암몬의 손에 내어줍니다. 그들은 18년 동안이나 억압당하며 고통이 극심해 부르짖습니다: "우리가 우리 하나님을 저버리고 바알을 섬기어, 주님께 죄를 지었습니다"(사사기 10:10).

이제 하나님은 구원을 주저하십니다. 그들에게 말씀하십니다: "내가 너희를 이집트 사람과 아모리 사람과 암몬 사람과 블레셋 사람에게서 구원하지 아니하였느냐? … 그런데도 너희는 나를 저버리고 다른 신들을 섬겼다. 그러므로 내가 다시는 너희를 구원하여 주지 않을 것이니, 너희가 선택한 신들에게나 가서 부르짖어라. 너희가 괴로울 때에 그들에게 가서 구원하여 달라고 해라"(사사기 10:11-14). 그러자 백성은 더 철저히 회개하며 이방 신들을 제거합니다. 그래서 하나님은 극심한 고통 가운데 있는 그들을 불쌍히 여겨 다시금 사사 입다를 일으켜 세웁니다. 겨우 '반역-보응-회개-

구원'의 패턴이 유지됩니다. 하지만 그것도 잠시일 뿐이고 점점 더 변질되고 타락하여 영적 가치를 잃고 세속화되어 가는 사사들입니다. 사사 입산은 자식들을 정략결혼 시켜 동맹관계를 맺습니다. 정치가인지 사사인지 구별이 안 됩니다. 사사 압돈은 아들 손주 70명에게 나귀를 타고 다니게 하였으니, 일부다처에 대재벌 사사입니다.

극심한 타락 속에 백성은 이제 죄와 고통에 무감각해져 블레셋의 그늘 아래 그냥 삽니다. 즉 고통 속에서도 회개하지 않습니다. '반역-보응-회개-구원'의 패턴에서 '회개'가 사라진 겁니다. 따라서 하나님은 그 패턴을 버리고 새롭게 사사를 일으킵니다. 삼손의 등장입니다. 백성들의 고통과 간구에 반응하여 사사를 일으킨 것이 아닙니다. 주 여호와께서 블레셋 40년의 압제를 끊기 위해 먼저 움직이십니다. 주님의 천사가 삼손의 어머니에게 삼손의 잉태를 알려 줍니다(사사기 13:5). 성경에 수태고지受胎告知는 4명뿐입니다. 삼손의 사명은 블레셋을 물리치는 것입니다. 그래서 주님은 그 계기를 마련하고자 삼손에게 블레셋 여인을 아내로 줍니다. 동족 유다 사람들은 자기들 살려고 삼손을 블레셋에 넘기지만, 삼손은 동족의 배반에 저항하지 않습니다. 끌려가지만 오히려 그것을 통해 블레셋을 죽이는 사명을 감당합니다. 삼손은 들릴라를 사랑하여 블레셋의 올무에 걸려 사명줄을 놓칩니다. 하지만 그의 머리털은 다시 자라납니다. 주 여호와는 삼손의 주체가 되시고 삼손을 통해 하나님 자신을 나타내십니다. 삼손이 죽으면서 죽인 사람이, 그가 살았을 때에 죽인 자보다 더욱 많았습니다.

히브리서 11장에서는, 삼손을 사무엘과 다윗의 반열에 함께 세웁니다(32절). 성경은 평생 여자와 정욕 때문에 생고생한 삼손을 주목하지 않습니다. 성경의 주체는 하나님이시고 통치하심 또한 하나님이십니다. 따라서 성경은 삼손을 통하여 나타나신 하나님을 주목합니다. 다르게 말하면, 하나님의 통치를 허용하고 수종을 든 삼손의 믿음에 주목합니다. "여호와의 영이 삼손에게 강하게 임하니"라는 표현이 4번이나 반복됩니다(사사기

13:25, 14:6, 14:19, 15:14). 또한 동족은 블레셋과 타협하며 자기 살길을 찾고 추구할 때, 삼손은 사명을 감당하며 하나님의 통치하심을 그 땅에 드러냅니다. 그리고 마지막에는 자기의 목숨을 사명 완수와 맞바꿉니다. 그의 이와 같은 믿음은 사무엘과 다윗에게로 이어집니다. 즉 삼손에게서 시작된 블레셋 정복은 다윗에게 이르러 완성됩니다. 하나님의 주권과 섭리입니다.

다섯째 날 - 주야로 15분씩 임재 기도

사사기 17-21장

사사들 이야기는 삼손을 마지막으로 16장에서 끝납니다. 17-21장은 두 개의 에피소드로 구성된 부록에 해당됩니다. 시기적으로는 조상들의 하나님을 알지 못하는 새로운 세대가 가나안 문화에 정복당하기 시작한 초창기 때 이야기입니다. 여호수아가 죽은 후 10년 안팎이었고, 또 주님께서 이스라엘에게 베푸신 큰일들을 눈으로 직접 본 장로들도 대부분 죽었을 때입니다. 모세나 여호수아처럼 하나님의 통치를 나타내는 지도자가 없었기에, '그때에는 이스라엘에 왕이 없었으므로'라는 표현을 반복하여 강조하고 있습니다(사사기 17:6, 18:1, 19:1, 21:25). 사람들은 저마다 자기의 뜻에 맞는 대로 살기에 생겨난 타락의 에피소드입니다.

두 개의 에피소드 다 성령을 따르지 않고 자신들의 육신의 소욕을 따릅니다. 따라서 적자생존 즉 '먹느냐 먹히느냐'의 양상을 갖습니다. 그리고 스토리의 중심에 둘 다 타락한 레위인이 있습니다. 레위인은 하나님이 자신들의 몫이었기 때문에 땅 분배를 받지 못합니다. 대신에 모든 지파들의 기업들 중에서 48성읍을 받아 생활합니다(여호수아 21:41). 여기서 추론해 볼 수 있는 것은, 모세나 여호수와 같은 한 사람의 지도력을 통해 하나님의 통치가 나타나는 것이 아니라, 레위 지파를 중심으로 각 지파마다 주님 앞에서 자치적으로 살아가는 시스템을 통해 하나님의 통치가 나타난다는 것입니다. 레위 지파가 예배를 인도하고 백성들은 예배에 성공하여 자기 뜻이 아닌 하나님의 뜻을 붙잡고 살아가는 종교와 정치가 일치된 시스템입니다. 이것은 새 언약의 백성들이 그리스도 안에서 기이한 빛 가운데로 들어가 '누구든지' 왕 같은 제사장이 되어 하나님의 통치를 나타내는 하나님 나라와 같은 맥락입니다. 그런데 가나안 풍토에 오히려 정복을 당하는 12지파가 예배와 십일조를 철저히 할 일이 전혀 없었고, 그 결과 레위인들 또한 자신들 일을 소홀히 하고 각자 먹고살 길을 도모합니다. 그래서 여호수아가 죽고 난 후 얼마 안 가 제정일치의 시스템은 붕괴되고 주의 백성들은 모두가 각자 자신의 소견을 따라 왕 노릇 하며 살다 보니 생겨나는 난장판 스토리 2개입니다.

첫 번째 에피소드에 등장하는 레위인은 모세의 손자 요나단입니다(사사기 18:30). 이방 문화에 정복당한 이스라엘 레위인의 종교적인 타락상을 묘사하고 있습니다. 윤리 도덕은 없고 기복신앙과 혼합신앙(에봇과 드라빔)을 가진 돈 많은 한 가정의 우상숭배가 있습니다. 그리고 여기에 근무지를 이탈하고 방황하던 레위인이 삯꾼 목사로 합세합니다. 그런데 한 가정에서 비롯된 우상숭배의 스토리가 한 지파로 확장됩니다. 단 지파는 처음부터 아모리인들에게 쫓겨 자리를 못 잡고 떠돕니다(사사기 1:34). 그러다가 미가의 집에서 레위 제사장을 만나 그가 모세의 손자인 것을 알고는 단 지파의 제사장으로 스카우트합니다. 요나단은 미가 집에서 제사장 노릇을 하다가 이제는 단 지파의 제사장이 된 것입니다. 그리고 그의 자손이 계속 단 지파의 제사장이 되어, 그 땅 사람들이 포로로 잡혀갈 때까지 그 일을 맡았습니다. 실로에 하나님의 성소가 있음에도 불구하고, 미가 집에서 만든 우상을 그대로 두고 계속 섬겼을 뿐만 아니라 단 지파가 자기들이 섬길 신상을 만들어 세운 것도 함께 섬긴 것입니다.

두 번째 에피소드는 아론의 손자 비느하스가 제사장으로 있을 때 발생한 사건입니다(사사기 20:28). 첫 번째 에피소드가 레위인의 종교적인 타락을 묘사했다면, 두 번째 에피소드는 이방 문화에 정복당한 레위인의 윤리 도덕적인 타락상으로 인해 결국에는 온 나라가 전쟁을 하게 되는 스토리입니다. 한 레위인이 축첩하여 생겨난 개인적인 부도덕함을 샘플로 제시되며 스토리가 시작되는데, 개인의 분노를 나라 전체로 확산시켜 개인의 부도덕함이 나라 공동체 전체로 확산됩니다, 그리고 하나님의 백성인 지파들 간에 전쟁이 일어납니다.

이러한 배경에서 사사기는 시작됩니다. 갈수록 타락하여 삼손 때에는 블레셋의 압제 아래 있습니다. 그러나 그럼에도 불구하고 약속의 땅에 사람의 저주는 끊어졌습니다. 가나안은 언약의 땅입니다. 하나님의 은혜는 그 땅을 떠나지 않습니다. 그러므로 사람의 죄악보다 용서해 주시는 그 은혜가 비교할 수 없을 만큼 크기에, 그 땅의 주체는 여전히 주 여호와 하나님이십니다. 하나님의 통치가 사사들을 통해 나타나니, 난장판이 된 그 땅에 여전히 젖과 꿀은 흐릅니다. 사람의 죄악의 깊이와 그것을 덮고도 남는 하나님의 은혜를 가늠해 볼 수 있는 사사기 읽기입니다.

여섯째 날 - 주야로 15분씩 임재 기도

룻기 1-4장; 사무엘상 1-7장

이방 여인 룻은 다윗의 증조 할머니입니다. 사사 시대의 중반기 숨이 막힐 때, 산소 같은 여인 룻을 통해 숨통을 트이게 하는 스토리입니다. 아브람이 약속의 땅에 심한 기근이 들자 애굽으로 내려갔다가 큰 어려움을 겪었듯이, 이때에도 그 땅에 흉년이 들자 유다 지파의 한 가정이 아내와 두 아들을 데리고 모압 지방에 내려가 고초를 당하면서 스토리는 시작됩니다. 남편은 죽고 나오미는 두 아들에게 모압 여자를 아내로 맞아 살게 합니다. 그런데 십 년 세월에 두 아들도 죽고 며느리 둘과 자신만 남습니다. 그리고 하나님께서 고향 땅에 복을 베푸셔서 기근이 해결되었다는 소식을 듣고 집으로 돌아갑니다. 가던 중에 나오미는 두 며느리에게 축복하며 각자 길을 가도록 권합니다(룻기 1:11-13).

첫째 며느리는 시어머니의 말을 따라 작별인사를 하고 떠납니다. 그러나 룻은 오히려 시어머니 곁에 더 달라붙으며 말합니다: "나더러, 어머님 곁을 떠나라거나, 어머님을 뒤따르지 말고 돌아가라고는 강요하지 마십시오. 어머님이 가시는 곳에 나도 가고, 어머님이 머무르시는 곳에 나도 머무르겠습니다. 어머님의 겨레가 내 겨레이고, 어머님의 하나님이 내 하나님입니다. 어머님이 숨을 거두시는 곳에서 나도 죽고, 그곳에 나도 묻히겠습니다. 죽음이 어머님과 나를 떼어놓기 전에 내가 어머님을 떠난다면, 주님께서 나에게 벌을 내리시고 또 더 내리신다 하여도 달게 받겠습니다"(룻기 1:16-17). 룻의 이러한 태도는, 자신을 부인하고 자기 십자가를 짊어지고 주 예수님을 따르던 제자들과 베드로를 떠올리게 합니다: "나더러, 예수님 곁을 떠나라거나, 예수님을 뒤따르지 말고 돌아가라고는 강요하지 마십시오. 예수님이 가시는 곳에 나도 가고, 예수님이 머무르시는 곳에 나도 머무르 겠습니다. 예수님의 겨레가 내 겨레이고, 예수님의 하나님이 내 하나님입 니다. 예수님이 숨을 거두시는 곳에서 나도 죽고, 그곳에 나도 묻히겠습니 다. 죽음이 예수님과 나를 떼어놓기 전에 내가 예수님을 떠난다면, 주님께 서 나에게 벌을 내리시고 또 더 내리신다 하여도 달게 받겠습니다."

나오미의 뜻은 기쁨입니다. 그런데 자신의 이름 뜻과는 반대로 괴로 움 자체가 되어 고향에 돌아옵니다. 사무엘의 엄마 한나도 그 뜻은 '은혜를 입은 자'인데, 오히려 괴로움 자체가 되어 삽니다. 성경은 이러한 여인네들 이 본래 자신의 정체성을 찾는 과정을 통해 사사 시대가 끝나고 다윗의 왕 국이 펼쳐지는 디딤돌 역할을 하였음을 증언합니다. 아담의 갈비뼈인 하와 가 사명을 감당하는 스토리입니다. 나오미는 이스라엘의 고엘제도를 이용 하여 재혼할 수 없는 며느리를 결혼시킵니다. 며느리 룻은 아들을 낳았는 데, 이웃 여인들은 '나오미가 아들을 보았다!' 하여 아기의 이름을 오벳이라 고 지었습니다. 기쁨이 넘쳐납니다. 오벳은 다윗의 할아버지입니다. 한편, 한나는 남편의 극진한 사랑에도 자신의 빈 곳을 채울 수 없습니다. 오직 하 나님께 나아가 자신의 모든 것을 쏟아부어 간구합니다: "이 종에게 아들을 하나 허락하여 주시면, 저는 그 아이의 한평생을 주님께 바치고, 삭도를 그 의 머리에 대지 않도록 하겠습니다"(사무엘상 1:11). 주 여호와께서 한나를 기억하시니, 그녀는 임신을 합니다. 아들을 낳으니, 주님께 간구하여 얻는 아들이라고 하여 사무엘이라고 이름을 짓습니다. 은혜가 넘쳐납니다. 한나 는 그렇게 하나님께 받은 은혜를 나타내기까지 쉬지 못합니다. 그리고 마 침내 그 은혜를 나타내었고, 그것이 디딤돌이 되어 이스라엘 역사는 새로 운 페이지로 넘어갑니다.

아기 사무엘은 하나님께 바쳐졌고, 그는 성막에서 자라며 양육을 받 습니다. 그 당시에는 여호와의 말씀이 희귀했고 환상도 자주 나타나지 않았습니다. 그런데 주님께서 어린 사무엘에게 나타나 말씀하십니다: "내가 이제 이스라엘에서 어떤 일을 하려고 한다"(사무엘상 3:11). 사무엘이 자랄 때에 주님이 그와 함께하시니, 온 이스라엘이 그가 주님이 세우신 예언자 임을 알게 됩니다. 사무엘이 말을 하면, 온 이스라엘이 경청을 합니다. 블레셋에게 빼앗겼던 주 여호와의 궤가 돌아옵니다. 이스라엘 온 족속은 주 여호와를 사모합니다. 이때 하나님은 사무엘을 사사 시대에서 왕정시대로 넘어가는 과도기의 리더로 내세우십니다. 사무엘은 이스라엘의 마지막 사사이며 선지자와 제사장직을 겸한 하나님의 종으로 데뷔합니다. 그의 취임 첫 일성입니다: "여러분이 온전한 마음으로 주님께 돌아오려거든, 이방의 신들과 아스다롯 여신상들을 없애 버리고, 주님께만 마음을 두고 그분만을 섬기십시오. 그러면 주님께서 여러분을 블레셋 사람의 손에서 건져 주실 것입니다"(사무엘상 7:3). 백성은 말씀에 복종하여 회개하였고, 사무엘과 쳐들어오는 블레셋을 격퇴하며 구원을 가져옵니다. 사무엘이 살아 있는 동안에는 주 여호와의 손이 블레셋 사람을 막아 주십니다(사무엘상 7:13).

일곱째 날 - 주야로 15분씩 임재 기도

사무엘상 8-14장

육신으로는 하나님을 믿고 섬길 수 없습니다. 먹고살 걱정을 본능적으로 먼저하기 때문입니다. 가나안 일곱 족속이 그랬고 사무엘 시대의 이웃 민족들 또한 먹고살 걱정 가운데 왕들이 세워집니다. 하지만 하나님의 기이한 빛 가운데서 바라볼 때에, 먹고살 걱정 속에 보이는 것에 붙잡혀 끌려가는 삶이 곧 저주입니다. 하나님께서는 이 저주를 끊고 하나님의 은혜로 통치하기 위하여 자신의 백성을 가나안 땅에 들어가게 하십니다.

그런데 백성들은 가나안 문명을 완전히 정복하지 못했고, 그리고 이제는 오히려 이방 문화를 부러워하며 열방의 왕들처럼 자신들에게도 왕이 있어야 잘살 수 있다며 왕을 요구합니다. **그들의 눈높이는 '모든 이방 나라들처럼'입니다.** 사사 시대 때의 '반역-보응-회개-구원'의 패턴은 이미 무너졌습니다. 백성들이 고통과 괴로움을 구원의 메신저로 간주하는 것에서 한 발을 빼고 쉽고 넓은 길을 찾는 것입니다. **그들은 하나님의 징계를 받아 겪게 되는 위기의 원인을 외면합니다.** 그리고 이방 민족처럼 자신들도 왕을 세워 정치체제를 개혁함으로 강한 국가를 만들겠다는 것입니다. 야곱의 부러진 허리에서 나와 출애굽하여 오직 하나님 은혜로 약속의 땅에 들어가 자리를 잡은 백성들, 그래서 오직 하나님으로만 자신의 정체성을 가질 수 있는 민족이라고 할 때, 이것은 자신들의 왕인 하나님을 향한 엄청난 쿠데타입니다.

가나안입니다. 사람의 저주를 끊고 하나님의 은혜로 젖과 꿀이 흐르는 땅입니다. 그러므로 우리 주 여호와 하나님은 육신의 요구도 품으시며 자신의 언약을 스스로 성취해 나가십니다. 하나님은 12지파 중 가장 작은 베냐민 지파, 그리고 그 지파 모든 가족 중에서 가장 미약한 집의 사울을 선택합니다. 사무엘이 사울의 머리에 기름을 붓습니다. 스스로의 힘으로 왕이 된 것이 아니라, 오직 하나님에 의해서 세워졌다는 뜻입니다. 하나님의 영이 사울에게 임하니, 그는 이전과는 다른 사람이 됩니다. 하나님이 함께하는 자입니다. 이제 사무엘은 모든 지파를 불러 그들이 요구하는 대로 제비뽑기로 왕을 선출합니다. 하나님의 개입으로 인해 하나님이 선택한 사울이 뽑힙니다. 사울은 야베스 사람들을 암몬 족속의 공격에서 구원합니다. 하나님이 사울과 함께했기 때문임을 사울 자신이 몸소 체험한 것입니다. 사무엘은 모든 백성을 길갈로 모이게 하여 주 여호와 앞에서 사울을 왕으로 세웁니다. 길갈은 오직 은혜로 요단강을 건넌 백성들이 할례를 받고 자신들의 왕은 오직 주 하나님이심을 온 세상에 알린 베이스 캠프입니다. 그러므로 이제 왕으로 세워진 사울의 사명은 '자신들의 진정한 왕은 주 여호와 하나님이심'을 순간순간 증거하는 것입니다.

하지만 사울은 그러한 기대를 저버리고 첫째 아담의 길을 갑니다. **그의 눈높이는 하나님이 아닌 '열방의 왕들처럼'입니다.** 왕이 된 지 햇수로 2년차에 세상 왕들처럼 정예군사를 모집합니다. 그리고 블레셋 수비대를 먼저 공격합니다. 그리고 나서 '거룩한 전쟁'을 위해 나팔을 불어 12지파의 백성들이 길갈에 모이도록 소집령을 내립니다. 블레셋 또한 엄청난 군대를 모아 싸우러 옵니다. 이스라엘 사람들은 기세가 눌려 도망하거나 숨었고, 사울과 함께 길갈에 남은 백성들은 두려움에 떨었습니다. 사울은 사무엘의 명령을 따라 7일을 기다렸는데, 그 사이에 백성은 떠나 흩어지기 시작합니다. 그래서 사울은 사무엘만 할 수 있는 번제를 자신이 직접 올립니다. 그러고 나자 사무엘이 도착합니다. 사울은 변명합니다: "백성은 나에게서 떠나 흩어지고, 제사장께서는 약속한 날짜에 오시지도 않고, 블레셋 사람은 믹마스에 모여들고 있었습니다. 이러다가는 제가 주님께 은혜를 구하기도

전에, 블레셋 사람이 길갈로 내려와서 칠 것 같은 생각이 들어서, 할 수 없이 번제를 드렸습니다"(사무엘상 13:11-12).

보이는 것을 따라 자신의 경험과 지식에 근거하여 판단하고 행동한 것입니다. 첫째 아담처럼 하나님 말씀에 자신의 생각을 첨가한 것입니다. 열방의 왕과 똑같은 눈높이입니다. 믿음이 아닙니다. 하나님을 이용하는 처사입니다. 사무엘은 말합니다: "해서는 안 될 일을 하셨습니다. … 이제는 임금님의 왕조가 더 이상 계속되지 못할 것입니다. 주님께서 임금님께 명하신 것을 임금님이 지키지 않으셨기 때문에, 주님께서는 달리 마음에 맞는 사람을 찾아서, 그를, 당신의 백성을 다스릴 영도자로 세우셨습니다"(사무엘상 13:13-14).

사울의 시선은 하나님이 아닌 타인과 자신에게 늘 향합니다. 사울은 자신과 백성의 기대를 따라 늘 전쟁에서의 승리를 생각했고 실제로 이깁니다. 그러나 하나님 눈높이에는 맞지 않는 자입니다. 하나님께서 자신의 마음에 합한 다른 자를 따로 정합니다. 그는 하나님의 눈높이에서 늘 하나님의 눈과 마주치며 시선을 떼지 않는 자입니다. 다윗입니다.

주일: 사무엘상 15-20장

· 사울은 두 번째로 아웃당합니다. 주님이 그를 버리십니다.

· 다윗은 기름 부으심을 받아 골리앗과 블레셋을 물리칩니다.

· 다윗은 광야 10년 동안 하나님 임재 연습을 죽도록 합니다.

월: 시편 59, 1-17편

· 광야로 도망치며 절규의 탄식을 합니다. 동시에 모든 시선을 주님께 드리며 자신의 힘과 요새이신 주님만을 바라봅니다.

· 영원히 현존하시는 하나님 임재로 인한 즐거움과 경배입니다.

화: 사무엘상 21-25장; 시편 52-57, 34편

· 혹독한 연단 가운데 정금처럼 빚어지는 다윗입니다.

· 선악의 잣대는 다윗을 죽입니다. 생명은 다윗을 살립니다.

· 기름 부음을 받았다는 이유 때문에, 다윗은 사울 왕을 살려줍니다.

수: 사무엘상 26-30장; 시편 22-28편

· 궁지에 몰린 다윗이 사울 왕을 죽일 절호의 기회를 두 번째 갖지만, 살려주고 자신은 시글락으로 피신합니다. 정금처럼 단 하나의 소원이 빚어졌습니다: 본향에서 하나님을 즐거워합니다.

목: 사무엘상 31장; 사무엘하 1-7장

· 다윗은 유다 지파의 왕으로 기름 부음을 받습니다.

· 다윗은 통일왕국의 왕으로 기름 부음을 받습니다.

· 주님은 다윗과 언약을 맺으며 그 길 따라 그리스도 오십니다.

금: 시편 29-41편

· 연단 가운데 정금처럼 빚어지는 하나님 임재 연습입니다.

· 찬양과 감사와 탄식과 간구와 구원이 어우러진 시편입니다.

· '주체'가 바뀌는 경험이 어떠한가를, 엿보게 합니다.

토: 사무엘하 8-12장; 시편 60, 51편

· 어디를 가든지 이기게 하시는 하나님. 백전백승의 다윗.

· 선 줄로 알면 넘어질까 조심. 다윗의 범죄와 회개.

· '사람의 도움이 헛되니' - 하나님을 아는 자의 간구입니다.

기름 부음을 받은 두 왕 이야기

5주 차 성경 읽기는 왕으로 기름 부음을 받는 두 사람의 이야기가 전개됩니다. 성경에서 '기름 부음을 받았다'고 말씀할 때, 그것은 하나님께 구별하여 드려졌다는 의미를 갖습니다. 하늘에서 이루어진 뜻을 이 땅에서 이루어지게 할 때에, 하나님께서는 어떤 특정한 사람을 선택하여 구별하여 세우시며 기름을 부으십니다. 이때 하나님의 영이 그와 함께합니다. 그 결과, 기름 부음 받은 자를 통하여 이 땅에 하나님 자신의 주권을 세우시고 통치하시며 그 뜻을 이루십니다. 그래서 제사장을 세울 때, 그에게 기름을 부으십니다(출애굽기 30:30). 선지자를 세울 때에도 기름을 부으시고(열왕기상 19:16), 사울을 왕으로 세울 때에도 기름을 부으십니다(사무엘상 10:1).

기름 부음 받은 자의 사명은 맡겨진 일을 할 때 그 일의 주체가 기름을 부으신 주 여호와 하나님이심을 늘 기억하며 주님을 수종 드는 것입니다. 예를 들어, 제사장이 직무를 수행할 때 그 직무의 주체는 자신이 아니라 '자신과 함께하시는 하나님의 영'을 상징하는 '기름 부으심'이 됩니다. 선지자도 마찬가지로 자신이 아닌 '기름 부으심'이 그 직무의 주체가 됩니다. 이 맥락에서 볼 때에, 사울과 다윗이 왕권을 수행할 때 그 직무의 주체는 '기름 부으심'입니다. 즉 그들은 '내가 아니라 하나님이 왕이시다'라는 것을 순간순간 증거하고 나타내야 할 사명이 있는 것입니다. 이것이 기름 부으심의 의미이며, '기름 부으심'은 5주 차 성경 읽기를 이끌어 가는 핵심 요소입니다.

첫 사람 아담은 땅에서 났으므로 흙으로 되어 있지만, 둘째 아담이신 예수님은 하늘에서 났습니다. 흙으로 빚은 그 사람과 같이, 흙으로 되어 있는 사람들은 첫 사람의 길을 갑니다. 하늘에 속한 그분과 같이, 하늘에 속한 사람들은 예수님의 길을 갑니다(고린도전서 15:47-48). 사울 왕은 보암직하고 먹음직한 것의 욕구를 따라 보이는 대로 생각하고 판단하며 첫째 아담의 길을 걷습니다. 육신의 생각은 사망입니다. 하나님께 버림을 받습니다. 악한 영에 시달립니다. 사울은 자신의 눈으로 보는 일 때문에 결국은 미칩니다. 반면에, 다윗은 둘째 아담의 길을 준비합니다. 뱀은 여자의 자손의 발꿈치를 상하게 합니다. 그러나 여자의 자손은 뱀의 머리를 상하게 합니다. 우리의 영원한 왕이신 주 예수 그리스도이십니다. 우리는 다윗이 왕으로 세워지고 통치하는 스토리 가운데, 말씀이 육신 되시어 이 땅에 하나님 나라를 펼치신 주 예수님의 그림자를 보고 듣고 읽게 됩니다.

다윗은 왕의 기름 부음을 세 번 받습니다. 첫 번째는 하나님께서 소년 목동을 발견하여 그에게 왕의 기름을 붓습니다: "다윗에게 기름을 부었다. 그러자 주님의 영이 그날부터 계속 다윗을 감동시켰다"(사무엘상 16: 13). 이때부터 다윗은 버림받아 악한 영에 시달리는 사울 왕을 섬기며 블레셋 장수 골리앗을 물리칩니다. 천부장으로 임명되며 다윗은 승승장구합니다. 백성이 사울보다 다윗을 더 칭송하자, 사울은 그때부터 다윗을 죽이려 합니다. 다윗은 광야로 도망칩니다. 그리고 **광야 생활 10년 동안 집중적으로 받은 훈련이 바로 '내가 아닌 하나님이 왕이십니다'입니다.** 광야에서 하나님 임재 연습을 10년이나 하며 '말씀이 육신 되듯' 그렇게 하나님 임재 가운데 있는 삶을 체득한 것입니다. 이러한 훈련 가운데, 다윗은 사울을 죽일 수 있는 두 번의 기회를 오직 '기름 부음을 받은 자'라는 이유 하나만으로 거절합니다. 기름 부으심의 의미를 바르게 깨달을 때, 우리는 비로소 다윗의 행위를 납득할 수 있습니다.

다윗의 두 번째 기름 부음은 유다 사람들에 의해서 유다 지파의 왕으로 세움을 받으며 실행됩니다(사무엘하 2:4). 그리고 통일왕국의 왕으로 세움을 받을 때, 이스라엘 전체가 다윗에게 세 번째로 기름을 붓습니다(사무엘하 5:3). 진정 이스라엘의 왕은 사람이 아니라 하나님이시라는 것을, 우리는 왕으로서의 다윗에게서 읽을 수 있습니다. 또한 사람의 통치가 아닌 하나님의 통치가 어떠한 것인가를, 우리는 왕으로서의 다윗의 통치에서 볼 수 있습니다.

새 언약의 하나님 자녀들에게는 '누구든지' 성령님에 의해 기름 부음을 받습니다. 그리스도 예수 안에 있는 자들은 예외가 없습니다. '누구든지' 제사장으로서의 기름 부음을 받습니다. '누구든지' 왕으로서의 기름 부음을 받습니다. 그러므로 그리스도 안에서 놀라운 빛 가운데로 들어간 우리들은 '누구든지' 왕 같은 제사장입니다(베드로전서 2:9). 그리스도 안에 있는 우리들에게서 주체가 바뀌었기 때문입니다. 나는 죽기 전에 죽었습니다. 내 안에 그리스도 사십니다. 주님의 기름 부으심이 우리에게 모든 것을 가르쳐 주십니다(요한1서 2:27). 우리는 이 진리를, 둘째 아담의 길을 예비하는 이번주 성경 읽기의 다윗의 스토리에서 확인하게 됩니다.

첫째 날 - 주야로 15분씩 임재 기도

사무엘상 15-20장

왕으로 기름 부음을 받은 **사울의 시선은, 하나님이 아닌, 열방의 왕들과 자기 자신**입니다. 그래서 늘 결핍 속에 두려웠고, 이것을 극복하고 자주국방을 이루기 위해 늘 정예군사를 모집하고 전략을 세워야 합니다. 그리고 하나님을 이용해야만 합니다. 주님은 그러한 사울에게 선지자 사무엘을 통해 말씀하십니다: "너는 이제 가서 아말렉을 쳐라. 그들에게 딸린 것은 모두 전멸시켜라"(사무엘상 15:3). 주님은 출애굽하여 시내산으로 가는 도중에 아말렉이 자기 백성에게 한 짓을 기억합니다. 그리고 아말렉의 죄가 가득하고 그것을 징벌할 이스라엘 군대가 강성해진 지금이 바로 '주 여호와의 심판의 날'입니다. 사울 왕은 이 명령을 온전히 수행해야 합니다. 그러나 그는 재물 욕심 때문에 전멸시키지 않고, 여리고 함락 때 아간이 지었던 죄와 동일한 길을 걷습니다. 사무엘은 주님의 말씀을 전합니다: "임금님이 주님의 말씀을 버리셨기 때문에, 주님께서도 임금님을 버려 왕이 되지 못하게 하셨습니다"(사무엘상 15:23).

두 번째 아웃입니다. 블레셋과의 전쟁 때 아웃을 당했고, 세월이 지나 또다시 아웃입니다. 하나님은 사울을 왕 세우신 것을 그때도 후회하셨는데, 지금도 후회하십니다. 불순종하여 선악과를 먹은 첫째 아담을 찾으시는 하나님의 심정과 같습니다. 그런데 이것은 사람의 후회와는 전혀 다릅니다. 사람은 각각 자기의 욕심에 이끌려서 잘못했을 때, 그 일을 후회한다고 말합니다. 그러나 하나님은 과거와 현재와 미래가 언제나 동일하시며 한 번 정하신 뜻을 바꾸지 않습니다. 하나님은 악에게 시험을 받지도 않으시고 또 시험하지도 않습니다(야고보서 1:13-14). 그러므로 여기서 후회하신다는 의미는, 주 하나님께서 첫째 아담의 길을 걷는 사울에게 그만큼 진노하신다는 것입니다.

뱀은 여자의 자손의 발꿈치를 상하게 합니다. 발꿈치를 물린 사울은 사무엘에게 간청합니다: "내가 군인들을 두려워하여, 그들이 하자는 대로 하였습니다. 제발 나의 죄를 용서해 주시고, 나와 함께 가서서, 내가 주님께 경배할 수 있도록 해 주시기 바랍니다"(사무엘상 15:24-25). 저주가 끊어진 약속의 땅에서 하나님 백성이 보이는 대로 산다면, 눈으로 보는 일 때문에 미치고 말 것입니다(신명기 28:34). 사울이 그렇습니다. 여호와의 영이 사울에게서 떠나고 악한 영이 사울을 괴롭힙니다. 골리앗을 이긴 다윗은 만만이요 자신은 천천이라는 여인들의 노래에 화가 치밀어, 그때부터 다윗을 질시하고 죽이려 합니다. 다윗의 승전 소식에, 사울은 그를 두려워합니다. 심지어 다윗을 두둔하는 자기 아들 요나단까지도 죽이려 합니다.

한편, 사울이 첫 번째 아웃을 당할 때, 하나님은 자신의 심중에 맞는 자를 찾아 백성의 지도자로 삼습니다. 과거와 현재와 미래가 동일하신 하나님께서는 심중에 정함이 있으면, 이미 실상reality을 갖고 계십니다. 하나님은 사람이 보는 것처럼 보지 않습니다. 사람은 겉사람의 생각과 감정과 신체를 봅니다. 그러나 하나님은 그 사람의 심중을 봅니다. 그 사람의 혼이 하나님 보좌 앞에 머물며 모든 시선이 주님을 향하였는가를 보십니다(사무엘상 16:7). 하나님은 자신과 시선이 마주친 자를 찾으십니다. 이제 사울이 두 번째 아웃을 당할 때, 주님은 자신의 심중에 정한 자를 찾아가 기름을 붓습니다. 그러자 여호와의 영이 그날부터 계속 다윗을 감동시킵니다(사무엘상 16:13).

다윗은 날마다 하나님 임재 연습을 하며 **하나님 눈높이에 자신의 눈높이를 맞춥니다.** 짐승과 사람과 환경을 두려워하지 않습니다. 다윗은 오직 하나님만 경외합니다. 짐승들에게서 양떼를 지켰고, 하나님의 군대를 모독하는 블레셋의 골리앗을 물리칩니다. 악령에 시달리는 사울 왕을 위로했고, 블레셋과의 전쟁에서 계속 승리하며 천부장이 됩니다. 그리고 시기 질시하여 자신을 죽이려는 사울 왕을 피하여 광야로 도망칩니다. 하지만 그 광야도 두려움의 대상이 아닙니다. 오히려 그 광야는 하나님 임재를 날마다 경험하는 훈련장이 되었고, 도망자 다윗은 더욱 깊이 하나님만을 경외합니다. 광야라는 형편과 도망자라는 상황 가운데 끊임없이 자신의 생각과 감정과 신체적인 조건을 부인합니다. 그리고 자신을 죽음에 넘기며, 오직 믿음으로 주님을 따르며 찬양합니다: '하늘과 땅 가운데 오직 하나님만 왕이십니다.'

포인트는 '시선'입니다. 사울은 시선이 열방의 왕들과 자신에게로 향했기에 두려움 가운데 첫째 아담의 길을 걸었습니다. 그리고 보이는 것들로 인해 점점 미쳐 갑니다. 반면에, 다윗은 시선이 오직 주 여호와 하나님께로 향했기에 지금 이 순간 여기에 영원히 현존하시는 하나님 생명과 연결되어 믿음으로 존재합니다. 그는 어떤 상황과 형편 속에서도 하나님 임재를 놓치지 않고 하나님 안에서 자족합니다. 죽기 전에 죽었기 때문입니다. 다윗의 그 길 따라 우리 주 예수님 이 땅에 오셨습니다.

둘째 날 - 주야로 15분씩 임재 기도

시편 59, 1-17편

시편 59편은 사무엘상 19장을 배경으로 다윗이 쓴 시입니다. 사울이 다윗의 집으로 부하들을 보내어 숨어 있다가 그를 아침에 죽이라고 한 것입니다. 아내 미갈이 그것을 알고 오늘 밤에 피하라고 해서 목숨을 건졌고, 다윗은 그때 형편을 시로 남깁니다: "그들이 내 목숨을 노리고 매복해 있습니다. 강한 자들이 나를 치려고 모여듭니다. … 나에게는 아무런 잘못도 없으니, 그들이 달려와서 싸울 준비를 합니다. 깨어나 살피시고, 나를 도와 주소서"(시편 59:3-4). 사울은 하나님 앞에서는 왕이 아닙니다. 그러나 그는 백성들 앞에서는 여전히 왕입니다. 이것은 마치 뿌리가 뽑힌 나무와 같습니다. 그래서 사울은 갈수록 더 불안하고 초췌해집니다. 미쳐 가는 사울의 질투와 박해 속에, 하나님 앞에서는 왕이지만 사람 앞에서는 아직 아닌 다윗의 연단은 시작됩니다. 시편 59편은 이것을 알리는 서곡序曲입니다.

이렇게 시작된 광야 생활 10년 가운데, 다윗의 알파와 오메가가 '시선'입니다: "나의 힘이신 주님, 주님은, 내가 피할 요새이시니, 내가 주님만을 바라봅니다"(시편 59:9). 광야의 도피생활 가운데, 주님은 자신의 힘이요 요새입니다. 그러므로 다윗은 끊임없이 주님만을 바라봅니다. 토기장이께서는 '모든 시선을 주님께 드리는 토기'를 광야에서 빚으시기 시작한 것입니다. *이러한 토기에게 있어서 가장 중요한 것은 '하나님 임재'입니다. 이것이 전부입니다.* 다윗은 광야에서 하나님 임재 연습을 집중적으로 합니다: "내가 여호와를 항상 내 앞에 모심이여"(시편 16:8). "I have set the LORD continually before me"(NAU). 외부에서 내면으로 방향을 전환합니다. 모든 시선을 자신 안에 계신 주님께 드립니다. 심령 다해 목숨 다해 힘 다해 주님을 사랑합니다. 가슴으로 '그리스도 안에서' 생명의 숨을 받아들입니다. '아버지 사랑으로' 생명의 숨을 하늘 보좌에까지 퍼지게 합니다. 그리스도는 만유시며 만유 안에 계십니다. 주님께서 친히 생명의 길을 나에게 보여 주시니, 주님을 모시고 사는 삶에 기쁨이 넘칩니다. 주님께서 내 오른쪽에 계시니, 이 큰 즐거움이 영원합니다(시편 16:8-11).

다윗은 하나님 면전에서 자신의 억울한 심정을 토해 놓습니다: "주님, 나를 대적하는 원수를 보시고, 주님의 공의로 나를 인도하여 주십시오. 내 앞에 주님의 길을 환히 열어 주십시오. 그들의 입은 믿을 만한 말을 담는 법이 없고, 마음에는 악한 생각뿐입니다. 그들의 목구멍은 열린 무덤 같고, 혀는 언제나 아첨만 일삼습니다"(시편 5:8-9). "나는 탄식만 하다가 지치고 말았습니다. 밤마다 짓는 눈물로 침상을 띄우며, 내 잠자리를 적십니다. 사무친 울화로, 내 눈은 시력까지 흐려지고, 대적들 등쌀에 하도 울어서 눈이 침침합니다"(시편 6:6-7). 그러나 동시에 하나님 임재로 인한 하나님과의 친밀함을 즐거워합니다: "주님께로 피신하는 사람은 누구나 기뻐하고, 길이길이 즐거워할 것입니다. 주님을 사랑하는 사람들이 주님 앞에서 기쁨을 누리도록, 주님께서 그들을 지켜 주실 것입니다. 주님, 주님께서는 바르게 살아가는 사람에게 복을 베풀어 주시고, 큼직한 방패처럼, 그들을 은혜로 지켜 주십니다"(시편 5:11-12). "주님께서 내 마음에 안겨 주신 기쁨은 햇곡식과 새 포도주가 풍성할 때에 누리는 기쁨보다 더 큽니다. 내가 편히 눕거나 잠드는 것도, 주님께서 나를 평안히 쉬게 하여 주시기 때문입니다"(시편 4:7-8).

내리 쬐는 사막의 열기 속에 타는 목마름을 갖습니다. 이리 쫓기고 저리 쫓기며 전갈과 뱀의 공격에 긴장을 늦추지 못합니다. 밤의 냉기는 뼛속까지 스며듭니다. 그러나 쏟아지는 별빛 속의 경이로움에 사로잡혀 찬양합니다: "주 우리 하나님, 주님의 이름이 온 땅에서 어찌 그리 위엄이 넘치는지요? 저 하늘 높이까지 주님의 위엄 가득합니다. … 주님께서 손수 만드신

저 큰 하늘과 주님께서 친히 달아 놓으신 저 달과 별들을 내가 봅니다. 사람이 무엇이기에 주님께서 이렇게까지 생각하여 주시며, 사람의 아들이 무엇이기에 주님께서 이렇게까지 돌보아 주십니까? … 주 우리의 하나님, 주님의 이름이 온 땅에서 어찌 그리 위엄이 넘치는지요?"(시편 8:1-9). 한편, 입술로는 '주여 주여' 하지만, 심중에서는 '하나님이 없다' 말하는 자들의 어리석음에 한탄합니다: "그들은 한결같이 썩어서 더러우니, 바른 일을 하는 사람이 아무도 없구나. 주님께서는 하늘에서 사람을 굽어보시면서, 지혜로운 사람이 있는지, 하나님을 찾는 사람이 있는지를, 살펴보신다. 너희 모두는 다른 길로 빗나가서 하나같이 썩었으니, 착한 일을 하는 사람이 하나도 없구나"(시편 14:1-3).

셋째 날 – 주야로 15분씩 임재 기도

사무엘상 21-25장; 시편 52-57, 34편

다윗은 사울에게서 도망하여 가드 왕 아기스에게로 갑니다. 살아남기 위해 적군에게 위장 투항을 합니다. 그들이 다윗을 알아보자, 그는 침을 흘리며 미친 척을 하여 위기를 모면합니다. 그때의 심정을 시편 56편에 담았습니다: "하나님, 나를 불쌍히 여겨 주십시오. 사람들이 나를 짓밟습니다. 온종일 나를 공격하며 억누릅니다. … 오, 전능하신 하나님! 두려움이 온통 나를 휩싸는 날에도, 나는 오히려 주님을 의지합니다. … 그들이 악하니, 그들이 피하지 못하게 하여 주십시오. 하나님, 뭇 민족들에게 진노하시고 그들을 멸망시켜 주십시오. 나의 방황을 주님께서 헤아리시고, 내가 흘린 눈물을 주님의 가죽부대에 담아 두십시오"(시편 56:1-8).

다윗은 그곳도 안전하지 않음을 직감하여 다시 아둘람 굴로 몸을 피합니다. 그러자 식구들과 압제를 받는 사람들과 빚에 시달리는 사람들과 원통하고 억울한 일을 당한 사람들도, 모두 다윗의 주변으로 몰려듭니다. 아둘람의 뜻은 피난처입니다. 기름 부음을 받는 다윗을 피난처 삼아 모여든다는 것은 곧 피난처 되시는 주 하나님의 주권과 통치 안으로 들어온다는 뜻입니다. 세상에서 소외된 자들이 하나님만을 피난처 삼을 때 경험하는 하나님의 선하심으로 가득한 아둘람 공동체의 풍경을 시편 34편에 담습니다: "나 오직 주님만을 자랑할 것이니, 비천한 사람들아, 듣고서 기뻐하여라. 나와 함께 주님을 높이자. 모두 함께 그 이름을 기리자. 내가 주님을 간절히 찾았더니, 주님께서 나에게 응답하시고, 내 모든 두려움에서 나를 건져내셨다. … 주님을 믿는 성도들아, 그를 경외하여라. 그를 경외하는 사람에게는, 아무런 부족함이 없을 것이다. 젊은 사자들은 먹이를 잃고 굶주릴 수 있으나, 주님을 찾는 사람은 복이 있어 아무런 부족함이 없을 것이다. … 주님은, 마음 상한 사람에게 가까이 계시고, 낙심한 사람을 구원해 주신다. 의로운 사람에게는 고난이 많지만, 주님께서는 그 모든 고난에서 그를 건져 주신다"(시편 34:2-19).

사울은 도엑의 밀고로 인해 주님의 제사장들을 몰살시킵니다. 그 소식을 들은 다윗은 도엑을 향한 울분을 하나님 앞에서 토해 놓습니다: "너, 간사한 인간아, 너는 남을 해치는 말이라면, 무슨 말이든지 좋아하는구나. 하나님께서 너를 넘어뜨리고, 영원히 없애 버리실 것이다. 너를 장막에서 끌어내어 갈기갈기 찢어서, 사람 사는 땅에서 영원히 뿌리 뽑아 버리실 것이다"(시편 52:4-5). 육신의 소욕과 성령이 서로 적대관계이듯, 죽이려는 자 사울과 살려는 자 다윗의 쫓고 쫓김이 본격화됩니다. 십 사람 몇이 기브아로 사울을 찾아 올라가서 밀고를 합니다.

이 사실을 전해 들은 다윗은 그때 심정을 시편 54편에 담습니다: "무법자들이 일어나 나를 치며, 폭력배들이 내 목숨을 노립니다. … 하나님은 나를 돕는 분이시며, 주님은 내게 힘을 북돋우어 주는 분이시다. 원수가 나에게 악한 짓을 하였으니, 주님이 내 원수를 갚아 주실 것이다. 주님의 진실하심을 다하여 그들을 전멸시켜 주시기를 빈다"(54:3-5). 엔게디 광야에서 다윗의 부하들은 사울을 죽일 수 있는 기회를 맞이합니다. 그러나 다윗이 적극 말립니다: "내가 감히 손을 들어, 주님께서 기름 부어 세우신 우리의 임금님을 치겠느냐? 주님께서 내가 그런 일을 하지 못하도록 나를 막아 주시기를 바란다. 왕은 바로 주님께서 기름 부어 세우신 분이기 때문이다"(사무엘상 24:6). 그리고 사울에게 말합니다: "임금님이 누구를 잡으려고 쫓아다니십니까? 한 마리 죽은 개를 쫓아다니십니까? 한 마리 벼룩을 쫓아다니십니까? 그러므로 주님께서 재판관이 되셔서, 나와 임금님 사이를 판결하여 주시기를 빌겠습니다. 주님께서 굽어보시고 나의 억울함을 판결하여 주시며, 나를 임금님의 손에서 건져 주시기를 빌겠습니다"(사무엘상 24:14-15).

　　시편 53편은 시편 14편과 거의 같습니다. 기름 부음을 받은 의인을 대적하며 심중에 하나님이 없다고 말하는 자들의 어리석음과 심판을 말하고 있습니다. 반복되는 광야 생활을 엿볼 수 있습니다. 그런데 53편 5절은 14편 5-6절과 크게 다릅니다. 전자는 아비가일의 남편 나발이 다윗을 업신여기며 대적한 것에 대한 심판을 증언합니다: "하나님이 경건하지 못한 자들의 뼈를 흩으셨기에, 그들은 두려움이 없는 곳에서도 크게 두려워할 것이다. 하나님이 그들을 물리치셨으니, 그들이 수치를 당할 것이다"(시편 53:5). 세상에서 가장 안전하다고 하는 곳이라도, 하나님의 초자연적인 개입과 심판이 임하여 반드시 패망할 것이라는 믿음의 선포입니다. 나발은 심장이 멎고 몸이 돌처럼 굳어져, 열흘 뒤에는 주님이 치시니 죽었습니다(사무엘상 25:37). 이러한 우여곡절과 연단 가운데 다윗은 정금처럼 빚어져 정해진 심중을 갖습니다: "하나님이여 내 마음이 확정되었고 내 마음이 확정되었사오니 내가 노래하고 내가 찬송하리이다 내 영광아 깰지어다 비파야, 수금아, 깰지어다 내가 새벽을 깨우리로다"(시편 57:7-8).

넷째 날 - 주야로 15분씩 임재 기도

사무엘상 26-30장; 시편 22-28편

정금처럼 단련되는 가운데 확정된 심중은 단 한 가지 소원만 갖습니다: "주님, 나에게 단 하나의 소원이 있습니다. 나는 오직 그 하나만 구하겠습니다. 그것은 한평생 주님의 집에 살면서 주님의 자비로우신 모습을 보는 것과, 성전에서 주님과 의논하면서 살아가는 것입니다"(시편 27:4). *내 혼이 하나님과 연합되는 것입니다.* 다르게 표현하면, 내 혼이 창조 본래의 자리인 하나님 보좌 앞으로 돌아와 아버지 집에서 살며 그 영광에 몸소 참여하는 것입니다. *이것이 연단을 통해 얻어지는 정금입니다.*

십자가 고난은, 납을 금으로 변화시키는 연금술처럼, 만물보다 더 부패한 사람의 심중을 단 한 가지 소원만을 가진 심중으로 변화시키는 하나님 나라의 신비입니다. 광야의 고난을 통해 죽기 전에 죽었음을 알게 하십니다. 내 안에 내가 아닌 그리스도가 살아 계십니다. 이제 내가 육체 가운데 있는 것은, 나를 사랑하사 나를 위하여 자기 몸을 버리신 하나님의 아들 예수님을 믿는 믿음으로 존재하는 것입니다. 그리스도 안에서 내 혼이 하나님 보좌 앞에 머물며 그분의 영광을 몸소 봅니다. 그리고 그 보좌 앞에서 찬양하며 경배합니다. 참된 이 믿음을 통해, 주 성령께서 우리 몸(생각, 감정, 신체)을 거처 삼아 만지시고 치유하시며 새롭게 하십니다. 이것이 다윗의 간증입니다. 끊임없이 광야에서 하나님 임재 연습을 하고 있는 다윗의 소원 전부입니다.

광야 생활 후반부로 갈수록 다윗과 무리들의 입지는 점점 더 좁아져 버티기 힘든 지경에 이릅니다. 더 이상 버틸 수 없는 상황에서 사울을 제거할 두 번째 기회가 옵니다. 그래서 다윗의 부하는 사울을 죽이려 하지만, 다윗은 첫 번째 기회를 가졌을 때와 동일한 이유로 못 죽이게 합니다: "주님께서 확실히 살아 계심을 두고 말하지만, 주님께서 사울을 치시든지, 죽을 날이 되어서 죽든지, 또는 전쟁에 나갔다가 죽든지 할 것이다. 주님께서 기름 부어 세우신 이를 내가 쳐서 죽이는 일은, 주님께서 금하시는 일이다"(사무엘상 26:10-11). 그리고 이스라엘 나라의 대적 블레셋의 그늘 아래로 피신합니다.

생존을 위해 적과 동맹 속에 일어나는 일들은 옳은 것도 아니요, 그렇다고 야심을 채우기 위한 처세는 더더욱 아닙니다. 하지만, 하나님의 주권과 섭리 가운데 사망의 음침한 골짜기를 지나는 시글락의 다윗에게 누가 선악간에 말할 수 있겠습니까? 때로는 꺼져 가는 등불도 끄지 않으시는 하나님의 긍휼Mercy을 바라며 그냥 버티는 겁니다: "나의 하나님, 나의 하나님, 어찌하여 나를 버리십니까? 어찌하여 그리 멀리 계셔서, 살려 달라고 울부짖는 나의 간구를 듣지 아니하십니까? 나의 하나님, 온종일 불러도 대답하지 않으시고, 밤새도록 부르짖어도 모르는 체하십니다. … 나를 멀리하지 말아 주십시오. 재난이 가까이 닥쳐왔으나, 나를 도와줄 사람이 없습니다. … 나의 마음이 촛물처럼 녹아내려, 절망에 빠졌습니다. 나의 입은 옹기처럼 말라 버렸고, 나의 혀는 입천장에 붙어 있으니, 주님께서 나를 완전히 매장되도록 내버려 두셨기 때문입니다"(시편 22:1-15).

영성은 그런 것입니다. 내가 하나님을 위해 무언가를 하는 가운데 빚어지는 것이 아닙니다. 주체가 오직 하나님이신 가운데 주님의 통치가 나타나며 빚어지는 것이 영성입니다. 토기장이 주 여호와께서 한계속에서 헐떡이며 영혼의 밤을 지나는 진흙 같은 날 불쌍히 여겨 만지시며 새롭게 회복시킴 가운데 정금 같은 참된 영성은 빚어지는 것입니다. 다윗은 지금 이 순간 여기에 영원히 현존하시는 하나님의 그 생명과 연결되어 있기에, 그 탄식을 넘어 그 모습 그대로 찬양과 선포의 자리로 나갑니다: "야곱 자손아, 그에게 영광을 돌려라. 이스라엘 자손아, 그를 경외하여라. 그는 고통받는 사람의 아픔을 가볍게 여기지 않으신다. 그들을 외면하지도 않으신다. 부르짖는 사람에게는 언제나 응답하여 주신다. … 주권은 주님께 있으며, 주님은 만국을 다스리시는 분이시다. 땅 속에서 잠자는 자가 어떻게 주님을 경배하겠는가? 무덤으로 내려가는 자가 어떻게 주님 앞에 무릎 꿇겠는가? 그러나 나는 주님의 능력으로 살겠다. 내 자손이 주님을 섬기고 후세의 자손도 주님이 누구신지 들어 알고, 아직 태어나지 않은 세대도 주님께서 하실 일을 말하면서 '주님께서 그의 백성을 구원하셨다' 하고 선포할 것이다"(시편 22:23-31). 시글락에서 들려오는 심중에 정함이 있는 찬양과 선포입니다.

한편, 사울은 블레셋과의 전투를 앞두고 두려워 그의 심중이 몹시 떨렸습니다. 사울은 여호와께 물었으나, 주님은 그에게 꿈으로도, 우림으로도, 예언자로도 대답하지 않으십니다. 그는 미쳐 가며 끝까지 보이는 것과 왕의 권세를 집착하고 추구합니다. 영매를 통해 죽은 자 사무엘을 찾습니다. 사무엘을 대신하는 신적 존재가 등장하여 말합니다: "주님께서는, 나를 시켜 전하신 말씀 그대로 당신에게 하셔서, 이미 이 나라의 왕위를 당신의 손에서 빼앗아 당신의 가까이에 있는 다윗에게 주셨소. 당신은 주님께 순종하지 아니하고, 주님의 분노를 아말렉에게 쏟지 아니하였소. 그렇기 때문에 주님께서 오늘 당신에게 이렇게 하셨소. 주님께서는 이제 당신과 함께 이스라엘도 블레셋 사람의 손에 넘겨 주실 터인데, 당신은 내일 당신 자식들과 함께 내가 있는 이 곳으로 오게 될 것이오. 주님께서는 이스라엘 군대도 블레셋 사람의 손에 넘겨 주실 것이오"(사무엘상 28:17-19). 이 예언대로 이루어집니다. 그것은 보이지 않는 세계에 이루어진 실상이 이 땅에 나타나는 것이 곧 주님께서 정하신 창조원리이기 때문입니다. 하늘들과 이 땅을 통치하시는 하나님의 주권과 섭리입니다.

다섯째 날 - 주야로 15분씩 임재 기도

사무엘상 31장; 사무엘하 1-7장

주 하나님께서 나사렛 예수에게 성령과 능력으로 기름을 부으셨습니다. 아버지께서 예수 안에 계시고, 예수께서는 아버지 안에 계셨습니다. 예수께서는 악한 자의 세력 아래 소외되어 있는 자들에게 '아버지의 이름' 즉 여호와를 의미하는 'I AM WHO I AM'을 나타내고 알리셨습니다. 그리고 예수께서는 아버지께서 자신에게 주신 그들을 **'아버지의 이름'으로** 지키고 보호하시며 마귀에게 억눌린 자들을 모두 고쳐 주셨습니다(요한복음 17:6, 11, 12, 21, 26; 사도행전 10:38).

기름 부음을 받은 바로 이분 우리 주 예수 그리스도를 영접한 자를, 그리스도인이라고 합니다. 그리스도께서 아버지의 이름으로 직분을 감당하셨듯이, 그리스도인은 예수 그리스도의 이름으로 화목의 직분을 감당하는 자입니다. 즉 주체가 '나 자신'에서 '그리스도 하나님'으로 바뀐 것입니다. 그 믿음으로 인해 그리스도의 통치가 나타나니, 성령의 기름 부음이 우리 몸(생각, 감정, 신체)에 흐릅니다. 그 기름 부음이 모든 것을 가르치시니, 우리는 모든 것을 압니다(고린도후서 1:21; 요한1서 2:20, 27).

사무엘상은 이 같은 기름 부음을 핵심요소로 하여 전체가 구성되어 있습니다. 초반에는 하나님의 심중과 혼/뜻을 따라 행하는 신실한 제사장을 세우는 이야기입니다. 중반부는 하나님께서 신실한 제사장 사무엘을 통해 사울에게 왕의 기름을 붓게 하십니다. 하나님은 기름 부음을 받은 제사장과 왕을 통해 하나님 자신의 나라를 이 땅에 펼치시는 것입니다. 그런데 기름 부음을 받은 사울이 하나님이 아닌 육신의 욕구를 따라 왕의 직분을 감당합니다. 그래서 하나님은 사울을 왕으로 세우심을 후회하시며 하나님 심중에 맞는 자 다윗을 발견하여 기름을 붓게 하십니다. 후반부는, 기름 부음을 받았으나 버림을 받은 사울의 통치와 그 그늘 아래 연단을 받으며 하나님 임재 연습을 하는 기름 부음을 받은 자 다윗 이야기가 전개됩니다.

오늘 성경 읽기에서는 기름 부음을 받았으나 버림을 받은 사울의 최후를 목격합니다. 사무엘을 대리하는 신적 존재의 예언대로, 전장터에서 적의 화살을 맞아 중상을 입은 사울이 자기의 칼을 뽑아서 그 위에 엎어집니다. 그리고 사울은 그 신적 존재가 있는 죽은 자의 세계로 갑니다. 기름 부음을 받았음에도 불구하고 평생 시선을 주님께 두지 못하고 자신에게 놓음으로 인해 자신에게 집착하며 두려움에 사로잡혀 살았습니다. 보암직하고 먹음직한 것에 미혹되어 말씀에 불순종한 첫째 아담의 죄와 사망의 길입니다. 이것은 예수님을 영접하여 기름 부음을 받았음에도 불구하고 시선을 주님께 두지 못해 자신에게 집착하며 부족과 결핍속에 은혜를 갈망하는 육신적인 그리스도인의 모습이기도 합니다. 반면에, 다윗은 광야의 혹독한 연단에도 불구하고 끊임없이 모든 시선을 주님께 드립니다. 주님이 보시는 대로 보고 들으니, 결국에는 산 소망이 사망의 음침한 골짜기를 넉넉히 통과하게 합니다.

다윗은 사울을 끝까지 존중합니다. 하나님의 기름 부음을 받은 자이기 때문입니다. 사울 진영에서 젊은 군인이 사울의 전사소식을 갖고 다윗에게 옵니다. 그는 사울의 명령을 따라 칼로 사울을 죽였다고 보고합니다. 그런데 다윗은 그에게 말합니다: "네가 어떻게 감히 겁도 없이 손을 들어서, 주님께서 기름을 부어서 세우신 분을 살해하였느냐? … 네가 죽는 것은 너의 탓이다. 네가 너의 입으로 '주님께서 기름을 부어서 세우신 분을 제가 죽였습니다' 하고 너의 죄를 시인하였다"(사무엘하 1:14-16). 사실 젊은 군인은 두려워서 자신을 죽이라는 사울의 명령을 어기고 죽이지 못합니다. 그런데 이제 그 죽음을 이용하여 자신의 공을 세우려고 거짓 보고를 합니다.

그리고 이것이 화근이 되어 죽음을 자초합니다. 다윗의 '기름 부음'에 대한 경외심 때문입니다. 이것은 기름 부음이 함께하는 이 땅의 교회들에 대한 우리의 경각심을 촉구합니다. 사울처럼 그렇게 육신의 욕구에 휘말려 자신에게 집착하는 교회라 하더라도, 그 무리에게는 주 예수 그리스도의 이름으로 인한 하나님의 기름 부음이 있습니다. 그러므로 우리는 끝까지 이 땅의 교회를 존중해야 합니다. 그러면 하나님께서 자신의 방식대로 교회를 다스리시고 회복시키십니다.

유다 지파 사람들은 다윗을 자신들의 왕으로 추대하며 기름을 붓습니다. 사울의 집안과 다윗의 집안 사이에 전쟁이 오래 계속됩니다. 다윗은 점점 더 강해지고, 사울 집안은 점점 더 약해집니다. 결국, 모든 백성은 다윗을 통일왕국의 왕으로 추대하며 기름을 붓습니다. 만군의 여호와 하나님이 다윗과 함께 계시기에, 다윗이 점점 더 강해집니다. 두로 왕 히람이 다윗을 위하여 집을 짓습니다. 다윗은 주 여호와께서 자기를 세우시어 이스라엘 왕으로 삼으신 것과, 하나님의 백성 이스라엘을 위하여 그 나라를 높이신 것을 깨닫습니다. 다르게 표현하면, 왕인 다윗 자신의 주체는 하나님이시며 하나님의 통치가 그 나라에 펼쳐지고 있으니 '이 나라의 왕은 내가 아닌 우리 주 여호와입니다'라는 사명을 한 번 더 자각한 것입니다. 하나님은 그러한 다윗과 영원한 언약을 맺습니다: "네 집과 네 나라가 내 앞에서 영원히 이어 갈 것이며, 네 왕위가 영원히 튼튼하게 서 있을 것이다"(사무엘하 7:16).

여섯째 날 - 주야로 15분씩 임재 기도

시편 29-41편

다윗의 광야 10년은 정금처럼 빚어지는 영성의 시간입니다. 토기장이 주님 앞에 모든 울분을 토해내며 비워진 심중에 주님의 생명을 채우며 고백합니다: '여호와는 나의 목자시니 내가 부족함이 없습니다. 여호와의 이름을 위하여 내 혼을 소생시키십니다.' 그리고 한 가지 소원을 갖습니다: '여호와의 집에 거하여 여호와의 아름다움을 바라보며 여호와와 마음을 나누는 것입니다.' 광야 10년 세월을 통해 자아가 소멸되었기에 가능한 한 가지 소원입니다. 이것 이외에는 더 이상 무엇을 원하지 않고 필요하지도 않습니다. 죽기 전에 죽었기 때문입니다. 주님과 연합되어 한 영이 됨으로 다시 살아났기 때문입니다. 이 같은 정금의 핵심에는 '여호와의 영광'이 있습니다. 시편 29편은 그 영광을 노래합니다.

　　주 여호와의 보좌 둘레에 네 생물과 스랍들이 끊임없이 찬양하며 경배합니다: '거룩하십니다. 거룩하십니다. 거룩하십니다. 만군의 주 여호와여. 어제도 계시고 오늘도 계시며 장차 오실 분이십니다.' 24장로와 승리한 무리들이 여호와의 영광에 합당한 거룩한 옷을 입고 무릎 꿇고 엎드려 경배하며 영광을 주 여호와와 어린양에게 돌려드립니다. 여호와의 소리가 물들 위에 운행하시며 영광의 하나님께서 우렛소리로 말씀하시니, 여호와께서 많은 물들 위에 계십니다. 여호와의 소리가 힘이 있고, 여호와의 소리가 위엄찹니다. 여호와의 소리가 레바논의 백향목을 쪼개며 여호와의 소리에 불꽃이 튀깁니다. 여호와의 소리가 광야를 뒤흔들고 여호와의 소리에 산천이 춤을 춥니다. 이렇게 '여호와의 소리'가 일곱 번 외쳐지니, 하늘들과 땅을 성전 삼으신 주 여호와 앞에서 천하만물이 하나같이 '영광!' 하고 외칩니다: "일곱째 천사가 나팔을 불었습니다. 그때에 하늘에서 큰 소리가 났습니다. '세상 나라는 우리 주님의 것이 되고, 그리스도의 것이 되었다. 주님께서 영원히 다스리실 것이다'"(요한계시록 11:15). 노아 때에 물로 심판하시며 하늘과 땅에 여호와의 보좌를 펼치셨습니다. 이제 우리 주 예수 그리스도 다시 오시어 영원한 그리스도의 나라를 펼치시니, 우리 주 예수님 영원토록 왕으로 다스리십니다. 그 나라의 시민들에게 주께서 샬롬/평강의 복을 베푸십니다: '평안하라, 성령을 받아라!'

죽은 개처럼, 이리 튀고 저리 튀는 한 마리 벼룩처럼 도망 다니던 광야 10년은, 내 혼이 본래 있어야 할 하늘 아버지 집으로 돌아가 보좌 앞에 머무는 은총의 시간입니다: "주, 나의 하나님, 내가 주님께 울부짖었더니, 주님께서 나를 고쳐 주셨습니다. 주님, 스올에서 이 몸을 끌어올리셨고, 무덤으로 내려간 사람들 가운데서, 나를 회복시켜 주셨습니다. … 주님께서는 내 통곡을 기쁨의 춤으로 바꾸어 주셨습니다. 나에게서 슬픔의 상복을 벗기시고, 기쁨의 나들이옷을 갈아 입히셨기에 내 영혼이 잠잠할 수 없어서, 주님을 찬양하렵니다. 주, 나의 하나님, 내가 영원토록 주님께 감사를 드리렵니다"(시편 30:2-11). 토기장이께서 우리의 심중을 빚으셨으니, 사람의 모든 행위를 다 아십니다. 군대가 많다고 왕이 나라를 구하는 것도 아니고, 힘이 세다고 용사가 자기 목숨을 건지는 것도 아닙니다. 나라를 구하고 목숨을 건지는 데 많은 군대와 군마가 필요한 것이 아닙니다: "그렇다. 주님의 눈은 주님을 경외하는 사람들을 살펴보시며, 한결같은 사랑을 사모하는 사람들을 살펴보시고, 그들의 목숨을 죽을 자리에서 건져내시고, 굶주릴 때에 살려 주신다. 주님은 우리의 구원자이시요, 우리의 방패이시니, 우리가 주님을 기다립니다. 우리가 그 거룩한 이름을 의지하기에 우리 마음이 그분 때문에 기쁩니다. 우리는 주님을 기다립니다"(시편 33:18-22).

내 혼이 하나님과 연합하여 한 영이 되어 있으니, 이제는 내가 주님을 전파할 수 있습니다. 여호와의 눈은 의로운 사람을 살피시며, 여호와의 귀는 그들이 부르짖는 소리를 들으십니다. 의인이 부르짖으면, 주 여호와께서 들으시고 모든 재난에서 반드시 건져 주십니다. 여호와는 심령이 상하고 산산조각난 자들을 구원하십니다(시편 34:15-18). 여호와를 기뻐하십시오. 기쁨은 오직 주님에게서 찾으십시오. 여호와께서 여러분 중심에서 소원하는 것들을 이루어 주십니다. 여러분의 갈 길을 여호와께 맡기십시오. 그분을 의지하십시오. 그러면 그분께서 이루어 주십니다. 여러분의 의를 빛 같이 나타내시며 여러분의 공의를 정오의 태양 빛 같게 하실 것입니다. 모든 시선을 주님께 드리고 목숨 다해 숨결에 주님을 느끼며 기다리십시오(시편 37:4-7). 주 여호와께서 여러분의 입에 새 노래를, 우리 하나님께 드릴 찬송을 담아 주셨기에, 수많은 사람들이 여러분을 보고 두려운 마음으로 주님께 돌아와 주님을 의지할 것입니다(시편 40:3).

일곱째 날 – 주야로 15분씩 임재 기도

사무엘하 8-12장; 시편 60, 51편

정금 같은 **영성의 핵심에는 '여호와의 영광'이 있습니다.** 혼이 창조 본연의 자리로 돌아와 아버지 보좌 앞에 머물기 때문입니다. 주님과 연합하는 자는 한 영이기에, 그 중심에 하나님의 영광이 있습니다. 존재 중심에서부터 그 영광이 생수의 강물처럼 흘러나오니, 몸(생각, 감정, 신체)으로 의와 희락과 평강을 체험합니다. 그 영광이 닿는 곳마다 죽은 것이 살아나고 생명이 번성해집니다: "내가 크게 기뻐하면서 뛰어놀겠다. 내가 세겜을 나누고, 숙곳 골짜기를 측량하겠다. 길르앗도 나의 것이요, 므낫세도 나의 것이다. 에브라임은 내 머리에 쓰는 투구요, 유다는 나의 통치 지팡이이다. 그러나 모압은 나의 세숫대야로 삼고, 에돔에는 나의 신을 벗어 던져 그것이 나의 소유임을 밝히겠다. 내가 블레셋을 격파하고, 승전가를 부르겠다"(시편 60:6-8).

광야 10년을 통과하며 죽기 전에 죽은 다윗의 영성이 그러했습니다. 하나님께서는 주님과 연합하여 한 영이 된 다윗과 영원한 언약을 맺으십니다. 그리고 다윗의 삶을 통해 그 영광이 나타나니, 다윗은 백전백승입니다: "다윗이 어느 곳으로 출전하든지, 주님께서 그에게 승리를 안겨 주셨다"(사무엘하 8:6, 14). 사람의 저주를 끊고 하나님의 은혜로 통치되는 약속의 땅에서의 전쟁은 오직 하나님께 속했다는 것을, 다윗은 알고 있습니다. 전쟁의 승패 또한 군대와 군마의 숫자에 있지 않고 오직 주 여호와께 달렸다는 것을, 주님과 한 영이 되어 있는 다윗은 잘 알고 있습니다. 사람이 계획을 세우지만 그 걸음을 이끄시는 분은 주님이시라는 것을, 다윗도 우리도 알고 있습니다. 사람이 제비를 뽑아도 그것을 이미 정하시고 주시는 분은 주님이시라는 것을, 하나님의 사람들은 알고 있습니다. 그러기 때문에 다윗은 사람에 의한 구원이 헛되다는 것을 뼛속까지 알고 있습니다: "사람의 도움이 헛되니"(시편 60:11).

자신의 형통함과 번성함이 사람들의 손길에 있지 않고, 오직 주 여호와 하나님으로 말미암은 것임을 광야 10년을 통해 전인격으로 체득한 다윗입니다. 그리고 지금 여기 전투의 현장에서도 주님께서 주체가 되시어 직접 통치하시기 때문에 이스라엘이 백전백승하고 있다는 것을, 다윗은 잊지 않습니다. '사람의 도움이 헛되니.' 나의 나 된 것은 오직 하나님 은혜입니다. I am who I am by the Grace of God.

다윗은 에돔과의 전투에서 위기에 몰리자 주 여호와께 부르짖습니다: "누가 나를 견고한 성으로 데리고 가며, 누가 나를 에돔까지 인도합니까? 하나님, 우리를 정말로 내버리신 것입니까? 주님께서 우리의 군대와 함께 나아가지 않으시렵니까? 사람의 도움이 헛되니, 어서 우리를 도우셔서, 원수들을 물리쳐 주십시오. 하나님께서 우리와 함께 계시면, 우리는 승리를 얻을 것이다. 그가 우리의 원수들을 짓밟을 것이다"(시편 60:9-12). 다윗의 장수 요압이 합세하여 에돔을 염곡에서 크게 물리치고 승리합니다. 요압의 형제들의 합세로 이겼습니다: "스루야의 아들 아비새가 '소금 골짜기'에서 에돔 사람 만 팔천 명을 쳐죽이고, 에돔에 주둔군을 두었다"(역대상 18:12). 그러나 다윗의 눈에는 그렇지 않습니다. 주 여호와께서 주체가 되시어 통치하시며 요압의 형제들을 사용한 결과일 뿐입니다. **다윗의 정금 같은 영성의 중심에는 항상 두 가지가 있습니다: 여호와의 영광, 사람의 도움은 헛되다.** 다윗은 하나님 마음에 합하여 연합되었기 때문입니다. UNION WITH GOD.

다윗이나 그리스도 안에서 다윗처럼 된 우리나 다 영의 생각으로는 하나님의 법을 섬깁니다. 그러나 동시에 육신으로는 여전히 죄의 법을 섬깁니다(로마서 7:25). 죽기 전에 죽어 정금 같은 영성을 가졌다 하더라도, 육신은 육신일 뿐입니다. 다윗의 군대 전부가 전쟁을 하러 나갔으나, 다윗은 예루살렘에 그대로 있습니다. 다윗은 육신의 정욕으로 전쟁에 나간 부하의 아내와 동침을 하였고, 임신했다는 소식을 듣습니다. 그 부하를 전쟁터에서 죽게 하고 그녀를 아내로 맞이합니다. 이 일은 주 여호와 보시기에 악한 것입니다. 주님은 선지자 나단을 통해 말씀하십니다: "너는, 어찌하여 나 주의 말을 가볍게 여기고, 내가 악하게 여기는 일을 하였느냐? 너는 헷 사람 우리야를 전쟁터에서 죽이고 그의 아내를 빼앗아 네 아내로 삼았다. … 너는 이렇게 나를 무시하여 헷 사람 우리야의 아내를 빼앗다가 네 아내로 삼았으므로, 이제부터는 영영 네 집안에서 칼부림이 떠나지 않을 것이다"(사무엘하 12:9-10).

다윗은 그 자리에서 주님께 죄 지은 것을 자백합니다: "나의 반역을 내가 잘 알고 있으며, 내가 지은 죄가 언제나 나를 고발합니다. 주님께만, 오직 주님께만, 나는 죄를 지었습니다. 주님의 눈앞에서, 내가 악한 짓을 저질렀으니, 주님의 판결은 옳으시며 주님의 심판은 정당합니다. 실로, 나는 죄 중에 태어났고, 어머니의 태 속에 있을 때부터 죄인이었습니다"(시편 51:3-5). 그리고 찢겨진 영으로 주님께 나아가 탄원합니다: "오, 하나님, 주님은 찢겨지고 짓밟힌 마음을 멸시하지 않으십니다. 주님의 은혜로 시온을 잘 돌보아주시고, 예루살렘 성벽을 견고히 세워 주십시오. 그때에 주님은 올바른 제사와 번제와 온전한 제물을 기쁨으로 받으실 것이니, 그때에 사람들이 주님의 제단 위에 수송아지를 드릴 것입니다"(시편 51:17-19).

주일: 사무엘하 13-15장; 시편 53-63편

· 다윗이 뿌린 죄의 씨앗이 자녀 세대 가운데 열매를 맺습니다.

· 감당할 수 없어 외면하니, 쿠데타가 터집니다.

· 다시 광야입니다. 다윗의 속사람은 참생명으로 기뻐합니다.

월: 사무엘하 16-22장; 시편 68-71, 18-21편

· 죽어야 끝납니다. 다윗은 아들의 사망소식에 통곡을 합니다.

· 그 누가 나의 괴롬 알겠습니까? 오직 예수뿐입니다.

· 나의 힘이신 주 여호와여, 내가 주님을 사랑합니다!

화: 사무엘하 23-24장; 시편 64-67, 42-50편

· 다윗 평생에 주의 영이 함께하며 그를 통해 말씀하셨습니다.

· 인구 조사로 인한 재앙은 번영으로 변해 성전터를 확보합니다.

· 고라 자손이라는 말은 하나님 은혜의 자녀들이라는 말입니다.

수: 열왕기상 1-11장, 시편 72-73편

· 악인의 형통에 시험 든 아삽은 성소에서 비로소 영안이 열립니다.

· 다윗 후계자 솔로몬은 주님께 지혜와 부귀영화를 받습니다.

· 그는 호색과 우상숭배로 인해 나라가 둘로 나뉘는 벌을 받습니다.

목: 잠언 1-15장

· 지혜는 사람에게서 발견되는 것이 아닙니다.

· 하나님을 경외함이 지혜와 지식의 근본입니다.

· 내가 그리스도와 함께 죽었다는 것을 받아들임이 참된 하나님 경외와
　지혜입니다.

금: 잠언 16:1-22:16

· 우주 만물은 여호와로부터 시작되었고 여호와께로 돌아갑니다.

· 예수님은 여호와의 이름을 나타내시고 그 이름으로 사역했습니다.

· 우리가 예수의 이름으로 사역할 때, 아버지가 영광을 받으십니다.

토: 잠언 22:17-31:31

· 하나님 말씀을 가감하지 않는 것이 하나님을 경외하는 것입니다.

· 잠언은 여호와를 경외함이 지혜의 근본임을 선포합니다.

· 이 같은 잠언의 결론은 우리가 그 지혜를 배우자 삼아 사는 것입니다.

참지혜를 배우자로 모시고 사는 것이
여호와를 경외하는 것입니다

한 사람 아브람을 세상에서 불러내 지난 천 년 동안 구속의 경륜을 펼치시며, 주님은 다윗 왕국을 건설하십니다. 그리고 이제 영혼과 세상을 구원할 수 있는 참지혜가 무엇인지를 말씀하십니다. **나와 세상을 구원할 수 있는 지혜는 사람에게서 발견되는 것이 아닙니다.** 사람은 어느 누구도 지혜의 참가치를 알지 못합니다. **하나님을 경외함이 지혜의 근본입니다.**

　　지혜 그 자체이신 주 하나님께서 소년 다윗에게 기름을 부으신 이후, 다윗은 항상 전심으로 여호와를 경외합니다. 여호와의 힘과 지혜가 다윗의 평생에 함께 합니다. 그의 혀에는 하나님 말씀이 있었고, 하나님의 영이 다윗을 통해 말씀합니다. 다윗의 광야 10년을 통해 이 진리가 다윗의 뼈와 살이 됩니다. 자아가 소멸되고 하나님의 영이 그를 통해 왕성하게 역사하시며 나타나십니다. 그는 유다 왕으로, 이스라엘 전체의 왕으로 기름 부음을 받고 승승장구 백전백승을 합니다. 그러한 다윗의 심중에는 진리가 고동치고 있습니다: '나는 왕이 아닙니다. 오직 여호와만 나와 이스라엘의 왕이십니다.' 지혜가 무엇인지 알기 원한다면, 전심으로 여호와를 경외하는 다윗을 보면 됩니다.

　　그렇게 다윗은 영의 생각으로 하나님의 법을 섬깁니다. 그러나 육신으로는 죄의 법을 섬기기에, 나태함 가운데 간음과 살인의 죄를 졌고 죄의 씨앗을 심습니다. 자녀 세대 가운데 죄의 열매가 맺습니다. 용서받은 그 죄로 말미암은 열매들이 너무도 아픕니다. 감당하기 어려워 외면하니, 더 큰 죄악이 밀려옵니다. 그토록 보고파 지척에 둔 자식이건만 정작 품을 수 없습니다. 심한 거절감을 받은 아들은 쿠데타를 모의하고 실행합니다: '압살롬이 왕이 되었다!' 다윗은 또다시 도망자 신세가 되어 맨발로 신하의 저주를 받으며 광야로 갑니다.

그런데 오히려 그 광야에서 그는 새로운 해방감을 맞이합니다. 이제는 아들을 품을 수 있습니다. 이제는 하나님께서 베푸신 그 모든 은혜를 온전히 누릴 수 있습니다. 그는 압살롬의 군대와 전투를 벌이는 자신의 군대에게 압살롬을 죽이지 말라고 신신당부하며 명령합니다. 하지만 아들의 사망소식을 들어야 했고, 다윗는 목 놓아 통곡합니다: '내 아들 압살롬아, 내 아들아, 내 아들 압살롬아, 너 대신에 차라리 내가 죽을 것을~' 그 누가 다윗의 괴롬을 알겠습니까? 청년시절 광야 10년과는 비교할 수 없는 또 다른 방황의 시절 10년을 감내한 괴로움의 깊이를, 그 누가 알 수 있겠습니까? 사람은 알 수 없습니다. 알 수 없는 사람에게서 어찌 참지혜가 나올 수 있겠습니까? 오직 주님만이 다윗의 통곡의 깊이가 어떠한지를 아십니다. 참지혜는 오직 나의 통곡의 그 깊이를 아시는 분, 주 여호와를 경외함에서 비롯됩니다.

하나님은 쿠데타로 인한 전쟁이 끝난 후 남북이 회개하지 않는 것을 보시고 결국 진노하십니다. 사탄이 다윗을 격동하는 것을, 주님은 허용하십니다. 다윗은 이방의 왕들처럼 나라의 부국강병을 측량하고 싶습니다. 그래서 그는 그 수단으로 인구 조사를 선택하여 실시합니다. 인구 조사 후, 다윗은 그것이 하나님께 큰 죄임을 깨닫고 회개합니다. 하나님은 전염병으로 심판하지만, 천사가 타작마당에서 백성을 치는 것을 보고 뜻을 돌이키십니다. 전염병은 그칩니다. 다윗에게 타작마당에서 번제와 화목제를 드리게 하시며 화해하십니다. 다윗은 눈이 밝아져 그곳이 바로 성전이 세워질 장소임을 봅니다(역대상 22:1). 솔로몬 왕은 바로 그 자리에 여호와께서 거하실 성전을 건축합니다(역대하 3:1). 하나님의 주권과 섭리입니다.

잠언은 지혜를 말하고 있습니다. 하나님의 주권과 섭리가 이 땅에 펼처짐 가운데, 오직 여호와를 경외하는 자들을 통해 하나님의 힘과 지혜가 이 땅에 나타나 펼쳐집니다. 잠언이 말하고 있는 지혜는 바로 이것입니다. 그러니 이것을 어찌 인생이 알 수 있겠습니까? 다윗의 인구 조사의 연원이 쿠데타까지 거슬러 올라가고, 또한 그 타작마당이 성전터가 됨을 누가 다 알아 지혜를 말할 수 있겠습니까? 다윗의 가시 같은 존재 요압은 육신의 생각으로 바른말을 하며 자신의 권력과 부귀영화를 챙깁니다. 그런데 그가 인구 조사가 하나님으로부터 말미암았음을 알고 말을 했습니까? 인구 조사를 통해 이스라엘을 정결케 하여 하나님께서 거하실 성전터를 마련한다는 것을 조금이라도 알고 요압이 바른말을 했을까요? 전혀 아닙니다. **육신의 생각에서 비롯된 말은 옳은 것 같아도 하나님 앞에서는 어리석은 것입니다.** 그러므로 우리는 인생에게서 참지혜가 나올 수 없다는 것을 시인할 수밖에 없습니다. 오직 하나님을 경외함이 지혜의 근본입니다.

잠언의 결론은 우리가 그 지혜를 배우자 삼아 사는 것입니다. 하나님을 온전히 경외하여 죽기까지 복종하신 우리 주 예수 그리스도는 바로 그 지혜 자체입니다. 그러므로 그리스도와 함께 죽고 그리스도와 함께 살아나 오직 믿음으로 그분을 배우자 삼아 사는 것이, 우리들의 참지혜입니다.

첫째 날 – 주야로 15분씩 임재 기도

사무엘하 13-15장; 시편 53-63편

육신이 죄의 법을 섬기며 뿌린 죄의 씨앗들이 싹을 내고 자라 열매를 맺습니다. 하나님은 우리의 유익을 위해 매를 드십니다. 회초리가 처음에는 괴로움을 주지만 나중에는 그것으로 인해 의와 평강의 열매를 맺습니다(히브리서 12:10-11). 다윗에게 내려진 회초리는 뼛속까지 아픔을 줍니다. 첫째 아들 암논이 배 다른 여동생 다말을 성폭행합니다. 다말은 목 놓아 울며 친오빠 압살롬의 집에 가서 처량하게 지냅니다. 아버지 집으로 갔으면 스토리가 달랐을 텐데… 처지가 딱하고 슬프고 괴로워도 아버지 집으로 가면 그것을 이겨 내는 기쁨과 평강이 있기 때문입니다. 한편, 압살롬은 처량한 여동생을 보며 복수의 칼을 갑니다. 2년 뒤에 압살롬은 맏형 암논을 죽이고 도망을 갑니다. 집안에 간음과 살인이 일어난 것입니다. 다윗은 첫째 아들을 잃은 충격과 슬픔에 압살롬을 향한 마음을 닫습니다. 세월이 지나 암논을 잃은 충격에서 벗어날 즈음 압살롬을 향한 그리움은 짙어집니다. 그 심정을 헤아린 신하 요압의 지혜로 압살롬은 3년 만에 아버지 집으로 돌아옵니다.

하지만 다윗은 그토록 보고 팠던 아들 압살롬을 지척에 두고도 외면합니다. 왜? 용서받은 다윗 자신의 죄악을 직면하고 싶지 않은 것입니다. 자녀 세대에서 비슷한 일들이 벌어졌고, 따라서 다윗은 밧세바 사건에 대하여 철저히 회개했음에도 불구하고 다시금 죄의 쓴뿌리에서 비롯된 육신의 무게감에 짓눌립니다. 그 무게감으로 인해 자녀 세대의 환란 풍파가 더 증폭되어 어른거립니다: '나 때문에 자녀들의 삶이 일그러졌다는…' *자책은*

용서가 아닌 정죄의 칼날이 됩니다. 압살롬을 향하던 칼끝은 어느새 다윗 자신에게 향합니다. 하나님은 십자가를 통하여 나를 바라보시며 '죄 없다. 이미 의롭고 온전하다.' 하시는데, 나는 여전히 삶의 풍파 속에 자신을 정죄하며 지체를 용납하지 못합니다. 육신의 무게감으로 용서받은 죄를 짓눌러 죄의식을 극대화하는 것입니다.

아버지 집에 돌아온 아들 압살롬은 용납받기를 원했고 인격적인 용서를 바랐지만, 2년이나 외면당합니다. 그는 무시받고 거절당한 한을 품고 4년 동안 준비하여 헤브론에서 쿠데타를 일으킵니다: "압살롬이 헤브론에서 왕이 되었다!"(사무엘하 15:10). 다윗은 예루살렘을 떠나 피난을 갑니다. 언덕을 오르며 계속하여 울고, 머리를 가리고 슬퍼하며 맨발로 걸어갑니다. 백성도 모두 머리를 가리고 울면서 따라갑니다. 그때 압살롬과 함께 반역한 자들 가운데는 아히도벨도 끼어 있다는 말을 듣고 그때의 심정을 토합니다: "나를 비난하는 자가 차라리, 내 원수였다면, 내가 견딜 수 있었을 것이다. 나를 미워하는 자가 차라리, 자기가 나보다 잘났다고 자랑하는 내 원수였다면, 나는 그들을 피하여서 숨기라도 하였을 것이다. 그런데 나를 비난하는 자가 바로 너라니! 나를 미워하는 자가 바로, 내 동료, 내 친구, 내 가까운 벗이라니!"(시편 55:12-13). 그리고 주님께 간구합니다: "주님, 부디, 아히도벨의 계획이 어리석은 것이 되게 하여 주십시오"(사무엘하 15:31).

시편 63편은 압살롬을 피하여 광야에서 쓴 다윗의 시입니다. **그는 자기의 처한 환경과 상황보다 하나님께 더 관심이 있습니다.** 물이 없고 마르고 황폐한 땅에서 적군에 에워싸여 있지만, 그 모든 것에도 불구하고 **다윗의 가장 큰 관심은 하나님의 임재였습니다:** "하나님, 주님은 나의 하나님입니다. 내가 주님을 애타게 찾습니다. 물기 없는 땅, 메마르고 황폐한 땅에서 내 영혼이 주님을 찾아 목이 마르고, 이 몸도 주님을 애타게 그리워합니다. 내가 성소에서 주님을 뵙고 주님의 권능과 주님의 영광을 봅니다"(시편 63:1-2). 주 여호와께서 하늘과 땅을 주의 보좌삼듯, 다윗에게도 그 광야가 곧 주님이 계신 성소입니다. 그래서 그는 황폐하고 위급한 그 광야에서 오히려 주님의 권능과 영광을 봅니다. 주님의 한결같은 사랑이 자기 생명보다 더 소중합니다. 주님과 연합하여 한 영 된 우리도 그리스도 안에서 고백합니다: "나에게는, 사는 것이 그리스도이시니, 죽는 것도 유익합니다. … 내가 바라는 것은, 그리스도를 알고, 그분의 부활의 능력을 깨닫고, 그분의 고난에 동참하여, 그분의 죽으심을 본받는 것입니다"(빌립보서 1:21, 3:10).

다시 광야입니다. 20대 시절 전부를 광야에서 보내며 정금 같은 영성을 소유하게 된 다윗입니다. 사람의 도움은 헛되고 오직 여호와의 영광뿐입니다. 겉사람은 자식의 쿠데타로 쫓겨나 사막으로 도망친 초췌한 몰골이지만, 다윗의 속사람은 참생명으로 기뻐합니다. 육신의 무게감에서 벗어났습니다. 죽기 전에 죽었습니다. 더 이상 자신을 향한 정죄는 없습니다. 이제는 기꺼이 아들 압살롬의 모습 그대로를 품을 수 있습니다. 다윗은 광야에서 노래합니다: "이 생명 다하도록 주님을 찬양하렵니다. 내가 손을 들어서 주님의 이름을 찬양하렵니다. 기름지고 맛깔진 음식을 배불리 먹은 듯이 내 영혼이 만족하니, 내가 기쁨에 가득 찬 입술로 주님을 찬양하렵니다. 잠자리에 들어서도 주님만을 기억하고 밤을 새우면서도 주님만을 생각합니다. … 이 몸이 주님께 매달리니, 주님의 오른손이 나를 꼭 붙잡아 주십니다"(시편 63:4-8).

둘째 날 – 주야로 15분씩 임재 기도

사무엘하 16-22장; 시편 68-71, 18-21편

다윗은 압살롬의 쿠데타를 진압하는 다윗의 군대에게 명령을 합니다: "나를 생각해서라도, 저 어린 압살롬을 너그럽게 대하여 주시오"(사무엘하 18:5). 요압은 불복종하고 압살롬을 죽입니다. 다윗은 압살롬의 전사소식을 듣습니다. 왕은 찢어질듯한 아픔 속에 통곡합니다: "내 아들 압살롬아, 내 아들아, 내 아들 압살롬아, 너 대신에 차라리 내가 죽을 것을, 압살롬아, 내 아들아, 내 아들아!"(사무엘하 18:33). 다윗의 군대는 마치 전쟁에 진 패잔병처럼 얼굴을 들지 못하고 기가 죽어 슬며시 성안으로 들어갑니다. 왕은 여전히 목놓아 부르짖습니다: "내 아들 압살롬아, 내 아들아, 내 아들 압살롬아!"(사무엘하 19:4).

요압이 왕에게 가서 항의합니다: "임금님, 모든 부하가 오늘 임금님의 목숨을 건지고, 임금님의 아들들과 딸들의 목숨도 건지고, 모든 왕비의 목숨과 후궁들의 목숨까지 건져 드렸습니다. 그런데 임금님께서는 오히려 오늘 부하들을 부끄럽게 만드셨습니다. 임금님께서는 어찌하여 임금님을 반역한 무리들은 사랑하시고, 임금님께 충성을 바친 부하들은 미워하시는 겁니까? … 차라리 오늘, 압살롬이 살고, 우리가 모두 죽었더라면, 임금님께서는 더 기뻐하셨을 것입니다. 그렇지 않으시다면, 이제라도 일어나 밖으로 나가서서, 임금님의 부하들을 위로의 말로 격려해 주십시오. 제가 주님의 이름을 걸고 맹세하지만, 지금 임금님께서 밖으로 나가지 않으시면, 오늘 밤에 한 사람도 임금님 곁에 남아 있지 않을 것입니다. 그러면 임금님께서 젊은 시절부터 이제까지 당한 그 모든 환난보다도 더 무서운 환난을 당하실 것입니다"(사무엘하 19:5-7).

　　주어진 현실입니다. 다윗은 그날 밤 목욕하는 여인네에게 넋이 나가 동침을 합니다. 그런데, 그 한 순간의 욕정의 대가로 겪은 방황의 세월이 어찌 청년 다윗의 광야 10년보다 덜 고통스러웠다고 할 수 있겠습니까? 청년 다윗의 고통과 고난은 타인의 죄악으로 인해 감내해야 할 것이었다면, 왕으로 겪은 고통과 고난의 세월은 분명 자신의 범죄에서 비롯되어 자녀 세대와 얽혀진 것입니다. 그리고 이제야 비로소 그 아들을 온 가슴으로 품을 수 있는데… 그런데 이렇게 죽음으로 마침표가 찍히니… 어찌 그 통곡의 깊이를 우리가 헤아릴 수 있겠습니까?

　　하지만 요압은 이러한 다윗의 속사정을 고려하지 않습니다. 육신의 소욕을 따르는 요압은 자신의 경험과 지식에 근거하여 보이는 것을 따라 판단하고 대처할 뿐입니다. 그리고 슬쩍 공갈협박을 덧붙이며 자신의 권력을 강화합니다. 천하보다 귀한 한 영혼의 구원에는 무관심한 것이 요압과 세상입니다. **반면에, 성령을 따르는 다윗의 시선은 항상 주 여호와입니다.** 다윗에게 전쟁은 늘 주님께 속한 것이며 그 승패 또한 주님의 몫입니다. 주님이 주체가 되시어 주님께서 통치하심을 수종들뿐입니다. 군대와 군마를 의지하는 요압과 세상은 이것을 알지 못합니다. 죄의 법을 섬기는 육신에게 속사람의 형편을 고려해 달라고 말할 수 없습니다. 우리는 죽기 전에 죽었고 우리 안에 그리스도 사시지만, 우리는 여전히 육체 가운데 있습니다. 오직 믿음으로 존재하며, 육체와 다투지 않습니다. **오히려 수용하며, 우리는 믿음을 그 육체와 현실에 나타냅니다. 그리스도를 살며 그리스도를 나타내는 것입니다.**

　　쿠데타가 진압된 이후 사람들은 자신들의 입장을 따라 다양한 모습으로 다윗 왕 앞에 등장합니다. 요압은 거세게 항의하였고, 다윗은 그것을 받아들여 진정하고 군인들의 사기를 세워줍니다. 반역에 가담했던 북이스라엘은 발빠르게 태세를 전환하여 다윗 왕을 왕궁으로 모시고자 합니다. 다윗은 남유다 사람들의 심중도 다 자신에게 향하게 합니다. 다윗이 압살롬에게 쫓겨 광야로 도망갈 때 먹을 것을 주며 환심을 샀던 시바도, 그리고 다윗에게 저주를 퍼부었던 시무이도 귀환하는 왕을 맞으러 나옵니다. 쿠데타의 불씨를 안고 있는 사울의 자식 므비보셋에게 한결같은 은총으로 대합니다. 도왔던 바르실래에게 함께 예루살렘으로 가자고 하니, 그는 자신을 대신하여 자식들을 다윗에게 맡깁니다. 불안정한 남북 분쟁과 세바의 반란도 제압됩니다. 그리고 기브온 사람들의 소원도 들어줍니다.

사무엘하 22장은 시편 18편 2절 이하의 내용과 같습니다. 주님께서 다윗을 원수들과 사울의 손에서 건져 주신 것을 회고하며 부른 노래입니다. 그 내용의 핵심은 시편 18편 1절입니다: "나의 힘이신 주 여호와여, 내가 주님을 사랑합니다." 다윗은 지난날을 회고하며 신앙 경험으로 체득한 것을 시로 승화하여 노래합니다: "주님께서는 기름을 부으신 왕에게 승리를 주시고, 그 거룩한 하늘에서 왕에게 응답하여 주시고, 주님의 힘찬 오른손으로 왕에게 승리를 안겨 주시는 분이심을 알았습니다. 어떤 이는 전차를 자랑하고, 어떤 이는 기마를 자랑하지만, 우리는 주 우리 하나님의 이름만을 자랑합니다. 대적들은 엎어지고 넘어지지만, 우리는 일어나서 꿋꿋이 섭니다"(시편 20:6-8).

셋째 날 – 주야로 15분씩 임재 기도

사무엘하 23-24장; 시편 64-67, 42-50편

사무엘하 23장은 다윗이 마지막으로 남긴 말입니다. 그는 처음 기름 부음을 받은 때부터 지금까지 주 여호와의 영이 자신을 통해 말씀하셨고 그분의 말씀이 자신의 혀에 있었음을 증언합니다: "이새의 아들 다윗이 말한다. 높이 일으켜 세움을 받은 용사, 야곱의 하나님이 기름 부어 세우신 왕, 이스라엘에서 아름다운 시를 읊는 사람이 말한다. **주님의 영이 나를 통하여 말씀하시니,** 그의 말씀이 나의 혀에 담겼다"(사무엘하 23:1-2).

하나님께서는 생식능력이 끊어진 야곱의 허리에서 이스라엘 민족을 꺼내십니다. 야곱의 주 여호와께서 한 소년 다윗을 발견하시고 왕의 기름을 부으십니다. 그때부터 주님은 다윗 삶의 주체가 되시어 다윗의 믿음을 통해 그의 혀에 주의 말씀을 담아 영으로 말씀하십니다. 그리스도인은 다윗 같은 자입니다(스가랴 12:8). 그리스도 안에서 주님과 연합하여 한 영 됩니다. 주의 영이 우리의 믿음을 통해 말씀하십니다. 그러므로 우리는 하나님이 말씀하시는 것 같이 말합니다(베드로전서 4:11). 주님의 말씀대로 말하고 생각하고 느끼고 선포합니다.

23장 3-5절은 야곱의 하나님께서 다윗에게 하신 말씀과 다윗 왕의 화답입니다: "모든 사람을 공의로 다스리는 왕은, 하나님을 두려워하면서 다스리는 왕은, 구름이 끼지 않은 아침에 떠오르는 맑은 아침 햇살과 같다고 하시고, 비가 온 뒤에 땅에서 새싹을 돋게 하는 햇빛과도 같다고 하셨다. 진실로 나의 왕실이 하나님 앞에서 그와 같지 아니한가? 하나님이 나로 더불어 영원한 언약을 세우시고, 만사에 아쉬움 없이 잘 갖추어 주시고 견고하게 하셨으니, 어찌 나의 구원을 이루지 않으시며, 어찌 나의 모든 소원을 들어주지 않으시랴?" 하나님이 하십니다. 하늘에서 이루어진 뜻이 이 땅에 이루어지는 이 일의 주체는 하나님이십니다. 죽기 전에 죽어 그리스도 안에서 창조 본연의 자리인 아버지 집에서 사는 아버지 자식들의 그 믿음을 통해 주의 영이 이 땅에 하나님 나라를 세우십니다: "저마다 지은 죄 감당하기에 너무 어려울 때에, 오직 주님만이 그 죄를 용서하여 주십니다. 주님께서 택하시고 가까이 오게 하시어 주님의 뜰에 머물게 하신 그 사람은, 복이 있는 사람입니다. 그러므로 우리는, 주님의 집, 주님의 거룩한 성전에서 온갖 좋은 복으로 만족하렵니다. … 주님께서 큰 복을 내리시어, 한 해를 이렇듯 영광스럽게 꾸미시니, 주님께서 지나시는 자취마다, 기름이 뚝뚝 떨어집니다"(시편 65:3-5, 11).

주 여호와께서 회개하지 않는 이스라엘 나라를 향해 다시 진노하십니다. 그래서 사탄이 다윗을 격동시키는 것을 허용하십니다(역대상 21:1; 사무엘하 24:1). 다윗은 나라의 부강을 측정하려고 요압에게 인구 조사를 지시합니다. 가시 같은 존재 요압은 바른말을 합니다: "그런데 내 주 왕은 어찌하여 이런 일을 기뻐하시나이까." **하지만, 이 일은 하나님의 진노에서 비롯된 것입니다. 그러므로 자신이 주체가 된 육신의 생각은 받아들여지지 않습니다.** 10개월여 만에 인구 조사를 마치자, 다윗은 스스로 양심의 가책을 받아 여호와께 죄를 자백합니다. 여호와께서 전염병으로 이스라엘을 심판하십니다. 백성을 쳐죽이는 천사를 보고, 다윗은 여호와께 아룁니다: "바로 내가 죄를 지은 사람입니다. 바로 내가 이런 악을 저지른 사람입니다. 백성은 양 떼일 뿐입니다. 그들에게는 아무런 잘못도 없습니다. 나와 내 아버지의 집안을 쳐 주십시오"(사무엘하 24:17). 주님은 선지자 갓을 보내어 아라우나의 타작마당에서 주님께 제단을 쌓도록 명령합니다. 그 타작마당은 주님께서 뜻을 돌이켜 천사의 심판을 중단시킨 장소입니다. 다윗은 그곳에서 주님께 제단을 쌓아 번제와 화목제를 드립니다. 주 여호와께서 그 땅을 위한 기도에 응답하시니 이스라엘에 내린 재앙이 그쳤습니다. 그리고 훗날 그 자리에 솔로몬의 성전이 세워집니다. 여호와 하나님의 주권과 섭리입니다. 누가 이것을 능히 헤아려 알 수 있겠습니까? 다만 주 여호와를 경외하며 경배할 뿐입니다.

시편 42-29편은 고라 자손의 시입니다. 고라는 광야 40년이 끝날 즈음에 지도자 250명과 합세하여 반역을 일으켰고, 그 현장에서 그들은 다 죽었습니다. 그리고 그 일로 만 사천 칠백 명이 전염병으로 죽었는데, 그때 고라의 자손들은 죽지 않았습니다(민수기 26:11). 하나님께서 그 심판으로부터 자녀 세대를 보호하신 겁니다. 그러므로 고라의 자손이라는 것은 반역자의 자손이라는 뜻이 전혀 아닙니다. 오직 은혜로 다스림을 받는 하나님 자녀들이라는 뜻입니다.

그들의 주님을 향한 갈망은 깊고 넓습니다: "주님께서 일으키시는 저 큰 폭포 소리를 따라 깊음은 깊음을 부르며, 주님께서 일으키시는 저 파도의 물결은 모두가 한 덩이 되어 이 몸을 휩쓸고 지나갑니다. …내 영혼아, 네가 어찌하여 그렇게 낙심하며, 어찌하여 그렇게 괴로워하느냐? 너는 하나님을 기다려라. 이제 내가 나의 구원자, 나의 하나님을 또다시 찬양하련다"(시편 42:7-11). "사람들이 땅을 차지하여 제 이름으로 등기를 해 두었어도 그들의 영원한 집, 그들이 영원히 머물 곳은 오직 무덤뿐이다. 사람이 제 아무리 영화를 누린다 해도 죽음을 피할 수는 없으니, 미련한 짐승과 같다. ***이것이 자신을 믿는 어리석은 자들과 그들의 말을 기뻐하며 따르는 자들의 운명이다***"(시편 49:11-13). 시편 50편은 찬양 사역자 아삽의 시입니다. 그는 ***세상 사람들의 근본적인 죄악***이 무엇인지를 아는 자입니다: "너희는 틀림없이, ***'내가' 너희와 같은 줄로 잘못 생각하는구나***"(시편 50:21). 선악과를 먹고 눈이 밝아져 스스로 자신이 하나님인 줄 알고 살아가는 인생을 갈파한 것입니다.

넷째 날 – 주야로 15분씩 임재 기도

열왕기상 1-11장; 시편 72-73편

아삽의 시는 시편 73편에서 계속됩니다. 그는 보암직하고 먹음직한 것을 따르는 악인의 형통함을 보고 심중을 빼앗길 뻔했습니다: "내가 깨끗한 마음으로 살아온 것과 내 손으로 죄를 짓지 않고 깨끗하게 살아온 것이 허사라는 말인가?"(시편 73:10). 악마의 세력 아래 놓인 세상에서 악인들이 하나님을 멸시하며 물질의 풍요를 누리니, 주의 백성들조차도 한 발을 그곳에 걸칩니다.

아삽은 온종일 괴롭고 고통스럽습니다. 그는 이 일이 주님께서 자신을 부르는 구원의 메신저로 간주하고 성소로 나갑니다. 자신의 생각과 감정을 부인합니다. 자신을 포기하니, 죽기 전에 죽었습니다. 성소에 들어갈 때에야 비로소 악한 자들의 종말이 어떻게 되리라는 것을 깨닫습니다. 자신의 시선이 주님이 아닌 악한 자의 형통에 있었으니 그토록 괴롭습니다. 이렇게 우매 무지한 자신을 주님께서 늘 오른손으로 붙들어 주시기에 다시 제자리로 올 수 있음을 체험하며 찬양합니다: "주의 교훈으로 나를 인도하시고 후에는 영광으로 나를 영접하시리니 하늘에서는 주 외에 누가 내게 있으리요 땅에서는 주 밖에 내가 사모할 이 없나이다"(시편 73:24-25). 죽기 전에 죽었음을 깨달아 하나님 임재를 날마다 연습함이 내게 복입니다: "하나님께 가까이함이 내게 복이라 내가 주 여호와를 나의 피난처로 삼아 주의 모든 행적을 전파하리이다"(시편 73:28).

다윗이 솔로몬을 후계자로 지명하니, 선지자 나단과 제사장 사독이 솔로몬에게 기름을 붓습니다. 다윗은 하나님이 자신과 맺은 영원한 언약을 솔로몬 왕에게 유언으로 남깁니다: "주님께서 전에 나에게 '네 자손이 내 앞에서 마음heart과 정성soul을 다 기울여서, 제 길을 성실하게 걸으면, 이스라엘의 임금 자리에 오를 사람이 너에게서 끊어지지 않을 것이다' 하고 약속하신 말씀을 이루실 것이다"(열왕기상 2:4). 그리고 다윗에게 가시 같았던 존재 요압과 다윗에게 저주를 퍼부었던 시무이를 처리하고, 자신에게 호의를 베풀었던 바르실래의 아들들에게는 자비를 베풀라고 유언합니다.

솔로몬은 유언을 집행하며 권력을 완전히 장악합니다. 솔로몬은 국외로는 이집트의 바로와 동맹을 맺고 그의 딸을 아내로 맞이하여 국방외교를 강화합니다. 그리고 그는 주 여호와를 사랑하여 기브온 산당에서 일천 제물을 드리며 번제를 올립니다. 주님의 백성들을 다스리기 위해 필요한 '경청하는 심중'을 구했고, 주님은 기뻐하시며 '현명하고 분별하는 심중'을 주시며 부귀영화도 덤으로 주십니다: "유다와 이스라엘에는 인구가 늘어나서, 마치 바닷가의 모래알처럼 사람이 많아졌지만, 먹고 마시는 것에 모자람이 없었으므로, 백성들이 잘 지냈다. … 솔로몬의 지혜는 동양의 어느 누구보다도, 또 이집트의 어느 누구보다도 더 뛰어났다. … 그의 지혜에 관한 소문을 들은 모든 백성과 지상의 모든 왕은, 솔로몬의 지혜를 들어서 배우려고 몰려 왔다"(열왕기상 4:20-34). 주 여호와는 다윗에게 허락하셨던 지혜를 그의 아들에게 주시어 펼치게 하신 것입니다.

솔로몬은 이제 여호와의 이름을 위하여 성전을 건축합니다. 출애굽하고 480년이 지났고, 솔로몬이 왕이 된 지 4년입니다. 평생 다윗을 사랑하였던 두로 왕 히람의 지원 아래 7년 만에 완공합니다. 그리고 여호와의 언약궤를 다윗성에서 제사장들이 메어 성전 내실 지성소 안으로 옮기고 나올 때, 여호와의 성전에 구름이 가득 찹니다. 그때, 솔로몬이 여호와의 제단 앞에서 기도합니다: "이곳은 주님께서 '내 이름이 거기에 있을 것이다' 하고 말씀하신 곳입니다. … 마음heart을 다하고 정성soul을 다하여 주님께 회개하고, 주님께서 그들의 조상에게 주신 땅과 주님께서 선택하신 이 도성과 내가 주님의 이름을 기리려고 지은 이 성전을 바라보면서 기도하거든, 주님께서는, 주님께서 계시는 곳인 하늘에서, 그들의 기도와 간구를 들으시고, 그들의 사정을 살펴보아 주십시오. … 주님께서는 그들을 주님의 소유가 되도록, 세상의 모든 백성과 구별하셨습니다"(열왕기상 8:29-53). 여호와께서 전에 기브온에서 나타나신 것과 같이, 두 번째로 솔로몬에게 나타나 말씀하십니다. 다윗처럼 살면서 말씀에 복종하여 실천하면 솔로몬의 왕좌를 지켜 줄 것을 약속하십니다. 하지만 곁길로 나가서 우상을 숭배하면, 솔로몬은 외면당하고 조롱거리가 될 것이라고 경고하십니다(열왕기상 9:3-9).

솔로몬의 부귀영화는 상상을 초월합니다. 해마다 666달란트 무게의 금이 들어왔으며, 스바 여왕과 온 세상 사람들 모두 하나님께서 솔로몬의 심중에 넣어 주신 지혜를 들으려고 방문합니다. 그런데 이방 여인들을 좋아하여 호색에 빠지니, 700명의 후궁과 300명의 첩이 그의 심중을 사로잡습니다. 솔로몬은 늙어 분별력을 잃고 여인들이 가져온 우상들을 섬깁니다. 주님은 두 번이나 나타나시어 우상숭배를 금하였으나, 솔로몬은 불순종합니다. 솔로몬의 지은 죄 때문에, 여호와께서는 그에게서 왕국을 빼앗아 그의 신하에게 주는데, 다윗을 생각하여 솔로몬때가 아닌 그 아들때에 실행할 것이라고 말씀하십니다. 그리고 하나님은 솔로몬의 대적자들을 일으키십니다. 솔로몬은 죽어서, 그의 아버지 다윗의 성에 묻힙니다.

다섯째 날 – 주야로 15분씩 임재 기도

잠언 1-15장

욥은 말합니다: **"지혜는 사람에게서 발견되는 것이 아니다. 사람은 어느 누구도 지혜의 참가치를 알지 못한다"**(욥기 28:13). 그러면 어디서 참지혜와 참지식을 얻을 수 있습니까? 욥기, 시편, 잠언, 전도서는 이구동성으로 말합니다: **"여호와를 경외하는 것이 지식과 지혜의 근본입니다"**(잠언 1:7, 9:10; 욥기 28:28; 시편 111:10; 전도서 12:13). 여호와를 경외하는 것은 무엇입니까? 주님께서 홍해를 가르고 요단강 물을 마르게 하신 것은 두 가지 때문입니다(여호수아 4:23-24). 첫째, 땅의 모든 백성이 여호와의 능력이 얼마나 강하신가를 알게 하신 것입니다. 둘째, 우리가 영원토록 주 우리의 하나님을 경외하도록 하기 위해서입니다. 그러므로 **여호와 경외가 무엇인지 알기 위해서는 강을 건너면 됩니다. 즉 십자가를 통과하면 됩니다.** 다른 말로, '내가 그리스도와 함께 십자가에 못 박혔기에' 죽기 전에 죽었음을 알면 됩니다. 그러면, 우리 혼이 창조 본래의 자리인 아버지 집 주님 보좌 앞에 머물며 그 영광을 바라보니, 하나님을 온전히 경외하게 됩니다. 내 눈앞에 십자가에 달리신 주 예수님이 어른거림과 부활에 동참하여 하나님 임재 가운데 머무는 것이 지혜와 지식의 근본입니다.

주 여호와께서는 지혜로 땅의 기초를 놓으시고 하늘을 펼쳐 놓으셨습니다(잠언 3:19). 여호와께서 지혜로 말씀하실 때마다 빛과 우주 만물이 창조되었습니다. 지혜의 말씀이 육신이 되셨으니 곧 우리 주 예수 그리스도이십니다. 그래서 잠언 8장은 지혜를 의인화합니다: "주님께서 일을 시작하시던 그 태초에, 주님께서 모든 것을 지으시기 전에, 이미 주님께서는 나를 데리고 계셨다. … 나는 그분 곁에서 창조의 명공이 되어, 날마다 그분을 즐겁게 하여 드리고, 나 또한 그분 앞에서 늘 기뻐하였다. 그분이 지으신 땅을 즐거워하며, 그분이 지으신 사람들을 내 기쁨으로 삼았다"(잠언 8:22-31). 예수 그리스도는 말씀이 육신 되신 주 여호와의 지혜입니다. 예수님은 아버지와 하나 되어 '아버지의 이름'을 나타내고 그 이름으로 맡겨진 자들을 보존하십니다(요한복음 17:6-12). 오직 지혜의 말씀이신 그리스도만이 모든 것이며, 모든 것 안에 계십니다.

내가 그리스도와 함께 십자가에 못 박혔다는 것이 참지혜이며, 이 지혜를 받아들이는 것이 곧 여호와를 경외하는 것입니다. 죽기 전에 죽었고, 이제는 내가 사는 것이 아닙니다. 내 안에 그리스도 사십니다. **외부에서 내면으로 방향을 전환하여 주 성령의 인도를 따라 자신의 존재 중심에 계신 그리스도께 나아가는 것이 곧 여호와를 경외하는 것입니다.** 은을 구하듯 지혜를 구하고 보화를 찾듯 그렇게 끊임없이 내면으로 전환합니다(잠언 2:4-5). 돈을 벌듯 그렇게 악착같이 외부에서 내면으로 방향을 전환하여 하나님 임재 연습을 합니다. 이것이 생명의 근원이 되는 심중을 지키는 것입니다(잠언 3:24). 그 결과, 내 혼이 본래 있어야 할 주님 보좌 앞에 머무는 것을 의식하며 즐기게 됩니다. 주와 연합하여 한 영이 된 것을 누리며 오직 믿음으로 존재합니다. 이 믿음을 통해 주님께서 '기름 부음'을 허락하시니, 주 성령께서 우리 몸(생각, 감정, 신체)을 만지시며 회복시키십니다. 하나님의 지혜가 나타나 통치하시는 겁니다.

주님을 경외하는 것은 악을 미워하는 것입니다(잠언 8:13). 하나님 자식이 육신의 소욕을 따라 보이는 대로 사는 것이 악입니다: "음행하는 여자의 입술에서는 꿀이 떨어지고, 그 말은 기름보다 매끄럽지만, 그것이 나중에는 쑥처럼 쓰고, 두 날을 가진 칼처럼 날카롭다. … 네 길에서 그 여자를 멀리 떨어져 있게 하여라. 그 여자의 집 문 가까이에도 가지 말아라"(잠언 5:3-8). 목욕하는 여인에게 심중을 빼앗겼던 다윗은 하나님을 무시했습니다. 그는 하나님 말씀을 멸시한 것입니다. 그것은 하나님 보시기에 악한 것입니다(사무엘하 12:9-10). 이 일로 인해, 어리석었던 다윗에게 환란과 고통이 끊이지 않았습니다. 하지만 노년의 다윗는 소녀 아비삭을 자기 몸의 보온병 삼는 왕의 권리를 포기합니다. 이것은 분명 아비삭과 함께하시는 하나님을 경외하였기에 취한 행동입니다. 그는 환란과 고통을 통해 주님께 더 가까이 나아갔으며, 주님은 하나님을 경외하는 다윗에게 성전 건축을 위한 모든 준비를 하게 하십니다.

하나님을 경외하며 내면으로 전환하여 성령님 인도를 받아 존재 중심의 그리스도께로 나아가는 것이 악을 미워하는 것입니다. 악인에게는 두려워하는 것이 임하지만, 믿음으로 사는 의인에게는 바라는 것이 이뤄집니다(잠언 10:24). 기름 부음이 모든 것을 가르쳐 주기 때문입니다. 주님을 경외하며 살면, 자녀 세대에게 피난처를 제공하게 됩니다. 여호와를 경외하는 것은 생명의 샘이니, 자녀들에게 그 샘을 주는 것입니다(잠언 14:26-27). 재산이 적어도 주님을 경외하며 하나님 임재 가운데 사는 것이, 재산이 많아서 다투며 사는 것보다 낫습니다. 주님을 경외하라는 것은 지혜가 주는 훈계이니, 겸손하면 영광이 따릅니다(잠언 15:16, 33).

여섯째 날 – 주야로 15분씩 임재 기도

잠언 16:1-22:16

심중에서 하는 계획들은 사람에게 속했어도, 그 말의 응답은 여호와로부터 옵니다. 사람의 모든 길들이 자기 보기에는 깨끗하다고 할지라도, 여호와께서는 그 사람의 영을 헤아리십니다. 당신의 일들을 여호와께 맡기면, 당신의 계획하는 것들이 이루어질 것입니다. 여호와께서는 모든 것을 각자의 쓰임에 따라 빚으셨으니, 악인도 악한 날에 쓰일 것입니다. 심중에 교만이 있는 자는 누구든지 여호와를 혐오하는 자이니, 그 사람은 반드시 벌을 받을 것입니다. 사랑과 진리로 인해 죄사함을 받으며, 여호와를 경외함으로 인해 악을 멀리합니다. 사람의 길들이 여호와를 기쁘시게 하면, 주께서 그 사람의 원수라도 그 사람과 화목하게 만들어 주십니다. 사람의 심중에서 자신의 길을 계획할지라도, 여호와께서 그 사람의 발걸음을 인도하십니다. 공평한 저울과 접시 저울은 여호와께 속했으며, 가방 속의 저울추들도 다 주님께서 만드신 것입니다.

 잠언 16장 1-11절에 '여호와YHWH'가 9번 사용됩니다. 하나님께서 모세를 부르시며 하나님 자신의 이름을 여호와로 알리십니다: "나는 곧 나다. [I AM WHO I AM] 너는 이스라엘 자손에게 이르기를, '나'라고 하는 분이 너를 그들에게 보냈다고 하여라"(출애굽기 3:14). 야곱의 허리에서 꺼낸 민족을 구원하시려는 분이 곧 그들의 조상 아브라함과 이삭과 야곱의 하나님이시라는 겁니다. "이 일을 누가 행하였느냐 누가 이루었느냐 누가 태초부터 만대를 명정하였느냐 나 여호와라 태초에도 나요 나중 있을 자에게도 내가 곧 그니라"(이사야 41:4). 여호와는 우리의 목자되시어 우리 혼을 소생시키시며 자기 이름을 위하여 우리를 의의 길로 인도하십니다. 예수님은 아버지의 이름 여호와를 나타내셨고, 자신에게 맡겨진 자들을 그 이름으로 보존하십니다. 그리고 말씀하십니다: "나는 알파와 오메가라 이제도 있고 전에도 있었고 장차 올 자요 전능한 자라"(요한계시록 1:8). 사도 바울도 말합니다: "나의 나 된 것은 하나님의 은혜로 된 것이니 [by the grace of God I am what I am]"(고린도전서 15:10). 그리스도인들은 서로의 이마에서 그분의 이름을 봅니다: "그들의 이마에는 그분의 이름이 적혀 있고, … 그들은 영원무궁 하도록 다스릴 것입니다"(요한계시록 22:4-5).

　　'하늘에 계신 우리 아버지여 이름을 거룩히 여김을 받으소서' 기도하는 새 언약의 백성들에게 '주 예수의 이름'은 매우 중요합니다. 예수님은 아버지의 이름으로 사역을 하십니다(요한복음 10:25). 그리고 이제 예수님은 제자들에게 주 예수의 이름으로 구하라고 말씀하십니다: "너희가 내 이름으로 구하는 것은, 내가 무엇이든지 다 이루어 주겠다. 이것은 아들로 말미암아 아버지께서 영광을 받으시게 하려는 것이다. 너희가 무엇이든지 내 이름으로 구하면, 내가 다 이루어 주겠다"(요한복음 14:13-14). ***아버지의 이름과 그 아들 예수의 이름이 지혜의 전부입니다.*** 우리 심중에 모신 지혜자가 우리 이마를 통해 나타나시니, 우리가 이마에 새겨진 그 이름을 보며 서로 사랑합니다.

　　이것이 '하나님을 경외함이 지혜의 근본'이라는 말씀의 참된 의미입니다. 그래서 도가니는 은을, 풀무는 금을 연단하지만, 주 여호와는 사람의 심중을 연단하십니다(잠언 17:3). 지혜를 모신 심중은 병을 낫게 하지만, 상하고 깨어진 영은 뼈를 마르게 합니다(잠언 17:22). 사람이 어리석기에 자기 길을 굽게 하고 심중으로 여호와를 원망하는 것입니다(잠언 19:3). 사람의 심중에 많은 계획이 있을지라도, 오직 여호와의 뜻만이 완전히 세워집니다. 그러므로 여호와를 경외하며 살면, 생명을 얻습니다. 그 사람은 주님 안에서 자족하며 악으로부터 보호받게 됩니다(잠언 19:21, 23). 우리 존재 중심에 있는 사람의 영은 여호와의 등불입니다. 사람의 가장 깊은 곳까지 살피십니다(잠언 20:27).

외부에서 내면으로 방향을 전환합니다. 모든 시선을 존재 중심에 계신 그리스도께 드립니다. 목숨 다해 숨결에 하나님 임재를 느낍니다. 우리의 이 믿음을 통해 주 성령께서 모든 것을 살피십니다: "성령은 모든 것을 살피시니, 곧 하나님의 깊은 경륜까지도 살피십니다. 사람 속에 있는 그 사람의 영이 아니고서야, 누가 그 사람의 생각을 알 수 있겠습니까? 이와 같이, **하나님의 영이 아니고서는, 아무도 하나님의 생각을 깨닫지 못합니다**"(고린도전서 2:10-11). 주 성령께서 우리의 연약함을 도우십니다: "사람의 마음을 꿰뚫어 보시는 하나님께서는, 성령의 생각이 어떠한지를 아십니다. 성령께서, 하나님의 뜻을 따라, 성도를 대신하여 간구하시기 때문입니다"(로마서 8:27).

성령님의 중보사역을 통하여 크고 작은 모든 일들이 함께 작동하여 우리를 하나님 형상대로 빚으십니다. 우리는 말씀과 성령의 역사 가운데 하나님으로부터 나서 그리스도 예수 안에 있는 하나님 자녀입니다. 예수님은 우리를 위해 하나님으로부터 지혜가 되십니다. 그리고 우리를 위해 의와 거룩과 구속이 되십니다(고린도전서 1:30). 지혜자 그리스도 안에서 우리는 이미 온전하고 의롭고 영광스럽습니다. 겸손과 여호와를 경외함의 보상은 재물과 영광과 생명입니다(잠언 22:4).

일곱째 날 – 주야로 15분씩 임재 기도

잠언 22:17-31:31

하나님 말씀대로 생각하고 말하고 느끼고 선포하는 것이 참지혜이며 하나님을 온전히 경외하는 것입니다. 야게의 아들 아굴은 권면합니다: "하나님의 말씀은 모두 순결하며, 그분은 그를 의지하는 사람의 방패가 되신다. **말씀에 아무것도 더하지 말아라.** 그렇지 않으면 그분이 너를 책망하시고, 너는 거짓말을 하는 사람이 될 것이다"(잠언 30:5-6).

첫째 아담이 하나님 말씀을 가감하며 불순종한 이후로 사람들은 자신들의 생각으로 말씀을 좌지우지하는 경향이 있습니다. 그래서 성경은 이 일에 강력히 경고하는 것입니다: "당신들은 내가 당신들에게 명한 이 모든 것을 지키고, 거기에 한 마디도 더하거나 빼서는 안 됩니다"(신명기 4:2, 12:32). "나는 이 책에 기록한 예언의 말씀을 듣는 모든 사람에게 증언합니다. 누구든지 여기에 무엇을 덧붙이면, 하나님께서 그에게 이 책에 기록한 재앙들을 덧붙이실 것이요, 또 누구든지 이 예언의 책에 기록한 말씀에서 무엇을 없애 버리면, 하나님께서 이 책에 기록한 생명 나무와 그 거룩한 도성에서 그가 누릴 몫을 없애 버리실 것입니다"(요한계시록 22:18-19).

'우리는 용서받은 죄인입니다'라고 말할 때, 그 주체는 육신의 나입니다. 이러한 내가 주체가 되어 하나님 말씀을 관찰하고 해석하여 나의 삶에 적용할 때, 내 형편과 상황 그리고 내 지식과 경험을 따라 하나님 말씀을 가감할 수밖에 없습니다. 어리석은 것입니다. 하나님을 알게 모르게 무시하고 멸시하는 것입니다. **이러한 내가 그리스도와 함께 십자가에 못 박혔다고 말하는 것이 하나님을 경외하는 것이고 참지혜를 얻는 길입니다.** 죽기 전에 죽었기 때문에, 나는 그리스도 안에서 '없음nothingness'입니다. 나는 그리스도 안에서 '텅빔emptiness'입니다. 나는 그리스도 안에서 '정지됨stillness'입니다. **이러한 나의 주체는 그리스도이십니다.**

하나님이신 그리스도께서 나의 주체가 되시어 영이신 하나님의 말씀을 읽고 들으니, 말씀이 영이요 생명으로 다가옵니다. 주 성령께서 영이요 생명이신 말씀을 우리 심중에 새겨 놓으십니다. 우리가 모든 시선을 주님께 드리고 숨결에 주님을 의식하니, 주님께서 그 말씀으로 운행하시며 우리 몸(생각, 감정, 신체)을 만지시고 치유하십니다. 영의 말씀이 생각으로 나타나며 온 신체로 생명과 평강이 퍼져 나갑니다. 주님 말씀 그대로 생각합니다. 말씀대로 말하고 느끼고 선포합니다. 하나님을 경외함 가운데 하나님의 지혜가 우리 몸을 주장하며 나타납니다.

모략과 지식이 담긴 서른 가지 말씀이 나를 주장하심을 허용합니다: 하나님은 약자의 송사를 맡아 주십니다. 쉽게 성내는 자와 동행하지 않습니다. 남의 빚 보증을 서지 않습니다. 하나님께서 정하신 선을 넘지 않습니다. 자기 일에 능숙한 자가 됩니다. 식탐을 다스립니다. 물욕을 다스립니다. 인색한 자의 식사 초대에 조심합니다. 어리석은 자의 귀에 말하지 않습니다. 고아와 소외된 자들을 해롭게 하지 않습니다. 말씀에 귀 기울이고 심중에 담습니다. 매질을 해서라도 아이를 바로잡아 줍니다. 그 매질은 아이의 혼을 음부로부터 구하는 것입니다. 악인의 형통을 부러워하지 말고 오직 주님을 경외합니다. 술취함과 식탐으로 게으른 자를 멀리합니다. 진리 가운데 있으면 효도하게 됩니다. 음녀를 멀리합니다. 술취함은 재난과 근심의 원흉입니다. 악인은 불안정과 생명파괴의 길에 섭니다. 의인은 안정과 생명 건설의 길에 섭니다. 힘보다는 전략을 주는 지혜가 더 중요합니다. 어리석은 자가 돈으로 살 수 없는 것이 지혜입니다. 어리석은 자는 죄짓는 것만 계획합니다. 재난을 당할 때 낙심하지 않도록 지혜의 힘을 키웁니다. 죽을 영혼 살리는 영혼 구원에 힘씁니다. 꿀이 입에 달콤하듯 지혜도 삶에 달콤합니다. 의인에겐, 재앙이 아니라 번영입니다. 악인의 곤경을 비웃지 않고 긍휼히 여깁니다. 악인의 등불은 결국에는 꺼지니, 분노하지 않습니다. 주님과 지도자를 경외합니다(잠언 22:17-24:34).

잠언의 결론은 이것입니다: "누가 현숙한 여인을 찾아 얻겠느냐 그의 값은 진주보다 더 하니라"(잠언 31:10). 현숙한 여인은 지혜를 의인화하여 부르는 것입니다. 누가 좁은 문 좁은 길 걸어가 마침내 생명의 지혜를 발견하여 그 지혜를 배우자 삼아 살겠는가 반문합니다. 그는 바로 다윗입니다. 주님은, 한 사람 아브람을 세상에서 불러내 지난 천 년 동안 구속의 경륜을 펼치시며, 다윗 왕국을 건설하십니다. 다윗은 끊임없이 '내가 아닌 여호와가 왕이십니다.'라고 선포합니다. 토기장이 주님은 천 년의 세월을 통해 이 땅에 축적된 지혜를 한 영혼에게 집중하시어 다윗을 빚어낸 것입니다. 누가 현숙한 여인을 찾아 얻겠습니까? 우리들 편에서는, 예수님을 우리의 영적 배우자로 맞이하여 이곳과 저곳에서 영원히 삽니다. 예수님 편에서는, 신부단장을 마친 자신의 여자를 신부로 맞이하여 영원히 함께 삽니다. 이것이 여호와를 경외함이 지혜의 근본이라고 말씀하는 잠언의 결론입니다.

주일: 전도서 1-12장
· 해 아래서 수고하는 모든 수고가 다 헛되고 헛되며 헛됩니다.
· 여호와를 경외하며 명령을 지키는 것이 사람의 본분입니다.
· 혼이 창조 본래의 자리로 돌아오니, 사는 것이 복됩니다.

월: 아가서 1-8장
· 심중에 담긴 말씀에 입맞추니, 주님과 한 영 됨을 누립니다.
· 나는 임의 것, 임이 나를 그리워합니다. 혼이 주님의 영과 연합하여 하
  나 됨에서 생겨나는 사랑은 죽음같이 강합니다.

화: 열왕기상 12-22장
· 통일왕국은 다시 북이스라엘과 남유다로 분열됩니다.
· 북왕국의 왕 아합은 바알을 왕궁으로 끌어들여 남북 전체로 번지게 합
  니다. 엘리야는 바알의 예언자들과 정면대결을 합니다.

수: 열왕기하 1-11장
· 엘리야의 능력의 갑절을 받은 엘리사가 후계자가 됩니다.
· 왕이 아닌 예언자 엘리사를 통한 주님의 통치가 계속됩니다.
· 아합의 딸이 남유다의 여왕이 됨으로 바알이 침투해 들어갑니다.

목: 열왕기하 12-14장; 요나 1-4장
· 북왕국 여로보암 2세 때, 주님은 나라를 부강하게 하십니다.
· 이때, 호세아와 아모스는 자국 예언자, 요나는 선지자로 파송됩니다.
· 주님은 불순종의 요나를 사용해 니느웨 백성을 살리십니다.

금: 아모스 1-9장

· 남북왕국의 왕은 사람이 아니라 하나님이십니다.

· 주님은 양치기 아모스를 일으켜 심판의 말씀을 선포합니다.

· 또한, 주님은 심판 너머의 회복을 예언하게 하십니다.

토: 호세아 1-8장

· 입술로는 '주여 주여' 하면서도 심중에는 자신들의 탐욕을 추구하는 백
  성들을 용납하지 못하시는 주 여호와이십니다.

· "내 백성이 지식이 없으므로 망하는도다"(4:6).

사랑하는 이에게 몸을 기대고 왕들의 벌판을 달리며 선포: 하나님이 왕이시다!!

다윗의 간음과 살인 죄의 씨앗은 자녀 세대 간의 분쟁과 쿠데타까지 이어집니다. 솔로몬의 호색과 우상숭배 죄의 씨앗은 나라의 분열로 이어집니다. 죄의 씨앗이 땅에 떨어지면, 그 씨앗은 싹을 내고 결국에는 감당하기 어려운 죄의 열매를 맺게 됩니다. 그래도 다윗은 그 환란과 고통을 통해 자신이 죽기 전에 이미 죽었음을 깨달았기에, 그 재앙들은 다 번영으로 바뀝니다: "무릇 징계가 당시에는 즐거워 보이지 않고 슬퍼 보이나 후에 그로 말미암아 연단 받은 자들은 의와 평강의 열매를 맺느니라"(히브리서 12:11). 연단을 통해 의와 평강의 열매를 맺은 다윗은 하나님이 이 땅에 거하실 집의 터와 모든 재료와 청사진까지 준비합니다. 그리고 하나님과 맺은 언약은 영원하고 변하지 않습니다. 그 길 따라 말씀이 육신 되십니다.

　　하지만 솔로몬의 경우는 다릅니다. 아버지 다윗 덕분에 자신의 시대에는 나라가 분열되지 않습니다. 그러나 주님께서 신하와 이웃 나라들로 하여금 반란을 일으키게 하십니다. 사실 그것은 기회입니다. 하나님 자녀에게 있어서, 고통과 괴로움은 주님께서 보내신 구원의 메신저이기 때문입니다. 그러나 그럼에도 불구하고 솔로몬은 반란을 진압하기에 급급할 뿐, 우상을 버리며 철저히 회개하고 주님께로 돌아왔다는 성경 기록은 없습니다. 풀은 시들고 꽃은 떨어지듯, 솔로몬의 영광은 그렇게 죽고 끝납니다. 그 영광에는 사람의 영광도 있고 하나님의 영광도 있습니다. 사람의 영광은 그렇게 시들고 떨어졌을 뿐만 아니라 다음 세대에게 암cancer의 씨앗을 넘겨줍니다. 반면에, 말씀이 영원하듯, 솔로몬을 통하여 드러내신 하나님 영광은 영원하십니다.

솔로몬의 신하 여로보암은 북왕국을 세우고 금송아지를 만들어 벧엘과 단에 둡니다. 광야에서 출애굽 백성은 '이것이 애굽 땅에서 인도하여 낸 우리들 신이다.' 하며 금송아지를 만들었고, 하나님은 진노하시며 그 백성을 다 죽이려고 하셨습니다. 그런데 이제 여로보암은 하나도 아니고 둘을 만듭니다. **금송아지는 우리 심중에서 갖고 싶거나 되고 싶은 것이 밖으로 튀어나온 우상입니다. 이것은 이 땅에 세워지는 하나님 나라에 암이 생겼다는 뜻이기도 합니다.** 뒷감당이 안 되는 분열된 북왕국의 첫 단추입니다. 그 뒤로 북왕국의 모든 왕들은 다 그 길을 걸었고, 하나님 보시기에 악합니다. 북왕국의 7대왕 아합은 왕궁에 바알을 끌어드렸고, 그의 딸은 남왕국의 여왕이 되었으니, 남북 전체에 암이 퍼진 겁니다.

사람의 근본 죄악은 자신들이 하나님과 같은 줄로 잘못 생각하는 겁니다. 하나님은 그런 사람들과 함께하지 못합니다. 사울 왕과도 함께하지 못했는데, 어찌 르호보암과 여로보암의 후예들과 함께할 수 있겠습니까? 포도나무 가지가 주체가 되면, 그 나무는 살 수가 없습니다. 가지가 자신의 형편과 처지를 먼저 고려하면, 나무는 있을 자리를 잃고 맙니다. 자신의 이마에 자기 이름, 돈, 권력, 명예, 갖고 픈 것이 새겨진 것입니다. 다시 말해, 자기 이마에 금송아지가 새겨진 것입니다. **가지가 주체 됨을 포기하고 자신의 자아가 소멸되어 나무에 붙어 있어야,** 그때 비로소 하나 되어 죽음같이 강한 사랑으로 열매 맺음의 기쁨에 동참하게 됩니다. 이마에 여호와의 이름과 어린양의 이름이 새겨진 천국 백성들입니다. **하나님은 그렇게 하나님을 경외하며 지혜를 소유한 선지자들을 일으켜 세워 그 나라를 통치하십니다.**

북이스라엘 7대 아합은 왕궁에까지 바알을 들여놓습니다. 암이 온 나라에 퍼집니다. 주 여호와는 엘리야를 세워 암수술을 하여 1차 위기를 넘기게 하십니다. 12대 요아스 때까지, 주님은 엘리야와 엘리사를 통해 약속의 땅에 세워진 하나님의 나라를 다스리십니다. 그리고 북왕국 13대 여로보암 2세 때, 주님은 그들을 불쌍히 여기시어 부국강병을 이루게 하십니다. 그러나 말씀이 없는 제사장들과 백성들은 오히려 그것을 우상숭배와 사치향락의 기회로 악용하여 더욱 부패해집니다. 이때 주님은 백성 중에서 아모스와 호세아를 예언자로 세워 심판과 구원을 전파하게 하십니다. 그리고 요나를 앗시리아의 수도 니느웨로 파송시켜 나라를 구원케 하십니다. 이것은 앗시리아의 죄악이 아직 가득하지 않기에 긍휼을 베품과 동시에 훗날 북 이스라엘의 죄악을 심판할 몽둥이로 그 나라를 사용하시는, 하나님의 크신 주권과 섭리의 한 모습입니다.

첫째 날 - 주야로 15분씩 임재 기도

전도서 1-12장

다윗의 아들 예루살렘의 왕 전도자는 반문합니다: "해 아래에서 수고하는 모든 수고가 사람에게 무엇이 유익한가"(전도서 1:3). 그리고 스스로 정답을 말합니다: "헛되고 헛되며 헛되고 헛되니 모든 것이 헛되도다"(전도서 1:2). 이유는 이미 물음에 있습니다: '해 아래서 수고하기에.' 해 아래서 행하는 모든 일들을 관찰해 보았는데, 그것은 마치 바람을 잡으려는 것과 같이 헛됩니다. 바람은 결코 잡을 수 없습니다. 구부러진 것을 곧게 할 수 없습니다. 결핍과 부족은 카운트할 수 없습니다. 하나님께서 구부려 놓은 것입니다(전도서 1:14-15, 7:13).

사람이 생수의 근원되시는 여호와를 버리고 스스로 웅덩이를 팠는데, 그 웅덩이는 물을 가두지 못할 터진 웅덩이입니다(예레미야 2:13). 그래서 해 아래서 하는 모든 수고가 헛됩니다. 다르게 표현하면, 첫째 아담이 보암직하고 먹음직한 것을 따라 말씀에 불순종하고 선과 악을 알게 하는 열매를 따서 먹고 세상 눈이 밝아져 '감 놔라. 대추 놔라.' 하며 스스로 하나님 노릇 하기 때문에, 해 아래 있는 모든 것이 구부러집니다. 결핍과 부족 가운데 바람을 잡으려 하니, 갈수록 창조 세계가 파괴됩니다. 보이는 것을 따라 생각하고 말하며 집착합니다. 경험과 지식이 축적되며 더 나은 내일을 추구합니다. 그러나 바람을 잡으려는 것 같아 뜻대로 안 됩니다. 계획을 수정하여 다시 터진 웅덩이에 물을 채우며 다람쥐 쳇바퀴를 돌기 시작합니다.

사람이 수고하여 지혜를 얻는다 해도, 죽고 잊혀지는 것은 지혜자나 어리석은 자나 별반 차이가 없습니다. 또한 수고하여 얻는 성취와 재물의 열매 또한 누가 먹고 즐길지는 알 수 없습니다. 사람이나 짐승이나 같은 운명이 둘 다를 기다리고 있습니다. 흙에서 왔으니 둘 다 흙으로 돌아갑니다. 사람의 영은 하늘로 올라가지만 짐승의 영은 땅으로 내려간다는 것을, 해 아래 인생이 어찌 알겠습니까? 살아 숨 쉬는 자보다 이미 죽은 자가 낫고, 이 둘보다는 아직 출생하지 않아 해 아래서 행하는 악한 일을 못 본 자가 더 낫지 않습니까? 낙태되어 세상을 보지 못하고 인생이 무엇인지 알지 못해도, 낙태된 자는 해 아래 수고하는 인생보다 더 많은 안식을 누립니다. 걱정이 많으니 꿈이 많아지고, 말이 많으니 어리석은 소리가 늘어납니다. 돈을 좋아해 돈이 많아도 만족하지 못하니, 이것도 헛됩니다. 윤리 도덕을 갖고 의롭게 살다가 망하는 자가 있는가 하면, 악행에도 불구하고 장수하는 자도 많습니다. 더욱이 악한 자가 죽어 장례를 치르고 돌아오는 길에도, 사람들은 그 악한 자를 칭찬합니다. 왜 사람들은 담대히 죄를 짓습니까? 악한 일을 해도 곧바로 징벌이 내리지 않기 때문입니다. 악한 자가 받아야 할 벌을 의인이 받고 의인이 받아야 할 보상을 악인이 받기도 하는, 한 치 앞을 못 보는 인생의 풍경입니다.

'그 풍경이 내 모습입니다. 더 살 수 없습니다.'라고 말하는 자에게, 지혜의 말씀이 기쁜 소식으로 다가옵니다: "나는 그리스도와 함께 십자가에 못 박혔습니다"(갈라디아서 2:20). **죽을 필요가 없습니다. 죽기 전에 이미 죽었기 때문입니다.** 이 말씀대로 생각하고 말하고 느끼고 선포하며 사는 것이 곧 주 여호와를 경외하는 것입니다. 하나님께서 그리스도를 통해 나에게 행하신 이 놀라운 일을 받아들이고 이 말씀대로 사는 것이 곧 하나님을 경외하고 하나님을 사랑하는 것입니다. 진리는 이렇게 단순합니다. 만물보다 더 부패한 사람의 심중이 말씀을 복잡하게 만들었을 뿐입니다: "그렇다. 다만 내가 깨달은 것은 이것이다. 하나님은 우리 사람을 평범하고 단순하게 만드셨지만, 우리가 우리 자신을 복잡하게 만들어 버렸다는 것이다"(전도서 7:29).

주 여호와를 경외하며 이 기쁜 소식을 받아들이면, 육신의 무게감은 사라집니다. 죽기 전에 죽었기 때문입니다. 내 혼이 본래 있어야 할 창조 본래의 자리로 돌아가 주님 보좌 앞에 머물게 됩니다. 그리스도 안에서 기이한 빛 가운데로 들어간 것입니다. 주 성령께서 우리 몸(생각, 감정, 신체)을 성전 삼으시니, 해 아래 있는 내 모습 이대로 기뻐합니다. 헛된 숨이 사라지고 생명을 호흡하며 먹고 마시는 일이 소중하며 감사합니다. 지금 이 순간 여기에서, 내 하는 일이 즐겁습니다. 그리고 내 입에서 신비로운 말이 나옵니다: "해를 보고 산다는 것은 기쁜 일이다"(전도서 11:7). 해 아래 살기에 어두운 날들이 많을 텐데… 그래도 이제는 두렵지 않습니다. 내 형편 내 처지 이대로 그냥 기쁘고 감사합니다. 그리스도 안에서 새로운 피조물입니다. 더 이상 몸(생각, 감정, 신체)으로 세상을 경험하며, 그것을 '나'라고 하지 않습니다. 진정한 나는 그리스도 안에서 하나님과 연합하여 한 영이 되었습니다. 이제는 몸으로 그리스도를 나타내며 사니, '지금 이 순간 여기에서' 하는 일이 즐겁고 먹고 마시는 것이 기쁩니다. 육신을 입고 사는 것도 유익하고 육신을 떠나는 것도 좋습니다.

영원히 현존하시는 하나님 생명과 연결된 이 날은 내가 아닌 그리스도가 주체 되시어 다스리시는 '지금 이 순간 여기'입니다. 이미 온전하고 의롭고 영광스럽습니다. 결론은 이것입니다: "하나님을 경외하고 그의 명령들을 지킬지어다 이것이 모든 사람의 본분이니라"(전도서 12:13-14).

둘째 날 – 주야로 15분씩 임재 기도

아가 1-8장

"나에게 입맞춰 주세요, 숨막힐 듯한 임의 입술로. 임의 사랑은 포도주보다 더 달콤합니다"(아가 1:2). 나의 입술의 모든 말은 내 존재 중심에 계신 말씀으로 말미암습니다. 예수로 말미암아 끊임없이 하나님께 찬미의 제사를 드리니, 곧 그의 이름을 고백하는 입술의 열매입니다(히브리서 13:15). 담겨진 주의 말씀에 입맞추니 하나님과 연합하여 한 영 됨을 누립니다. 지금 이 순간 여기에, 영원히 소유됩니다. 내가 사랑받았고 은총 중에 삽니다. 나는 주의 것이요 주는 나의 것입니다. 나는 내 사랑하는 자에게 속합니다. 그분이 나를 사모하십니다(아가 7:10).

  외부의 보이는 세상에 영원한 것은 없습니다. 로미오와 줄리엣도, 춘향과 이도령도 영원히 하나일 수 없습니다. 오히려 부서지고 깨어지고 죽음에 삼키어지니 그리움의 아픔만이 아련할 뿐입니다. **혼soul은 몸(생각, 감정, 신체)에 속하지 않은 영적 존재입니다.** 외부에서 내면으로 방향을 전환합니다. 죄사함을 받아 강 건너 본래 있어야 할 자리로 돌아온 나soul는 내 주님과 연합하여 죽었습니다. 산 자의 하나님이십니다. 생명 그 자체이신 내 주님이십니다. 생명과 연합하여 죽어 있으니, 산 자가 죽은 자를 일으키며 속삭입니다: '그대의 가슴은 포도송이, 그대의 코에서 풍기는 향내는 사과 냄새, 그대의 입은 가장 맛나는 포도주.' 주님과 연합하여 살아난 내 혼이 화답합니다: '잇몸과 입술로 부드럽게 흘러내리는 이 포도주를 임에게 드립니다. 나는 임의 것, 임이 나를 그리워합니다'(아가 7:8-10). 포도원은 우리 존재 중심에 펼쳐지는 하나님 나라입니다. 포도나무는 우리의 사랑하는 임, 주 예수 그리스도이십니다. 우리는 그 나무의 가지들입니다. 포도원의 농부가 나뭇가지에 달린 포도열매를 추수하여 새 포도주를 만드십니다. 그날, 어린양 혼인잔치에서 신랑이 그 술잔을 신부에게 건네시니, 서로의 잔이 부딪히며 서로를 기뻐합니다. 영원한 사랑.

아가서는 하나님의 뜻에 따라 나누는 남녀사이의 사랑의 기쁨을 노래합니다. 술람미Shulammith는 솔로몬Shelomoh의 여성형 명사이며, 솔로몬의 여자라는 뜻입니다. '솔로몬'이라는 이름은 '샬롬'에서 비롯되었으니, 하나님의 질서에서 비롯된 평화의 여자가 곧 술람미입니다. 아가서는 포도나무의 가지들인 우리들과 포도나무인 예수님이 하나 되어 나누는 사랑 이야기입니다.

포도가지가 주체 되어 포도나무는 가지에 속했다고 하니, 사랑이 순탄하지 않습니다. 가지에 포도열매들이 달려 있다고 해서 그 열매들은 가지의 것이고 가지가 그것들을 만들었다고 말하니, 나무도 농부도 할 말을 잊습니다. 침묵이 길어지니 가지가 나무를 애타게 찾으며 농부의 손길을 그리워합니다: "날이 저물고 그림자가 사라지기 전에, 나의 임이여, 노루처럼 빨리 돌아와 주세요. 베데르 산의 날랜 사슴처럼 빨리 오세요. 나는 잠자리에서 밤새도록 사랑하는 나의 임을 찾았지만, 아무리 찾아도 그를 만나지 못하였다"(아가 2:17).

나뭇가지는 주체가 자신이 아닌 포도나무임을 시인하고 받아들일 때에 비로소 연합의 즐거움을 누릴 수 있습니다: "시온의 딸들아, 나와서 보아라. 솔로몬 왕이다. 그가 결혼하는 날, 그의 마음이 한껏 즐거운 날, 어머니가 씌워 준 면류관을 쓰고 계시네"(아가 3:11). "나의 신부야, 그대의 입술에서는 꿀이 흘러나오고, 그대의 혀 밑에는 꿀과 젖이 고여 있다. 그대의 옷자락에서 풍기는 향내는 레바논의 향기와 같다. 나의 누이 나의 신부는 문 잠긴 동산, 덮어놓은 우물, 막아 버린 샘"(아가 4:11-12).

그러나 결혼과 달리 결혼생활은 또 다른 난관에 부딪힙니다. 가지가 자신의 형편과 처지를 먼저 고려할 때마다, 나무는 있을 자리를 잃게 됩니다: "아, 나는 벌서 옷을 벗었는데, 다시 입어야 하나? 발도 씻었는데, 다시 흙을 묻혀야 하나? … 사랑하는 이를 맞아들이려고 문을 열었지. 그러나 나의 임은 몸을 돌려 가버리네"(아가 5:3-6). 가지가 나무에서 떨어져 나가면 짓밟힙니다: "성읍을 순찰하는 야경꾼들이 나를 때려서 상처를 입히고, 성벽을 지키는 파수꾼들이 나의 겉옷을 벗기네"(아가 5:7-8). **가지의 주체됨을 포기하고 자아가 소멸할 때, 비로소 가지는 나무와의 견고한 연합에서 오는 열매를 맺게 됩니다**: "나는 내 사랑하는 자에게 속하였도다 그가 나를 사모하는구나 … 우리가 일찍이 일어나서 포도원으로 가서 포도 움이 돋았는지, 꽃술이 퍼졌는지, 석류 꽃이 피었는지 보자 거기에서 내가 내 사랑을 네게 주리라"(아가 7:10-12).

가지의 자아가 소멸되어 마치 도장 새기듯 가지가 나무의 중심에 철저히 새겨지고 소속됩니다. 혼이 하나님의 영과 하나 됨에서 오는 사랑은 죽음 같이 강하고 그 질투는 스올같이 잔인합니다. 헤세드의 그 사랑, 불길 같이 맹렬히 타오르니, 많은 물도 그 사랑을 끄지 못하며 홍수로 넘쳐나는 강물이라도 그 불길을 잡지 못합니다(아가 8:6-7). 바로 그 사랑이 나라가 분열되어 마치 황량한 벌판처럼 펼쳐지는 이스라엘 왕조 이야기의 중심에 흐릅니다: "사랑하는 이에게 몸을 기대고, 벌판에서 이리로 오는 저 여인은 누구인가"(아가 8:5). 그 사랑 때문에, 우리는 이스라엘 왕들의 그 사망의 음침한 골짜기로 들어가도 두려워하지 않습니다. 그 골짜기에서, 우리는 광야에서 외치는 자의 소리를 듣습니다. 그 길 따라 말씀이 육신 되십니다.

셋째 날 - 주야로 15분씩 임재 기도

열왕기상 12-22장

죄의 삯은 사망입니다. 사망의 한 모습이 분리이고 분열입니다. 악마의 세력 아래 있는 세상에서, 분열은 흔할 뿐만 아니라 확장의 발판이 되기도 합니다. 하지만 사람의 저주가 끊어지고 하나님의 은총으로 다스림을 받는 약속의 땅에서는 전혀 다른 스토리를 만듭니다. 왜냐하면 그 땅은 하나님께서 거하시는 곳이며 특별히 예루살렘에는 하나님의 집과 제단이 있기 때문입니다: "솔로몬의 아들 르호보암은 유다를 다스렸다. … 그는, 주님께서 자신의 이름을 두시려고 택하신 성읍 예루살렘에서 열일곱 해를 다스렸다"(열왕기상 14:21).

백성들의 탄원을 들어주라는 원로들의 충고를 무시하고, 르호보암 왕은 백성들에게 더 무거운 멍에를 메우게 합니다. 이것은 나라 분열의 시발점입니다. 솔로몬이 심은 죄의 씨앗의 열매입니다. 백성들은 반역을 하여 왕의 신하 여로보암을 북이스라엘의 왕으로 세웁니다. 이 같은 르호보암의 결정에 대하여 백성들은 반역을 하고 왕의 신하 여로보암을 북이스라엘의 왕으로 세웁니다. 이것은 여호와로 말미암은 것입니다(열왕기상 12:12-20). 통일 왕국의 분열을 막기위해 남유다는 저항했지만, 주 여호와께서 선지자를 통해 직접 말씀하십니다: "일이 이렇게 된 것은, 내가 시킨 것이다. 너희는 올라가지 말아라. 너희의 동족인 이스라엘 자손과 싸우지 말고, 저마다 자기 집으로 돌아가거라"(열왕기상 12:24). 나라의 분열은 여호와의 심판입니다.

그런데 정말 심각하게 문제가 되는 것이 뒤를 잇습니다. 만물보다 심히 부패한 여로보암의 심중에서 걱정이 떠오릅니다: "만일 이 백성이 예루살렘에 있는 여호와의 성전에 제사를 드리고자 하여 올라가면 이 백성의 마음이 유다 왕 된 그들의 주 르호보암에게로 돌아가서 나를 죽이고 유다의 왕 르호보암에게로 돌아가리로다"(열왕기상 12:26-27). **자신이 주체가 된 거짓 자아의 전형적인 레퍼토리입니다.** 광야에서 금송아지를 만들 때나 12명의 정탐꾼 보고를 들을 때도 그랬습니다. **아직 발생하지 않은 일들에 대하여, 걱정이 떠오르면 그것을 가지고 의논하며 집착하고 대책을 세워 추진합니다.** 그것이 자신과 백성을 위한 길이라고 생각하고 벧엘과 단에 금송아지를 두고 제단을 세웁니다. 그런 거짓 자아에게 있어서 하나님이란? 하나님은 그러한 자신들의 대책을 지원해 주는 '도우미 신'입니다: "이스라엘 백성들아, 너희를 이집트에서 구해 주신 신이 여기에 계신다"(열왕기상 12:28).

하나님을 향한 인간의 심중이 이렇게 악합니다. 이러한 인생을 향한 하나님의 마음은 마치 소녀들의 감수성에 부합되는 순정만화의 주인공 같습니다. 나라를 분열하는 죄의 심판을 통해서라도 다윗 왕국이 영원하기를 바라셨는데, 인생은 회개 대신에 더 악하고 노골적인 방법으로 하나님을 능욕하고 자신의 권력을 강화합니다. 세상 나라에서는 사람들 간의 전쟁 혹은 자신들이 섬기는 신들의 대리전쟁 가운데 나라가 흥망성쇠를 겪습니다. 하지만 다윗 왕국은 그런 나라들과는 본질적으로 다릅니다. **그 나라는 하나님을 모시고 하나님의 통치가 나타남을 수종 드는 나라입니다. 그 주체는 사람이 아니고 하나님이십니다.** 그런데 지금 세상 나라들과 똑같은 길을 걸으니, 세상 나라들과는 비교할 수 없는 참혹한 죄악의 실상이 드러나고 있습니다: "왕은 자기 마음대로 정한 여덟째 달 보름날에, 베델에 세운 제단에서 제사를 드렸다"(열왕기상 12:33). 사사 시대 때는 왕이 없어서 각자 자기 소견대로 살았습니다. 그런데 지금 왕이 세워지니, 왕이 자기 마음대로 금송아지뿐만 아니라 제단과 절기와 예배 방식까지 다 정합니다. 사사 시대와는 또 다른 규모와 영향력을 가지고 죄의 모습을 드러냅니다. 여로보암의 길을 따라 북이스라엘의 7대왕 아합은 '바알'을 왕궁에까지 들여

놓습니다. 바알의 신당과 예언자들이 온 나라에 가득합니다. 인간의 죄악이 승리하는 듯싶습니다.

하지만 요즘 같은 자본주의의 냉혹한 시대에도 순정만화가 인기를 잃지 않는 것은, 사랑은 죽음같이 강하고 질투는 스올같이 잔인하여 불길같이 일어나기 때문이 아닐까요? 이제 그의 사랑하는 자를 의지하고 거친 들에서 올라오는 하나님의 사람은 누구입니까? 엘리야는 하나님이 주체가 되시어 그 사랑으로 다스림을 받는 그분의 나라가 나타나기를 갈망합니다. 그래서 대적의 돈줄이 되는 '비'가 3년 동안 내리지 않도록 간절히 기도합니다. 바알을 따라서는 더 이상 살 수 없다는 것을 백성들이 시인할 즈음에, 엘리야는 갈멜산에서 하나님의 나타나심 가운데 바알의 예언자 850명을 죽이고 비를 내려달라고 일곱 번 기도하니 비가 내립니다. '암'을 제거하는 수술이 성공적으로 마친 것입니다.

그런데 예상치 못한 곳에 암이 또 등장합니다. 아합의 아내 이세벨의 반격입니다. 주님은 낙담하여 도망가는 엘리야에게 로뎀나무 밑에서 쉼을 갖게 하시며 역사를 주관하시는 주님의 마음과 계획을 세미한 음성으로 들려주십니다. 그리고 시간이 좀 지나 아합이 '왕은 내가 아니라 하나님이십니다'라고 고백하는 것을 들으시며 하나님은 기뻐하십니다: "너는, 아합이 내 앞에서 겸손해진 것을 보았느냐? 그가 내 앞에서 겸손해졌기 때문에, 나는, 그가 살아 있는 동안에는 그에게 재앙을 내리지 않고, 그의 아들 대에 가서 그 가문에 재앙을 내리겠다"(열왕기상 21:29). 겸손은 피조물 본연의 자리에 위치하는 것입니다. 즉 내가 아닌 하나님이 왕이시라는 것을 고백하는 자리가 곧 겸손입니다. 이렇게 엘리야에게 자신의 속마음을 나누시는 주님이 느껴지나요? 그분이 그리워하는 사람은 바로 당신입니다(아가서 7:10).

넷째 날 - 주야로 15분씩 임재 기도

열왕기하 1-11장

열왕기列王記는 왕들에 대한 기록이라는 뜻입니다. 그런데 열왕기상 17장부터 열왕기하 13장까지 스토리를 끌고 가는 것은 왕들이 아니라 하나님을 수종 드는 엘리야와 엘리사입니다. 그들은 하나님 나라를 황폐하게 하고 어지럽혀 놓은 저 왕들의 벌판을 가르며 사랑하는 이에게 몸을 기대고 우리에게 달려오며 전파합니다: '오직 하나님만 이 땅의 왕이십니다. 나는 죽기 전에 죽었습니다. 내 안에 그리스도 사십니다. 나의 주체는 그리스도이십니다. 그리스도께서 통치하십니다.'

　'길갈-벧엘-여리고-요단강'은 약속의 땅에서 펼쳐지는 엘리야와 엘리사의 영적 여정입니다. 길갈. 광야에서 약속의 땅으로 강을 건너며 죄와 수치가 굴러갔습니다. 오직 그리스도께만 속하여 주 예수님의 거룩과 복으로 거듭났습니다. 벧엘. 내 혼이 창조 본연의 자리-아버지 집으로 돌아와 보좌 면전에 머물며 삽니다. 여리고. 알게 모르게 처리하지 못한 죄들로 인해 마땅히 맺어야 할 열매가 맺히지 않습니다. 다시 강으로 갑니다. 요단강. 전멸되지 못한 내 자아를 죽음에 넘기는 것입니다. 엘리야가 엘리사에게 '내가 너에게 어떻게 해 주기를 바라느냐' 물으니 그가 대답합니다: "당신의 성령이 하시는 역사가 갑절이나 내게 있게 하소서"(열왕기하 2:9). 참으로 어려운 것을 요구한다고 말하면서 길을 알려줍니다: "나를 네게서 데려가시는 것을 네가 보면 그 일이 네게 이루어 지려니와 그렇지 아니하면 이루어지지 아니하리라"(열왕기하 2:10). *시선입니다. 지금 엘리사는 요단강을 건너며 자아가 죽었고, 죽은 자아는 하나님과 연합되어 있습니다. 계속 그렇*

게 주님 안에 머물며 모든 시선을 주님께 드리면, 주님께서 죽은 엘리사의 혼을 다시 살리시어 갑절의 능력으로 살게 하십니다. 그의 혼이 하나님과 연합하여 한 영이 되는 것입니다. UNION WITH GOD.

엘리야가 회오리 바람에 실려 하늘로 올라가니, 엘리사가 보고 외칩니다: "나의 아버지! 나의 아버지! 이스라엘의 병거이시며 마병이시여!"(열왕기하 2:12). **엘리사의 소생한 혼의 의지는 철저하게 하나님 의지를 따릅니다.** 엘리사가 하나님 말씀을 대언하니, 그 말씀대로 이스라엘과 유다와 에돔의 연합군이 생각하고 말하고 행동하여 모압을 물리칩니다. 과부가 엘리사에게 도움을 청하니, 빈 그릇을 되도록 많이 빌려오게 하여 문을 닫습니다. 그리고 빈 그릇마다 기름을 가득 채웁니다. 그릇이 더 없으니, 기름은 더 이상 나오지 않습니다. 빈 그릇은 비워진 심령입니다. 우리는 죄와 율법과 세상에 대하여 죽었습니다. 그것들이 방해하지 못하도록, 사역을 시작할 때 세상 문을 닫습니다. 다시 말해, 오직 시선을 주님께 둡니다. 비워져 있는 만큼 채움을 받습니다. 채운 것을 나눈 만큼 주님은 다시 채워 주십니다. 엘리사의 비워진 심령에는 계속 기름 부음으로 채워집니다. 수넴 여인의 죽은 아들에게 그 기름 부음이 닿으니 살아납니다. 독이 있어 먹지 못하는 국을 고쳐 예언자 수련생들이 먹게 합니다. 보리빵 스무 개와 자루에 담은 채소로 백 명의 사람들이 배불리 먹고도 남게 합니다. 소녀의 안내를 받아 찾아온 나아만 장군의 나병을 치유합니다. 그리고 화목의 직책을 수행하는 사역의 비밀을 예언자 수련생들에게 전수합니다.

가정과 생업의 터전에서 기름 부으심으로 살아가는 사역의 비결은 동일합니다. 혼이 본래 있어야 할 자리-아버지 집 보좌 면전에 머무는 것입니다. 우리 혼이 하나님과 연합하여 한 영이 된 비워진 심령입니다. 가정과 생업의 터전에 있는 우리 몸(생각, 감정, 신체)은 성령께서 거하시는 집입니다. 이 믿음을 통해 기름 부음이 흘러가니, 닿는 곳마다 하나님과의 화해의 역사가 일어납니다. 우리가 주 예수의 이름으로 가정과 생업의 터전에서 그리스도를 살며 나타냅니다. ***이 직책을 수행할 때 명심할 것은 단 하나, 문을 닫는 것입니다. 즉, 세상의 침투를 막는 것입니다.*** 생각과 감정과 눈에 보이는 것들은 진리도 나도 실재도 아닙니다. 몸을 집 삼아 계신 주 성령님께 모든 시선을 드립니다. 내 안에 계신 그리스도가 삶의 현장에서 그리스도 자신을 나타내시는 것이 곧 화목의 직책을 수행하는 사역의 알파와 오메가입니다. 내 실력으로 살지 않습니다. 오직 은혜, 오직 믿음, 오직 말씀으로 삽니다.

엘리사는 여호와께서 엘리야에게 하신 말씀 2가지를 믿음의 실상으로 간직하고 삽니다. 하나님의 때가 되니 그것이 역사 속에 나타납니다. 첫째, 하사엘이 시리아/아람의 왕이 됩니다(열왕기하 8:15). 둘째, 예후에게 기름을 부어 이스라엘 왕으로 세웁니다(열왕기하 9:6). 성경은 증언합니다: "이 모든 것은 주님께서 엘리야에게 말씀하신 대로 이루어진 것이다"(열왕기하 10:17). 사람이 계획을 세우나 그 걸음을 인도하시는 분은 우리 주 여호와이십니다. 나라와 국제정세 또한 악마의 세력 아래 있는 세상 왕들의 계획대로 되는 듯하나, 이 모든 것들이 함께 작동되어 결국에는 하나님의 뜻이 이 땅에 이루어집니다. 바알을 왕궁에 들여놓았던 북왕국 아합의 딸 아달랴는 남왕국 며느리로 시집와서 7대 여왕으로 등극하나, 7년째에 그 쿠데타는 실패로 돌아갑니다. 죄악이 무성하여 악이 승리하는 것 같아도, 결국에는 이 땅의 최종 승자는 어린양 우리 주 예수 그리스도와 교회입니다(요한계시록 17:14).

다섯째 날 - 주야로 15분씩 임재 기도

열왕기하 12-14장; 요나 1-4장

우리 육신의 오만 가지 생각들이 왔다 갔다 하듯, 남과 북의 수많은 왕들 또한 왔다가 사라집니다. 그런데 열왕기 저자의 증언은, 그들이 아닌 엘리야와 엘리사가 그 나라의 아버지였고 왕이었다는 것입니다. 우리 혼이 주님과 연합하여 한 영 됨이 곧 우리의 중심이요 주체인 것과 같은 맥락입니다. 엘리야가 하늘로 올라갈 때, 엘리사는 엘리야를 향해 아버지라고 부릅니다: "나의 아버지! 나의 아버지! 이스라엘의 병거이시며 마병이시여!"(열왕기하 2:12). 엘리사의 눈에는, 엘리야는 이스라엘을 지키는 하나님의 병거와 마병이었습니다. 하나님의 구원이 엘리야를 통해 나타났으며, 그래서 하나님이 쓰시는 왕은 엘리야였습니다.

바로 그 불병거와 불말이 엘리사의 사역에 늘 함께 합니다(열왕기하 6:17). 엘리사가 죽을 병이 들었을 때, 이스라엘 요아스왕은 눈물을 흘리며 말합니다: "나의 아버지, 나의 아버지, 이스라엘의 병거와 마병이시여!"(열왕기하 13:14). 이스라엘 왕의 눈에는, 엘리사는 이스라엘을 지키는 하나님의 병거와 마병입니다. 하나님의 구원이 엘리사를 통해 나타났으며, 그래서 하나님이 쓰시는 왕은 자신이 아닌 엘리사라는 것을 이스라엘 왕은 실제로 압니다. 그리고 하나님의 구원은 엘리사를 통해 나타납니다. 이렇게 실제적으로 이스라엘의 아버지요 왕인 엘리야와 엘리사는 가슴이 뛸 때마다 고동칩니다: '주 여호와가 이 나라와 이 땅의 아버지이시며 왕이십니다! 내 안에 계신 우리 주 예수 그리스도가 나의 주체입니다!'

북이스라엘은 역성 혁명으로 왕조가 여로보암 2세 때까지 5번 바뀝니다. 환란과 피비린내가 끊이지 않습니다. 그러나 남유다는 어떤 형편에서도 역성 혁명 없이 다윗 왕조가 계속 이어져 갑니다. 여호와께서 다윗과 맺으신 영원한 다윗 언약의 성취이며, 이 길 따라 우리 주 예수 말씀이 육신 되십니다. 한편, 주님께서 고난이 심한 이스라엘을 긍휼히 여기시니, 여로보암 2세 때 경제와 국방이 크게 흥하여 최고 전성기를 달립니다. 왕과 나라는 또다시 교만 속에 사치와 향락과 우상숭배에 빠집니다. 이때 주님은 호세아와 아모스를 선지자로 세워 이런 죄에 대한 심판을 선포하십니다. 그리고 요나를 선교사로 세워 니느웨로 파송시킵니다.

요나, 도대체 너는 누구냐? **요나는 '자기의'에 사로잡혀 거짓 자아로 살아가는 내 모습입니다.** '요나'의 이름은 '비둘기'라는 뜻입니다. 메시지를 전하는 메신저입니다. *그런데 메신저가 메시지를 보내는 주체와 충돌합니다. 나뭇가지가 나무와 충돌하는 겁니다. 그는 처음부터 하나님과 충돌합니다.* 여호와께서는 니느웨가 죄를 회개하고 살기를 바라십니다. 요나는 여러보암 2세 때 전성기를 맞이한 북왕국이 더 확장되어 니느웨까지 점령하기를 바랍니다. 그런 요나에게 '니느웨가 망한다'는 메시지가 떨어집니다. 요나는 하나님의 사랑을 아는 자입니다. 그러므로 그 말씀을 선포하면 분명 니느웨 사람들은 회개를 할 것이고, 그러면 니느웨성은 망하지 않고 잘살게 됩니다.

메신저 요나는 이것을 전하는 것이 죽기보다 싫습니다. 그래서 메신저의 주체가 되시는 주 여호와의 얼굴을 피하려고 도망을 갑니다. 그로 인해 바다에 풍랑이 일어 배와 사람들은 살 수가 없습니다. 요나는 그들이 살 수 있는 방법을 알고 있습니다: "나를 들어서 바다에 던지시오. 그러면 당신들 앞의 저 바다가 잔잔해질 것이오. 바로 나 때문에 이 태풍이 당신들에게 닥쳤다는 것을, 나도 알고 있소"(요나 1:12). 주님께서 큰 물고기를 준비하여 바다에 던져진 그를 삼키게 하니, 요나는 밤낮 3일을 물고기 배 속에서 지냅니다. 산의 뿌리까지 내려가는 고통 속에 비로소 자신의 혼이 곤고하여 꺼져 가는 것

같음을 주님께 호소하며 다시금 사명완수를 서원합니다(요나 2:7, 9).

요나는 니느웨에서 여호와의 말씀을 선포합니다. 왕과 백성은 다 회개하고 여호와의 복을 받습니다. 요나는 바로 그것이 그토록 싫었고 못마땅했던 것입니다(요나 4:1-2). 그래서 죽기를 간청합니다: "이렇게 사느니, 차라리 죽는 것이 낫겠습니다"(요나 4:3). 자신을 위해 초막을 짓고 그 성읍에 무슨 일이 일어나는가 보려고 그늘 아래 자리를 잡습니다. 그늘을 제공하던 박넝쿨이 벌레에게 먹혀 뜨거운 동풍과 햇볕이 머리에 내리쬐니, 요나의 혼은 혼미하여 죽기를 간청합니다: "이렇게 사느니 차라리 죽는 것이 더 낫겠습니다"(요나 4:8).

물고기 배 속에서도 뜨거운 햇빛 속에서도 요나의 혼soul은 혼미하고 꺼져 가는 것 같아 몸부림을 쳐 겨우 하나님과 소통하지만 정작 죽지는 않습니다. 마치 우리들이 육신이 강해 하나님과 관계를 맺지 못하다가 몸이 심하게 아프거나 커다란 문제에 부딪혀 죽고 싶을 때, 그래서 혼이 혼미하고 미약해질 때 비로소 주님의 임재를 느끼며 간구할 때와 비슷합니다. 차라리 죽는 것이 더 낫겠다고 말은 해도, 자신이 여전히 주체가 되어 자신의 뜻을 관철하고 싶은 것입니다. 나무의 가지가 자신의 뜻을 따라 자신이 주체가 되어 자기 방식을 고집하는 것입니다. 포도나무는 오히려 농부에게 '내 뜻대로 하지 마시고, 아버지 뜻대로 해 주십시오' 땀이 핏방울 되도록 간구하는데 말입니다.

요나는 끝까지 자신을 포기하지 못합니다. 그 결과, 그는 하나님과 연합되지 못하고 계속해서 육신에 속한 미숙한 사역자로 머물며 원망불평을 합니다. 사람의 화anger는 하나님의 의를 열매 맺지 못합니다(야고보서 1:20). 넓은 길로 가려다 하나님께 붙잡혀 이러지도 저러지도 못하는 육신의 요나입니다. 자신을 부인하고 자기 십자가를 짊어지는 자기포기는 내 안의 성전문을 여는 열쇠입니다. 내 혼이 성전문을 열고 본래 있어야 할 자리로 돌아가 아버지 보좌 면전에 머무는 것은 선택이 아닙니다. 혼의 구원이 걸려 있는 죽느냐 사느냐의 문제입니다.

여섯째 날 – 주야로 15분씩 임재 기도

아모스 1-9장

솔로몬의 죄로 인해 여로보암의 길로 가는 왕들을 대신하여, 주 여호와는 엘리야와 엘리사를 통해 그 나라를 통치하십니다. 이제 그들이 떠난 후, 주님은 여로보암 2세 때의 나라의 부강과 부패 가운데 아모스, 호세아, 이사야 같은 종들이 엘리야와 엘리사의 자리를 대신하게 합니다. 주님은 아모스를 통해 말씀하십니다: "이스라엘 자손아, 이 말을 들어라. 이것은 나 주가 너희에게 내리는 심판의 말이다. … 나는 이 땅의 모든 족속들 가운데서 오직 너희만을 선택하였으나, 너희가 이 모든 악을 저질렀으니 내가 너희를 처벌하겠다"(아모스 3:1-2).

사람의 저주를 끊고 오직 하나님 은혜로 다시 일으킴을 받는 그 나라를 위해, 주님은 갈대아 우르에서 한 사람 아브람을 불러 약속의 땅으로 옮겨 놓았습니다. 야곱의 끊어진 허리에서 70명을 꺼내어 민족을 형성하시고, 가나안 땅에 죄악이 가득하여 반드시 심판해야 할 때에 모세를 불러 그 민족을 출애굽하게 하셨습니다. 말씀에 복종하면, 그들은 여호와를 섬기는 거룩한 민족 거룩한 제사장이 되는 것입니다. 한마디로, 하나님의 보물이 되는 겁니다. 오직 은혜로 약속의 땅에 들어가 정복하고, 천 년의 세월을 통해 결국 다윗의 통일왕국이 세워집니다. 사람의 저주를 끊고 오직 하나님의 은혜로 다스림을 받는 영광의 나라가 이 땅에 나타난 것입니다.

하지만 이것도 잠시일 뿐이고 솔로몬은 육신의 무게감에 짓눌려 호색과 우상숭배에 빠집니다. 하나님의 영광을 짓밟은 것입니다. 죄의 삯으로 나라는 분열되고, 북왕국은 하나님을 금송아지로 대치합니다. 북왕국 7

대왕 아합은 바알을 왕궁에까지 들여놓고, 그의 딸은 남왕국으로 시집가서 쿠데타를 일으켜 남왕국 7대 여왕으로 등극합니다. 온 나라가 바알과 아세라의 물결에 휩싸입니다. 여로보암 2세 때 나라가 부국강병해지니, 보이는 것과 물질에 취해 온 나라에 부패와 썩음이 진동합니다. 바로 이 맥락에서 주님은 말씀하십니다: "두 사람이 뜻이 같지 않은데 어찌 동행할 수 있겠느냐?"(아모스 3:3).

하나님께서 바벨탑을 쌓는 세상에서 한 사람 아브람을 불러 약속의 땅에 옮겨 놓으실 때에는, 사람의 저주를 끊고 오직 하나님 은혜로 다스림을 받는 나라를 세워 열방을 구원하시겠다는 '뜻'이 계십니다. 그런데 지금 나라도 왕들도 다 세상 탐욕 가운데 세상 사람들보다 더 악한 짓을 하고 있는데, 어찌 그들을 '거룩한 나라, 거룩한 제사장, 하나님의 보물'이라고 말할 수 있겠습니까? 어찌 그들과 동행하며 하나님의 뜻을 펼 수 있겠습니까? 그렇게 할 수 없으니, 남유다 드고아에서 양을 치던 목자 아모스를 사로잡아 북왕국으로 보내 하나님 말씀을 대언하게 하십니다. 메시지의 포인트는 '심판과 회복'입니다: "그날이 오면, 내가 무너진 다윗의 초막을 일으키고, 그 터진 울타리를 고치면서 그 허물어진 것들을 일으켜 세워서, 그 집을 옛날과 같이 다시 지어 놓겠다. 그래서 에돔 족속 가운데서 남은 자들과, 나에게 속해 있던 모든 족속을, 이스라엘 백성이 차지하게 하겠다"(아모스 9:11-12).

이스라엘을 심판하는 다섯 가지 이유를 말씀하십니다. 첫째, 언약을 어기고 베델에 금송아지 제단을 쌓은 것입니다. 둘째, 가난한 자들을 짓밟고 사치와 향락에 빠진 것입니다. 셋째, 정의를 땅바닥에 팽개친 것입니다. 잘못된 제단 벧엘을 찾지 말고, 왕을 세운 길갈로도 가지 말고, 이방종교를 따르는 브엘세바로도 넘어가지 말고, 오직 주 여호와를 찾는 것이 정의입니다. 넷째, 종교적인 외식과 위선입니다. 다섯째, 하나님이 주신 부와 권력을 자신들의 능력으로 돌리는 부자들의 교만입니다. 그리고 심판이 임하는 것을 다섯 환상으로 말씀하십니다. 메뚜기 재앙이 임합니다. 불이 지하수를 말리고 농경지를 불사릅니다. 다림줄로 죄와 의를 측정합니다. 여름 과일 한 광주리를 보여 주시며 하나님의 백성이 끝장났다고 말씀하십니다. 성전이 붕괴되고 민족이 전멸되지만 남은 자가 있습니다: "나 주 하나님이 죄 지은 이 나라 이스라엘을 지켜보고 있다. 이 나라를 내가 땅 위에서 멸하 겠다. 그러나 야곱의 집안을 모두 다 멸하지는 않겠다"(아모스 9:8).

베델의 삯꾼 제사장 아마샤가 이스라엘 왕에게 아모스를 고자질합니 다. 그리고 아모스에게도 말합니다: "선견자는 여기를 떠나시오! 유다 땅 으로 피해서, 거기에서나 예언을 하면서, 밥벌이를 하시오. 다시는 베델에 나타나서 예언을 하지 마시오. 이곳은 임금님의 성소요, 왕실이오"(아모스 7:12-13). 자신이 종교로 밥벌이를 하니 남도 그런 줄 아는 아마샤입니다. 자신의 구역에서 자기 밥그릇 빼앗지 말고 너네 동네에 가서 하라는 겁니 다. 그런 그에게 주의 말씀을 대언합니다: "그대가 바로 그런 말을 하였기 때문에, 주님께서 이렇게 말씀하시오. '네 아내는 이 도성에서 창녀가 되고, 네 아들딸은 칼에 찔려 죽고, 네 땅은 남들이 측량하여 나누어 차지하고, 너 는 사로잡혀 간 그 더러운 땅에서 죽을 것이다. 이스라엘 백성은 꼼짝없이 사로잡혀 제가 살던 땅에서 떠날 것이다'"(아모스 7:17). 종교로 밥벌이하는 세상에서는, 홍수 가운데 마실 물이 없듯, 말씀에 대한 지식정보의 풍요속 에 오히려 여호와의 말씀을 듣지 못하는 기갈이 심합니다(아모스 8:11).

일곱째 날 – 주야로 15분씩 임재 기도

호세아 1-8장

모세의 후계자 여호수아의 본명은 '호세아'입니다: "모세는 눈의 아들 호세아를 여호수아라고 불렀다"(민수기 13:16). 호세아의 이름 뜻은 '구원'입니다. 여호수아는 하나님의 일을 수종들며 구원의 참모습을 드러냅니다. 그것은 죄사함을 받아 약속의 땅 아버지 집에 거하는 것입니다. 아모스와 요나와 같은 시기인 여로보암 2세 때 북왕국의 백성 중에서, 주님은 농부로 추정되는 호세아를 불러 놀라운 말씀을 선포하게 하십니다: "그날에 네가 나를 내 남편이라 일컫고 다시는 내 바알이라 일컫지 아니하리라"(호세아 2:16). '그날에' 그리스도 예수로 말미암아 펼쳐지는 교회와 그리스도의 관계 즉 구원의 참모습을, 여호수아처럼 호세아를 통해 미리 선포하는 것입니다: "이 비밀은 큽니다. 나는 그리스도와 교회를 두고 이 말을 합니다. 그러므로 여러분도 각각 자기 아내를 자기 몸 같이 사랑하고, 아내도 자기 남편을 존중하십시오"(에베소서 5:32-33).

호세아 2장 16절에서, '바알'을 고유명사로 취급을 하면, 남북왕조에 가득한 바알신을 가리킵니다. 이미 그 나라에는 암이 온몸에 퍼진 것과 같이 우상숭배의 죄악이 가득합니다. 그래서 그날에는 여호와께서 바알들의 이름을 그의 입에서 제거하여 다시는 그의 이름을 기억하여 부르는 일이 없게 하겠다는 말씀을 하십니다(호세아 2:17). 그런데 '바알'을 일반명사로 취급을 하면, 새번역과 NIV처럼 '나의 주인'이 됩니다. 즉 하나님을 더 이상 주인과의 관계로 대하지 않고, 신랑과 신부의 관계가 되는 것입니다. 그래서 2장 19-20절에서, 그때에 하나님이 우리와 결혼을 하여 변함없는 사랑과 긍휼을 보여 주며 영원히 아내로 삼겠다고 말씀하십니다. 신랑 우리 주 예수 그리스도께서 고멜처럼 음란하고 더러운 우리들을 구속하시어 어린양 혼인잔치에 신부로 초대한다는 말씀입니다.

참구원은 죄사함을 받아 우리 혼이 본래 있어야 하는 아버지 집으로 돌아와 보좌 면전에서 사는 것입니다. 이것이 성경의 진리입니다. 온 세상이 악마의 세력 아래 놓여 있어 진리가 가리워지고 복잡한 것 같아도, 안개가 걷히면 단순 명확한 진리의 말씀은 진주알처럼 선명히 반짝입니다. **창세기부터 계시록까지 하나님 말씀의 중심에는 항상 이 진리가 강물처럼 흐르고 있습니다:** *'내가 그리스도와 함께 십자가에 못 박혔습니다. 죽기 전에 죽었으니 내가 사는 것 아닙니다. 내 안에 그리스도 사십니다. 나는 이미 온전하고 의롭고 영광스러운 그리스도의 여자입니다.'*

그런데 하나님 백성이 바로 이 지식이 없어 망한다고, 주 여호와는 한탄하십니다: "내 백성이 지식이 없으므로 망하는도다"(호세아 4:6). 그리고 곧바로 이어지는 말씀에서 이렇게 지식이 결핍된 이유는 바로 제사장들이 율법을 잊었기 때문이라고 말씀하십니다. 아모스에서 나온 삯꾼 아마샤처럼 종교를 밥벌이로 취급하는 자들 때문에, 말씀이 가리워져 있습니다: "하나님의 말씀을 혼잡하게 하지 아니하고 오직 진리를 나타냄으로 하나님 앞에서 각 사람의 양심에 대하여 스스로 추천하노라 만일 우리의 복음이 가리었으면 망하는 자들에게 가리어진 것이라 이 세상의 신이 믿지 아니하는 자들의 마음을 혼미하게 하여 그리스도의 영광의 복음의 광채가 비치지 못하게 함이니 그리스도는 하나님의 형상이니라"(고린도후서 4:2-4). 호세아 당시 제사장들은 세상 신에 사로잡혀 종교를 밥벌이의 수단으로 취급하였기에, 하나님 백성이 율법에 대한 바른 지식을 가질 수 없었습니다. 그래서 하나님을 우상으로 둔갑시켜 섬기니, 온 나라가 암에 걸려 죽어 가고 있었던 것입니다.

하나님은 심판하십니다: "제사장이 많아지면 많아질수록, 나에게 짓는 죄도 더 많아지니, 내가 그들의 영광을 수치로 바꾸겠다. 그들은 내 백성이 바치는 속죄제물을 먹으면서 살고, 내 백성이 죄를 더 짓기를 바라고 있다. 그러므로 백성이나 제사장이 똑같이 심판을 받을 것이다"(호세아 4:7-9). 그들의 주님을 향한 심중은 아침 안개와 같고 덧없이 사라지는 이슬 같습니다. **예배를 이용해 세상 복을 취하려는 그들의 행태에, 주님은 더 이상 참을 수 없습니다.** 그들의 '제사장 나라, 거룩한 민족'이라는 타이틀은 이제 빼앗길 것입니다. 그리고 나서야 비로소 그들은 돌아올 것입니다: "이제 주님께로 돌아가자. 주님께서 우리를 찢으셨으나 다시 싸매어 주시고, 우리에게 상처를 내셨으나 다시 아물게 하신다. … 우리가 주님을 알자. 애써 주님을 알자. 새벽마다 여명이 오듯이 주님께서도 그처럼 어김없이 오시고, 해마다 쏟아지는 가을비처럼 오시고, 땅을 적시는 봄비처럼 오신다"(호세아 6:1-3).

고멜은 음란한 여인입니다. 그녀의 얼굴에는 색욕이 있고 젖가슴에는 음행의 자취가 있습니다. 남편이 준 돈으로 바알 우상을 만들고 정부들을 쫓아다닙니다. 정욕이 빵을 굽는 화덕처럼 늘 달아 있습니다. 어리석은 비둘기 같아 속(심중)없이 이집트를 보고 도와 달라고 호소하다 어느새 앗시리아에게 달려가다 결국 이리 치이고 저리 치입니다. **이런 고멜이 어떻게 하나님의 아내가 될 수 있습니까? 그리스도와 함께 죽었기 때문입니다. 이제는 내가 사는 것이 아니고 내 안에 그리스도 사시기 때문에, 그분의 여자인 것입니다.** 주와 연합하여 한 영one spirit입니다. 이것이 복음입니다.

주일: 호세아 9-14장; 열왕기하 15-17장

· 너희는 돌아와 너희 하나님에게만 희망을 두고 살아라.

· 너를 불쌍히 여기는 애정이 내 속에서 불길처럼 솟아난다.

· 끝내 돌아오지 않은 북이스라엘은 B.C. 721년 멸망합니다.

월: 이사야 1-12장

· 이사야는 하나님 보좌를 출입하는 예언자로 세워집니다.

· 심판과 동시에 그 너머의 회복을 증거하며, 남은 자들은 죄의 심판을 통해 거룩한 씨로 거듭나 그루터기가 됩니다.

화: 이사야 13-27장

· 하나님은 앗시리아를 심판의 몽둥이로 사용합니다.

· 죄의 배후에는 마귀와 세상영들이 있기에, 반드시 심판합니다.

· 바빌론은 멸망되고, 남은 자들은 조국으로 귀환할 것을 예언합니다.

수: 이사야 28-39장

· 앗시리아와 바빌론은 자신들의 죄와 교만으로 멸망합니다.

· 징계를 통해 속량을 받은 유다 남은 자들은 회복됩니다.

· 속량받은 자만이 거룩한 길 따라 예루살렘으로 돌아옵니다.

목: 열왕기하 18-20장; 미가 1-7장

· 미가 선지자는 북왕국과 남왕국의 멸망을 예언합니다.

· 메시야가 베들레헴에서 탄생하실 것을 예언합니다(5:2).

· 히스기야 왕은 개혁을 하며 오직 하나님만 신뢰합니다.

금: 이사야 40-52장

· 바빌론 포로 생활 끝에 들려오는 소리: '내 백성을 위로하라'

· 1-39장에 대한 동일파장을 가진 메아리(공명)입니다.

· 남은 자들의 조국 귀환을 통해, 주님께서 새 일을 행하실 것이다.

토: 이사야 52-55장; 마태복음 26-27장

· 고난받는 종이 존귀와 영광을 가져올 것입니다.

· 그분은 나를 위해 죽으시고 살아나신 예수 그리스도입니다.

· 다윗의 영원한 언약은 이방인에게도 동일하게 적용됩니다.

거룩과 구속이 만나니, 주의 영이 임하여 거룩한 길을 가게 하십니다

말씀은 하나님이십니다. 그래서 그 말씀은 영이요 생명이시어 언제나 한결 같이 살아 역사합니다. 주 여호와께서는 '우상을 만들어 섬기지 마라.' 하셨 습니다. 우상은 내 심중에 간직한 '내가 바라는 것 내가 되고 싶은 그 무엇' 입니다. 그것이 밖으로 나타나면 금송아지가 되어 내 이마에 새겨져 그 우 상을 섬기게 됩니다. 다윗은 그 심중에 오직 하나님입니다. 그 심중이 하나 님과 연합되어 있습니다. 그래서 하나님은 그와 영원한 다윗 언약을 맺었 고, 나라의 멸망에도 불구하고 남은 자들을 통해 수천 대까지 베푸시는 언 약에 근거한 자비, 즉 헤세드 사랑을 부으시며 오늘날 우리들까지 그 은혜 로 살게 하십니다.

반면에 솔로몬은 우상을 숭배하므로 하나님을 미워했고, 질투하시는 하나님은 그 죄를 삼사 대까지 이르게 하십니다. 아들 르호보암 왕 시대에 나라는 분열되고, 하나님은 북왕국을 신하 여로보암에게 주십니다. 여로보 암은 자신의 권력을 강화하기 위해 벧엘과 단에 금송아지 제단을 세웠고, 이것은 구조적으로 북왕국 왕들은 언제나 악할 수밖에 없습니다. 우상숭배 의 삶은 사망이며 멸망일 뿐입니다. 신하 여로보암에게로 넘어간 솔로몬의 죄의 열매는 북왕국의 멸망으로 한 매듭이 지어집니다.

한편, 남왕국은 다윗과의 영원한 언약으로 인해 역성 혁명은 한 번도 일어나지 않습니다. 하지만, 하나님의 헤세드(자비)가 역사의 굴곡과 고비 를 따라 흐르며 여전히 위태롭게 펼쳐집니다. 남왕국은 예루살렘에 성전이 있었기 때문에, 북왕국과 같은 구조적으로 항상 악할 수밖에 없는 죄악은 피할 수 있습니다. 남왕국 20명의 왕 중에서 8명은 어느 정도 다윗의 길을 걷습니다. 특별히 13대 히스기야와 16대 요시야는 종교개혁을 주도하며 하나님 앞에서 선한 길을 갑니다. 하지만 14대 므낫세 왕의 죄악이 너무 가득하여, 요시야 왕의 거룩한 열정에도 불구하고 멸망의 심판을 피할 수는 없습니다. 심판은 구원의 전제조건입니다. 언약 백성이 하나님의 심판을 받는다는 것은 곧 의의 평안의 씨앗을 심는 것입니다. 이와 같은 맥락에서 예언서들과 이사야서는 심판과 동시에 그 너머의 회복을 증거하고 있습니다.

하나님은 성전에서 기도하던 청년 이사야를 하나님 보좌 앞으로 불러 세웁니다. 죄를 사하시고 언제나 하나님 보좌를 출입하며 세상을 다스리는 하나님의 주권과 섭리에 참여하게 하십니다. 예언자 이사야에 의해 기록된 이사야 1-39장은 구약 39권 전체를 응축한 내용 같습니다. 하나님은 거룩하십니다. 하나님의 말씀에 불순종하여 죄를 지은 백성은 하나님의 거룩에 의해 반드시 심판을 받습니다. 그러나, 그 심판을 통해 정금같이 되어 거룩한 씨앗이 됩니다. 남은 자, 그루터기입니다. 그 그루터기를 통해 새 예루살렘, 새 다윗 왕조가 들어설 것입니다. 이것이 구약이고, 또한 이것이 이사야 1-39장 내용입니다.

이사야 40-66장은 1-39장에 대한 동일한 파장을 가진 공명입니다. 시대 상황은 이사야 살아생전부터 무려 150년이 지난 B.C. 540-530년 즈음입니다. 나라는 이미 패망했고, 남은 자들은 바빌론으로 끌려가서 70년 동안 포로 생활을 합니다. 그들은 구약의 말씀을 붙들고 삽니다. 이사야 1-39장의 말씀을 붙잡고 하나님에 의한 회복을 갈망합니다. 그 즈음에 바빌론은 고레스의 메데-페르시아에 정복당합니다. 그리고 고레스 왕은 하나님의 섭리에 따라 이스라엘 포로들의 조국 귀환을 명령합니다. 바빌론 땅의 하나님 백성들은 구약의 성취를 눈앞에서 보게 된 것입니다. 다시 말해, 이사야 1-39장 말씀의 약속이 성취됨을 몸소 경험합니다. 그래서 그것에 대한 같은 파장을 가진 기쁨과 감사 가운데 자신들의 중심을 하나님께 올리며 이사야 40-55장을 기록합니다: "너희의 하나님이 이르시되 너희는 위로하라 내 백성을 위로하라 너희는 예루살렘의 마음에 닿도록 말하며 그것에게 외치라 그 노역의 때가 끝났고 그 죄악이 사함을 받았느니라 그의 모든 죄로 말미암아 여호와의 손에서 벌을 배나 받았느니라 할지니라 하시니라"(이사야 40:1-2).

첫째 날 - 주야로 15분씩 임재 기도

호세아 9-14장; 열왕기하 15-17장

여호와는 만군의 하나님이십니다. '여호와'는 만군의 하나님을 기억하게 하는 이름입니다. 은혜 베풀 자에게 은혜를 베푸시고, 긍휼히 여길 자를 긍휼히 여기시는 여호와이십니다. 나의 나 됨은 오직 여호와의 은혜입니다. 우리 주 여호와께서 목놓아 부르십니다: "그러니 너희는 하나님께로 돌아오너라. 사랑과 정의를 지키며, 너희 하나님에게만 희망을 두고 살아라"(호세아 12:6). 아무리 병이 깊어 암이 온몸에 퍼졌어도 주님께로 돌아오면 살 수 있다는 말씀입니다: "에브라임아, 내가 어찌 너를 버리겠느냐? 이스라엘아, 내가 어찌 너를 원수의 손에 넘기겠느냐? … 내가 다시는 에브라임을 멸망시키지 않겠다. 나는 하나님이요, 사람이 아니다. 나는 너희 가운데 있는 거룩한 하나님이다. 나는 너희를 위협하러 온 것이 아니다"(호세아 11:8-9).

열방에 하나님의 영광을 나타내었던 솔로몬, 그러나 그 영광을 호색과 우상숭배로 둔갑시켰던 솔로몬입니다. 그의 죄악의 뿌리가 이토록 깊습니다. 주 여호와께서 신하 여로보암에게 나라를 넘기시며 솔로몬의 죄를 심판하셨던 죄의 열매는 이토록 잔인합니다. 이것은 성전 파괴와 십자가에 달린 아들을 바라보시며 겪었던 심정과도 같습니다. 하나님께서 하나님 자신의 심장을 갈기갈기 찢으시는 심판이기 때문입니다. 여로보암에게 나라를 넘기면, 그는 분명 남유다 왕국의 예루살렘과 성전을 대신할 방도를 마련할 것입니다. 하나님은 이미 광야에서 목이 곧은 백성의 죄와 습성을 몸소 경험하며 파악했습니다. 여로보암은 벧엘과 단에 금송아지를 두었고, 북이스라엘의 모든 왕들은 여로보암의 길을 갑니다. 그러므로 여호와 보시기에 북이스라엘 왕들은 항상 악합니다. 그 나라에는 죄와 환란이 그치지 않습니다. 여로보암부터 여로보암 2세 때까지 역성 혁명이 5번 일어납니다. 그리고 여로보암 2세 이후 나라가 망하기까지 42년 동안 역성 혁명이 4번 더 일어납니다. 이렇게 엉망진창이 되어 죽음으로 달려가는 북이스라엘을 붙잡고 찢겨진 심령으로 부르짖으시는 주 여호와이십니다.

왜? 하나님은 무슨 까닭에 죄의 심판을 위해 자신의 심장에 창을 깊숙이 찌릅니까? 그냥 그 죄를 옆으로 밀어 놓거나 보자기로 덮어두고 새 일을 하면 안 되나요? *죄에는 스올의 권세 마귀가 있습니다. 그래서 반드시 죄는 심판을 받아 전멸되어야 합니다.* 다시 태어나는 진통입니다. 그런데 세상 신에 미혹된 어리석은 인생들이, 때가 되었는데도 태를 열고 나올 줄 모르고 스스로 죽음에로 나가는 것입니다. 이것에 대한 주 여호와의 심판과 구원의 의지입니다: "내가 그들을 스올의 권세에서 속량하며 내가 그들을 사망에서 구속하겠다. … 사마리아가 저의 하나님에게 반항하였으니, 이제는 그 죗값을 치를 수밖에 없다"(호세아 13:14-16).

북이스라엘은 B.C. 721년에 앗시리아에 의해 멸망을 당합니다. 40년 전 선교사 요나가 그토록 두려웠고 싫었던 일입니다. 앗시리아의 수도 니느웨가 망해야 자신의 조국이 안전하고 흥할 수 있습니다. 앗시리아를 그냥 놔두면 훗날 자신의 조국이 앗시리아에 의해 멸망을 당할 수도 있습니다. 그래서 메신저가 메시지를 만드는 주체와 충돌한 것입니다. 나뭇가지가 포도나무에게 대항한 것입니다. *그러나 요나는 선교사로서 간과한 것이 하나 있습니다. 바로 '죄' 문제를 다루는 하나님의 섭리와 주권입니다.* 앗시리아는 아직 죄가 심판을 받을 만큼 가득하지는 않습니다. 그래서 회개를 통해 살길을 열어 주십니다. 그러나 북이스라엘은 더 이상 간과할 수 없을 정도로 죄가 가득합니다. 심판을 통해 새로운 회복의 길로 가야 할 타이밍입니다. 그래서 주님은 앗시리아를 심판의 몽둥이로 사용하십니다. 사람의 생각과 하나님의 생각은 다릅니다. 사람의 길과 하나님의 길은 하늘과 땅

만큼 차이가 있습니다. 그런데, 요나, 너는 도대체 약속의 땅에서 무엇을 꿈꾸고 이루려는 것인가? '죄'를 다루시며 자신의 심장에 창을 찌르시는 하나님을, 정말 알기는 하나?

앗시리아의 식민 정책으로, 멸망을 당한 그 땅에는 타민족이 자신들의 우상을 가지고 들어와 혼합종교사회를 만듭니다. 사람도 혼혈인종이 되니, 그들을 '사마리아인'이라고 부르며 개취급을 합니다. 말씀이 육신 되시어 그 죄를 자신의 몸에 짊어지신 주 예수께서 사마리아 여인에게 물을 달라 하십니다. "내가 목마르다"(요한복음 19:28). 그리고 사마리아인들에게 생수를 주십니다: "내가 주는 물을 마시는 사람은, 영원히 목마르지 아니할 것이다. 내가 주는 물은, 그 사람 속에서, 영생에 이르게 하는 샘물이 될 것이다"(요한복음 4:14). 주 예수님은 솔로몬이 뿌린 죄의 씨앗으로 인한 열매를 이렇게 자신의 몸에 짊어지고 제거하시며 영생의 샘물이 되십니다.

둘째 날 – 주야로 15분씩 임재 기도

이사야 1-12장

청년 이사야는 남왕국 귀족 출신으로 웃시야 왕이 죽던 해에 성전에서 기도하다가 부르심을 받습니다: "나는 높이 들린 보좌에 앉아 계시는 주님을 뵈었는데, 그의 옷자락이 성전에 가득 차 있었다. 그분 위로는 스랍들이 서 있었는데, … 그들은 큰 소리로 노래를 부르며 화답하였다. '거룩하시다, 거룩하시다, 거룩하시다. 만군의 주님! 온 땅에 그의 영광이 가득하다.' … 너는 이 백성의 마음을 둔하게 하여라. 그 귀가 막히고, 그 눈이 감기게 하여라. 그리하여 그들이 볼 수 없고, 들을 수 없고 또 마음으로 깨달을 수 없게 하여라"(이사야 6:1-10).

이사야의 혼soul이 본래 있어야 할 자리, 즉 아버지 집의 보좌 면전에로 돌아온 것입니다. UNION WITH GOD. **하나님과 연합된 자는 한 가지 소원만을 갖습니다. 주님의 기쁨이 되는 것입니다. 자신을 통해 하나님의 뜻이 이루어지는 것이 곧 자신이 원하는 전부입니다.** 죽기 전에 죽어서 하나님과 연합되어 있기 때문에, 하나님의 의지를 따르지 않는 자신의 의지는 구조적으로 불가능합니다. 내가 사는 것이 아니라 그리스도께서 사십니다. 주체가 내가 아닌 그리스도이십니다. 가지인 나는 포도나무에 잘 붙어 있으면, 그 결과로 내 의지는 전적으로 그리스도의 의지를 따르게 됩니다.

6장의 만남, 거룩, 죄, 죽음, 용서, 사명은 하나님과 연합된 청년 이사야의 모습을 잘 나타낼 뿐만 아니라, 1-12장 전체 내용을 그대로 다 요약하여 담고 있습니다. 이사야는 보좌에 계신 여호와를 만납니다. 그분은 거룩 그 자체이십니다. 거룩하신 여호와를 만났다는 것 자체가 곧 재앙입니다.

왜냐하면 그는 입술이 부정한 백성들 사이에서 자신 또한 입술이 부정했기 때문입니다. 그들은 입술로는 하나님이 왕이시라고 말하면서 실제로는 각자가 왕 노릇 하며 자신들의 욕구를 따랐습니다. 그래서 백성은 그들의 왕 주 여호와 하나님의 말씀에 눈이 멀고 귀가 먹습니다(이사야 6:9-10). 1장과 5장은, 여호와께서 그러한 그들의 불의를 정죄하는 내용입니다. 정죄를 받은 그들에게 가혹한 심판이 임할 것입니다(이사야 6:11-13, 2:6-4:1). 심판의 결과, 남왕국 땅과 성읍들은 황폐해지고, 백성들은 포로로 잡혀갈 것입니다. 이것을 위해 앗시리아 침공이 시작됩니다(이사야 7-8장).

하나님의 거룩하심은 죄를 간과看過하지 못하십니다. 죄의 배후에는 항상 원수 마귀와 더러운 영들이 있기 때문입니다. 주 여호와는 하나님의 현존을 모독한 것에 대하여 반드시 심판하십니다: "예루살렘이 멸망하였고 유다가 엎드러졌음은 그들의 언어와 행위가 여호와를 거역하여 그의 영광의 눈을 범하였음이라"(이사야 3:8). 거룩하신 주님은 심판하는 영과 소멸하는 영으로 시온의 딸들의 더러움을 씻기시며 예루살렘의 피를 그중에서 청결하게 하십니다(이사야 4:4). 그래서 단번에 죄를 속죄하기 위하여 오실 주 예수의 탄생을 예고하십니다: "보라 처녀가 잉태하여 아들을 낳을 것이요 그의 이름을 임마누엘이라 하리라"(이사야 7:14). "한 아기가 우리에게 났고 한 아들을 우리에게 주신 바 되었는데 그의 어깨에는 정사를 메었고 그의 이름은 기묘자라, 모사라, 전능하신 하나님이라, 영존하시는 아버지라, 평강의 왕이라 할 것임이라"(이사야 9:6). "이새의 줄기에서 한 싹이 나며 그 뿌리에서 한 가지가 나서 결실할 것이요 그의 위에 여호와의 영 곧 지혜와 총명의 영이요 모략과 재능의 영이요 지식과 여호와를 경외하는 영이 강림하시리니 그가 여호와를 경외함으로 즐거움을 삼을 것이며"(이사야 11:1-3). 심판을 받아 거룩의 씨앗이 된 남은 자들을 통해 말씀이 육신 되시어 구속 곧 죄사함을 베풀어 그리스도 안에서 그들이 하나님과 함께 살 것이라는 예언의 말씀입니다.

입술이 부정한 이사야가 거룩 그 자체이신 여호와를 만났으니, 이것은 그에게 재앙이며 죽음입니다. 죄의 삯은 사망입니다. 죽기 전에 죽음으로 죗값은 지불됩니다. 산 자의 하나님과 연합되어 있으니, 그는 한 가지 소원만 가진 정결한 입술로 다시 살아납납니다. 이제는 하나님의 말씀대로 생각하고 말하고 느끼고 선포하는 사명자입니다. 죽음의 심판을 통해 거룩한 씨로 다시 태어난 것입니다. 가슴과 머리 전 존재가 하나로 일치하여 고백하고 선포합니다: '오직 거룩하신 주 여호와만 왕이십니다!' 혼이 본래 있어야 할 자리 하나님 보좌 면전에 있는 그는 '거룩한 씨'입니다. **죽기 전에 죽음으로 죗값을 지불한 그는 남은 자를 상징하는 그루터기입니다.** 그리고 이것은 남왕국과 백성들 또한 심판과 포로됨을 통해 거룩한 씨로 빚어져 남은 자의 사명을 감당할 것을 미리 보여 줍니다(이사야 8:9-23, 10:20-34).

앞으로 전개되는 나라의 멸망과 바빌론 포로 생활 그리고 귀국 후의 스토리에서 핵심은 **'남은 자들, 그루터기'**입니다. 그들은 연단을 통해 죽기 전에 죽은 자들이며, 주님은 그들에게 미래에 펼쳐질 하나님 나라를 소망하게 하십니다(이사야 4:1-6). 그러므로 결론은 찬양과 경배입니다: "주님, 전에는 주님께서 나에게 진노하셨으나, 이제는 주님의 진노를 거두시고, 나를 위로하여 주시니, 주님께 감사드립니다. 하나님은 나의 구원이시다. 나는 주님을 의지한다. 나에게 두려움 없다. 주 하나님은 나의 힘, 나의 노래, 나의 구원이시다"(이사야 12:1-2).

셋째 날 – 주야로 15분씩 임재 기도

이사야 13-27장

여호와의 심판의 몽둥이 앗시리아는 북왕국을 멸망시켰고 지금은 남왕국을 괴롭히고 있습니다. 13-23장에서는, 앗시리아가 군사적으로 팽창하여 시리아-팔레스틴-페니키아-이집트를 공격합니다. 이것을 하나님 보좌에 머무는 이사야 선지자는 남유다 주변의 나라들에 대한 하나님의 심판으로 알아차리고 열방의 하나님 심판을 선포합니다. 그리고 유다 왕과 정치가들에게는 앗시리아와의 충돌을 피하라고 권면합니다. 이것은 예레미야의 경우에도 동일합니다. 예레미야는 바빌론과의 충돌을 피하도록 강력히 권면합니다. 앗시리아는 주변 국가들에 대한 하나님의 심판의 몽둥이이기에, 그 나라와 충돌을 피하면 남왕국은 회개하고 살길을 얻을 수 있기 때문입니다.

하지만 약속의 땅에서의 사명을 잃고 보이는 대로 살아가는 유다 왕국의 현실 정치가들에게 그 메시지는 받아들여지지 않습니다. 믿음 없는 그들은 모세를 통한 여호와의 말씀대로 점점 미쳐 갑니다: "당신들은 당신들의 눈으로 보는 일 때문에 미치고 말 것입니다"(신명기 28:34). 그래서 남왕국은 이집트와 블레셋과 더불어 앗시리아를 대적함으로 멸망의 화를 자초합니다.

북왕국을 정복한 앗시리아는 자신들의 죄악이 가득해져 같은 지역에서 일어난 바빌론에 의해 정복당합니다. 그리고 앗시리아를 대신하여 바빌론이 남왕국과 주변 국가들 그리고 이집트 공격을 강행합니다. 예레미야는 이사야와 같은 이유로 바빌론과의 충돌을 삼가라고 남왕국 왕실에 거듭 촉구하지만, 보이는 대로 살아가는 그들은 그것을 받아들이지 않습니다. 처음에는 정복의지가 없던 바빌론이지만 남왕국의 거친 대항에 맞서 싸워 정복합니다. 즉 끝까지 회개하지 않던 남왕국은 결국 바빌론에 의해 멸망당하고 남은 자들은 포로로 끌려갑니다. 하나님의 심판 몽둥이로 쓰임을 받은 바빌론입니다. 하지만 바빌론 또한 하나님의 성전을 파괴하고 하나님 백성을 죽이고 스스로 교만한 자리에서 죄를 쌓으니, 그들도 결국에는 하나님의 심판을 받아 고레스의 메대-페르시아에 의해 B.C. 538년 정복당합니다.

이와 같은 맥락에서, 13장은 180년 후에 있을 바빌론의 멸망을 예언합니다: "내가 메대 사람들을 불러다가 바빌론을 공격하게 하겠다. … 나라들 가운데서 가장 찬란한 바빌론, 바빌로니아 사람의 영예요 자랑거리인 바빌론은, 하나님께서 멸망시키실 때에, 마치 소돔과 고모라처럼 될 것이다"(이사야 13:17-19). 그리고 하나님의 심판으로 나라가 망하고 바빌론 포로가 되어 끌려갔던 백성들이 고향으로 되돌아올 것도 예언합니다(이사야 14:1-2). 그날이 오면, 만군의 주 여호와께서 이스라엘과 이집트와 앗시리아, 이 세 나라에 복을 주실 것입니다. 그러면 이 나라들은 세상 모든 나라에 복을 주게 될 것입니다(이사야 19:20-21). 즉 이것은 하나님께서 만드시는 새 하늘과 새 땅을 가리킵니다: "내가 지을 새 하늘과 새 땅이 내 앞에 늘 있듯이, 너희 자손과 너희 이름이 늘 있을 것이다"(이사야 66:22).

북왕국의 멸망을 보고 기뻐하던 블레셋을, 여호와께서 심판하십니다. 교만한 모압이 심판을 받고 남왕국에게 구원을 호소할 것입니다. 다마스쿠스, 에티오피아, 이집트, 에돔, 아라비아, 그리고 예루살렘과 베니게의 심판을 선포합니다. 이들의 공통점은, 앗시리아의 세상적 팽창 야욕에 동맹을 결속하여 저항한 것입니다. 그런데 이것은 지금 앗시리아가 하나님의 몽둥이로 쓰임을 받고 있다는 영적인 측면을 간과하여 자신도 모르게 하나님을 대적하여 더 큰 멸망의 화를 자초하는 것입니다. 이 같은 하나님의 주권과 섭리를 누가 알고 수종 들 수 있겠습니까? 이사야 처럼, 혼이 본래 있어야 할 창조 본래의 자리인 아버지 집 보좌 앞에 머물며 오직 믿음으로 사는 하나님 자녀들입니다. 이것을 방해하는 자는 누구입니까? 믿음이 아닌 보이는 대로 살며 자신이 스스로 주체가 되어 선악으로 판단하고 정죄하는 세상 나라들입니다. 또한 그들 배후에서 역사하는 세상 영들과 원수 마귀입니다.

하나님의 몽둥이로 쓰임을 받으며 자신들의 교만으로 파괴와 약탈을 감행했던 바빌론을 심판하십니다: "여호와께서 악인의 몽둥이와 통치자의 규를 꺾으셨도다"(이사야 14:5). 그들의 배후에는 원수 마귀가 있습니다(이사야 14:9-15). 또한 27장에서는, 남북왕조와 열방을 유혹하여 하나님을 대적하게 만든 우주적 반역 세력인 바다의 괴물 리워야단에 대한 심판을 말하고 있습니다. 리워야단의 뜻은 '뒤틀어진 것'입니다. 나라들 배후에서 창조 질서를 어지럽히는 영적인 혼돈의 세력들을 가리키는데, 심판의 그날에 그들은 칼에 삼키움을 당하고 하나님의 주권만이 온 우주에 높이 세워질 것입니다.

넷째 날 - 주야로 15분씩 임재 기도

이사야 28-39장

28-33장은 하나님의 몽둥이 앗시리아의 침략과 여기에 대항하여 반앗시리아 동맹을 맺어 대항하는 남왕국과 이웃 나라들에 대한 심판, 그리고 심판을 받은 이스라엘의 남은 자들을 통한 메시야적 공동체에 대한 회복과 열망을 기술합니다. 눈앞에 펼쳐진 북왕국의 멸망을 보고도, 이사야의 임박한 재난과 심판의 메시지를 외면하고 자신들의 생각에 집착하는 남왕국의 영적 정치적 파탄의 모습입니다.

29장은 앗시리아의 침략으로 엄청난 굴욕과 패망을 당하는 아리엘입니다. 아리엘은 이사야가 붙인 별칭이고 뜻은 '하나님의 도시'입니다. 즉 아리엘은 예루살렘의 별명입니다. 이사야는 끝내 돌이키지 않고 침략당하는 아리엘에 대하여 여호와의 말씀을 대언합니다: "이 백성이 입으로는 나를 가까이하고, 입술로는 나를 영화롭게 하지만, 그 마음으로는 나를 멀리하고 있다. 그들이 나를 경외한다는 말은, 다만, 들은 말을 흉내내는 것일 뿐이다. … 주님 몰래 음모를 깊이 숨기려는 자들에게 재앙이 닥칠 것이다"(이사야 29:13-15).

주체의 문제입니다. 포도나무와 가지의 관계에서, 주님은 포도나무이고 우리는 가지입니다. 옹기장이와 진흙의 관계에서, 주님은 옹기장이이고 우리는 토기입니다. **하나님께서 반드시 심판할 수밖에 없는 죄**는 가지가 나무를 향하여 '가지인 내 뜻을 따라 나무는 작동되어야 한다'입니다. *진흙이 토기장이를 향하여 '진흙이 원하는 대로 토기장이는 진흙의 방식을 따라 진흙이 원하는 타이밍에 맞추어 일해야 한다' 말하니, 심판을 받을 수밖에*

없습니다. 이러한 가지와 진흙의 죄 배후에는 항상 세상 영들과 원수 마귀가 있습니다. 그러므로 **이러한 불신앙과 불순종의 죄는 그냥 지나칠 수 없습니다. 반드시 심판을 받고, 그 연단을 통해 정금같이 빚어진 언약 백성들이 남은 자의 사명을 감당합니다.** 이것이 성경 전체를 관통하는 하나님의 주권과 섭리입니다.

30-31장은 가지이고 진흙인 남왕국의 지도자들이 믿음이 아닌 보이는 것을 따라 반앗시리아 동맹에 가담하여, 회개는 하지 않고, 오히려 하나님을 대적합니다. 이것에 대한 하나님의 판정입니다: "거역하는 자식들아, 너희에게 화가 닥칠 것이다. 너희가 계획을 추진하지만, 그것들은 나에게서 나온 것이 아니며, 동맹을 맺지만, 나의 뜻을 따라 한 것이 아니다. 죄에 죄를 더할 뿐이다"(이사야 30:1). 이집트 왕의 보호가 오히려 유다에게 수치가 되고, 바로의 그늘이 오히려 치욕이 됩니다. 말로는 회개를 하고 잘하겠다고 하지만, 돌아서면 눈에 보이는 것을 따라 불신앙과 불순종의 행동을 합니다. 이것에 대한 하나님의 조치입니다: "너희가 이 말을 업신여기고, 억압과 사악한 일을 옳은 일로 여겨서, 그것에 의지하였으니, 이 죄로, … 토기장이의 항아리가 깨져서 산산조각이 나듯이, 너희가 그렇게 무너져 내릴 것이다"(이사야 30:12-14). 지금이라도 회개하면 구원을 얻습니다. 그러나 그들은 그것을 바라지 않습니다. 눈에 보이는 것을 따라 자신이 주체가 되어 멸망을 향해 달릴 뿐입니다(이사야 30:15-17).

32-33장은 침략자의 말발굽이 지나간 남왕국의 터전에 싹트는 새 소망을 노래합니다: "장차 한 왕이 나와서 공의로 통치하고, 통치자들이 공평으로 다스릴 것이다"(이사야 32:1). 그렇게 견고한 산성에는 누가 삽니까? "의롭게 사는 사람, 정직하게 말하는 사람, 권세를 부려 가난한 사람의 재산을 착취하는 일은 아예 생각하지도 않는 사람, 뇌물을 거절하는 사람, 살인자의 음모에 귀를 막는 사람, 악을 꾀하는 것을 보지 않으려고 눈을 감는 사람, 바로 이런 사람들이 안전한 곳에 산다"(이사야 33:15). 거기에서는 여호

와께서 우리의 능력이 되십니다. 주님께서 우리의 재판관이시며 왕이십니다(이사야 33:21-22). 즉 주체가 내가 아닌 주님이십니다. 34-35장은 남왕국을 괴롭히는 이웃 왕국들에 대한 하나님의 가차 없는 보복과 심판 그리고 남은 자가 열어 갈 영광스러운 미래를 예고합니다.

36-39장은 앗시리아가 바빌론에 정복당하며 그 패권이 전환되는 시기입니다. 남왕국 히스기야 왕은 앗시리아에 의해 북왕국이 멸망하는 것을 눈으로 보았고, 이집트가 아닌 오직 주 여호와 하나님께로 돌아가는 것이 살길임을 압니다. 그는 오직 하나님만 의지하며 종교개혁을 단행합니다. 이러한 히스기야의 믿음은 앗시리아의 침공 때, 주 여호와의 극적 승리를 가져오게 합니다. 그러나 하나님의 은혜로 죽을 병에서 건짐을 받은 이후, 그는 병문안 온 바빌론 사절에게 왕국의 보화를 보여 주며 자신의 부귀영화를 자랑합니다. 이 같은 그의 불신앙과 불경건은 바빌론 포로 됨의 원인 제공이 됩니다.

다섯째 날 – 주야로 15분씩 임재 기도

열왕기하 18-20장; 미가 1-7장

열왕기하 19-20장은 이사야 37-39장과 겹칩니다. 앗시리아의 왕 산헤립이 예루살렘을 위협합니다. 히스기야 왕은 이사야와 미가 선지자의 하나님 말씀에 힘입어 하나님께 매달립니다. 출애굽 때 장자를 치고 다윗 인구 조사 때 전염병을 내렸던 여호와의 천사가 앗시리아 군대를 공격합니다. 그리고 선지자들의 예언대로 산헤립이 죽습니다. 히스기야가 죽을병에 걸렸는데 기도 응답으로 15년 생명 연장을 받습니다. 그 소식을 들은 바빌론은 사신을 보내 축하합니다. 당시 바빌론은 앗시리아 주변의 약소국입니다. 히스기야는 국가의 보물을 보여 주며 국력을 자랑합니다. 그리고 바빌론과 군사 동맹을 맺어 함께 앗시리아를 대적하려 합니다.

이사야는 바로 이것을 문제로 지적합니다. 죽을병에 걸렸던 히스기야, 즉 죽기 전에 죽은 것입니다. 오직 은혜로 살아나 덤으로 받은 남은 인생 15년, 오직 믿음으로 살며 하나님을 나타내어도 부족할 세월입니다. 그런데 내심 바빌론을 의지하며 하나님이 아닌 세상에 손을 내밉니다. 히스기야는 죄를 인정하고 회개합니다. 히스기야의 죄의 씨앗은 아들 므낫세에게로 넘어갑니다. 그리고 100년 후 나라는 바빌론에게 멸망을 당하며 "모든 보물이, 남김 없이 바빌론으로 옮겨 갈 것이다"는 말씀이 성취됩니다(열왕기하 20:17).

히스기야에 대한 성경의 평가입니다: "그는 조상 다윗이 한 모든 것을 그대로 본받아, 주님께서 보시기에 올바른 일을 하였다. 그는 산당을 헐어 버렸고, 돌기둥들을 부수었으며, 아세라 목상을 찍어 버렸다. … 그는 주님이신 이스라엘의 하나님만을 신뢰하였는데, 유다 왕 가운데는 전에도 후에도 그만한 왕이 없었다. 그는 주님에게만 매달려, 주님을 배반하는 일이 없이, 주님께서 모세에게 명하신 계명들을 준수하였다. 어디를 가든지, 주님께서 그와 같이 계시므로, 그는 늘 성공하였다. 그는 앗시리아 왕에게 반기를 들고, 그를 섬기지 않았다"(열왕기하 18:3-7). 그의 성공 비결은 오직 하나님께 매달린 것입니다. '매달린다'는 히브리어 다바크*dabaq*는 껌딱지처럼 달라붙는다 혹은 집착한다는 의미를 갖습니다. *피조세계 그 어떤 것에도 집착을 하면 탈이 나는데, 오직 조물주에게만은 아무리 집착을 해도 탈이 안 날 뿐만 아니라 집착하면 할수록 자유와 생명을 누리게 되고 덤으로 성공도 합니다.*

미가 선지자는 아모스 호세아 이사야와 동시대 인물이며 4명 다 북왕국의 멸망을 경험하며 메시지를 전합니다. 북왕국에서는 아모스가 '하나님의 정의'를 선포하고 호세아가 '하나님의 인애'를 선포했다면, 남왕국에서는 이사야가 '하나님 앞에서의 겸손' 즉 거룩하신 조물주 앞에서의 피조물 본연의 자세인 겸손을 선포하고, 미가는 '정의, 인애, 겸손'을 하나로 종합하여 증거합니다: "사람아 주께서 선한 것이 무엇임을 네게 보이셨나니 여호와께서 네게 구하시는 것은 오직 정의를 행하며 인자를 사랑하며 겸손하게 네 하나님과 함께 행하는 것이 아니냐"(미가 7:8). 이사야 선지자와는 같은 시대 같은 남왕국 그리고 많은 부분을 히스기야 왕의 통치 때에 말씀을 선포했기에 대부분이 겹칩니다. 그래서 미가를 작은 이사야라고 말하기도 합니다. 사소한 차이점은 이사야 선지자는 귀족 출신으로서 종교와 정치가 일치된 사회에서 정치현상을 영적으로 파악하며 하나님 말씀을 증거함에 적극적입니다. 반면에 미가 선지자는 작은 마을 출신으로서 부자의 부패와 탐욕을 책망하고 가난한 자들과 동행하며 서민의 자리에서 메시지를 전달합니다. 한편, 미가서는 언약 백성의 심판 이후에 남은 자들을 통해 메시야가 베들레헴에서 출생할 것이라는 예언을 남긴 것으로도 유명합니다(미가 5:2-5).

미가 선지자의 활동에 대해서, 예레미야서에 기록이 남아 있습니다. 나라의 정책에 반대되는 하나님 메시지를 전달하는 예레미야를 체포합니다. 그리고 그를 처치하는 과정에서, 그 지방의 장로들 중 몇 사람이 일어나 100년 전에 있었던 미가 선지자의 예를 들며 예레미야에게도 같은 대우를 해야 한다는 의견입니다(예레미야 26:18-19). 당시 현실 정치가들과 삯꾼 종교인들은 앗시리아에 결사 대항하며 주변 나라들과 반앗시리아 동맹을 맺고 이집트에도 도움을 구하여 문제를 해결하려 했습니다. 이에 반하여 하나님의 예언자들은 앗시리아는 하나님의 몽둥이이기에, 지금이라도 회개하고 주님께 돌아오면 살길이 열린다고 증거한 것입니다. 미가 선지자 또한 그렇게 말씀을 선포했고, 당시 왕 히스기야는 미가 선지자가 선포한 말씀에 복종하여 하나님의 크신 은혜를 입었다는 증언입니다. 100년의 세월이 흘러, 앗시리아가 망하고 바빌론이 그 자리를 대신하여 남왕국을 침공했고, 그때 예레미야는 하나님의 동일한 메시지를 전파함으로 체포된 것입니다. 결국 남왕국은 돌이키지 않고 바빌론에 대항하다가 멸망을 스스로 초래합니다.

여섯째 날 - 주야로 15분씩 임재 기도

이사야 40-52장

이사야를 통한 하나님의 말씀 선포는 이사야서 1-39장에서 한 매듭을 짓습니다. 이사야가 만난 하나님은 '거룩하신 주 여호와'입니다: "거룩하다 거룩하다 거룩하다 만군의 여호와여 그의 영광이 온 땅에 충만하도다"(이사야 6:3). 하나님의 거룩에 의해 하나님을 모독하고 그 이름을 더럽히는 우상숭배는 반드시 심판을 받습니다. 그러나 동시에 그 거룩하심으로 인해 심판을 받은 것은 연단을 통해 정금으로 다시 빚어집니다. 그러므로 **이사야를 통한 하나님의 메시지**는 분명합니다: **'죄의 심판과 동시에 그 너머에 남은 자를 통한 회복입니다.'**

그리고 역사는 160년이 흐릅니다. 남왕국은 심판을 받아 멸망했고 성전도 다 파괴되었습니다. 백성들은 바빌론으로 끌려가 포로 생활을 합니다. 70년 포로 생활 중에, 바빌론의 세계 정복이 좌절됩니다: "내가 동방에서 독수리를 부르고, 먼 나라에서 나의 뜻을 이룰 사람을 불렀다. 내가 말하였으니, 내가 그것을 곧 이루겠으며, 내가 계획하였으니, 내가 곧 그것을 성취하겠다"(이사야 46:11). 주 여호와께서 메데-페르시아를 일으키어 바빌론을 정복하게 만드십니다. 그리고 페르시아 왕 고레스를 통해 포로 된 이스라엘의 조국 귀환 명령을 내리게 하십니다: "나 주가 기름 부어 세운 고레스에게 말한다. … 고레스는 들어라! … 내가 너를 지명하여 부른 것은, 나의 종 야곱, 내가 택한 이스라엘을 도우려고 함이었다. 네가 비록 나를 알지 못하였으나, 내가 너에게 영예로운 이름을 준 까닭이 바로 여기에 있다. 나는 주다. 나밖에 다른 이가 없다. 나밖에 다른 신은 없다"(이사야 45:1-5).

바빌론 포로 생활 70년의 끝자락에서, 이스라엘 백성은 조국 귀환의 명령을 받은 것입니다. 이사야 1-39장의 예언성취를 직접 몸으로 맞이한 것입니다. 이사야의 '거룩하신 주 여호와'가 이제는 죄사함을 베풀고 회복을 명하시는 '구속주'로 다가오는 것입니다. 이사야 1-39장의 하나님이 '거룩하신 주 여호와'였다면, **이제 이사야 40-66장의 하나님은 '거룩하신 주 여호와, 구속주'이십니다**: "너희의 구속자시요 이스라엘의 거룩하신 이이신 여호와께서 이르시되"(48:17). 1-39장에서는 거룩하신 여호와로 말씀하셨는데, 200년이 지나 하나님의 백성은 그 말씀을 몸소 경험하며 **'거룩하신 여호와'를 이제는 '자신의 구속주'로 체험합니다.** 그래서 **'거룩하신 여호와'에 '구속주'가 함께합니다.** "버러지 같은 너 야곱아, 너희 이스라엘 사람들아 두려워하지 말라 … 네 구속자는 이스라엘의 거룩한 이이니라"(41:14). "너희의 구속자요 이스라엘의 거룩한 이 여호와가 말하노라"(43:14). "이스라엘의 왕인 여호와, 이스라엘의 구속자인 만군의 여호와가 이같이 말하노라"(44:6). "이스라엘의 구속자 이스라엘의 거룩한 이이신 여호와께서 사람에게 멸시를 당하는 자 … 너를 택하였음이니라"(49:7). "나 여호와는 네 구원자요 네 구속자요 야곱의 전능자인 줄 알리라"(49:26). "너희는 예루살렘의 마음에 닿도록 말하며 그것에게 외치라 그 노역의 때가 끝났고 그 죄악이 사함을 받았느니라 그의 모든 죄로 말미암아 여호와의 손에서 벌을 배나 받았느니라 할지니라"(40:2). 이것은 사람에게 하나님의 숨neshama과 영ruach을 주시는 주 여호와께서 메시야를 일으키시어 언약을 갱신하고 이방의 빛이 되게 하심으로 성취됩니다(42:5-6).

구속주Redeemer, gaal는 죗값을 다 지불하고 본래의 자리로 돌아오게 한 자라는 뜻입니다. 이 말씀은 곧 아버지께서 우리 죗값을 다 지불하셨기 때문에, 자녀 된 우리 혼이 본래 있어야 할 자리로 돌아왔다는 의미이기도 합니다. 죄인 된 내가 그리스도와 함께 십자가에 못 박혀 죽기 전에 죽었습니다. 그리스도 안에서 거룩하신 여호와 향하여 다시 살아나, 내 혼이 아버지 집으로 돌아와 거룩한 보좌 면전에 자리를 얻었다는 말씀입니다. 이 말씀을, 바빌론 포로 생활 70년 말엽에, 주의 백성들은 고국으로의 귀환이라는 시대 상황 속에서 경험합니다. 그래서 1-39장에서는 한 번도 안 나오는 '구속주'라는 단어를 41-63장에서 13번이나 반복해서 사용합니다. **이제 심판 너머의 회복을 향해 본향으로 돌아갈 수 있다는 뜻입니다.** 200년 전 거룩하신 주 여호와께서 말씀하신 그대로 '이제는' 돌아가는 것입니다. 거룩하신 여호와께서 끝까지 회개하지 않고 보이는 대로 생각하고 말하고 사는 이스라엘을 약탈자에게 넘겨주십니다. **그러나 이제는 그 죄를 속량하고** 포로 귀환 가운데 열방으로 하여금 주 여호와의 공의를 보게 하십니다: "나의 종을 보아라. 그는 내가 붙들어 주는 사람이다. 내가 택한 사람, 내가 마음으로 기뻐하는 사람이다. 내가 그에게 나의 영을 주었으니, 그가 뭇 민족에게 공의를 베풀 것이다"(이사야 42:1).

　　공의는 하나님의 거룩과 하나님의 구속하심이 동시에 존재하는 곳에 있습니다. 다시 말해, **하나님의 의는 죄를 대신 사하신 복음 안에 있습니다.** 말씀이 육신 되시어, 그 육신에 죄를 선고하시고 그 삯인 사망을 통해 이 땅에 기쁜 소식을 주십니다. **그 복음 안에 하나님의 의와 거룩이 있습니다.** 이것을, 이스라엘의 심판과 포로 생활 그리고 이제 포로 귀환이라는 소식을 통해, 2500년 전 주의 백성들은 몸소 경험하며 복음의 예표가 됩니다.

일곱째 날 - 주야로 15분씩 임재 기도

이사야 52-55장; 마태복음 26-27장

"너희는 떠나거라, 그곳에서 떠나 나오너라. 부정한 것을 만지지 말아라. 그 가운데서 나오너라. 주님의 그릇을 운반하는 사람들아, 너희는 스스로 정결하게 하여라. 그러나 이제는 주님께서 너희 앞에 가시며, 이스라엘의 하나님께서 너희 뒤를 지켜 주시니, 너희가 나올 때에 황급히 나오지 않아도 되며, 도망 치듯 달아나지 않아도 된다"(이사야 52:11-12). 이사야의 이 말씀은 천 년 전 출애굽 때를 연상케 합니다: "애굽 사람들은 말하기를 우리가 다 죽은 자가 되도다 하고 그 백성을 재촉하여 그 땅에서 속히 내보내려 하므로 그 백성이 발교되지 못한 반죽 담은 그릇을 옷에 싸서 어깨에 메니라"(출애굽기 12:33-34). 출애굽 때는 황급히 도망치듯 달아났습니다. 그런데 페르시아 왕 고레스의 칙령으로 지금은 그렇게 할 필요가 없습니다. 바빌론 포로 생활 70년 동안, 고난을 받는 종이 그들과 함께 하며 죗값을 대신 다 지불했기 때문입니다(이사야 53:4-5). 그러므로 잘 준비해서 페르시아의 축복 가운데 조국으로 돌아가면 됩니다. 바빌론에서 맞이하는 출애굽입니다.

모세의 출애굽은 400년 전 야곱의 허리에서 나온 70명이 이집트 고센 땅에 자리를 잡을 때부터 계획된 것입니다: "믿음으로 요셉은 임종시에 이스라엘 자손들이 떠날exodos 것을 말하고 또 자기 뼈를 위하여 명하였으며"(히브리서 11:22). 그리고 천 년이 지나 지금 고레스에 의해 출애굽과도 같은 출바빌론이 선포된 것입니다. 그냥 돌아갈 수 있는 것이 아닙니다. 지난 바빌론 70년 포로 생활 동안, 하나님께서 자기 백성들과 함께하시며 몸소 고난을 받으시고 백성들의 죗값을 다 지불했기 때문입니다: "우리는 다양 같아서 그릇 행하여 각기 제 길로 갔거늘 여호와께서는 우리 모두의 죄악을 그에게 담당시키셨도다"(이사야 53:6).

새 언약의 백성들인 그리스도인들은 이사야 53장의 고난받는 종을 우리 주 예수 그리스도와 연결합니다. 예수님의 얼굴에 있는 하나님의 영광을 아는 그 빛이 우리 심령에 비추이기 때문입니다. 그러므로 이와 같은 맥락에서 우리는 포로로 끌려간 것, 포로 생활을 마치고 돌아오는 것, 돌아와서 성전을 재건하고 그 땅에 율법 중심의 공동체를 형성하는 것 모두를 예수와 그로 인해 세워지는 교회와 연결을 하여 바라봅니다. 새로운 출애굽입니다: "두 사람이 예수와 함께 말하니 이는 모세와 엘리야라 영광 중에 나타나서 장차 예수께서 예루살렘에서 별세exodos하실 것을 말할새"(누가복음 9:31). 변화산상에서 모세, 엘리야, 그리고 예수님, 이렇게 세분의 대화 장면입니다. 여기서 예루살렘을 엑소도스exodos하는 것은 십자가 죽음을 의미합니다. 예수님의 혼soul이 육체flesh를 떠나서 새로운 출발을 하는 여정입니다. 이제는 예수님의 혼이 사명을 감당하고 음부의 권세를 통과하여 본래 있었던 자리 하늘 보좌 우편에로 돌아갑니다. **이것이 '죽음/별세exodos의 참된 의미입니다.** 이때 예수님만 아니라 **새 언약의 하나님 자녀된 우리들도 예수님과 함께 죽고 예수님과 함께 부활하여 예수님과 하늘에 함께 앉힘을 받습니다**(로마서 6:11; 에베소서 2:6).

그러므로 우리는 이제부터 전개되는 남왕국의 멸망과 바빌론 포로 생활 70년, 조국으로 귀환, 그리고 포로 되었다가 고국으로 돌아가 성전을 재건하는 전 과정을 통해, 새 언약의 출애굽을 표상하며 성경을 읽습니다. **예언자들이 끊임없이 '여호와께로 돌아가라'는 말씀은, 우리 혼이 본래 있어야 할 자리로 돌아가라는 말씀으로 경청하게 됩니다.** 외부에서 내 안에 계신 주님께로 방향을 전환하는 것입니다. "들어라, 내가 하는 말을 들어라. 그리하면 너희가 좋은 것을 먹으며, 기름진 것으로 너희 마음soul이 즐거울 것이다. 너희는 귀를 기울이고, 나에게 와서 들어라. 그러면 너희 영혼soul

이 살 것이다"(이사야 55:2-3). 주님의 말씀은, 70년 포로 생활을 통하여 복역의 기간이 끝났으니 이제 돌아가라는 것입니다. 이 말씀에 경청하여 외부에서 내면으로 방향을 전환해 돌아가면, 혼이 기뻐하며 살아난다는 말씀입니다. 그리스도의 십자가로 말미암아 죄사함의 은총이 선포되었으니, 이제 탕자처럼 돌아가면 '누구든지' 그 은총 가운데 아버지 집 보좌 앞에서 말씀에 경청하며 말씀대로 생각하고 말하고 느끼고 선포하며 산다는 말씀입니다.

예수님께서 죗값을 대신 치르셨기 때문에, 탕자가 돌아갈 수 있고 또한 아버지 집에서 자녀의 자리를 얻어 보좌 면전에서 살 수 있습니다. 우리도 십자가 강을 건너며 자아가 소멸되고 주님과 연합하여 한 영이 됨으로 인해 보좌 면전에서 삽니다. 내 혼이 육신의 생각과 감정과 신체와 연합하여 '나'라고 주장하는 것은 더 이상 '참된 나'가 아니며 진리도 실재도 아닙니다. 그러한 나는 그리스도와 함께 십자가에 못 박혔습니다. 그러므로 그러한 생각과 감정을 부인합니다. 내 십자가 짊어지며 내 혼이 육신에서 떠나 그리스도 안으로 들어갔음을 믿음으로 선포합니다. 그리스도 안에서 주님과 연합하여 한 영 됨이 '진정한 나'입니다. 불이 섞여 있는 유리 바닷가에 승리한 무리들과 우리가 영과 혼으로 연합되어 있으며, 이것을 주 예수 그리스도의 몸이라고 부릅니다. 교회는 변화산상의 세분처럼 그렇게 영광스럽습니다. 주 성령께서 이 땅에 있는 우리의 몸(생각, 감정, 신체)을 통해, 바로 그 영광스러운 교회를 드러내십니다. 수종드는 우리를 통해, 우리 주 예수 그리스도 속히 오신다고 말씀하십니다. 우리의 영이 성령과 더불어 함께 외칩니다: '아멘, 주 예수님, 속히 오소서~!'

주일: 이사야 56-66장

· B.C. 500년 전후, 성전을 재건하고 포로 귀환 공동체를 형성한 시대 상황입니다. 구속자가 시온에 오실 것입니다. 주님의 영 임하니, 혼이 보좌 앞에 머물며 이 땅에 그분의 나라가 세워집니다.

월: 열왕기하 21:1-23:30; 나훔 1-3장; 스바냐 1-3장

· 믿는 자의 교만 죄는 하나님을 배신하는 중한 죄입니다.
· 북왕국과 남왕국을 침략한 앗시리아는 그 죄의 대가를 받습니다.
· 스바냐는 므낫세로 인한 주의 진노가 어느 정도인지 보여 줍니다.

화: 예레미야 1-12장

· 예레미야는 잉태 전에 선택을 받고 태어나기 전부터 거룩합니다.
· 주님은 그를 통해 열방을 뽑고 부수고 새로 심고 건설합니다.
· 여호와를 버림과 그분을 경외하지 않음이 악이요 고통입니다.

수: 예레미야 13-25장

· 몸의 일부인 허리띠처럼, 주님은 백성을 그렇게 간주합니다.
· 그런데 그 허리띠가 썩었습니다. 그래서 심판하십니다.
· 좋은 무화과처럼, 주님은 70년 포로 생활 중 그들을 돌보십니다.

목: 예레미야 26-33장

· 거짓 선지자와 거짓 평화를 심판하십니다. 포로 생활 70년은 재앙이 아니라 거룩의 씨로 거듭나는 번영입니다. 그 씨가 싹을 내고 자라 이 땅에 '하나님 나라'의 열매를 맺을 것입니다.

금: 열왕기하 23:31-25:7; 예레미야 34-39, 52장

· 남왕국 멸망 전의 왕들은 주님과 세상 사이에서 허둥대며, 결국 자신의 밥그릇 챙기다가 더 가혹한 심판을 초래합니다.

· 예루살렘과 성전이 파괴되고 인간의 모든 희망이 사라집니다.

토: 열왕기하 25:8-30; 예레미야 40-45장

· 예레미야는 유다 땅에 남은 자들을 말씀으로 돌봅니다.

· 말씀에 불복종하고 이집트로 피신을 간 자들을 심판하십니다.

· 바빌론에 잡혀간 자들은 좋은 무화과로 빚어집니다.

· 여호야긴 왕은 37년 만에 석방되어 바빌론 왕의 식탁에 함께 합니다.

뽑고 허물고 파괴시키는 사역에서
세우고 심는 회복의 사역으로

솔로몬의 호색과 우상숭배는 이스라엘 나라에 죄의 씨앗을 뿌립니다. 그런데 그 씨앗은 암을 유발하는 종자입니다. 북왕국 7대왕 아합 때에는 그것이 싹을 내고 자라서 암을 발견하는 단계입니다. 그래서 하나님의 사람 엘리야는 그 나라의 돈줄인 '비'가 내리지 않도록 주 여호와께 3년이나 간절히 기도합니다. 암을 제거했으나 이세벨이라는 또 다른 암이 발견되었고 온몸으로 퍼져 나갑니다. 주님은 그 시대를 엘리야와 엘리사 선지자를 통해 다스립니다. 북왕국 왕 여로보암 2세 때에는 암이 3-4기 단계까지 진행됩니다. 주 여호와께서는 아모스-호세아-이사야-미가 같은 당신의 종들을 일으켜 음란과 우상숭배를 버리고 주님께로 돌아오라고 선포하십니다. 그러나 그들은 죄를 짓고 여호와의 말씀을 경청하지 않는 것이 이미 그들의 습관입니다. 그냥 그렇게 죄를 짓고 살아도, 자신들에게는 성전이 있기에 언제나 평강과 번영이 함께할 것이라는 맹신을 갖고 있습니다. 그래서 암과 싸워 이길 생각은 하지 않고, 여전히 세상을 품고 하나님을 이용해 눈앞에 보이는 대로 살겠답니다.

　　요시야 왕 때 선지자로 부름을 받은 예레미야 때는 이미 암세포 제거 수술의 무용성을 인정하고 사망선고를 내리는 단계로 진행됩니다. 하나님은 전지전능하십니다. 그러므로 사망선고를 받았어도 주 여호와께로 돌아가면 살길을 얻습니다. 주님은 예레미야를 통해 백성들의 죄악과 그 습성을 깨고 부수고 파괴시킵니다. 백성들과 지도자들은 저항하며 세상 나라에 도움을 청하여 발등의 불을 끄지만, 오히려 세상 도움으로 인해 더 큰 환란을 초래합니다. 하나님의 몽둥이 바빌론의 침공은 더욱 거셉니다. 남왕국 마지막 왕 시드기야는 궁지에 몰려 실낱같은 희망을 여호와께 둡니다. 그리고 주의 말씀을 따라 가난한 자들에 대한 억압을 풀고 해방시키니 백성도 따라합니다. 그러나 그것도 잠깐입니다. 이미 죄의 습관이 뼛속까지 자리잡았기에, 두 마음을 품고 하나님을 향하는 듯하나 또다시 신속히 세상으로 달려갑니다. 세상 도움을 위해 허덕이며 허공을 향해 손짓하니, 마귀와 세상 영들은 더욱 미친 듯 기승을 부리며 달려듭니다.

이제 끝입니다. 왕이 편안한 죽음을 맞이할 수 있도록, 예레미야는 호스피스를 자처합니다. 바빌론에 항복하여 험한 일 당하지 말고 평안히 죽기를 권합니다. 그러나 시드기야 왕은 이미 두려움에 사로잡혀 있습니다. 바빌론이 무서운 것이 아닙니다. 그들에게 잡혀간 동족 포로들이 두렵습니다. 잡혀가면 그들 손에 험한 일 당할까 봐 항복을 못 하겠답니다. 그러니 악한 것들이 더욱 사납게 달려듭니다. 하나님의 도시 예루살렘도 불길에 휩싸입니다. 성전은 파괴되고 갈기갈기 찢기고 노략질을 당합니다. 시드기야 또한 두 눈이 뽑히고 쇠고랑에 묶여 포로로 끌려가 죽습니다. 인간의 모든 희망이 그렇게 사라집니다. 절대 절망입니다.

하나님의 산 소망은 인간의 절대 절망 가운데 비추기 시작합니다. 바빌론 포로 생활 70년은 재앙이 아니라 번영입니다. 거룩의 씨가 되어 장차 나타날 '하나님 나라'의 그루터기가 되는 것입니다. 그 길 따라 말씀이 육신되시어 죄를 사하시고 그리스도 영 안에서 우리 혼이 보좌 면전에서 살게 하십니다. 그리스도 영 안에서 하나님의 기이한 빛 가운데로 들어가 왕 같은 제사장으로 사는 것입니다. 바로 이 빛 가운데, 평생 '뽑고 허물고 멸망시키고 파괴시키던' *예레미야의 사역은 이제 '세우고 심는' 사역으로 전환되어* 심판받은 백성들을 품고 저 회복의 빛을 바라보게 합니다(예레미야 30:28).

첫째 날 – 주야로 15분씩 임재 기도

이사야 56-66장

56-66장은 고국으로 돌아와 성전을 재건하고 포로 귀환 공동체를 형성한 B.C. 500년 전후의 시대 상황 가운데 선포된 말씀입니다. 잡혀갔다가 돌아온 자들은 거룩한 씨 곧 남은 자들입니다. 그들 거의 대부분은 바빌론에서 출생한 2-3세대들이며 바빌론에서의 안정된 삶을 포기하고 시온의 영광의 회복에 대한 소망 속에 돌아온 자들입니다. 돌아와 곧바로 성전 재건축을 시작하였으나 사마리아인들과 이웃 나라들의 방해로 얼마 지나지 않아 중단됩니다. 그리고 16년이 지나, 주님께서 학개 선지자를 통해 성전 건축을 독려하십니다: "이 성전의 나중 영광이 이전 영광보다 크리라 만군의 여호와의 말이니라 내가 이 곳에 평강을 주리라"(학개 2:9). 4년 6개월 만에 완공을 합니다(B.C. 515년). 육신의 눈으로 볼 때에, 솔로몬의 성전과는 비교할 수 없을 정도로 초라합니다. 시온의 영광 또한 그 옛날 솔로몬의 영광과 비교할 수도 없습니다. 입술로는 주님을 찾으나 심중으로는 각자 먹고살 궁리에 빠집니다. 향락을 찾고 종들을 무리하게 다루고 서로 다투고 싸우면서 복을 받겠다고 형식적인 금식을 합니다(이사야 58:3-4). 공동체의 주도권은 부패한 자들의 손에 넘어갑니다.

　여호와의 손이 짧아서 구원하지 못하시는 것이 아닙니다. 여호와의 귀가 둔하여 듣지 못하시는 것도 아닙니다. 그들의 죄악이 하나님과 그들 자신의 사이를 갈라 놓았고, 그들의 죄 때문에 얼굴을 돌리시는 것일 뿐입니다(이사야 59:1-2). 이런 상황과 형편 가운데, 압제당하는 사람을 도우려는 자가 없는 것을 보시고, 주 여호와 스스로 구원을 베푸십니다. 구속자

*gaal*가 시온에 오실 것입니다. 야곱의 자손 중에서 죄에서 돌이킨 자들에게 오실 것입니다(이사야 59:16-20). 주님께서 하나님의 영을 부어 주시며 하나님의 사람들이 일어나 '시온을 향하신 하나님의 계획'을 수종 들게 하십니다: "내가 높고 거룩한 곳에 있으며 또한 통회하고 마음spirit이 겸손한 자와 함께 있나니 이는 겸손한 자의 영을 소생시키며 통회하는 자의 마음/심중을 소생시키려 함이라 내가 영원히 다투지 아니하며 내가 끊임없이 노하지 아니할 것은 내가 지은 그의 영spirit과 혼souls이 내 앞에서 피곤할까 함이라"(이사야 57:15-16).

그 내용이 40-55장에서 선포된 말씀과 같은 파장을 가진 울림으로 60-62장에 집중되어 선포됩니다. 53장에서 증거된 고난받는 종이 일어서 자기 백성에게로 나가십니다: "주님께서 나에게 기름을 부으시니, 주 하나님의 영이 나에게 임하셨다. 주님께서 나를 보내셔서, 가난한 사람들에게 기쁜 소식을 전하고, … 모든 슬퍼하는 사람들을 위로하게 하셨다"(61:1-2). 그분이 시온에서 슬퍼하는 사람들에게 재 대신에 화관을 씌워 주시며, 슬픔 대신에 기쁨의 기름을, 근심 대신에 찬송이 마음에 가득 차게 하십니다. 그래서 사람들은 주님의 백성들을 가리켜 여호와께서 심으신 그 영광을 나타낼 의의 나무가 되었다고 말합니다. 주의 백성은 받은 수치를 갑절이나 보상을 받고 이 땅에서 갑절의 상속과 영원한 기쁨을 얻을 것입니다(61:3-7). "사람들은 그들을 '거룩한 분의 백성'이라 부르며 '주님께서 속량하신 백성'이라 부를 것이다"(62:12). 그러므로 그들은 일어나 빛을 발합니다(60:1). 신랑이 신부를 기뻐함 같이, 당신의 하나님이 당신을 기뻐하십니다(62:5).

우리는 이 맥락에서 **하나님의 영이 임한 그들에게 요구되는 것은**, '보이는 대로 말하고 생각하고 사는 것'이 아닌, **'오직 믿음'**이라는 것을 알 수 있습니다. 성령을 모신 자들은 보이는 대로 살지 않습니다. '새로운 차원'이 열렸기 때문입니다. 거룩한 보좌를 보았던 이사야같이, 자신의 혼이 본래 있어야 할 자리로 돌아가 보좌 앞에 머무는 자들은 더 이상 보이는 대로 살 수 없습니다. 주의 영이 임하여 보좌가 계신 새로운 차원으로 옮겨졌기 때문입니다. 그러므로 오직 믿음으로 존재합니다. 오직 말씀대로 생각하고 말하고 느끼고 행동하며, 기도 응답으로 받은 믿음의 실상을 심중에 간직하고 이 땅을 밟습니다. 바로 그 믿음으로 존재하고 그 믿음에 의해 오늘이라는 이날을 숨쉽니다. 그리고 일하시는 주의 영을 따르며 수종 듭니다.

하나님의 영이 임하여 오직 믿음으로 존재하는 자들에게 주님의 기쁨과 평안과 위로가 존재 중심에서부터 강물처럼 흘러나옵니다(66:12-13). 하나님 나라가 우리 가슴에 임합니다. 그리고 믿음의 실상으로 간직한 새 하늘과 새 땅이 눈에 어른거립니다: "보아라, 내가 새 하늘과 새 땅을 창조할 것이니, 이전 것들은 기억되거나 마음/심중에 떠오르거나 하지 않을 것이다"(65:17). "내가 지을 새 하늘과 새 땅이 내 앞에 늘 있듯이, 너희 자손과 너희 이름이 늘 있을 것이다"(66:22). 하나님의 영이 임한 우리는 오직 믿음으로 존재합니다. 몸(생각, 감정, 신체)으로 세상을 경험하는 것을 더 이상 '나'라고 하지 않습니다. **우리 영과 혼이 아버지 집에서 하나님을 경험하는 것을 '나'라고 말합니다.** 그러므로 우리는 말씀대로 생각하고 말하고 행동합니다.

둘째 날 – 주야로 15분씩 임재 기도

열왕기하 21:1-23:30; 나훔 1-3장; 스바냐 1-3장

하나님은 믿는 자의 교만한 죄를 굉장히 심각하게 다루십니다. 집을 떠나 세상으로 가버린 자식의 허랑방탕했던 죄악은 예수께 다 전가시키고 돌아오니 너그럽게 받습니다. 하지만 집을 떠나지 않았던 바리새인의 위선과 교만에 대해서는 일곱 번 저주를 하십니다(마태복음 23:13-36). 선한 왕 히스기야가 15년 생명 연장을 받은 가운데 지은 죄는 은밀하게 바빌론에 손을 내밀어 세상을 의지하며 자신의 부와 권세를 자랑한 것입니다. 세상 보기에 별거 아닌 것 같은 죄인데, 하나님께 매달려 덤으로 받은 인생이었던 만큼 배신감은 더욱 큽니다. 하나님은 크게 진노하시며 자녀 세대에게 죄의 열매를 전가시킵니다. 그 와중에 태어난 므낫세는 왕이 되어 이방의 그 어떤 민족들보다 더 악한 짓을 합니다. 배후에 원수 마귀가 있습니다. 주님은 그의 악행으로 인해 남왕국을 멸망시킬 결심을 하십니다. 히스기야의 교만한 죄로 인해 자녀 세대에 환란이 있을 것이라는 예언말씀이 성취됩니다.

나훔 선지자는 이사야 선지자를 톱질하여 죽인 므낫세 왕 때의 인물입니다. 그는 하나님의 백성을 짓밟는 앗시리아의 수도 니느웨의 멸망을 예언합니다(나훔 2:8-13). 120년 전에는 요나 선지자를 통해 강건하게 붙잡아주었던 니느웨이지만, 이제는 악이 가득해 심판을 하십니다. 북왕국을 멸망시키고 남왕국을 여러 차례 침략한 앗시리아의 멸망을 예언합니다: "앗시리아의 왕아, 네 목자들이 다 죽고 네 귀족들이 영영 잠들었구나. 네 백성이 이 산 저 산으로 흩어졌으나, 다시 모을 사람이 없구나. 네 상처는 고칠 길이 없고, 네 부상은 치명적이다. 네 소식을 듣는 이들마다, 네가 망

한 것을 보고 기뻐서 손뼉을 친다"(나훔 3:18-19).

므낫세의 악함을 보고 배워 주님의 길을 떠난 아몬 왕의 악한 통치 뒤에, 8세에 왕이 된 요시야의 선한 통치가 이어집니다: "요시야가 여호와 보시기에 정직히 행하여 그의 조상 다윗의 모든 길로 행하고 좌우로 치우치지 아니하였더라"(열왕기하 22:2). 통치 18년째에, 성전을 수리하다가 율법책을 발견합니다. 신하는 그 책을 왕 앞에서 큰 소리로 읽었고, 왕은 율법책의 말씀을 듣고는 애통해하며 자신의 옷을 찢고 회개합니다. 선지자들이 여호와의 말씀을 대언하는 것과 제사장들의 인도로 여호와께 예배를 드리며 지냈는데, 이제는 모세에 의해 기록된 여호와의 말씀을 경청하고 복종합니다. 왕은 모든 백성과 함께 성전에 올라가 율법책의 모든 말씀을 크게 읽게 하고 백성 앞에서 여호와께 맹세의 언약을 하니 백성도 동참합니다(열왕기하 23:3). 그리고 왕은 모든 우상들을 부수며 산당을 제거하고 예루살렘에서 여호와 앞에 유월절을 지킵니다. 이와 같이 심중을 다하고 혼을 다하고 힘을 다하여 모세의 율법을 따라 여호와께 돌이킨 왕은 요시아 왕뿐입니다. 그러나 므낫세가 여호와를 너무나도 격노하게 하였기 때문에, 주님께서는 유다 나라를 향해 크게 타오르는 진노를 돌이키지는 않으십니다(열왕기하 23:25-26).

스바냐서는 여호와의 진노가 어느 정도였는지를 보여 줍니다. 스바냐는 히스기야 왕의 4대손으로서 요시야 왕 때 활동을 한 선지자입니다. 여호와의 심판의 그날, 주님의 불같은 질투가 예루살렘과 유다와 온 땅을 불태워 버릴 것을 1장부터 3장 8절까지 계속 말씀하십니다: "땅 위에 있는 모든 것을 내가 말끔히 쓸어 없애겠다. 나 주의 말이다. … 온 땅이 나의 질투의 불에 소멸되리라"(스바냐 1:2-3:8). 심판의 결과는 무엇입니까? 뭇 백성의 입술이 깨끗하게 되어 다 함께 여호와의 이름을 부르며 한 가지로 여호와를 섬기는 것입니다(스바냐 3:9). 심판을 통과하며 거룩한 씨로 남은 자들, 십자가를 통과하여 혼이 본래 있어야 할 자리 거룩하신 여호와 보좌 앞

유리 바닷가에서 찬양과 경배를 하는 자들에게 하시는 주님의 말씀입니다:
"너의 하나님 여호와가 너의 가운데에 계시니 그는 구원을 베푸실 전능자
이시라 그가 너로 말미암아 기쁨을 이기지 못하시며 너를 잠잠히 사랑하시
며 너로 말미암아 즐거이 부르며 기뻐하시리라"(스바냐 3:17).

셋째 날 - 주야로 15분씩 임재 기도

예레미야 1-12장

예레미야는 요시야 왕 13년인 B. C. 627년부터 선지자로 부름을 받아 나라가 망하는 B. C. 587년까지 다섯 왕들의 기간에 걸쳐 선지사역을 합니다. 그가 사역을 한지 6년째에, 성전에서 율법책이 발견됩니다(B. C. 621년). 이 율법책은 신명기로 추정되며, 요시야 왕은 이 율법을 근거로 종교개혁을 단행합니다. 예레미야 또한 이 율법책에 근거하여 사역을 하였고, 따라서 그의 사역은 신명기사관에 기초합니다. 그는 다윗 왕조와 예루살렘 성전을 불멸의 존재로 여기며 기복신앙을 갖고 있던 그 시대의 잘못된 통념에 맞서 싸웁니다. 예레미야서 11-12장은 발견된 율법의 언약책을 언급하며, 이 언약의 말씀에 불순종한 사람은 저주를 받을 것임을 선포합니다(예레미야 11:3-5).

여호와께서 예레미야를 모태에서 잉태하기도 전에 선택하시고, 그가 태어나기도 전에 거룩하게 구별해서, 열방의 선지자로 세웁니다(1:5). 그리고 이제 부르시어 사명을 주십니다: "똑똑히 보아라. 오늘 내가 뭇 민족과 나라들 위에 너를 세우고, 네가 그것들을 뽑으며 허물며, 멸망시키며 파괴하며, 세우며 심게 하였다"(1:10). 그리고 맞서 싸워야 할 구체적인 대상을 알려주십니다: "이 나라의 모든 사람, 곧 유다의 왕들과 관리들에게 맞서고, 제사장들에게 맞서고, 이 땅의 백성에게 맞서게 하겠다. 그들이 너에게 맞서서 덤벼들겠지만, 너를 이기지는 못할 것이다. 내가 너를 보호하려고 너와 함께 있기 때문이다. 나 주의 말이다"(1:18-19).

2-20장에서 남왕국 유다와 관련된 예언심판 여덟 가지가 말씀으로 선

포됩니다. 첫째는 예루살렘의 믿음 없음을 심판합니다(2:1-3:5). 앗시리아는 유프라테스강을, 이집트는 나일강을 의지해서 먹고삽니다. 그러나 유다는 세상 나라들과는 다릅니다. 이스라엘이 거주하는 '약속의 땅'은 사람의 저주로 인해 온갖 가증한 일을 하여 그 땅을 더럽혔습니다. 그래서 여호와의 군대가 그 땅을 정복하였고, 그 땅은 그곳에 살던 민족들을 토해 내었습니다. 그 땅은 오직 하나님만 의지해서 살아야 하는 구별된 땅입니다. 만약에 그렇게 하지 않으면, 그 땅은 또다시 토해낼 것입니다(18:28). 그런데 그들이 믿음을 버리고 보이는 대로 살고, 앗시리아와 이집트 사이에서 갈팡질팡하며 역겨운 모든 짓을 합니다(2:7-8). 여호와께서 그들의 두 가지 죄를 말씀하십니다: "하나는, 생수의 근원인 나를 버린 것이고, 또 하나는, 전혀 물이 고이지 않는, 물이 새는 웅덩이를 파서, 그것을 샘으로 삼은 것이다"(2:13). 그리고 주님은 뼈를 때리는 말씀을 하십니다: "네 하나님 여호와를 버림과 네 속에 나를 경외함이 없는 것이 악이요 고통인 줄 알라"(2:19).

사는 것이 고통스럽고 왜 고통스러운지도 모르면서 오늘도 다람쥐 쳇바퀴를 도는 인생들에게 **'고통'의 정체**가 무엇인지를 명확하게 가르쳐 주십니다. 에덴동산의 아담과 하와에게 선악을 알게 하는 나무의 과실을 먹지 말라 하셨습니다. 그 말씀에 복종하는 것이 여호와를 경외하는 것입니다. 선과 악을 헤아리는 생각으로 사는 것이 아니라, 오직 주 여호와를 경배하고 찬양하며 사는 것이 경외입니다. 그런데 그들은 여호와를 버리고 뱀의 유혹을 따랐습니다. 그 결과, *그들은 눈이 밝아졌고 육신의 생각을 따라 끊임없이 헤아려 판단하고 그것으로 나와 세상의 모든 것을 정죄합니다. 그것이 바로 고통입니다. 내 혼이 보이는 것을 따라 헤아리는 생각과 연합하여 그것을 '나'라고 하니, 고통입니다.* 선을 행하려고 하는데, 늘 뱀의 유령이 어른거립니다. 내가 원하는 선한 일은 하지 않고 오히려 원하지 않는 악한 일을 합니다. 이러한 나는 곤고하고 비참한 사람입니다(로마서 7:19-24). 스스로 자신이 주체가 되어 시비선악의 잣대로 끊임없이 헤아리고 정죄하며 하나님을 이용해 자신을 경배하며 사니, 그것이 악이요 그것이 고통입니다. 간단히 말해, **육신의 생각으로 사는 것이 악이며 고통입니다.** 육신의 생각은 사망입니다. 그 생각을 멈추고 자기 십자가를 짊어지고 죽기 전에 죽었음을 선포함이 악과 고통에서 해방되는 생명 길입니다. 내 안에 그리스도가 사십니다. 오직 믿음으로 존재하며 그리스도를 따릅니다. 생명입니다. 선악의 2분법이 그치고 주님과 연합하여 한 영 됨 가운데 생명 길 가는 것이 곧 악과 고통에서 떠나는 것입니다. 내 혼이 주님께로 돌아와 보좌 앞에서 사는 것이 곧 거룩입니다. 생명입니다. 여호와를 경외하는 것입니다.

남왕국 유다와 관련된 예언심판 말씀 선포 두 번째는, 고통과 악을 벗어나지 않는 유다를 심판하는 것입니다(3:6-6:30). 사람들이 그들을 내버린 은이라 부르게 될 것은 여호와께서 그들을 버렸기 때문입니다. 셋째, 불순종하고 죄만 지으면서 성전에 들어와 여호와 앞에서 '우리는 안전하다' 하고 말하는 거짓 종교를 심판하십니다(7-10장). 넷째, 율법책에 기록된 언약의 말씀에 불순종한 사람은 저주를 받습니다(11-12장). 여호와의 마음을 상하게 하려고 바알에게 분향을 하였으니, 그 죄악 때문에 재앙이 임합니다.

넷째 날 - 주야로 15분씩 임재 기도

예레미야 13-25장

남왕국 유다와 관련된 말씀으로 선포된 예언심판 여덟 가지 중에서, 다섯 번째는 '썩은 허리띠'입니다. 띠가 사람의 허리에 속한 것과 같이, 여호와께서 이스라엘과 유다 온 집을 하나님께 속하게 합니다. 그것은 그들이 여호와의 백성이 되고 여호와의 이름과 명예와 영광이 되게 하려고 한 것입니다. 하지만 그들은 경청하지 않습니다. 그러므로 이제 썩은 허리띠와 같이 된 그들을 심판하십니다(13:9-10). 여섯째, 가뭄으로 인한 칼과 기근으로 교만을 심판하시는 여호와의 결심은 확고합니다. 모세와 사무엘이 여호와 앞에 서서 중보를 하여도, 하나님의 마음soul은 이 백성과 함께하지 않습니다. 그들은 하나님 임재 앞에 머물지 못합니다(15:1). 여호와께서 보내지 않은 거짓 선지자들이 여호와의 이름으로 자신들의 심중에서 비롯된 망상과 꾸며낸 거짓말로 '이 땅에는 전쟁과 기근이 없을 것이다'라고 말합니다. 그들은 칼과 기근으로 멸망할 것입니다(14:14-15).

일곱째, 주님은 예레미야 선지자의 극단적인 삶의 방식을 통해 곧 닥쳐올 여호와의 진노를 경고합니다: "너는 이 땅에서 아내를 맞이하지 말며 자녀를 두지 말지니라"(16:2). 예레미야가 하나님의 진노의 심판을 전할 때에, 사람들은 '우리가 여호와 하나님께 범한 죄가 무엇인데 이렇게 큰 재앙을 선포하는가' 묻습니다. 주님은 예레미야에게 답변을 주십니다: "너희가 너희 조상들보다 더욱 악을 행하였도다"(16:12). 만물보다 거짓되고 심히 부패한 것이 사람의 심중입니다. 주 여호와께서는 그 심중을 테스트하시고 심장을 조사하시며, 각 사람의 행실과 행동에 따라 상과 벌을 주십니다

(17:9-10). 여덟째, 이제 주님과 백성의 관계는 토기장이와 깨진 항아리 관계임을 선포합니다. 진흙으로 만든 그릇이 토기장이의 손에서 터지면, 토기장이는 자신의 뜻을 따라 그것으로 다른 그릇을 만듭니다. 그렇게 자기 백성을 약속의 땅으로 인도하여 다윗 왕국을 세우신 주 여호와이십니다. 그런데 이제 그 그릇을 깨뜨리신다고 말씀하십니다: "토기 그릇은 한번 깨지면 다시 원상태로 쓸 수 없다. 나도 이 백성과 이 도성을 토기 그릇처럼 깨뜨려 버리겠다"(19:11).

21-25장에서는 예언심판의 대상이 보다 구체적으로 나열되고 선포됩니다. 첫째, 마지막 네 왕들에 대해 책망과 심판을 예언합니다. 예루살렘 파국의 원인은 이 백성이 처음부터 여호와의 말씀에 '경청'하지 않은 것입니다: "네가 어려서부터 내 목소리를 청종하지 아니함이 네 습관이라"(22:21). 한편, 여호와께서 이스라엘의 모든 왕들을 대체하는 미래의 왕 메시야를 예언하게 하십니다: "보라 때가 이르리니 내가 다윗에게 한 의로운 가지를 일으킬 것이라"(23:5). 둘째, 만사형통을 말하며 제 맘대로 고집을 부리며 사는 자들에게 재앙이 없을 것이라고 말하는, 예루살렘의 거짓 선지자들에 대해 책망과 심판을 하십니다(23:9-40). 셋째, 무화과 두 광주리를 보여 주십니다(24장). 먹을 수 없는 무화과가 담긴 광주리는 유다 땅에 남은 자들과 이집트로 간 자들입니다. 다른 광주리에는 아주 좋은 무화과가 있습니다. 여호와께서 바빌론으로 포로가 되어 끌려간 백성들을 이 좋은 무화과같이 잘 돌볼 것이라고 말씀하십니다.

마지막으로, 바빌론에서의 70년 포로 생활에 대하여 말씀하십니다(25장). 이때는 여호야김 왕 4년째이고, 예레미야가 선지자로 활동한지 23년째입니다. 그동안 여호와께서 예레미야를 통해 계속 말씀하셨지만, 그들은 순종하지 않습니다. 말씀을 경청하지 않는 것이 그들의 습관입니다. 그래서 결국 바빌론의 침략으로 다니엘과 왕족과 귀족이 1차 포로로 끌려가고, 이때부터 70년 포로 생활이 시작됩니다(B.C. 605년). 3차 포로 때 성전이 파괴되고 남왕국이 멸망합니다(B. C. 586년). 여호와의 이름으로 불리는 저 도성 예루살렘에서부터 재앙이 내리고, 여호와가 계신 성전이 파괴됩니다. 입술로는 '주여 주여' 하면서 심중과 삶으로는 거짓을 행하며 방패막이 삼던 그들의 성전-하나님의 집을, 하나님 스스로 바빌론이라는 탐욕과 교만의 침략자를 심판도구로 이용하여 파괴한 것입니다. 이것과 같은 이치로 작동한 것이 하나님 스스로 십자가에 달려 죽으신 사건입니다. 인간의 모든 희망은 그렇게 끝이 납니다. 그리고 바빌론 포로 생활 70년을 통해, 십자가를 통과하여 부활의 영광으로 나아가는 **산 소망을 스스로 창조해 내시는 우리 주 여호와 하나님**이십니다.

다섯째 날 – 주야로 15분씩 임재 기도

―――――――
예레미야 26-33장

예레미야 선지자의 평생의 사명은 하나님을 이용하여 자신들의 탐욕을 채우는 백성과 나라를 뽑고 허물며, 멸망시키고 파괴하는 것입니다. 그리고 그 심판을 통해 다시 건설하고 심는 것입니다. 그러므로 끊임없이 충돌합니다. 예레미야는 제사장들, 선지자들, 그리고 모든 백성들과 계속해서 부딪힙니다. 그가 말할 때마다 파멸과 멸망을 선포하므로, 예레미야는 여호와의 말씀으로 말미암아 종일토록 사람들의 조롱거리가 됩니다. 그래서 이제는 여호와를 선포하지 않고 그분의 이름으로 말하지도 않겠다고, 그는 결심을 합니다. 하지만 그것도 자기 마음대로 안 됩니다: "그때마다, 주님의 말씀이 나의 심장 속에서 불처럼 타올라 뼛속에까지 타들어 가니, 나는 견디다 못해 그만 항복하고 맙니다"(20:9). 그렇게 예레미야의 사역은 지속됩니다.

예레미야가 여호와의 명령을 따라 나라의 종말과 성전 파괴를 예언합니다. 제사장들과 선지자들과 백성들이 그를 반역죄로 사형에 처해야 한다고 고발합니다(26:8). 바빌론의 느브갓네살 왕의 침략으로 여호야긴 왕과 권세자들 그리고 에스겔도 2차 포로로 잡혀갑니다. 이러한 상황에서, 심판의 몽둥이 앗시리아에게 대적하는 것은 곧 여호와께 대항하는 것임을 경고합니다(27:8). 그러나 예레미야 반대편에 서 있는 선지자들은 '여호와가 바빌론 왕의 멍에를 꺾었으니 잡혀간 포로들이 2년 안에 돌아올 것'이라고 거짓으로 선동합니다. 그 주동자 하나냐 선지자는 두 달 뒤에 죽습니다. 바빌론으로 끌려간 포로들 가운데 있는 선지자들 또한 곧 돌아갈 것이니 '평안하라' 말하며 거짓으로 선동을 합니다. 주님은 그 주동자 스마야 선지자를 벌하십니다. 그리고 바빌론 70년 포로 생활 뒤에 백성들을 다시 이곳으로 돌아오게 하시겠다며 말씀하십니다: "너희를 향한 나의 생각을 내가 아나니 평안이요 재앙이 아니니라 너희에게 미래와 희망을 주는 것이니라"(29:11).

이어서 30-33장에서는 미래회복에 대한 메시지 4개가 선포됩니다. 첫째, 땅의 회복을 약속합니다(30장). 둘째, 새 언약을 통한 백성의 회복을 약속합니다(31장). 셋째, 하나님의 나라 시온은 반드시 회복될 것입니다(32장). 넷째, 다윗의 줄기에서 뻗은 한 의로운 가지-메시야의 도래를 약속합니다(33장). 약속의 땅을 더럽힌 대가로, 땅이 주의 백성들을 토해냅니다. 성전은 파괴되었고 주의 백성들은 바빌론 포로로 잡혀갑니다. 여호와를 이용하며 웅크려 붙잡고 있던 모든 육신의 희망들이 산산조각 납니다. 절망입니다. 그러나 좋은 무화과 광주리처럼, 고난받는 종이 그들과 함께하며 번영을 주십니다. 그리고 그 포로 생활 70년을 통해, 주님께서 그들을 거룩한 씨로 빚으시고 다시금 고국으로 돌아온다는 회복의 메시지를 주신 것입니다. 그 70년을 통하여, 주 여호와께서 인간의 완전한 절망 너머에 오직 주 여호와 하나님으로부터 오는 산 소망이 이 땅에 이루어지도록 하십니다.

예레미야는 소명을 받았을 때(B.C. 627년)부터 예루살렘에 재난이 임박했을 때(B.C. 587년)까지 46년 동안 끊임없이 뽑고 허물며 멸망시키고 파괴하는 사명을 감당했습니다. **그러나 이제 나라가 멸망하고 성전이 파괴되기 직전에는, 말할 수 없는 절망 속에 빠진 주님의 백성을 향하여 '세우고 심는' 사명을 감당합니다.** 그리고 그는 오직 주 여호와로 말미암아 세워지는 미래의 하나님 나라를 제시합니다. **메시아의 오심을 통해 백성들의 고질적인 문제, 즉 죄의 문제를 해결하십니다.** 그리고 돌판이 아닌 **백성들의 심중에 여호와의 말씀을 새겨 놓으시며, 그 가슴에 하나님의 나라 시온이 임합니다.** 그 믿음을 통해 주의 영이 기름을 부으시며 우리 몸(생각, 감정,

신체)을 만지시고 치유하시고 새롭게 하시니, 이 땅에 펼쳐지는 새 에덴 동산입니다. 이 일을 주 여호와께서 이루십니다: "나는 여호와요 모든 육체의 하나님이라 내게 할 수 없는 일이 있겠느냐"(예레미야 32:27).

그러므로 육신의 연민과 분노에 머물지 말고 부르짖으라고 말씀하십니다: "너는 내게 부르짖으라 내가 네게 응답하겠고 네가 알지 못하는 크고 은밀한 일을 네게 보이리라"(예레미야 33:3). 크고 은밀한 일은 언약의 회복입니다. 백성이 여호와께 지은 모든 죄악을 깨끗이 씻어 주시고 그들이 주님을 거역하여 저지른 모든 죄를 용서하여 주시는 것입니다. 그래서 그들이 조국으로 돌아오는 것을 바라보는 열방 앞에서, 예루살렘은 주님께 기쁨과 찬양과 영광의 이름이 될 것입니다(예레미야 33:6-9).

이것은 새 언약을 표상하게 합니다. 십자가와 부활을 통해 펼쳐지는 하나님 나라를 보여 주신다는 말씀입니다. 혈과 육에 속한 세상 나라가 아닙니다. **주체가 육신의 '나'에서 '그리스도'로 바뀐, 그리고 육신의 눈에 보이는 것이 아닌 믿음의 차원에서 이루어지는 하나님의 나라입니다.** 하나님은 영이십니다. 주의 영이 임하여 펼치시는 영의 나라입니다. 그 나라의 시민인 우리들은 그리스도 안에서 새롭게 창조된 피조물입니다. 부르짖음을 통해 육신의 한계에서 벗어나는 예레미야에게, 주 여호와께서 그 나라를 미리 보여 주신다고 말씀하시는 33장 3절입니다. 이사야의 성소에서 하늘이 열리는 경험, 에스겔의 그발 강가에서 하늘이 열리는 경험, 그리고 예레미야 또한 부르짖음을 통해 그 하늘이 열리는 경험 가운데 '건설하고 심으시는' 하나님 나라를 선포합니다(예레미야 30-33장). 절망에 빠진 주의 백성들에게, 산 소망으로 다가가시는 우리 주 하나님이십니다.

여섯째 날 - 주야로 15분씩 임재 기도

열왕기하 23:31-25:7; 예레미야 34-39, 52장

철저히 종교개혁을 수행했던 남왕국 16대 왕 요시야는 므깃도 전투에서 전사합니다(B.C. 609년). 요시야가 전사한 후, 나라가 멸망하기까지 22년 동안 왕이 네 번 바뀝니다. 17, 18, 20대 왕은 요시야의 세 아들입니다. 17대 왕 여호아하스는 3개월 만에 이집트로 끌려가 죽습니다. 그리고 이집트에 의해 18대 왕 여호야김이 세워지는데, 바빌론의 침략으로 왕족이 바빌론 1차 포로로 끌려가는 참사를 맞이합니다(B.C. 605년).

B.C. 598년, 바빌론 2차 포로로 권세자들과 능력 있는 1만명이 에스겔과 함께 끌려갑니다. 이것은 14대 왕 므낫세가 지은 모든 죄로 말미암아, 여호와께서 바빌론을 심판의 몽둥이로 사용한 결과입니다(열왕기하 24:3). 여호야김의 아들 여호야긴이 19대 왕이 되었으나, 즉위 100일 만에 왕은 포로가 되어 바빌론으로 끌려갑니다. 그리고 시드기야가 20대 마지막 왕이 되어 11년 동안 통치하는데, 그는 바빌론 3차 포로에 속하여 두 눈이 뽑히고 쇠사슬에 묶여 끌려가 최후를 맞이합니다(B.C. 587년).

예레미야 34-36장은 남왕국이 멸망하기 전의 위와 같은 상황을 사건 중심으로 기술합니다. **왕들의 공통점은 하나님을 향하여 확정된 마음이 없다는 것입니다.** 시드기야는 두 마음을 품어 모든 일에 정함이 없는 자입니다. 바람 앞의 위태로운 등불 같은 나라의 위기를 극복하기 위해 예레미야를 통한 여호와의 말씀에 귀를 기울입니다. 억압받는 종들에게 자유를 선포하며 백성들이 그것을 실천합니다. 그러나 곧 마음이 바뀌어 풀어준 남녀 종들을 다시 데려다 부립니다(예레미야 34장). 이것을, 35장에서는 레갑

의 아들 요나답의 자손과 비교시킵니다. 그들은 조상이 자기들에게 명령한 것을 목숨을 걸고 지키며 삽니다. 조상들의 명령에도 그렇게 목숨을 지키며 사는데, 그런데 어떻게 왕들은 전능하신 주 여호와께서 명령한 것을 손바닥 뒤집듯 하는 것인가 반문합니다. 그래도 주님은 실낱 같은 미련을 못 버리고 바룩에게 예레미야가 예언했던 말씀들을 왕과 고관들 앞에서 읽게 합니다. 여호야김 왕은 회개 대신에 진노하며 그 두루마리를 불사릅니다. 주님은 다시 기록하게 하고 왕과 신하들에게 벌을 내립니다(예레미야 36:30-31).

37-39장은 멸망의 과정을 연대기적으로 기술합니다. 마지막 왕 시드기야는 바빌론에 의해 세워집니다. 그러나 그는 바빌론 세력에서 벗어나고자 이집트의 힘을 빌어 바빌론을 견제하려 합니다. 또한 바빌론에 항복하라고 계속 주장하는 예레미야 선지자를 감옥에 가둡니다. 그리고 은밀히 사람을 예레미야에게 보내 여호와로부터 받은 말씀이 있는가 물으니, 왕은 바빌론 왕의 손에 넘겨진다는 답을 듣습니다(예레미야 37:17). 두마음을 갖고 두려워하는 시드기야 왕은 2차로 예레미야에게 주님의 말씀을 묻습니다. 예레미야는 전달합니다: "너는 바빌로니아 왕의 고관들에게 항복하여야 한다"(예레미야 38:17). 항복을 하면 목숨도 구하고, 예루살렘성은 불에 타지도 않을 것입니다. 그러나 항복을 하지 않으면, 성은 그들에 의해 불타고 왕도 온전하지 못할 거라고 말씀하십니다. 하지만 시드기야 왕은 바빌론 군대에 투항한 유다 사람들이 자신을 해칠까 봐 두려워 항복을 못 하겠다고 고백합니다(예레미야 38:19).

주님은 자신의 도성이 불타고 성전이 파괴당하는 자리에까지 가는 것을 원치 않으셨습니다. 이것은 마치 하나님의 아들이 벌거벗김을 당하고 십자가에 달리는 자리에까지 가는 것을, 주 여호와께서 원하지 않으셨던 것과 같습니다. 그러나 시드기야 왕은 적군도 아닌 동족이 자신을 해칠까 봐 하나님 말씀에 끝까지 불복종합니다. 십자가 사건 때도, 제사장들과 종교지도자들은 결국 자신들의 밥그릇에 위협을 느껴 자신들의 왕은 로마황제라고 말하며 예수를 십자가 죽음에로 넘깁니다(요한복음 19:15). 그들은 하나님 대신 황제를 자신들의 왕으로 선택한 것입니다. 왜? *자신들이 섬기는 신*을 예수가 모독하고 위협한다고 생각했기 때문에, 그들은 자신들의 신을 보호하기 위해 황제의 손을 붙잡은 것입니다. 그렇다면, 그들의 신은 누구입니까? *입술로는 여호와라고 말하지만, 심중에는 자신들의 밥그릇입니다. 그들의 밥그릇 신이 밖으로 나오면, 그것이 바로 '금송아지'입니다.* 시드기야 왕은 자신의 밥그릇 때문에 예루살렘성과 성전을 그지경까지 몰고 갔고, 대제사장들 또한 자신들의 밥그릇 신, 즉 금송아지 때문에 하나님을 십자가에 달아 죽이는 자리까지 서슴없이 나아갔습니다. 이것이 죽기를 두려워하는 육신의 민낯이며, 그 배후에는 세상을 손아귀 쥔 마귀가 있습니다. 내가 그리스도와 함께 십자가에 못 박혔다고 말할 때, 바로 이런 육신이 죽기 전에 죽었다는 뜻입니다. 그 결과, 죽기를 두려워해 몸과 세상에 종노릇 함에서 해방되었다는 뜻입니다.

예루살렘은 멸망당하고 성전도 갈갈이 찢기고 착취당합니다(예레미야 39, 52장). 예수의 몸도 채찍에 살점이 떨어지고 물과 피를 다 쏟으십니다. 무슨 희망이 있습니까? 절대 절망입니다. 그렇게 육신은 끝납니다. 죄와 세상과 율법에 대하여 죽습니다. 우리 인생도 이렇게 끝났습니다. 이것이 복음입니다. 왜냐하면 자아의 전멸 너머에 부활의 여명이 비추이기 때문에, 이렇게 죽고 끝난 것이 우리에게는 기쁜 소식입니다.

일곱째 날 - 주야로 15분씩 임재 기도

열왕기하 25:8-30; 예레미야 40-45장

예루살렘 도시는 불태워졌고 성전은 파괴되어 착취당합니다. 대부분 바빌론으로 끌려갔고, 지도자들은 바빌론에서 처형당합니다. 유다 땅에는 가장 가난한 백성 가운데 일부가 남아 포도원을 가꾸고 농사를 짓습니다. 그리고 그 땅의 총독으로 그달리야를 세웁니다. 그런데 유다 왕족 이스마엘이 바빌론 왕이 세운 총독을 죽이니, 유다 땅에 남은 백성들 사이에 바빌론의 보복이 예상되어 공포와 위기감이 생겨납니다. 그래서 이집트로 도망갈 작정을 합니다. 그리고 자신들의 결정에 여호와의 뜻이 함께하기를 바라며, 그들은 예레미야에게 하나님의 뜻을 구합니다(예레미야 42:3). 주 여호와께서 그들에게 말씀하십니다: "너희가 이 땅에 그대로 머물러 살면, 내가 너희를 허물지 않고 세울 것이며, 내가 너희를 뽑지 않고 심겠다. … 너희가 이집트로 들어갈 경우에는 내가 예루살렘 주민에게 큰 분노를 쏟아부었던 것처럼, 너희에게도 나의 분노를 쏟아 붓겠다"(예레미야 42:10-18).

하나님 앞에서 두 마음을 품고 확정됨이 없었기 때문에 망한 백성입니다. 패망을 통한 학습효과가 있었다면, 하나님 말씀에 복종하여, 오직 주님만을 의지해서 그 어려움을 이겨 낼 것입니다. **하지만 여전히 생존본능의 두려움 가운데 자신들이 스스로 주체가 되어 살길을 찾습니다.** 주님의 뜻을 따라 유다 땅에 남아야 하는데, 급작스레 공포 분위기가 형성되니 또다시 살길을 찾아 이집트로 피신하고자 합니다. 나뭇가지의 이러한 뜻에 나무가 동조하여 도와야 합니다. 그런데 나무가 자신들의 바람과는 반대로 말하니, 고집이 센 가지는 나무의 말씀에 거세게 대항합니다: "당신은 거짓말을 하고 있소. 주 우리의 하나님께서 당신에게, 우리가 이집트로 가서 머무르게 해서는 안 된다는 말씀을 전하게 하셨을 리가 없소"(예레미야 43:2). 분명 자신들이 먼저 예레미야에게 주님 말씀을 구했건만, 자신들 뜻과 어긋난 말씀을 받으니 외면을 합니다. 그리고 하나님의 그 무서운 경고를 버리고 자신들이 원하는 대로 이집트 땅으로 들어갑니다. 이것에 대한 성경의 증언입니다: "그들이 여호와의 목소리를 순종하지 아니함이러라"(예레미야 43:7). 그들에 대한 주님의 심판예언입니다: "내가 전쟁과 기근과 염병으로 예루살렘을 벌한 것과 같이, 이집트 땅에 사는 사람들에게도 똑같은 벌을 내리겠다 … 이집트 땅에 머물려고 내려간 유다의 살아남은 모든 사람이, 나의 말과 저희들의 말 가운데서 누구의 말대로 되었는가를 알게 될 것이다"(예레미야 44:13-28).

감옥에 갔다고 다 반성하고 새 사람이 되는 것은 아닙니다. 재앙을 맞았다고 돌이키고 회개하는 것도 아닙니다. 오히려 감옥에 갔다 와서 더 나빠질 수 있고, 재앙을 맞아 더 강퍅해질 수도 있습니다. 멸망 후에 전개되는 유다 땅의 백성들 이야기가 이것과 똑같습니다. 물론 이것은 우리들에게 동일하게 적용됩니다. 이것을 강 건너 불구경하듯 남들 이야기로 읽고 있다면, 우리의 성경 읽기는 실패합니다. 우리들 또한 믿는다 하면서 **눈에 보이는 것을 따라 생각하고 말하고 느끼고 행동하면, 입으로는 주님을 찾아도 심중에서는 내 두려움을 없애기 위한 내 생각 내 판단 내 뜻이 늘 우선됩니다.** 생존본능의 두려움에서 비롯된 생각이 주체가 되니, 어떻게 그것과 어긋나는 말씀에 복종할 수 있겠습니까? 고통과 고난은 구원의 메신저가 아니라, 문제해결을 위한 또 하나의 짐덩어리가 될 뿐입니다. 그 결과, 믿음생활을 해도 염려, 걱정, 원망, 불평 속에 또다시 세상을 피난처 삼아 이집트로 내려가니, 원수 마귀의 밥거리가 됩니다. 유다 땅에 남겨졌다가 두려움 때문에 이집트로 내려가 자기 고난에 짓눌려 죽은 자들과 별반 차이가 없습니다. **생각을 '나'라고 하니, 선과 악의 굴레 속에 쉼을 얻지 못합니다.**

고통과 고난은, 하나님께서 우리를 구원하시기 위해 보낸 구원의 메신저입니다. 그러므로 구원자 하나님 앞에서 스스로 겸비하여 주님의 얼굴을 구하면, 합력해서 생명을 이루시는 주님께서 돌보시며 좋은 무화과처럼 빚으십니다. 주님은 나무이고 우리는 가지입니다. 주님이 열매를 맺으십니다. 바빌론 땅에 포로로 잡혀간 주의 백성들이 이와 같습니다. B.C. 589년 2차 포로 때 잡혀가 감옥에 있던 19대 여호야긴 왕은 37년이 지나 B.C. 562년에 석방되어 바빌론 왕의 식탁에서 평생을 함께 식사합니다. 포로 생활 70년 동안, 거대한 나라의 2인자로 다니엘이 활약을 하고, 에스더는 왕비의 자리에, 느헤미야는 지도자로, 에스라는 학자로, 그리고 에스겔은 선지자로서 왕성한 사역을 합니다. 하나님은 그렇게 자기 백성을 돌보며 연단하시고, 70년이 지나서는 페르시아 왕을 사로잡아 조국으로 자기 백성을 보냅니다. 고난을 통해 정금같이 빚어져 거룩의 씨앗 되어 하나님의 주권과 섭리를 수종 들게 하십니다. 겸손하여 언약의 백성 된 자들에게 있어서, 그들을 향한 하나님의 소원은 재앙이 아니라 번영입니다. 그 번영을 심고 세우고 백 배의 열매를 맺게 하시니, 영육의 복음입니다.

주일: 예레미야 46-51장; 예레미야애가 1-5장
· 언약 안에서, 재앙은 번영의 씨알 생명입니다.
· 애가는 절망과 죽음의 한복판에서 산 소망을 노래합니다.
· 그러므로 언약의 백성은 재앙 중에도 기도합니다.

월: 하박국 1-3장; 요엘 1-3장; 오바댜 1장
· 의인은 악인의 형통이 아닌 주 여호와께 시선을 둡니다.
· 가슴을 찢는 회개 가운데 주의 영이 임합니다. 경건에 형제 우애를, 그리고 사랑을 더하여 열방의 회복을 소망합니다.

화: 역대상 1:1-9:34
· 족보는 운명과 방향을 결정합니다. 두 종류의 족보가 있습니다.
· 땅의 정해진 운명을 따라 사망을 향하는 땅의 족보가 있고, 하늘 생명에 기록되어 생명을 향하는 천국의 족보가 있습니다.

수: 역대상 9:35-14:17
· 사울의 족보는 땅의 운명을 따라 사망을 향합니다.
· 다윗의 족보는 하늘의 운명을 따라 생명을 향합니다.
· 천국족보는 땅의 핏줄이 아닌 말씀에 복종한 자들이 기록됩니다.

목: 역대상 15-17장; 시편 105편
· 다윗 왕국의 핵심은 예루살렘과 언약궤 앞의 경배찬양입니다.
· 천국 또한 아버지 집과 보좌 앞의 경배찬양이 핵심입니다.
· 다윗 왕국은 언약 가운데 끊임없이 경배찬양을 올립니다.

금: 시편 74-83편

· 아삽과 후계자들은 하나님의 궤 앞에서 끊임없이 찬양합니다.

· 그들의 하나님은 야곱의 하나님입니다. 혈과 육이 끊어지고, 오직 믿음
으로 베푸신 은혜에 반응하여 주님을 높입니다.

토: 시편 84-89편

· 주의 궁정에서의 한 날이 다른 곳에서의 천 날보다 낫고, 악인의 장막에
사는 것보다 성전 문지기로 있음이 더 좋습니다.

· 삶에서 가장 위대한 것은 보좌 앞에서 경배찬양을 하는 것입니다.

천국의 관점에서
이스라엘 역사를 재구성합니다

바빌론 70년 포로 생활을 마치고, 거룩한 씨로 빚어진 여호와의 백성들은 B.C. 537년 고국으로 돌아와 성전을 재건축하여 봉헌합니다(B.C. 515년). 그리고 2차 포로 귀환(B.C. 458년)과 3차 포로 귀환(B.C. 444년)이 이어집니다. 3차 포로 귀환때, 에스라와 느헤미야에 의해 거룩한 도시인 예루살렘과 성전을 지키고 보호하기 위해 성벽을 재건하는 프로젝트를 추진합니다. 역대기는 바로 이 프로젝트를 지원하기 위해서 역사를 통해 자신들의 정체성을 다시금 확인하는 방편으로 기록한 것으로 추정됩니다.

사무엘기와 열왕기의 주된 관심은 '나라가 왜 천벌을 받아 멸망했는가'에 있습니다. 말씀에 불복종하여 우상숭배와 호색을 하였기 때문입니다. 그래서 포로로 끌려갔고, 여호와의 주권과 섭리 가운데 다시 귀환하여 성전도 재건축했습니다. 그런데 눈에 보이는 현실은 구름이 끼었고 여전히 이스라엘의 미래는 불투명합니다. 그래서 떠오르는 질문이 두 가지입니다. 첫째, 아브라함 이삭 야곱과 맺은 언약 그리고 다윗의 언약은 지금 여기에 서 있는 우리들에게 여전히 유효한가? 둘째, 우리는 아직도 하나님의 백성이며, 하나님은 여전히 우리를 사랑하시는가? **역대기는 성전과 제단을 중심으로 역사를 재해석하여 왕 같은 제사장적인 관점에서 기술하며 이 두 가지 물음에 응답하고 있습니다.** 포로로 잡혀갔다가 돌아온 유다 백성은 오실 메시야를 대망하며 준비하는 사명을 갖고 있기에, 조상들의 언약과 다윗의 언약은 여전히 유효하며, 따라서 하나님은 여전히 우리를 사랑하십니다.

그러면 이제 무엇을 어떻게 하면 됩니까? 그 땅에 남아 있던 사마리아인들과 주변 이방 족속들부터 예루살렘 도시와 성전을 지켜 예배에 성공해야 합니다. 그래서 자신들의 최초의 조상 아담에게서부터 다윗 왕조에 이르기까지, 그리고 다윗 왕조에서 나라가 멸망하기까지의 사건들을 재조명하며, 그 역사 가운데 활동하셨던 주 여호와 하나님께 주목합니다. 하나님 마음에 일치되었던 다윗처럼, 오직 하나님과의 올바른 관계를 가져야만, 거기에 자유와 행복도 있음을 역사를 통해 뼈저리게 깨닫는 것입니다. 그리고 그 결과로, 성벽재건 프로젝트에 올인할 수 있습니다.

이러한 맥락에서 우리의 역대기 읽기는 시작됩니다. **예루살렘 도시와 성전을 지키고 올바른 예배를 드림으로 하나님과 올바른 관계를 맺는 것이 핵심입니다.** 그리고 **이것의 완벽한 모델은 다윗과 다윗의 통일왕국**입니다. 따라서 역대기의 관심은 다윗 같은 '왕 같은 제사장'입니다. 그리고 왕 같은 제사장들에 의해 세워지는 거룩한 도시와 그들에 의해 시행되는 거룩한 예배입니다. 그러므로 이것에 합당한 역사적 사실들이 채택됩니다. 그리고 합당하지 않은 것들은 사무엘기와 열왕기에 있는 역사적 사실이라도 배제됩니다. 그 예로, 다윗의 간음과 간접살인, 압살롬의 반역, 솔로몬의 우상숭배와 호색함, 북왕조 역사, 그리고 바빌론 70년 포로 생활 등은 등장하지 않습니다. 솔로몬은 아버지 다윗의 지시와 계획에 따라 하나님의 집을 지은 훌륭한 왕이라는 사실이 하이라이트 됩니다. 생사화복이 온전히 주 여호와께 달려 있습니다. 그렇게도 악독했던 므낫세 왕도 회개를 하니 고국으로 돌아와 후반기 왕정을 성공적으로 펼칩니다. 반면에 종교개혁에 성공한 요시야는 하나님의 뜻에 불복종하여 므깃도 전투에 나서니 전사합니다. 모세오경에는 '제사장'이라는 단어가 27번 언급되는 데 반하여, 역대기에는 76번이나 언급됩니다. 그 나라에서는 왕 같은 제사장의 역할이 결정적입니다.

이러한 역사적 정황들과 역사의 재구성 가운데, 우리는 말씀이 육신되시어 펼치시는 주 예수님의 하나님 나라를 표상하며 역대기를 읽도록 요청을 받습니다. 그리스도 안에서 기이한 하나님의 빛 가운데로 들어간 우리들이 바로 다윗 같은 자들이고 왕 같은 제사장들입니다. 이러한 우리를 성전 삼아 그리스도의 영 성령께서 하나님 나라를 우리 가운데 나타내십니다. 역대기를 기록한 저자의 지난 날들의 사건과 기억에 대한 취사선택처럼, **그리스도 안에서 새로운 피조물 된 우리도 용서받은 사랑의 기억으로 과거를 재구성합니다.** 하나님 나라에 합당하지 않은 지난날의 모든 기억과 사건들은, 그리스도 안에서 합력하여 선을 이루며 녹아 버립니다. 이미 온전하고 의롭고 영광스러운 하나님 자식입니다. 육신의 최초 조상이 아담인데, 그러한 우리는 그리스도와 함께 죽었습니다. 내 안에 둘째 아담 그리스도께서 사십니다. 거듭난 우리들의 최초 조상은 사람이 아닙니다. 하나님이십니다(누가복음 3:38). **이제 우리의 존재 근거는 하나님이십니다.** 우리는 하나님의 자녀, 영적 존재입니다. 그리스도께서 생각과 감정을 통해 나타나시니, 우리는 새로운 생각과 기억과 감정을 경험합니다. 이 빛 가운데 역대기를 읽습니다. 그리고 죽기 전에 죽은 십자가의 산 소망을, 예레미야 애가와 예언서들을 읽으며 공감합니다.

첫째 날 – 주야로 15분씩 임재 기도

예레미야 46-51장; 예레미야애가 1-5장

언약 밖에서는 재앙은 그냥 재앙일 뿐입니다. 그러나 언약 안에서는 재앙 속에 번영의 씨알 생명이 깃들어 있습니다. **우상이 참으로 헛되고 헛된 것은, 그 속에 생명을 주는 영spirit이 없기 때문입니다**(예레미야 51:17). 그러나 언약 안에서는 죽기 전에 죽음으로 절대 절망 속으로 떨어져도 그분이 우리를 일으키십니다.

주 여호와, 그리스도 안에서 우리 아버지 되시는 그분은 산 자의 하나님이십니다. 죽기 전에 죽은 자들은 절망이 무엇인지를 아는 자들입니다. 절망의 한가운데서 다시 살아날 수 있다고는 기대할 수 없습니다. 그런데 죽은 내가 산 자의 하나님과 연합되어 있으니, 하나님의 영이 우리 영혼을 깨워 밥을 먹게 하십니다. 무엇을 하든 크든 작든, 자신이 하는 일에서 즐거움을 갖게 하십니다. 들숨 날숨 숨결에 그분의 영을 느끼며 하나님을 즐거워하게 하십니다. 내 모습 내 형편 이대로 감사하고 기뻐하게 하십니다. **언약의 백성들은 재앙의 한복판에서도 희망을 노래하는 자들입니다. 하나님과 연합되어 있기 때문입니다.** UNION WITH GOD.

Lamentations, 예레미야가哀歌는 절망과 죽음의 한복판에서 산 소망을 노래합니다: "주께서 내 심령soul이 평강에서 멀리 떠나게 하시니 내가 복을 내어버렸음이여 스스로 이르기를 나의 힘과 여호와께 대한 내 소망이 끊어졌다 하였도다 내 고초와 재난 곧 쑥과 담즙을 기억하소서 내 마음soul이 그것을 기억하고 내가 낙심이 되오나 이것을 내가 내 마음(leb, 심중)에 담아 두었더니 그것이 오히려 나의 소망이 되었사옴은 여호와의 인자와 긍휼이 무궁하시므로 우리가 진멸되지 아니함이니이다 이것들이 아침마다 새로우니 주의 성실하심이 크시도소이다 내 심령soul에 이르기를 여호와는 나의 기업이시니 그러므로 내가 그를 바라리라 하도다 기다리는 자들에게나 구하는 영혼soul들에게 여호와는 선하시도다"(예레미야애가 3:17-25).

주님을 떠나 최대한 멀리 갔습니다. 말씀에 불순종하여 쌓인 죄악들이 결국 저주를 불러들입니다(신명기 28장). 하나님의 도시 예루살렘이 불타고 아버지의 집 성전도 파괴됩니다. 제사장과 선지자들이 성전에서 죽임을 당합니다. 굶주려 망상에 사로잡히니 자기 배로 낳은 자식을 먹거리 삼습니다. 그러나 재앙의 한복판에서도 하나님의 의로우심을 기억합니다: "여호와는 의로우시도다 그러나 내가 그의 명령을 거역하였도다"(예레미야애가 1:18). 돼지의 주엄 열매조차도 제대로 먹을 수 없는 생의 마지막에 아버지 집을 떠올리는 탕자입니다(누가복음 15:17-18).

재앙을 통해 우리 혼이 본래 있어야 할 자리, 아버지 집으로 돌아갑니다. 죄사함을 베푸는 십자가 강을 건너 아버지 집에 가서 그곳에서 삽니다. 언약의 자식에게 저주가 임하는 것은 재앙이 아니라 번영입니다. **저주를 말씀하는 신명기 28장을 지나면, 본래 있어야 할 자리로 돌아오는 혼의 구원과 회복을 말씀하고 있습니다**: "마음을 다하고 뜻을 다하여 여호와의 말씀을 청종하면 네 하나님 여호와께서 마음을 돌이키시고 너를 긍휼히 여기사 포로에서 돌아오게 하시되 … 너를 네 조상들보다 더 번성하게 하실 것이며 네 하나님 여호와께서 네 마음과 네 자손의 마음에 할례를 베푸사 너로 마음을 다하며 뜻을 다하여 네 하나님 여호와를 사랑하게 하사 너로 생명을 얻게 하실 것이며"(신명기 30:2-6).

그러므로 언약의 백성들은 재앙 중에도 기도합니다: "여호와여 주는 영원히 계시오며 주의 보좌는 대대에 이르나이다 … 여호와여 우리를 주께로 돌이키소서 그리하시면 우리가 주께로 돌아가겠사오니 우리의 날들을 다시 새롭게 하사 옛적 같게 하옵소서"(예레미야애가 5:19-21). 그렇게 그들은 포로 생활 70년 동안 기도하며 거룩의 씨앗으로 빚어집니다. 하나님 나라의 그루터기입니다. 한편, 언약 밖에 있는 자들은 재앙으로 영원히 끝날 심판을 맞이합니다. 예레미야서 46-51장은 언약 백성 주변에 있는 나라들이 그들의 죄악으로 인해 심판을 받는 이야기가 전개됩니다. 이집트, 블레셋, 모압, 암몬, 에돔, 다마스쿠스, 게달과 하솔, 엘람, 바빌론-여호와의 소유인 이스라엘을 침략하고 방치한 이웃의 열방들은 자신들의 교만과 죄로 인해 심판을 받습니다.

열방을 심판하고 이스라엘을 회복시키시는 주체는 '만군의 여호와'이십니다(예레미야 50:33-35). **그날 그때가 되면, 회복된 이스라엘은 영원한 언약으로 여호와와 연합됩니다**(예레미야 50:5). 그리스도 안에서 기이한 빛 가운데로 들어간 왕 같은 제사장, 거룩한 민족입니다. 바로 이 무리를 통해 하나님의 영광을 아는 그 빛이 열방에 비추이니, 모든 민족이 언약의 빛 가운데로 나아옵니다(요한계시록 21:24-26). 이전 것은 지나갔습니다. 그리스도 안에서 새로운 피조물들이 주님께로 나아옵니다. 주 여호와께서 십자가를 통해 지구를 바라보시니 '나 보기에 심히 좋다' 하십니다. **여호와의 심중에는 이미 완성된 그 나라가 믿음의 실상으로 존재합니다**. 이것이 바로 심판과 재앙과 절망과 죽음의 한복판에서도 '산 소망'을 노래하는 우리들의 이유입니다.

둘째 날 – 주야로 15분씩 임재 기도

하박국 1-3장; 요엘 1-3장; 오바댜 1장

욥은 자신에게 일어난 일을 기억에 떠올리기만 해도 불안해지고 두려움이 자신의 육신을 사로잡습니다. 그는 묻습니다: "어찌하여 악한 자들이 잘 사느냐? 어찌하여 그들이 늙도록 오래 살면서 번영을 누리느냐?"(욥기 21:7). 아버지 집으로 돌아가는 탕자도 오늘을 사는 우리도 어찌 묻지 않았겠습니까? 불의한 바빌론이 조국을 침략하는 것을 경험하며, 하박국 선지자도 묻습니다: "어찌하여 나로 불의를 보게 하십니까? 어찌하여 악을 그대로 보기만 하십니까? … 악인이 의인을 협박하니, 공의가 왜곡되고 말았습니다"(하박국 1:3-4).

이것에 대한 주 여호와의 대답은 언제나 단순 명확합니다: "이 묵시는, 정한 때가 되어야 이루어진다. … 비록 더디더라도 그때를 기다려라. 반드시 오고야 만다. 늦어지지 않을 것이다. 마음이 한껏 부푼 교만한 자를 보아라. 그는 정직하지 못하다. 그러나 의인은 믿음으로 산다"(하박국 2:3-4).

아버지 집으로 돌아가며 십자가 강을 건너는 우리들의 눈이 세상 악인들의 형통에 머물 때, 그 시험을 견딜 수 있는 자는 없습니다. 하박국은 그 물음을 가지고 오직 주 여호와만을 바라보았기에 진리의 음성을 듣습니다. 찬양 사역자 아삽 또한 성소에 들어가서야 비로소 그 물음에 대한 답을 얻습니다: "그러나 마침내 하나님의 성소에 들어가서야, 악한 자들의 종말이 어떻게 되리라는 것을 깨닫게 되었습니다"(시편 73:17). 예레미야는 바로 그 믿음의 눈으로 50년 후에 일어날 바빌론의 멸망을 예언합니다: "너희는 세상 만민을 동원하여, 바빌로니아를 쳐라. … 바빌로니아 땅을 아무도 살지 못할 황무지로 만들려는 나의 계획이, 그대로 이루어지니, 땅이 진동하고 뒤틀린다"(예레미야 51:28-29).

　　믿음은 바라는 것들의 실상이고 증거입니다. 의인은 믿음으로 삽니다. 욥, 탕자, 우리들, 아삽, 그리고 예레미야 모두 믿음으로 존재하고 믿음으로 생각하고 말하고 선포합니다. 십자가에서 이루신 위대한 성취는 이미 주 여호와의 심중에 완성되어 있습니다. 새 하늘과 새 땅에 펼쳐지는 어린 양 혼인 잔치입니다. 그리고 사탄과 사망과 음부가 유황으로 타오르는 불못에 던져집니다. 하나님께서 창조하지 않으신 죄와 질병과 사망의 끝은 영원한 불못에 던져지는 것입니다. 우리의 믿음은 바로 이 절대 안식에 기초하고 있습니다. 그러므로 믿음의 사람 하박국은 노래합니다: "비록 무화과나무가 무성하지 못하며 포도나무에 열매가 없으며 감람나무에 소출이 없으며 밭에 먹을 것이 없으며 우리에 양이 없으며 외양간에 소가 없을지라도 나는 여호와로 말미암아 즐거워하며 나의 구원의 하나님으로 말미암아 기뻐하리로다"(하박국 3:17-18).

　　믿음으로 산다는 것은 하나님의 영의 인도하심을 받는다는 말씀입니다. 심판을 받아 재앙 가운데 있는 언약 백성이 거룩한 씨로 거듭나는 것도 성령의 역사이며, 아버지 집으로 돌아가는 것 또한 주의 영의 인도하심입니다. 그리고 아버지 집에서 그리스도와 함께 모든 것을 상속받아 풍족하게 누리며 사는 것도 성령께서 기름 부으시며 모든 것을 가르치시고 공급하시기 때문입니다. 그러므로 요엘 선지자는 그러한 성령님의 강림하심을 예언합니다: "내가 모든 사람에게 나의 영을 부어 주겠다. … 그때가 되면, 종들에게까지도 남녀를 가리지 않고 나의 영을 부어 주겠다"(요엘 2:28-29). 이것을 위해 옷을 찢지 말고 심중을 찢으라 하십니다(요엘 2:13). 말씀이 육신 되신 그리스도께서 먼저 십자가에서 온몸과 맘을 다 찢기셨습니다. 그것으로 인해 주의 영이 우리에게 임하셨고, 주의 영으로 말미암아 우리 또한 그리스도와 함께 십자가에 못 박혔음을 알게 하십니다. 이제 생각을 멈추고 죽기 전에 죽었음을 선포하고 주의 영의 인도를 따라 존재 중심에 계신 그리스도께로 나아갑니다. 내 안에, 존재 중심에 그리스도 계십니다. 혼이 본래 있어야 할 자리로 돌아가는 것입니다. 보좌 면전, 아버지 집입니다.

　　돌아가 아버지 집에서 자녀의 자리를 얻는 것이 경건입니다. 경건에 형제우애, 즉 필라델피아(필로/사랑+델포스/형제)를 더하라고 말씀하십니다. 서로 사랑하는 것입니다. 야곱과 에서는 형제입니다. 에서의 자손들이 에돔 족속입니다. 그들은 형제 유다 나라가 멸망하는 것을 보며 방관하고 즐깁니다(오바댜 1:10-14). 이것에 대해, 오바댜 선지자는 에돔과 열방의 심판과 아울러 새 이스라엘의 회복을 선포합니다. 열방의 회복이며, 이것은 형제우애에 아가페 사랑을 더합니다(베드로후서 1:7). **하나님의 영광스러운 성품이 온 우주와 열방에 가득한 그날입니다.** 오직 믿음으로 존재하는 당신의 심중에 바로 그날에 대한 믿음의 실상이 새겨져 있습니다. 들숨과 날숨, 숨결에 그 실상을 누리며, 지금 이 순간 여기 이 땅에 기쁨과 평강을 강물처럼 흘러 보냅니다.

셋째 날 - 주야로 15분씩 임재 기도

역대상 1:1-9:34

"옛날을 기억하라 역대의 연대를 생각하라 네 아버지에게 물으라 그가 네게 설명할 것이요 네 어른들에게 물으라 그들이 네게 말하리로다"(신명기 32:7). 주 여호와의 말씀에 복종하여, 역대기 저자는 1-9장에서 지금 자신들의 뿌리가 되는 족보를 기술합니다. 족보는 운명이며 방향을 결정합니다. 아담부터 시작합니다(역대상 1:1).

'아담'이 누구인가에 따라 B.C. 500년에서 B.C. 440년 사이의 시대적 배경아래 있는 포로로 잡혀갔다 돌아온 그들의 운명과 방향 또한 정해집니다. 최초의 시작점인 저 '아담'이 말씀에 불순종하여 스스로 시비선악의 주체가 되어 하나님을 이용하는 자인가, 아니면 말씀에 순종하여 생명과실을 먹으며 오직 하나님을 경배하고 찬양하고 삶 가운데 그분을 나타내는 자인가? 육신의 생각으로 살아가는 자인가, 아니면 하나님 보좌 면전에서 이미 온전하고 의롭고 영광스러운 존재로 거하며 주님의 일하심을 수종 드는 자인가? 당시의 정황에서는 모호합니다. 그래서 고국으로 돌아가 성전을 재건하고 언약 백성으로 살면 기쁨과 감사와 찬양이 가득할 것이라는 기대 또한 현실의 먹구름에 많이 가리워져 있는 형편입니다. 만약 최초의 조상 아담이 말씀에 불순종한 실패자 아담이라면, 근본이 파괴된 자리에서 끊임없이 실패로 점철될 뿐입니다. 따라서 역대기의 당시 청중들 또한 실패의 운명 속에 사망을 향하는 방향을 돌리지 못할 것입니다.

반면에, 새 언약의 누가복음은 예수 족보의 시작을 아담 이전의 하나님으로 하였기에, 역대기의 그 모호함이 사라집니다(누가복음 3:38). 또한 마태는 예수의 족보에 5명의 여인들을 등장시켜 육신의 자랑과 기대를 완전히 끊어 놓습니다. 다말은 창녀를 찾아간 시아버지와의 관계에서 자식을 낳습니다. 창녀 라합, 이방인 룻, 이름도 올려놓지 못하는 우리아의 아내였던 자, 그리고 끝으로 예수의 어머니 마리아입니다. 그런데 마리아는 요셉과 동거하기 전에 성령으로 아기를 잉태합니다(마태복음 1:18). 즉 성경은 요셉의 족보를 이야기하면서 동시에 요셉 족보의 혈연과는 아무런 관련이 없음을 분명히 밝힙니다. 간단히 말해, 새 언약의 족보는 혈통이 하나님입니다. 핏줄은 우리 주 예수 그리스도이십니다.

"죽은 자들이 큰 자나 작은 자나 그 보좌 앞에 서 있는데 책들이 펴 있고 또 다른 책이 펴졌으니 곧 생명책이라 죽은 자들이 자기 행위를 따라 책들에 기록된 대로 심판을 받으니"(요한계시록 20:12).

책들the books이 있습니다. 선악과를 먹고 스스로 주체가 되어 땅의 정해진 운명을 따라 생각하고 말하고 행동한 것들의 총합을 '나'라고 하며, '나'의 이름이 기록된 책들입니다. 죄와 사망의 굴레에서 '헛되고 헛되다' 호흡하며 지금 심판대에 서 있는 것입니다. 역대기의 시대 상황 속에 서 있던 자들이 그들의 처음시작을 선악과를 먹은 '아담'에게 두었다면, 그들은 지금 자신들의 행위가 기록된 그 책들을 가지고 심판대에 서 있는 것입니다. 또한 그 당시로 돌아가도, 그들의 삶에 깃들여 있는 먹구름은 걷히지 않습니다. 또다시 망해 포로로 끌려갈 겁니다.

반면에, 생명책에 자신의 이름이 기록되어 그것으로 심판대에 서 있는 자들이 있습니다. 하늘의 생명양식, 즉 말씀에 의해 다시 태어난 자들입니다. 땅의 정해진 운명으로 빚어진 '나'가 주님과 함께 십자가에 못 박혀 죽기 전에 죽은 자들입니다. 그 영원한 생명에 동참한 새로운 피조물입니다. 위로부터 왔습니다. 그 시작이 하나님이며 핏줄은 주 예수님입니다. 하나님께 온전히 복종한 둘째 아담 그리스도께서 그들 안에 사십니다. 이들이 바로 새 언약의 족보인 생명책the book of life에 기록되어 그 이마에 주 예수의 이름이 새겨진 자들입니다. 만약 역대기 당시의 백성들이 바로 그러한 '아담'이 자신들의 시작이라고 믿는다면, 그들의 삶에서 산 소망의 빛이 비추일 것입니다.

역대기 저자는 첫 사람 아담이 실패했던 에덴의 사명을 온전히 회복한 자가 바로 다윗이며 다윗의 통일왕국이라고 증거합니다. 그래서 1-9장의 아담의 족보는 사울에게서 끝나지 않습니다. 11장의 다윗에게로 연결됩니다. 아담의 족보가 산 소망과 생명으로 살아나는 순간입니다. 거룩한 도시 예루살렘과 성전, 그리고 그곳에서 드려지는 예배가 역대기의 중심에 자리잡고 있습니다. 그래서 1장 1절부터 4장 23절까지 다윗의 족보와 그가 속한 유다 지파의 족보를 먼저 언급합니다. 그리고 뒤이어 시므온 지파의 족보를 언급하는데, 그 지파는 약속의 땅에서 유다 지파에 속했기 때문에 두 번째로 언급된 것입니다. 그 뒤로 요단강 동쪽의 지파들, 레위 지파, 북방의 여섯 지파, 그리고 베냐민 지파가 8장까지 언급됩니다. 그리고 9장에서는 포로로 잡혀갔다가 돌아온 자들의 명단이 기록됩니다. 유다와 베냐민 지파 사람들은 바빌론의 기득권을 다 버리고 오직 성전재건의 사명을 가지고 예루살렘으로 돌아옵니다. 그리고 자신들의 사명을 따라 제사장들과 레위인들과 성전 문지기들도 돌아옵니다.

예배에 실패하여 불순종하면 재앙입니다. 2장 7절의 '아갈(뜻 재앙)'은 여호수아서 7장의 아간입니다. 온전히 봉헌하여 전멸해야 할 물건에 탐심을 갖고 취했다가 그 이름처럼 재앙을 맞이합니다. 반면에, 땅의 고통으로 운명 지어졌어도, 야베스(뜻 고통)처럼 부르짖으면 선악으로 운명 지어진 육신의 한계를 벗어나 생명의 세계로 나갑니다(역대상 4:10). 그 부르짖음qura은, 예레미야가 부르짖음qura을 통해 새 언약의 빛 가까이로 나아가는 것과 동일합니다(예레미야 33:3). 또한 은혜를 받은 자 한나가 고통 속에서 부르짖는qura 것 또한 동일함은(사무엘상 1:20), 고통은 주님께서 보내신 구원의 메신저이기 때문입니다.

역대기 당시의 백성들이나 지금의 우리나 다 같은 형편인 것은, 첫째 아담의 족보에 머물면 자신들의 말과 행동을 따라 선악간에 심판을 받아 끊임없이 헤아리고 정죄하며 살고 또한 영원한 심판을 받을 것입니다. 반면에, 다윗의 길을 따라 오신 둘째 아담의 족보에로 부르짖으며 나아가면, 그러한 나는 그리스도와 함께 이미 죽었고, 내 안에 영원히 현존하시는 그리스도께서 사시는 것을 의식하게 됩니다. 새 언약의 생명책에서 발견되는 내 이름입니다. 그리스도 안에 있는 나는 지금 이 순간 여기에 그 생명과 연결되어 들숨과 날숨 숨결에 그 생명을 누리는 왕 같은 제사장입니다. 이 길따라 우리 주 예수님 오십니다. 마라나타.

넷째 날 – 주야로 15분씩 임재 기도

역대상 9:35-14:17

역대기는 사울 왕에 대해 족보와 죽음만을 기록할 뿐, 그 과정은 없습니다. 그 족보의 방향은 죽음을 향하고 있으며, 운명 또한 죽음을 넘지 못합니다. 그가 죽은 이유를 기록합니다: "사울이 죽은 것은 여호와께 범죄하였기 때문이라 그가 여호와의 말씀을 지키지 아니하고 또 신접한 자에게 가르치기를 청하고 여호와께 묻지 아니하였으므로 여호와께서 그를 죽이시고 그 나라를 이새의 아들 다윗에게 넘겨 주셨더라"(역대상 10:13-14). 세상에서는 왕으로서 화려한 삶을 살았어도, 천국에서는 아무도 그런 것들을 기억하지 않습니다. 경쟁자 다윗을 묵상하면 할수록, 사울은 시기와 질시 속에 점점 미쳐 가며 자신에게 더욱 골몰합니다. 그런데, 천국에서 누가 그런 것들을 기억하겠습니까?

반면에, 하나님의 중심에 합한 자 다윗의 통치과정은 역대상 끝까지 상세히 기록됩니다. **그는 사울을 묵상하지 않습니다. 다윗은 하나님을 묵상합니다.** 하나님의 말씀대로 생각하고 말하고 행동합니다. 천국에서는, 왕이신 하나님을 모시고 그분을 나타내기 위해서 힘썼던 그러한 사랑의 수고와 믿음의 역사를 꼼꼼히 기억합니다. 죽기 전에 죽어 그리스도의 생명 안으로 들어가 오직 믿음으로 존재하며 그리스도를 살고 그리스도를 나타내기 때문입니다.

11-12장에는 세상과 다른 천국의 족보가 등장합니다. 사람의 핏줄이 아닌, 하나님의 말씀에 복종하여 생명에 동참한 자들의 명단입니다. 온 이스라엘이 헤브론에 모여 다윗 왕에게 나아가니, 다윗이 그들과 주 여호와

앞에서 언약을 맺습니다. 그들은, 이전에 주님께서 사무엘을 통해 말씀하신 대로 생각하고 말하며 다윗에게 기름을 붓습니다. 왕 같은 제사장으로서 오직 주 여호와만 섬기는 거룩한 나라 다윗의 통일왕국이 세워진 것입니다(역대상 11:1-3). 그리고 뒤이어 광야에서의 연단과정에서 함께 했던 용사들의 명단이 기록됩니다. 그 명단에 이름을 올린 자들의 운명과 방향을 볼 수 있습니다. 광야의 혹독한 시련에 동참했던 그들의 운명은 하나님 생명에 동참하여 왕 같은 제사장의 출현과 그 나라가 이 땅에 임하는 것을 수종 듭니다. 그 생명의 방향으로 용사들의 이름이 나열됩니다. 또한 거룩한 나라가 이 땅에 드러나도록 동참했던 모든 지파의 병력 목록도 기록됩니다. 여기에 기록된 자들도 그 운명과 방향이 분명합니다. 생명입니다.

합력하여 선을 이루시는 주 여호와의 주권과 섭리 가운데, 자신들의 모든 것들이 다 *이 땅에 세워지는 천국*에 동원된 것입니다. 자신들의 생각과 말과 행동에 따라 기록된 선악의 책들에 의해 규정되지 않습니다. 심판되지 않습니다. 자신들을 부인하고 자기 십자가 짊어져 죽기 전에 죽은 자들은, 오직 주 여호와의 말씀으로 다시 태어나 그 말씀대로 생각하고 말하고 행동합니다. 그 말씀은 생명이요 영입니다. 그 생명에 의해 규정되고 심판을 받으니, 그 말씀이 그들을 향해 말씀합니다: '천국의 놀라운 빛 가운데로 들어온 너희들은 왕 같은 제사장이요 거룩한 나라이다.' 이것이 천국 족보에 이름을 올린 그들의 운명이요 방향입니다.

하나님께서 사울을 죽이신 이유는 여호와 말씀을 지키지 않고 묻지도 않았기 때문입니다. **묻지 않는 것, 즉 기도하지 않고 자기 뜻대로 사는 것이 죽을 죄입니다.** 사울의 시대에는 땅의 사람의 말들을 묵상하며 그것을 '나'라고 하여 죽음을 향해 달립니다. 그러나 다윗의 시대에는 하나님의 궤를 옮겨와 하나님께 묻습니다(역대상 13:3). 말씀대로 생각하고 말하고 행동하는 것을 '나'라고 하여 생명을 향해 달립니다. 하나님의 궤는 다윗의 통일왕국의 핵심입니다. 왜냐하면 하나님의 궤에 여호와의 영광이 임재하시기 때문입니다. 궤를 옮길 때에는 어깨에 매라는 말씀을 따르지 않고 수레로 옮기다가 웃사가 죽습니다. 궤를 모신 오벳에돔의 집이 복을 받습니다. 궤가 그 나라의 생사화복의 근원이 됨은, 주 여호와께서 다윗 왕국의 왕이시기 때문입니다.

다윗은 보이는 대로 살지 않습니다. 그는 가슴 깊이 믿음의 실상을 간직하고 이미 성취된 응답의 기쁨과 감사로 삽니다. 그 실상을 따라, 주님께서 통일왕국의 왕으로 그를 세우십니다. 그는 하나님의 궤를 다윗성으로 모십니다. 두로 왕은 다윗에게 궁궐을 지어줍니다(역대상 14:1). 다윗은 믿음의 실상이 역사 가운데 드러나는 것을 몸(생각, 감정, 신체)으로 경험합니다: "다윗이 여호와께서 자기를 이스라엘의 왕으로 삼으신 줄을 깨달았으니 이는 그의 백성 이스라엘을 위하여 그의 나라가 높이 들림을 받았음을 앎이었더라"(14:2). 블레셋이 다윗 왕국을 공격합니다. 다윗은 하나님께 묻습니다: "내가 블레셋 사람들을 치러 올라가리이까"(14:10). 여호와께서 대답하십니다: "올라가라 내가 그들을 네 손에 넘기리라"(14:10). 다윗은 적을 물리치고 말합니다: "하나님이 물을 쪼갬 같이 내 손으로 내 대적을 흩으셨다"(14:11). 블레셋이 또다시 침략하니, 다윗은 여호와께 묻고 주님은 구체적인 전술을 지시하시며 말씀하십니다: "너보다 하나님이 앞서 나아가서 블레셋 사람들의 군대를 치리라"(14:15). 그렇게 다윗은 하나님을 나타내며 백전백승하였고, 다윗의 명성이 온 세상에 퍼집니다. 주 여호와께서 모든 이방 민족들이 다윗을 두려워하게 하십니다(14:17).

다섯째 날 – 주야로 15분씩 임재 기도

역대상 15-17장; 시편 105편

역대기 저자는 하나님의 궤와 관련하여 13-17장에서 이야기를 전개합니다. *하나님의 궤는 언약 백성 가운데 여호와께서 함께하신다는 하나님 임재의 상징입니다.* 피조세계를 초월하여 존재하시는 조물주께서 아브라함 한 사람을 세상에서 불러내어 언약을 맺으시고 이 땅에 천국을 펼치십니다. 모세의 시내산 언약 이후에는, 주님은 지성소의 언약궤에 몸소 임하여 계십니다. 초월하여 계신 조물주께서 이 땅에 임하시어 우리와 함께하신다는 뜻입니다. 잃어버린 에덴동산의 회복을 상징합니다. 그러므로 에덴동산의 회복을 소망하는 역대기 저자와 백성들에게 있어서, 하나님의 궤는 이 땅에 펼치시는 하나님의 보좌를 상징하며 핵심 중의 핵심입니다.

다윗성과 궁궐이 마련되었으니, 이제 하나님의 궤를 모실 차례입니다. 언약궤를 모실 장막(회막)을 마련합니다. 그리고 언약궤를 멜 수 있는 레위인들을 구별하여 성결하게 합니다. 찬양 사역자 아삽을 중심으로 찬양대가 조직됩니다. 문지기 오벧에돔은 하나님의 궤를 자기 집에 3개월간 모셨는데, 그는 레위 지파 고핫 자손으로서 궤를 모실 자격이 있는 자였습니다. 그래서 주님께서 복을 베푸신 것입니다. 그리고 지금은 수금을 타는 자로서 찬양대에 속했습니다. 제사장들이 궤 앞에서 나팔을 불고 찬양대의 우렁찬 찬양과 백성들의 환호성 가운데 하나님의 궤는 옮겨집니다. 다윗 왕도 춤을 추며 따르는데, 사울의 딸이자 다윗의 아내인 미갈은 춤추는 다윗을 비웃습니다. 16장 8절부터 36절까지 이어지는 찬양은 시편 105, 96, 106편과 중복됩니다. 천국의 찬양은 하나님 말씀에 곡을 붙여 하나님을 높이며 주께서 백성들 가운데 행하신 일들을 기억하고 기뻐하는 것입니다. 그들은 찬양 가운데, 아브라함과 이삭과 야곱과 맺으신 영원한 언약을 기억하시고 이루어 주신 여호와의 놀라운 일들을 선포합니다. 그리고 주 여호와를 찬양하고 기뻐하고 경배합니다. 조상들은 숫자가 적어 보잘것없으며 그 땅에 객이 되어 떠돌았으나, 주 여호와께서 주변 나라들로부터 그들을 지키십니다: "나의 기름 부은 자에게 손을 대지 말며 나의 선지자를 해하지 말라"(역대상 16:22).

주 여호와께서 기름을 부으셨다는 것은, 주께서 선택하신 자에게 주의 영이 임하셨다는 뜻입니다. 주님은 특정인을 구별하여 선지자로, 제사장으로, 왕으로 세우시며 주의 영으로 그들과 함께하십니다. 선지자는 하나님의 말씀을 가진 자입니다. 제사장은 하나님과의 관계를 화목하게 하는 자입니다. 왕은 이웃과의 관계를 화목하게 하는 자입니다. 그러므로 우리가 그리스도 안에서 왕 같은 제사장이 되었다는 것은, 말씀으로 거듭나 심중에 말씀을 새긴 선지자로서 왕 같은 제사장의 사명을 감당한다는 뜻입니다. 우리가 숫자가 적어 보잘것없을 때라도, 주님은 아브라함과 이삭과 야곱을 지키고 보호하셨던 것처럼 우리도 세상으로부터 각별한 방법으로 지키시고 보호하십니다. 그리고 우리의 이 믿음을 통해 주 성령의 기름 부음, 즉 영이 흘러나와 가정과 생업의 터전과 이 땅의 교회에 하나님의 나라 천국을 나타내십니다. 언약궤가 있는 예루살렘에서, 그리고 성막이 있는 기브온 산당에서 날마다 번제와 찬양이 끊이지 않습니다(역대상 16:37-43).

성경일독 10주 차를 맞이한 우리들의 성경 읽기는 주로 바빌론 포로기와 그 이후 귀환하여 성전을 재건하고 성벽을 구축하는 내용을 대합니다. *이 맥락에서 항상 기억해야 할 것은, 예루살렘과 성전의 파괴 그리고 세상 나라에 포로로 끌려가는 것을 통해, 이미 세상의 소망은 절망 그 자체가 되었다는 것입니다. 예레미야 애가의 말씀처럼, 오직 주의 말씀 이외에는 전혀 소망을 가질 수 없는 존재가 된 것입니다. 나와 세상에 대하여 죽기 전*

에 죽은 존재입니다. 죽고 사라졌기에, 다시 산다는 것은 예상할 수도 없고 기대할 수도 없는 절대 절망입니다. 이것을 놓치면, 포로로 끌려갔다가 돌아온 자들의 우왕좌왕이 우리 것이 되어 버립니다. 믿음이 아닌 보이는 것을 따라 반응하고 생각하기에, 역대기의 백성들은 이전의 영광을 떠올리며 집착하고 추구하다가 쉽게 낙심합니다. 우리도 믿음이 아닌 보이는 대로 반응하며 역대기를 읽으면, 그들의 모습이 내 모습이 될 수 있습니다. 그러면 낭패입니다.

성경 66권의 흐름 가운데 *10주 차 이후의 시대 배경은 절망을 몸으로 아는 자가 새 언약의 여명을 바라고 기다리는 것입니다.* 새 언약에 담긴 생명의 빛 가운데, '주 예수의 이름을 부르는 자는 누구든지' 주님의 영이 임하심으로 인해 그리스도 안에서 왕 같은 제사장으로 사는 새로운 피조물입니다. 성경 읽기의 승패는 바로 이것으로 연결되느냐에 달려 있습니다. *결국은 기름 부음이며, 세상 소망이 산산조각나 절망으로 떨어진 존재 그래서 자신의 혼이 하나님과 연합하여 죽은 존재됨을 통해 주님의 영이 역사하기 때문입니다.* 이러한 믿음의 눈으로 예수님과 예수님의 말씀을 대해야, 그분이 성전이며 그분 안에 주 하나님의 영광이 가득함을 볼 수 있습니다. 그러면 더 이상 보이는 대로 살지 못합니다. 주의 영이 임하여 내면의 눈이 열렸기 때문입니다. 이 세상의 부귀영화와 족히 비교할 수 없는 하늘의 영광 가운데 오직 믿음으로 존재함을, 숨결에 의식하기 때문입니다.

17장은 사무엘기하 7장의 영원한 다윗 언약과 같습니다. 다윗은 베푸신 은혜에 감사로 화답하며 간구합니다: "여호와여 오직 주는 하나님이시라 주께서 이 좋은 것으로 주의 종에게 허락하시고 이제 주께서 종의 왕조에 복을 주사 주 앞에 영원히 두시기를 기뻐하시나이다 여호와여 주께서 복을 주셨사오니 이 복을 영원히 누리리이다"(역대상 17:26-27). 당시의 역대기 청중들은 자신들이 바로 이와 같은 복줄기에 서 있다는 것을 자각합니다.

여섯째 날 - 주야로 15분씩 임재 기도

시편 74-83편

시편 73-83편은 하나님의 궤 앞에서 찬양을 하던 아삽과 그의 후계자들이 지은 시입니다. 따라서 시대 배경은 아삽이 활동하던 다윗 왕국과 함께 북이스라엘의 멸망 그리고 남유다의 멸망과 바빌론 포로로 끌려감까지 방대합니다.

환란을 이야기할 때, 개인적인 환란과 더불어 시대적으로 나라가 멸망하는 환란까지 염두에 둘 수 있습니다. 중요한 것은, 아삽이 하나님의 궤 앞에서 찬양대를 인도하며 경배하던 자였다는 것입니다. 즉, 하나님 보좌 앞에서 찬양하고 경배는 아삽, 그리고 그것을 계승한 자들이 환란 속에서도 끊임없이 자신을 부인하고 주님 보좌 앞으로 나아가 기도하며 찬양하는 가운데 73-83편의 시편들이 우리에게 전해진 것입니다. 이들의 믿음과 찬양은 이 땅의 환란을 이기고 불이 섞인 유리 바다 위에서 경배하는 승리한 무리들의 찬양으로 이어집니다: "주님, 누가 주님을 두려워하지 않겠습니까? 누가 주님의 이름을 찬양하지 않겠습니까? 주님만이 홀로 거룩하십니다. 모든 민족이 주님 앞으로 와서 경배할 것입니다. 주님의 정의로운 행동이 나타났기 때문입니다"(요한계시록 15:4).

주님께서 거처로 삼으신 시온산과 임재하시는 처소가 원수의 발에 짓밟힙니다. 원수들은 성소를 불사르며 주의 이름이 계신 곳을 더럽혔습니다. 아삽의 후계자들은 하나님 보좌 앞에서 탄원합니다: "주님께서 세워 주신 언약을 기억하여 주십시오"(시편 74:20). 탄원의 근거는 '언약'입니다. 우리가 주의 보좌로 담대히 나아갈 수 있는 근거는 우리 주 예수 그리스도의 이름입니다. 주 여호와께서 말씀하십니다: "내가 정하여 놓은 그때가 되면,

나는 공정하게 판결하겠다. 땅이 진동하고 거기에 사는 사람들이 흔들리고 비틀거릴 때에, 땅의 기둥을 견고하게 붙드는 자는 바로 나다"(시편 75:3). 시선을 악인의 형통과 오만에 두지 않습니다. 아삽과 후계자들은 오직 주 하나님께 시선을 드리며 선포합니다: "나는 쉬지 않고 주님만을 선포하며, 야곱의 하나님만을 찬양할 것이다"(시편 75:9).

찬양 사역자들의 하나님은 '야곱'의 하나님이십니다. "야곱의 하나님, 주님께서 한 번 호령하시면, 병거를 탄 병사나 기마병이 모두 기절합니다"(시편 76:6). "야곱의 하나님께 큰 환호성을 올려라. … 야곱의 하나님이 주신 규례이며"(시편 81:1-4). 야곱은 이스라엘 나라와 그 백성을 가리킵니다. 그 나라와 그 백성은 어디서 비롯되었습니까? *생식 기능이 끊어진 야곱의 허리에서 나온 백성이며 나라입니다.* 사람의 혈통과 정과 욕심이 끊어지고, *오직 하나님 은혜로 생겨난 나라이며 백성입니다.* 그러므로 그들의 하나님은 곧 '야곱의 하나님'입니다. 이것이 바로 찬양의 핵심입니다. 베푸신 은혜에 오직 믿음으로 반응하며 우리 심중에 새겨진 하나님 말씀을 하나님께 올리는 것이 찬양입니다. 예수의 피로 세상이 끊어지고, 오직 예수의 이름으로 우리 안에 계신 주의 영이 하늘의 주 여호와를 경배하는 것이 찬양입니다. 이것이 주님 보좌에 상달되어 금 대접에 담기는 하나님이 기뻐하시는 우리의 새 노래, 찬양입니다: "주님께서는 그 두루마리를 받으시고, 봉인을 떼실 자격이 있습니다. 주님은 죽임을 당하시고, 주님의 피로 모든 종족과 언어와 백성과 민족 가운데서 사람들을 사서 하나님께 드리셨습니다. 주님께서 그들을 우리 하나님 앞에서 나라가 되게 하시고, 제사장으로 삼으셨습니다, 그래서 그들은 땅을 다스릴 것입니다"(요한계시록 5:9-10).

"주님께서 듣고 노하셔서, 야곱을 불길로 태우셨고, 이스라엘에게 진노하셨다"(시편 78:21). 주 여호와께서 무엇 때문에 진노하셨습니까? 백성들의 육신적인 말 때문입니다: "하나님이 무슨 능력으로 이 광야에서 먹거리를 공급할 수 있으랴? 그가 바위를 쳐서 물이 솟아나오게 하고, 그 물이 강물이 되게 하여 세차게 흐르게는 하였지만, 그가 어찌 자기 백성에게 밥을 줄 수 있으며, 고기를 먹일 수 있으랴?"(시편 78:19-20). 육신의 희로애락을 기도와 찬양으로 표현할 때, 그것을 받으시는 신은 우상입니다. 그것에 대하여 주 여호와 하나님은 진노하십니다. **인생의 근본 문제는 항상 이것입니다: "네가 나를 너와 같은 줄로 생각하였도다"**(시편 50:21). 이러한 자신을 부인하지 않으면, 기도도 찬양도 할 수 없습니다. 자신을 부인하지 않고 찬양하고 기도하면, 주님께서 듣고 노하십니다.

하나님께서 우리에게 베푸신 은혜에 화답하여 믿음과 사랑과 산 소망을 올려드리는 것이 곧 찬양이며 기도입니다. 옥합이 깨어져 육신의 차원에서 끊임없이 영의 차원으로 방향을 전환하는 것이 회개이며, 깨어진 옥합에서 그리스도의 향기가 퍼져 하늘로 올라가는 것이 찬양입니다. 내가 그리스도와 함께 십자가에 못 박혀 죽기 전에 죽었습니다. 이제는 내가 사는 것이 아닙니다. 내 안에 계신 그리스도께서 우리 믿음을 통해 하늘 아버지께로 나가는 것이 곧 찬양이며 기도입니다. 우리의 혼이 외부에서 내면으로 방향을 전환하여 성령님의 인도를 따라 존재 중심에 계신 주님께로 나가는 것이 바로 찬양이며 기도입니다. 반대로, 자신의 육신을 바라보며 결핍과 부족과 죄의식에 머무는 것이 바로 교만이며 성령님을 슬퍼하게 만드는 것입니다. 지난 것에 집착하여 앞날을 추구하며 도와달라고 하는 것이 바로 주님을 금송아지로 만들어 진노하게 하는 것입니다. 지금 이 순간 여기에, 영원히 현존하시는 하나님 생명과 연결되어 내 모습 이대로 기뻐하며 감사하는 것이 곧 기도이며 찬양입니다. 찬양 사역자 아삽과 그 후계자들은 이 진리를 아는 자들입니다. 그들은 이 땅의 환란을 통과하고 유리 바다가 위에 서서 승리의 노래를 부르며 하나님을 경배하는 이기는 자들입니다.

일곱째 날 – 주야로 15분씩 임재 기도

시편 84-89편

"주의 궁정에서의 한 날이 다른 곳에서의 천 날보다 나은즉 악인의 장막에 사는 것보다 내 하나님의 성전 문지기로 있는 것이 좋사오니"(시편 84:10). 탕자가 집에 돌아갈 수 있었던 근거가 바로 여기에 있습니다: "내 아버지의 그 많은 품꾼들에게는 먹을 것이 남아도는데, 나는 여기서 굶어 죽는구나. … 죄를 지었습니다. 나는 더 이상 아버지의 아들이라고 불릴 자격이 없으니, 나를 품꾼의 하나로 삼아 주십시오"(누가복음 15:17-19).

그런데 집에 돌아와 보니 품꾼도 문지기도 아닙니다. 아버지 보좌 앞에 자녀로 세우시며 아버지 집의 모든 것들이 다 네 것이라고 말씀해 주십니다. 선과 악으로 갈라치기 하는 세상에서는 경험할 수 없는 생명의 세계입니다. 집에 돌아오니 이미 온전하고 의롭고 영광스럽습니다. 자연히 한 가지 마음 한 가지 소원만을 갖게 됩니다: "나는 오직 그 하나만 구하겠습니다. 그것은 한평생 주님의 집에 살면서 주님의 자비로우신 모습을 보는 것과, 성전에서 주님과 의논하면서 살아가는 것입니다"(시편 27:4).

찬양과 경배를 드리는 자들은 삶에서 가장 위대한 것이 무엇인지를 압니다: "만군의 여호와여 주의 장막이 어찌 그리 사랑스러운지요 내 영혼이 여호와의 궁정을 사모하여 쇠약함이여 내 마음과 육체가 살아 계시는 하나님께 부르짖나이다 나의 왕, 나의 하나님, 만군의 여호와여 주의 제단에서 참새도 제 집을 얻고 제비도 새끼 둘 보금자리를 얻었나이다 주의 집에 사는 자들은 복이 있나니 그들이 항상 주를 찬송하리이다"(시편 84:1-4). 내 혼이 본래 있어야 할 자리, 아버지 집과 그 보좌 앞으로 나아가 찬양하고 경배하며 사는 것보다 더 위대한 것이 무엇이겠습니까? 그래서 포로로 잡혀갔다가 돌아온 여호와의 백성들에게, 역대기 저자는 예루살렘 도시와 성전을 메시지의 중심에 놓고 하나님 말씀을 전달합니다. 하나님 말씀에 불복종하여 망했고, 오직 은혜로 다시 집에 돌아왔는데, 이제 어떻게 살 것인가? 그 물음에 대한 답은 오직 하나입니다. 아버지 집 보좌 앞에 머무는 것입니다. 그러면 주 성령께서 기름을 부으시며 모든 것들을 가르치시고 공급하십니다. 이것이 전부입니다.

'나는 생각한다. 그러므로 나는 존재한다'라고 말하며 **생각에 좌지우지되는 존재를 '나'라고 하니, 고통이요 괴로움입니다.** 어떻게 인생이 그 생각을 의롭고 거룩하게 해, 그 결과로 내 존재가 거룩하게 될 수 있겠습니까? 아니면, 반대로 내 존재가 거룩하니 그 생각을 반드시 거룩하게 해야 된다고 할 수 있겠습니까? **오만 가지 생각을 다 거룩하게 만들어 거룩한 존재가 되겠다는 발상 자체가 어리석고 교만한 것입니다.** 그렇게 하면 할수록 그치지 않는 수고 가운데 짐만 더욱 무거워질 뿐이며, 살아남을 수 있는 유일한 길은 바리새인처럼 '안 그런 척'하는 위선뿐입니다.

그런 생각을 멈춰야 합니다. 내 십자가 짊어지고 생각을 의롭고 거룩하게 만들려는 내가 그리스도와 함께 십자가에 못 박혔음을 선포해야 합니다. 이것이 아버지께서 자신의 친아들을 죽이기까지 하시어 베푸신 은혜인데, 이 은혜를 외면하고 또다시 자신의 의로움으로 하나님 앞에 선다면, 주 여호와께서는 진노하십니다. 우리는 오직 은혜로 죽기 전에 죽었습니다. **더 이상 자신의 생각을 거룩하게 할 필요가 없습니다. 죽었기 때문입니다.** 그리스도 안에서 죽었으니, 죽은 내 혼이 하나님과 연합되어 있습니다. 하나님은 생명 자체이시니, 하나님과 연합된 모든 것들이 생명으로 살아납니다. 주님께서 죽은 나를 그리스도 안에서 하나님 향하여 살리시어 숨 쉬게 하시니, 나는 거룩한 것입니다. **주님과 연합하여 한 영 된 나는 그리스도 안에서 이미 거룩하고 의롭습니다.**

'나는 그리스도 안에서 존재합니다. 그러므로 나는 생각합니다.' 그 생각을 통해 하나님 말씀이 나타나니, 영의 생각입니다. 그 생각을 통해 거룩과 의로움이 온몸으로 전달되니, 생명과 평강을 느낍니다. 샬롬, 즉 하나님의 질서가 생각과 감정과 신체 가운데 나타난 것입니다. 들숨과 날숨 숨결에 하나님 생명을 느낍니다. 지금 이 순간 여기에 주님 생명과 연결되어 나와 세상을 바라보니, 이 모습 이대로 괜찮습니다. 나는 무nothingness입니다. 나는 텅빔emptiness입니다. 나는 정지됨stillness입니다. **내 육신의 겉모습 가운데 그리스도가 나타나시니, 내 형편 내 처지 그대로 아름답습니다.** 말씀이신 그리스도가 생각을 통해 나타나시니, 그것이 곧 영의 생각이며 그 결과로 생명과 평강이 온몸으로 전달됩니다. 눈물 골짜기를 지나도, 샘물이 솟아나 마시며 가을비도 샘물을 가득 채웁니다(시편 84:6). 이 땅의 천국입니다.

시편 88편은 마치 욥이 고난의 한복판에서 부르짖는 것 같습니다. 예레미야애가에 나오는 슬픈 탄식 같기도 하고, 사망의 음침한 골짜기를 지나는 우리들 인생 같기도 합니다: "오직 어둠만이 나의 친구입니다"(시편 88:18). 그러나 주 여호와 앞에서는 어둠과 빛이 동일하기에, 우리는 주의 언약을 붙잡고 말씀대로 생각하고 말합니다: "내가 여호와의 인자하심을 영원히 노래하며 주의 성실하심을 내 입으로 대대에 알게 하리이다 내가 말하기를 인자하심을 영원히 세우시며 주의 성실하심을 하늘에서 견고히 하시리라"(시편 89:1-2). 주님께서 화답하십니다: "나는 내가 택한 자와 언약을 맺으며 내 종 다윗에게 맹세하기를 내가 네 자손을 영원히 견고히 하며 네 왕위를 대대에 세우리라 … 내가 내 종 다윗을 찾아내어 나의 거룩한 기름을 그에게 부었도다"(시편 89:3-4, 20).

당시의 사람들에게 있어서, 예루살렘성이 불타고 성전이 파괴되는 것은 다윗 언약이 깨지는 것과 같습니다. 제자들에게 있어서, 예수의 십자가 죽음은 하나님의 실패와 같습니다. 인간의 모든 선한 욕망이 산산조각 났습니다. 그들은 큰 슬픔 가운데 탄식합니다: "주님께서 모든 인생을 얼마나 허무하게 창조하여 주셨는지를 기억해 주십시오. … 다윗과 더불어 맹세하신 그 첫사랑은 지금 어디에 있습니까?"(시편 89:47-48). 그러나 언약 아래 있기에, 결론은 이것입니다: "주님, 영원토록 찬송을 받으십시오. 아멘"(시편 89:52). 죽어도 하나님과 연합하여 죽었기에, 절망을 하여도 생명과 연합하여 절망하기에, 오직 은혜로 산 소망을 갖습니다. 생명 강가가 펼쳐진 아버지 집, 보좌 앞입니다.

주일: 역대상 18:1-22:1; 시편 90-106편

· 인구 조사와 후폭풍 가운데 하나님의 성전 자리를 발견합니다.

· 새로운 인류의 출현을 고대합니다(시편 102:18).

· 포로로 잡혀갔다가 돌아온 백성들이 그 길을 준비합니다.

월: 역대상 22:2-19; 시편 107-118편

· 다윗은 거룩한 땅 확보, 솔로몬은 성전 건축, 주님은 쉼을 주십니다.

· 성전은 세상과 구별되어 하나님의 안식이 머무는 곳입니다.

· 여호와께 감사하라. 주의 선하심과 인자하심이 영원하도다.

화: 시편 119편

· 내 눈을 열어서 주의 율법에서 놀라운 것을 보게 하소서!!

· 고난을 당한 것이 내게 유익함은, 이로 인해 말씀을 배웠기 때문입니다.

· 말씀은 영이요 생명이요 하나님입니다.

· 말씀으로 거듭난 우리들은 영이요 생명이요 하나님의 자녀입니다.

수: 역대상 23-29장

· 다윗과 백성은 마음을 다하고 목숨과 힘을 다해 성전 건축 준비를 합니다.

· 그들은 건축에 필요한 예물을 온 힘을 다해 바칩니다.

· 믿음으로 볼 때, 성전 건축 준비는 우리 심중에 준비되는 성전입니다.

목: 시편 120-134편

· 고통과 괴로움은 구원의 메신저입니다. 성전을 향해 순례길에 나서는 그들에게, 이미 메신저를 보내신 주 하나님의 응답이 함께합니다. 우리 혼이 집(성전)으로 돌아가 안식합니다.

금: 시편 135-150편

· 주님을 직관하는 내 영이 짓눌리고, 주님을 의식하는 내 혼은 핍박당합
  니다.

· 존재 중심으로 가면 갈수록 내 혼이 죽기 전에 죽어 주님과 연합되었고,
  주와 한 영 되어 살아났음을 의식하게 하십니다.

토: 역대하 1-9장

· 하나님 임재 자리에서, 과거는 삭제되고 재구성됩니다.

· 눈에 보이는 성전 너머에, 내 안의 성전에 계신 하나님 영광!

· 성전 된 우리를 통하여 주 예수님 이 땅에 다시 오십니다.

예루살렘과 성전은 혼이 본래 있어야 하는 아버지 집과 보좌를 상징합니다

이번 주 성경 읽기는 다윗과 솔로몬의 성전 건축 준비와 완성 그리고 시편의 4권과 5권을 읽습니다. 역대기 저자가 포로로 끌려갔다가 돌아온 백성들에게 전하는 메시지는 다윗 왕국과 성전입니다. 시편 4권과 5권 또한 포로기 백성들을 향하여 그리고 돌아와 성전을 건축하고 성벽을 세운 백성들에게 전하는 메시지인데, 핵심 내용은 성전과 보좌 그리고 하나님 말씀입니다. 역대기도, 시편 4, 5권도 하나님 나라와 그 보좌를 지향합니다.

시편 4권의 시작인 모세의 기도입니다: "주님 앞에서는 천 년도 지나간 어제와 같고, 밤의 한 순간과도 같습니다. …우리에게 우리의 날을 세는 법을 가르쳐 주셔서 지혜의 마음을 얻게 해 주십시오. 주님, 돌아와 주십시오. … 우리를 괴롭게 하신 날 수만큼, 우리가 재난을 당한 햇수만큼, 우리에게 즐거움을 주십시오"(시편 90:4-15). 모세의 기도는 천 년의 세월을 지나 포로로 잡혀갔다가 돌아온 당시 청중들의 삶의 정황을 생생하게 대변합니다. 삶은 고통의 바다 같기에, 천 년 전 광야에서의 부르짖음과 포로기 이후의 백성들의 고통의 부르짖음이 어찌 다르겠습니까? 남은 날수가 10년혹은 30년이라면, 앞으로 10년 혹은 30년 세월을 연단받으며, 때로는 맹렬히 타는 풀무불에 떨어질 것입니다. 그러나 그때도 주 예수님은 주의 백성들과 함께하십니다: "보아라, 내가 보기에는 네 사람이다. 모두 결박이 풀린채로 화덕 안에서 걷고 있고, 그들에게 아무런 상처도 없다! 더욱이 넷째 사람의 모습은 신의 아들과 같다!"(다니엘 3:25). 이방 나라 왕의 눈에도 여호와의 백성들 가운데 그리스도가 함께 계신 것이 보입니다. 여호와의 백성들은 하나님의 아들과 함께 이 땅에 남은 날 수만큼 연단을 받으며 정금같이 빚어집니다. 이것이 구약이며, 구약에서 얻을 수 있는 지혜의 마음입니다.

반면에, 신약에서 얻을 수 있는 지혜의 마음은 무엇입니까? 새 언약의 빛 비추임을 받으며 그리스도 안에 있는 하나님 자녀들에게는 남은 날수가 얼마입니까? 지혜와 계시의 영이 임하여 하나님을 만나니, 마음의 눈이 열려 부르심의 소망을 알게 하십니다(에베소서 1:17-18). **남은 날수를 계산하는 법을 깨달아 헤아리니, 내 남은 날 수가 제로입니다. 없습니다. 내가 그리스도와 함께 못 박혀, 죽기 전에 죽었기 때문입니다.** 내가 사는 것 아닙니다. 내 안에 그리스도 사십니다. 정금으로 빚어지는 것이 아니라, 내가 정금 그 자체이신 주님과 연합하여 한 영 되었으니 이미 정금입니다. 죽었으니, 연단이 끝났고 안식 가운데 있습니다. 몸(생각, 감정, 신체)의 환란과 풍파는 이미 지나간 것이요 지나는 것일 뿐입니다(고린도후서 5:17). 우리는 이미 거룩하고 이미 의롭습니다(로마서 8:30). 우리는 정금 그 자체로 존재합니다. 지금 이 순간 여기가 곧 천국입니다. 비록 지금 육체 가운데 있어도, 내 혼은 본래 있어야 할 자리로 돌아와 아버지 집 보좌 앞에 머뭅니다. 이것이 십자가를 통해 하늘 아버지께서 우리에게 베푸신 은혜입니다. 오직 믿음으로 이 은혜를 덧입어 오직 말씀대로 생각하고 말하고 느끼고 행동합니다. 이것이 신약에서 얻을 수 있는 지혜의 마음입니다.

포로로 잡혀갔다가 돌아온 자들의 혼은 깨어지고 부서졌고, 그로 인해 그들의 영이 압제되어 있는 것을 의식하며 부르짖습니다. 그들 눈앞에 보이는 것은 초라한 스룹바벨의 성전이지만, 그들의 심중에는 귀로 들려오는 다윗과 솔로몬의 성전 건축 준비와 완성을 통해 하나님의 임재와 하나님의 나라에 대한 갈망이 사무칩니다. 우리 혼이 창조 본래의 자리인 아버지 집 보좌 앞에 서기까지는 쉼을 얻지 못합니다. B.C. 450년 전후의 주의 백성들은 다윗의 왕국과 솔로몬의 성전을 통하여 끊임없이 아버지 집과 보좌를 갈망합니다. 새 언약의 빛을, 자신들도 모르게 영으로 간절히 사모합니다.

피조물이 조물주 면전에서 조물주를 나타내며 다스리는 에덴 동산입니다. 말씀에 불순종하고 보이는 것을 따라 스스로 주체되어 자신의 생각으로 사니, 그 동산을 잃어버립니다. 수치와 죄책감을 덮기 위해, 주님께서 동물의 피를 흘려 옷을 지어 주십니다. 늘 그 본향을 사모하고 갈망하며 쉼을 얻지 못하고 사는 인생입니다. **돌아가기 위해서는 죽기 전에 죽어야 합니다.** 외부에서 내면으로 방향을 전환하여 주의 영 인도를 받아 존재 중심으로 나아가면 나아갈수록, 내 혼이 죽었음을 의식합니다. 주 예수께서 못 박히신 그 십자가에 나 자신도 함께 못 박혔음을 알게 하십니다. 그리고 그리스도와 연합하여 한 영 되어 하나님을 향해 살아났음을 동시에 의식하게 하십니다.

초월하신 조물주께서 이 땅에 거하시며 우리 인생을 만나 쉼을 주시기 위해 광야에 성막을 짓게 하시고 친히 임재하십니다. 쉼을 주십니다. 왕국에 성전을 짓게 하십니다. 임재하시어 쉬게 하십니다. 백성들이 성전을 더럽힘으로 인해 떠나셨으나, 주님은 다시 돌아올 것이라고 약속하시며 '너희도 나에게로 돌아오라' 하십니다. 포로로 잡혀갔다가 돌아온 그들은 성전을 재건하고 주님께서 다시 돌아오기를 갈망합니다. 페르시아-그리스-로마를 시대 배경으로 그들은 주 여호와의 영광이 돌아오기를 갈망하고 또 갈망합니다. 그들의 자녀 세대는 구약이 끝나고 새 언약의 빛이 비추이길 간절히 소망하는 구약과 신약의 중간지대에 위치합니다. 그들은 보이는 대로 생각하고 말하는 것을 멈추고 오직 믿음으로 주의 말씀대로 말하고 생각하고 살아야, 말씀이 육신 되어 오시는 주님을 바로 보게 될 것입니다. 오직 믿음, 오직 말씀, 오직 은혜입니다.

첫째 날 – 주야로 15분씩 임재 기도

역대상 18:1-22:1; 시편 90-106편

하나님께서 다윗과 영원한 언약을 맺으신 이후, 18-20장에서는 다윗의 승전소식을 기록합니다. 이것은 사무엘기하 7장에서 다윗의 영원한 언약 이후, 8-10장에서 하나님께서 다윗이 어디로 가든지 이기게 하시는 내용과 같습니다. 그런데 역대상은 그 이후 갑자기 인구 조사가 나옵니다(역대상 21장). 다윗의 범죄와 죄의 열매로 나타나는 자녀 세대의 성폭력과 살인 그리고 쿠데타를 전하는 사무엘기하 13-20장 스토리가 다 삭제됩니다. 왜?

하나님의 뜻대로 부르심을 받아 하나님을 사랑하는 자들에게는, 이 모든 것들이 함께 작동하여 하나님의 뜻을 이룹니다(로마서 8:28). 하나님께서 그 뜻을 이루셨으면, 이전의 선과 악은 다 지나갔고 생명만 존재합니다. 그리스도 안에서 새로운 피조물입니다. 그러므로 용서받은 죄들을 다시 언급할 필요가 없습니다. **용서받은 은총만 남고, 그 사랑의 메모리가 과거를 재구성합니다. 재구성된 이야기의 핵심은 언제나 '아버지 집 보좌 앞'입니다.** 이것이 포로로 잡혀갔다가 돌아온 언약의 백성에게 전하는 역대기의 메시지입니다. 천국에서는 나의 약점과 범죄가 더 이상 언급되지 않습니다. 그것은 지금 이 순간 여기에 영원한 생명과 연결된 하나님 임재 자리에서도 동일합니다. 우리의 하나님 임재 자리는 하나님 보좌 앞입니다. 거룩과 의와 온전함과 영광만 있을 뿐입니다. 오만 가지 생각들이 여전히 나를 정죄하여도 상관없습니다. 이미 죽기 전에 죽었고, 그 생각들은 진리도 아니고 나도 아니고 실재도 아니기 때문입니다. 그리스도 영 안에 있는 나는 이미 거룩하고 의롭습니다.

합력하여 선을 이루듯 풍파를 통해 다시금 정금같이 된 다윗입니다. 이 땅에 하나님의 집을 짓기 위한 구체적인 작업으로 들어가기 전에, 주 여호와께서 쿠데타로 인한 남북전쟁 이후 회개하지 않는 백성들을 징계하시기 위해 다윗을 충동하여 인구 조사를 하게 합니다. 이것이 사무엘기하 24장의 인구 조사 동기입니다. 그런데 역대상에서는 하나님이 아닌 사탄을 언급합니다: "사탄이 이스라엘을 치려고 일어나서, 다윗을 부추겨, 이스라엘의 인구를 조사하게 하였다"(역대상 21:1). 새 언약 십자가에서 사탄의 머리가 부서지기 전에는, 사탄은 하나님 앞에 나아가 하나님 백성을 해코지하곤 했습니다: "하루는 하나님의 아들들이 와서 주님 앞에 섰는데, 사탄도 그들과 함께 서 있었다"(욥기 1:6).

이 맥락에서 볼 때에, 사탄이 다윗을 해코지했고 하나님은 그것을 허용하십니다. 사무엘하는 하나님의 허용의 관점에서 기술하고, 역대상은 사탄의 해코지 관점에서 기술합니다. 그리고 역대기 저자가 이 사건을 통해 전하는 메시지의 핵심은, 이러한 환란과 연단을 통해 하나님께서 준비하신 성전 터를 발견한다는 것입니다(역대상 22:1). 하나님의 뜻대로 부르심을 받아 하나님을 사랑하는 자들에게는 언제나 합력하여 하나님의 뜻이 성취된다는 이와 같은 메시지는, 포로로 잡혀갔다가 돌아와 '여전히 하나님은 우리를 사랑하시는가' 묻는 역대기 청중들에게 확신을 줍니다. 그리고 동시에 보이는 대로 사는 것이 아닌, 의인은 오직 믿음으로 산다는 고백을 하게 합니다.

주님은 역대기를 통해 지금 우리에게 동일한 믿음과 은혜를 주십니다. 그리고 동시에, 새 언약의 십자가를 통과한 우리들에게는 더 이상 사탄이 하나님 보좌에 나아가 우리를 참소하지 못한다는 것 또한 기억하게 하십니다. 십자가에서 머리가 부서진 사탄과 그 무리들이 땅으로 내쫓겼기 때문입니다(요한계시록 12:8-9). 그리스도 안에서는 더 이상 정죄함이 없습니다. 사탄의 참소는 단지 속임수일 뿐입니다. 이러한 우리는 그리스도 안에서 하나님과 화해한 새로운 피조물, 영적 존재입니다. 시편 기자는 이러한 새로운 인류의 출현을 고대합니다: "이 일이 장래 세대를 위하여 기록되리니 **창조함을 받을 백성이 여호와를 찬양하리로다** … 천지는 없어지려니와 주는 영존하시겠고"(시편 102:18-26). 포로로 잡혀갔다가 돌아와 성전을 재건축하고 새 언약을 바라보는 백성들에게 '나는 누구인가' 반문하며 진정한 자신을 발견케 하는 말씀입니다. 나라와 땅과 하늘은 사라져도, 그들의 하나님은 영원히 현존하십니다. 지금 이 순간 여기에, 나는 바로 그 하나님의 생명과 연결되어 존재합니다. 그리스도 안에서 새로운 피조물의 출현을 소망하며 미리 기뻐합니다: "새 노래로 여호와께 찬송하라 그는 기이한 일을 행하사 그의 오른손과 거룩한 팔로 자기를 위하여 구원을 베푸셨음이로다"(시편 98:1).

시편은 150편의 시로 구성되었는데, 모세 5경을 따라 B.C. 5-3세기에 5권의 책으로 편집을 합니다. 오늘 읽은 90-106편은 모세 5경의 네 번째 책 민수기에 해당됩니다. 광야 40년의 방황을 통해 연단을 받고 약속의 땅으로 향하는 주의 백성들입니다. 주 여호와는 어제나 오늘이나 내일이나 언제나 동일하십니다. 모세의 출애굽부터 천 년의 세월이 지나 포로로 잡혀갔다가 돌아온 백성들에게 있어서까지, 언제나 주님은 신실하시고 동일하십니다. 광야의 백성들이 약속의 땅에 들어갔듯이, 그들도 '그리스도 안으로' 들어갈 것입니다. 고난 속에 산 소망을 노래하는 시편 4권은 모세의 기도로 시작합니다: "주의 목전에는 천 년이 지나간 어제 같으며 밤의 한순간 같을 뿐임이니이다 … 주께서 행하신 일을 주의 종들에게 나타내시며 주의 영광을 그들의 자손에게 나타내소서"(시편 90:4-16).

풀처럼 덧없는 인생, 티끌로 돌아갈 사람입니다. 영원히 현존하시는 주 여호와 하나님께서 그런 인생과 함께하시니, 새로운 피조물 되어 하나님과 영원토록 현존할 것이기에, 찬양으로 시편 4권은 마칩니다: "할렐루야 여호와께 감사하라 그는 선하시며 그 인자하심이 영원함이로다 … 그들을 위하여 그의 언약을 기억하시고 … 여호와 이스라엘의 하나님을 영원부터 영원까지 찬양할지어다 모든 백성들아 아멘 할지어다 할렐루야"(시편 106:1-48).

둘째 날 - 주야로 15분씩 임재 기도

역대상 22:2-22:19; 시편 107-118편

성전터를 발견한 다윗에게 주님은 말씀하십니다: "너는 피를 심히 많이 흘렸고 크게 전쟁하였느니라 네가 내 앞에서 땅에 피를 많이 흘렸은즉 내 이름을 위하여 성전을 건축하지 못하리라"(역대상 22:8).

이것은 주님께서 다윗과 영원한 언약을 맺을 때 하신 말씀인데, 역대기 저자는 여기서 구체적인 이유를 밝혔습니다. 즉 사명이 다르다는 것입니다. 성전 건축의 주체는 다윗도 솔로몬도 아닙니다. 주 여호와 하나님이십니다. 주님께서 다윗에게는 '하나님의 거룩하심을 나타내는 거룩한 전쟁'의 사명을 주셨습니다. 그래서 다윗은 땅에 많은 피를 흘리며 그 사명을 완수했습니다. 반면에, 주님은 자신이 거할 이 땅의 성전 건축은 피를 흘리지 않은 자를 통해 하십니다. 그러므로 그 사명을 감당할 자로 솔로몬을 선택하신 것입니다: "보라 한 아들이 네게서 나리니 그는 온순한rest 사람이라 내가 그로 주변 모든 대적에게서 평온rest을 얻게 하리라 그의 이름을 솔로몬이라 하리니 이는 내가 그의 생전에 평안과 안일함을 이스라엘에게 줄 것임이니라 그가 내 이름을 위하여 성전을 건축할지라"(역대상 22:9-10).

다윗과 솔로몬이 서로 다른 사명을 간직했음을 통해서, **'성전'의 본질**이 무엇인지를 알 수 있습니다. 거룩한 전쟁을 통해 사람의 저주를 끊고 하나님의 은혜를 베푸시는 '거룩한 땅, 약속의 땅'을 확보합니다. 여기까지 다윗의 사명입니다. 그리고 그 터 위에 하나님의 집을 짓고 이 땅에 쉼/안식을 허락합니다. 평화의 왕 솔로몬의 사명입니다. 즉, **성전은 세상과 구별되어 하나님의 쉼/안식이 머무는 곳입니다**: "여러분은 하나님의 성전이며, 하나님의 성령이 여러분 안에 거하신다는 것을 알지 못합니까?"(고린도전서 3:16). 즉 우리들은 세상과 구별되었고, 하나님과의 관계에서 비롯된 쉼/안식이 있는 자들입니다. 쉼을 얻으려고 세상을 기웃거릴 필요가 전혀 없는 존재입니다. 외부에서 내면으로 방향을 전환하여 내 존재 중심에 계신 주님께로 향하기만 하면 됩니다. 그러면 주 성령께서 모든 것을 가르치시며 공급해 주십니다. 절대 안식으로 인도해 주십니다.

"여호와께 감사하라 그는 선하시며 그 인자하심이 영원함이로다 여호와의 속량을 받은 자들은 이같이 말할지어다 여호와께서 대적의 손에서 그들을 속량하사 동서남북 각 지방에서부터 모으셨도다"(시편 107:1-3). 속량을 받았다는 것은, 죄사함을 받아 우리 혼이 본래 있어야 할 자리로 돌아왔다는 뜻입니다. 즉 우리 혼이 그리스도 영 안, 보좌 앞에서 절대 안식을 갖는다는 의미입니다. 시편 107편은 '그들이 그 고난 가운데서 주님께 부르짖을 때에, 주님께서 그들을 그 고통에서 건지시고'라는 말씀을 네 번 반복합니다(6, 13, 18, 28절). 그리고 그 결과로 여호와의 인자하심을 깨달아 감사하고 찬양한다는 말씀도 네 번 반복됩니다. 고통과 괴로움은 구원의 메신저이며, 이로 인해 부르짖어 죄사함 얻고 우리 혼이 본래 있어야 할 자리 아버지 집 보좌 앞에 머무는 것이 곧 믿음의 목표인 혼의 구원을 받는 것입니다(베드로전서 1:9).

시편 107-150편은, 시편 다섯 권의 책들 중에 5권째 책이며 모세 5경의 신명기에 해당됩니다. 편집시기는 역대기와 비슷합니다. 포로로 잡혀 갔다가 돌아와 성전을 재건하고 오실 메시야를 기다리는 삶의 정황입니다. 내용은 구원받아 아버지 집 보좌 앞에 있는 주의 자녀로서 하나님을 찬양하는 것입니다. 107편은 이와 같은 5권의 시작을 알리는 팡파르입니다. 107-150편 전체에 걸쳐 '고난-구원-찬양'의 패턴이 반복됩니다. 오늘 읽는 107-118편에서는, 이와 같은 패턴에서 인생의 의미를 해석합니다. 그 결론은 118편 마지막 절에 나옵니다: "여호와께 감사하라 그는 선하시며 그의 인자하심이 영원함이로다"(시편 118:29). 그 결론에 근거하여 우리의 심중이 확정됩니다: "하나님이여 내 마음을 정하였사오니 내가 노래하며 나의 마음을 다하여 찬양하리로다 비파야, 수금아, 깰지어다 내가 새벽을 깨우리로다"(시편 108:1-2).

하나님을 아는 자들의 공통적인 말은 이것입니다: "사람의 구원은 헛됨이니이다. 우리가 하나님을 의지하고 용감히 행하리니 그는 우리의 대적들을 밟으실 자이심이로다"(시편 108:13). 여호와를 경외하며 그의 계명을 크게 즐거워하는 자는 복이 있습니다. 그의 후손이 땅에서 강성하며, 부와 재물이 그의 집에 있습니다(시편 112:1-3). 고통과 괴로움이 주님이 보내신 메신저인 줄 알아 부르짖어 속량을 받은 자의 가슴에 새겨진 말씀은 이것입니다: "건축자가 버린 돌이 집 모퉁이의 머릿돌이 되었나니 이는 여호와께서 행하신 것이요 우리 눈에 기이한 바로다"(시편 118:22-23). 주님께서 말씀하시는 오늘이라는 이날은, 주 여호와께서 구별하여 우리에게 주신 날입니다. 그러므로 우리는 이날에 기뻐하고 즐거워합니다(시편 118:24). 지금 이 순간 여기에, 영원히 현존하시는 하나님 생명과 연결하여 들숨 날숨 숨결에 하나님 생명을 호흡하니, 내 모습 내 형편 이대로 아름답습니다. 주님께서 주신 이날을, 기뻐하고 즐거워합니다. 먹고 마심이 기쁘고 내 하는 일이 즐겁습니다. 하나님 임재 가운데 경험하는 이 땅의 천국입니다.

셋째 날 – 주야로 15분씩 임재 기도

시편 119편

모세 5경의 분류를 따라 다섯 번째 책 신명기의 범주에 속하는 시편 107-150편의 핵심사상은 '하나님 말씀'입니다. 그리고 오늘 읽는 시편 119편은 하나님 말씀에 대한 열정을 표현합니다. 176절 각 절마다 말씀(율법, 증거, 주의 도, 법도, 율례, 길, 계명, 주의 판단, 규례, 교훈, 주의 심판, 주의 신실함, 주의 공의, 보증, 주의 이름)을 모두 사용했고, 8절마다(8x22=176) 22개의 히브리어 알파벳이 차례대로 첫 단어에 나타납니다. '하나님 말씀'에 대한 지극한 정성은 경이로울 뿐입니다. 시대 배경은 역대기-에스라-느헤미야 때로 추정됩니다.

고난은 구원의 메신저입니다. 고난으로 인해 다시금 이집트/바빌론으로 가서 죄와 사망으로 끝날 수도 있고, 아니면 하나님의 뜻을 구하며 전심으로 하나님을 향하여 생명을 발견할 수도 있습니다. 119편 저자는 고난의 삶의 정황 가운데, 하나님을 향하며 부르짖습니다: "내 눈을 열어서 주의 율법에서 놀라운 것을 보게 하소서"(119:18). 자신의 혼이 지금 먼지에 달라붙었으니, 살려달라고 탄원합니다(119:25). 흙/먼지에서 왔으니 먼지로 돌아가는 것은 땅의 존재의 운명입니다. 고난이 심해 죽기 직전이니, 주 여호와를 경외할 수 있도록 주의 말씀으로 자신을 제발 살려달라는 간구입니다(119:38).

그는 주의 말씀이 고난 중의 자신을 살리신 것을 이미 경험하여 알고 있기에, 전심으로 매달릴 수 있습니다(119:50). 여호와는 자신의 분깃이며 자신의 소유는 곧 주의 법도들을 지킨 것입니다(119:56-57). **하나님 말씀에 사로잡힌 경험이 있기 때문에, 지금 고난 중에 있는 자신을 주의 말씀으로 완전히 사**

로잡아 달라고 부르짖습니다. 고난을 당하기 전에는 자신이 그릇 행했는데, 이제는 그 고난으로 인해 주님께로 완전히 돌아섰음을 선언합니다(119:71). 주의 법이 자신의 즐거움이 되지 않았다면, 그는 자신의 고난 중에 멸망하였을 것이라고 고백합니다(119:92). 주의 말씀은 캄캄한 고난의 한복판에서 발에 등이요 길에 빛입니다. 그 말씀을 지키므로 이제는 자신의 명철함이 노인보다 낫습니다(119:105, 100). 주의 법을 사랑하며, 두 마음을 품은 자들을 미워합니다(119:113). 새벽마다 부르짖으며 주의 말씀을 사모합니다. 하루 일곱 번씩 주를 찬양합니다(119:147, 164). 주의 말씀을 사모하여, 입을 벌리고 헐떡이기까지 합니다(119:131). 주의 말씀대로 말하고 생각하고 행동하게 빚어달라고 간구합니다. 한마디로, 자신의 혼을 구원해 달라는 탄원입니다(119:169, 175). 그의 마지막 말은 이것입니다: "잃은 양같이 내가 방황하오니 주의 종을 찾으소서 내가 주의 계명들을 잊지 아니함이니이다"(119:176).

포로로 잡혀갔다가 돌아온 신실한 자들이 고난의 한복판에서 하나님 말씀을 붙잡고 하나님께 부르짖는 시편 119편입니다. 좁은 문 들어가 좁은 길 가며 그 끝에 있는 '하나님 생명'을 희미하게 바라보며 탄원합니다. 따라서 말씀의 유익을 알고 그로인한 즐거움도 있지만, 아직은 말씀으로 인한 생명 그 자체에는 미치지 못한 당시의 주의 백성들입니다. 그토록 말씀을 소중히 여기고 자신의 목숨 보다 더 소중히 여겨도, 여전히 말씀의 본질에 닻을 내리지 못합니다. 다만 새 언약의 그 빛을 향하며 그 길을 준비하는 신실한 주의 백성들입니다.

태초에 말씀이 계십니다. 그 말씀은 하나님과 함께 계셨는데, 그 말씀은 하나님이십니다. 하나님은 영이요 생명이십니다. 따라서 그 말씀은 영이요 생명입니다. 천지를 창조하기 이전에, 말씀은 하나님과 함께 계셨습니다. 하나님은 말씀으로 온 우주 만물을 창조하셨습니다. 그리고 그 말씀으로 창조 세계를 보존하십니다. 창조된 모든 것들이 말씀에서 생명을 얻는데, 그 생명은 사람들의 빛입니다. 그 말씀은 육신이 되어 우리 가운데 사십니다(요한복음 1:1-4, 14). 하나님은 그 육신에 죄의 선고를 내리십니다 (로마서 8:3). 즉 말씀이신 예수께서 우리 죄를 대신하여 하나님 앞에 서심으로 저주를 받으신 것입니다. 그리고 우리를 속량하십니다.

우리는 말씀과 함께 죽고 말씀과 함께 살아나 하늘에 말씀과 함께 앉힘을 받습니다(로마서 6:8; 에베소서 2:6). 즉 우리는 죽기 전에 죽었고, 그 말씀으로 다시 살아난 영이요 생명이요 말씀입니다. 우리가 다시 태어난 것은, 썩을 씨로 그렇게 된 것이 아니라, 썩지 않을 씨 곧 살아 계시고 영원하신 하나님의 말씀으로 그렇게 된 것입니다(베드로전서 1:23). 그 결과, 존재의 뿌리, 생명의 근원에서 우리 삶이 다시 시작되었고, 생명의 책에 우리 존재가 기록되어 있습니다(요한계시록 20:12). 예수님 말씀으로 인해, 우리 혼이 본래 있어야 할 창조 본연의 자리로 돌아온 것입니다. 아버지 집 보좌 앞입니다. '내 눈을 열어서 주의 율법에서 놀라운 것을 보게 하소서' 이러한 시편 기자의 탄원은, 우리가 말씀이신 예수님을 만나야 비로소 알 수 있습니다. 즉 그것은, 우리 혼이 아버지 집으로 돌아와 보좌 앞에서 주의 영광을 보며 그리스도와 함께 상속받은 아버지 집의 모든 것을 오직 믿음으로 누리는 것입니다. 우리가 지금 육체 가운데에 있는 것은, 우리 안에 계신 그리스도를 믿는 믿음으로 존재하여 그 말씀을 나타내는 것입니다.

이 믿음으로 읽을 때, 우리는 시편 119편 말씀이 이미 성취되어 그리스도 안에서 새로운 피조물로 존재한다는 것을 깨닫습니다. 내 안에 계신 그리스도이십니다. 그분으로 인한 '진정한 나'는 이미 거룩하고 의롭다는 것을, 내 혼이 의식하게 됩니다. 고난이 구원의 메신저가 되어 주의 말씀대로 생각하고 말하고 행동하니, 그 말씀이 이렇게 참구원의 자리로 우리를 인도해 주십니다. **생각을 거룩하게 하려고 애쓰지 않습니다. 이미 거룩하고 의로운 내 안의 말씀이 생각을 통해 나타나시도록, 우리 자신을 열고 허용하고 말씀대로 말하고 행동합니다.** 이것이 새 언약 가운데 우리에게 전해진 하나님 말씀입니다.

넷째 날 - 주야로 15분씩 임재 기도

역대상 23-29장

다윗의 통일왕국은 종교와 정치가 하나인 제정일치의 사회입니다. 다윗 왕은 생애 마지막 모든 열정을 성전 건축을 위한 준비에 쏟아부었습니다. 따라서 당연히 종교와 정치 그리고 군대의 모든 조직이 총동원되고 재정비됩니다. 이러한 내용이 역대상 23-27장에 기술됩니다.

먼저 성전에서 섬기는 레위인들에 관하여 23-26장에 걸쳐 자세히 기술합니다. 그들을 24반열로 조직하여, 각 반열은 1년에 두 번 일주일간 매일 성전에서 봉사하고 안식일에 교대합니다. 그리고 3대 절기인 유월절, 맥추절, 장막절에는, 모두 예루살렘에 올라와 함께 사역을 합니다. 레위 지파 중에서 아론의 후손만 제사장이 될 수 있습니다. 제사장도 24반열로 조직됩니다. 그들의 중요 업무는 율법을 백성들에게 해석하고 가르치는 것과 주님 앞에 분향하고 온전한 번제를 드리는 것입니다. 성전 찬양대와 성전 문지기도 24반열로 조직됩니다. 27장은 정치와 군사 구조도 정비되는 것을 보여 줍니다. 2만 4천 명씩 12반열로 나누어 한 달씩 근무합니다. 각 지파의 영도자들 명단과 왕실 재산 관리자와 다윗 개인의 고문명단도 나열됩니다.

주 여호와 하나님의 집을 짓기 위한 준비를 통하여, 다윗과 백성들 모두가 얼마나 마음을 다하고 목숨을 다하고 뜻과 힘을 다하여 주님을 사랑하며 그 일에 집중하는지를 엿볼 수 있습니다. 그런데 이러한 내용을 보고 듣는 1차 청중은 포로로 잡혀갔다가 돌아온 B.C. 5세기 유대인들입니다. 저렇게 하여 만든 성전을 왕들과 백성들이 더럽혔고, 주 여호와는 그러한 성전에 계시지 않았습니다. 그 결과로, 성전은 파괴되고 그들 조상은 바빌론으로 잡혀갔습니다. 그리고 후손들은 이제 고국으로 돌아와 성전을 짓고 성벽을 재건하고 있습니다. 여기서 우리는 묻습니다. 저 1차 청중들은 다윗-솔로몬의 영광의 재현을 꿈꾸고 있는 것일까? 보이는 것에 집착하여 그것을 실현하고자 추구한다면, 그들은 쉽게 낙심할 것입니다. 그들의 형편과 처지 가운데 낙심하지 않을 길은 하나뿐입니다. 자신들의 최초 조상 아담을 지으신 분 하나님을 자신들의 시작으로 보는 것뿐입니다. 좁은 문 들어가 좁은 길 가며 그 끝에 계신 하나님만 주목할 때에, 다윗의 성전 건축 준비 가운데 베푸시는 하나님 은혜에 닿을 수 있습니다. 그때는 극소수만이 그 생명을 발견하고 누릴 수밖에 없었습니다. 대부분은 보이는 것을 따라 업 앤 다운을 거듭할 수밖에 없습니다.

그러나 지금은 다릅니다. 새 언약의 빛 가운데, 다윗 왕국의 성전 건축 준비는 곧 예수님의 영원한 그리스도의 나라를 의미한다는 것을 '누구든지' 다 알고 있습니다. 그래서 주 예수님은 말씀하십니다: "여자가 낳은 사람 가운데서 세례자 요한보다 더 큰 인물은 없었다. 그런데 하늘 나라에서는 아무리 작은 이라도 요한보다 더 크다"(마태복음 11:11). 새 언약의 서신서 에베소서를 통해, 우리는 성전인 교회가 어떻게 건축되고 있는가를 구체적으로 보고 듣습니다.

그리스도 안에 있는 우리가 성전입니다. 우리 혼이 본래 있어야 할 자리, 아버지 집 보좌 앞으로 돌아왔습니다. 우리는 더 이상 우리 몸(생각, 감정, 신체)을 '나'라고 하지 않습니다. 우리 혼이 집으로 돌아와 하나님과 연합하여 한 영 됨을 '나'라고 말합니다. 하나님을 경험하고 하나님을 나타내는 존재를 '나'라고 말합니다. 내 안에 살아 계신 그리스도이십니다. 우리가 육체 가운데 있으므로 인해, 그리스도께서 이 땅에 나타나십니다. 하늘에서 이루어진 뜻이 이 땅에서도 이루어지는 것입니다. 이렇게 하나님의 영광을 담고, 그 영광을 나타내는 것이 곧 성전입니다. 세상과 구별되어 존재합니다. 세상에서는 알 수도 없고 맛볼 수도 없는 '절대 안식'을 담고 있는 것이 바로 성전입니다. 그러므로 세상 나라의 신전을 짓는 것과는 다르게, 우리들 자신이 성전인줄 알아 자신을 세상과 구별하고 그리스도 안에서 서로 사랑하며 저 안식에 들어가기를 힘쓰는 것이 곧 새 언약의 빛 가운데 성전 건축을 준비하고 세우는 작업입니다. 이와 같은 맥락에서, 우리는 오직 믿음으로 다윗의 성전 건축 준비과정을 읽고 들으며 하나님 임재 연습과 성경 읽기를 합니다.

28-29장은 다윗의 고별연설입니다. 다윗 평생의 소원과 갈망은 이것 한 가지뿐입니다: "그것은 한평생 주님의 집에 살면서 주님의 자비로우신 모습을 보는 것과, 성전에서 주님과 의논하면서 살아가는 것입니다"(시편 27:4). 주님은 손으로 지은 집에 제한되지 않는 다는 것을, 다윗도 솔로몬도 우리도 잘 압니다. 그러나 그럼에도 불구하고 하늘에서 이루어진 그 뜻이 이 땅에 나타나는 것을 보고 듣는 것은 하늘의 기쁨이요 산 소망입니다. 이 기쁨과 소망 가운데 다윗은 '성전 건축'을 지시합니다. 다윗과 백성은 건축에 필요한 예물을 온 힘을 다해 바칩니다(역대상 29:14). 그다음 날, 백성이 주님께 삼천 번제물을 드리며 크게 기뻐합니다. 백성이 다윗의 아들 솔로몬을 왕으로 삼아 기름을 부어 세웁니다. 모두가 솔로몬에게 복종합니다. 그리고 주 여호와께서 왕국의 영화를 솔로몬에게 베풀어 주십니다.

다섯째 날 – 주야로 15분씩 임재 기도

시편 120-134편

시편 120-134편은 3대 절기 때 예루살렘 성전에 올라가며 부르는 순례자의 노래입니다. 봄이면 유월절을 맞아 애굽에서 자신들을 구원하신 하나님의 구원을 기억하며 성전에 오릅니다. 초여름인 맥추절(오순절)에는 하나님의 언약 백성으로서의 헌신을 다짐하며 성전을 향합니다. 가을의 장막절(초막절)에는 하나님께서 구름기둥과 불기둥으로 자신들의 조상을 인도하시고 만나와 메추라기를 먹이시며 약속의 땅으로 인도하셨음을 기억합니다. 그리고 약속의 땅에서 추수하여 먹게 하시는 추수의 기쁨과 감사로 성전에 올라갑니다. 그들은 절기와 절기 사이에 날마다 제자로서의 삶을 사는 가운데, 때가 되면 일상을 접어 두고, 삶의 터전을 떠나 순례자로서 이 열다섯 편의 시를 부르며 예루살렘 성전을 향했던 것입니다. 우리는 다윗을 통하여, 백성들이 주님의 성전을 사모하는 열심이 어느 정도인지를 가늠하며 다윗의 성전 건축 준비내용을 읽었습니다. 그리고 이제 그 열심으로 이 시편들을 읽고 느낍니다.

　　고통과 괴로움은 구원의 메신저입니다. 부르짖으면 반드시 메신저를 보내신 분의 구원이 임합니다: "내가 환란 중에 여호와께 부르짖었더니 내게 응답하셨도다"(시편 120:1). 응답과 도움은, 천지를 지으신 여호와로부터 임합니다. 메신저를 보내신 여호와께서 부르짖는 자를 지켜 모든 환란을 면하게 하시며 또한 그의 혼을 지키십니다: "여호와께서 너의 출입을 지금부터 영원까지 지키시리로다"(121:8). 여호와의 집에 심판의 보좌를 두셨습니다. 그것은 다윗의 집의 보좌입니다(122:5). 우리 혼이 사냥꾼의 올무에서 벗어난 새같이 되고 올무가 끊어지므로 우리가 죄와 사망에서 해방됩니다: "우리의 도움은 천지를 지으신 여호와의 이름에 있도다"(124:8).

시편 120-124편은 우리 삶의 정황이 '괴로움과 위험'이며, 그 가운데 부르짖으며 주 여호와를 향했더니, 주님께서 응답하셨다는 내용입니다. 이어지는 125-129편에서는 '하나님에 대한 신뢰'를 노래합니다. 눈물을 흘리며 씨를 뿌리는 자는 반드시 기쁨으로 그 곡식 단을 거둡니다(126:6). 주 여호와께서 집을 세우지 않으시면, 세우는 자의 수고가 헛됩니다. 여호와께서 성을 지키지 않으시면, 파수꾼의 깨어 있음 또한 헛됩니다(127:1). 여호와를 경외하며 그의 길을 걷는 자마다 복된 것은, 그가 자기 손으로 수고한 대로 먹을 것이기 때문입니다. 이것이 복이요, 은혜입니다(128:1-2). 시온을 미워하는 자는 누구라도 수치를 당하고 물러갑니다(129:5).

그리고 끝으로 130-134편에서는 '여호와의 집에서 나누는 주님과의 직접적인 교제'를 노래합니다. 우리 죄를 놓아 버리는 것은 주님께 속한 것입니다. 그러므로 우리가 주님을 경외합니다. 오직 주님만이 이스라엘을 그의 모든 죄악에서 속량하십니다. 우리 혼이 본래 있어야 할 자리로 돌아오게 하십니다. 참으로 내 혼이 주를 기다림이 파수꾼이 아침을 기다림보다 더합니다(130:4-8). 내가 여호와의 처소 곧 야곱의 전능자의 성막을 발견하기까지 내 집에 들어가지 않고 침상에 오르지도 않습니다(132:3-5). 불이 섞여 있는 유리 바다가 위에 승리한 무리들이 서로 어울려 동거함이 그 얼마나 아름답고 즐거운가! 성소를 향해 손을 들고 주 여호와를 송축합니다(133:1, 134:2). 주 여호와여, 이제 내가 교만한 마음을 버렸습니다. 오만한 길에서 돌아섰습니다. 너무 큰 것을 가지려고 나서지 않고, 분에 넘치는 놀라운 일을 이루려고도 하지 않습니다. 젖뗀 아기가 어머니 품에 안겨 있듯이, 내 혼도 젖뗀 아이와 같습니다. 지금부터 영원까지 주 여호와를 바랍니다(131:1-3).

성전을 향하는 순례자들! 내 혼이 본래 있어야 할 창조 본연의 자리,

아버지 집 보좌 면전으로 돌아가는 것입니다. 끊임없이 외부에서 내면으로 방향을 전환합니다. 모든 시선을 내 존재 중심에 계신 그리스도께 드립니다. 들숨과 날숨 숨결에 하나님 생명을 호흡하며 주의 영의 인도를 받습니다. 주님께서 중심으로 더욱 이끌어 주십니다. 날마다 순간마다 내 존재 중심 보좌 앞으로 나아가는 영혼의 순례입니다. 내 혼이 아버지 집 보좌 면전에 머물 때에 비로소 쉼을 얻습니다. 내 혼이 죄 용서를 받아 그리스도 영 안에 거하는 절대 안식의 자리입니다. 지금 이 순간 여기에, 하나님 생명과 연결된 하나님 임재 자리에서, 내 모습 이대로 기뻐합니다. 감사합니다. 끊임없이 기도하며 찬양을 올립니다. 천국입니다.

여섯째 날 - 주야로 15분씩 임재 기도

시편 135-150편

여호와는 예루살렘에 계시며 시온에서 찬송을 받으십니다(시편 135:21). 그 인자하심이 영원하십니다(136:1). 내 영spirit이 내 속에서 압도당할 때에도, 주께서는 나의 길을 아셨습니다. 나를 아는 이도 없고 피할 곳도 없고 내 혼soul을 돌보는 이도 없습니다(142:3-4). 내가 주 여호와께 부르짖습니다: "주는 나의 피난처시요 살아 있는 사람들의 땅에서 나의 분깃이시라"(142:5). 나의 부르짖음을 들으소서. 나는 심히 비천합니다. 내 혼soul을 감옥에서 끌어내 주시어, 주님의 이름에 감사를 올리게 하소서(142:7). 원수가 내 혼soul을 핍박하며 나를 암흑 속에 두었습니다. 내 영spirit이 속에서 억눌리고 내 심중heart이 내 속에서 참담합니다. 주를 향하여 손을 펴고 내 혼soul이 마른 땅같이 주를 사모합니다. 주 여호와여 속히 응답하소서. 내 영spirit이 곤고합니다. 주의 얼굴을 내게서 숨기지 마소서. 아침에 주의 인자한 말씀을 듣게 하소서. 내 혼soul을 주님께 드립니다(143:3-8). 주의 이름을 위하여 나를 살리시고 주의 의로 내 혼soul을 환난에서 건져 주소서. 내 혼soul을 괴롭게 하는 자를 다 멸하소서. 나는 주님의 종입니다(143:11-12).

　　시편 142편과 143편은 다윗의 시입니다. 500년이 지나, 포로로 잡혀갔다가 돌아온 자들이 그 두 편을 시편 5권에 위치시킵니다. 예루살렘이 불타고 성전이 파괴되고 포로로 잡혀가 70년 포로 생활을 한 후에 성전을 건축하기 위해 고국으로 돌아온 그들입니다. 그들의 혼은 깨어지고 부서집니다. 그런 가운데 그들의 영이 하나님을 향해 미약하게나마 꿈틀거립니다. 좁은 문 들어가 좁은 길 가며 저 멀리 생명의 희미한 빛이 비춰 옵니다. 시편에는 혼nephesh, soul이라는 단어가 130번 사용되는데, 142-3편에서 그 단어는 7번 사용되고 사람에게 있는 영ruwach, spirit은 3번 사용됩니다. 포로로 잡혀갔다가 돌아온 시대 배경을 갖고 있는 제3 이사야서는 사람에게 영과 혼이 있다고 말합니다: "내가 영원히 다투지 아니하며 내가 끊임없이 노하지 아니할 것은 내가 지은 그의 영spirit과 혼soul이 내 앞에서 피곤할까 함이라"(이사야 57:16). 신약은 서신서에서 영과 혼을 동시에 언급합니다: "우리 주 예수 그리스도께서 오실 때에 여러분의 영과 혼과 몸을 흠이 없이 완전하게 지켜 주시기를 빕니다"(데살로니가전서 5:23). "사람 속을 꿰뚫어 혼과 영을 갈라내고"(히브리서 4:12).

하나님이 사람을 흙으로 빚으시고 그 코에 생기를 불어넣으시니 생혼 a living soul이 됩니다. 혼soul은 영과 육이 하나된 사람의 생명체 그 자체를 의미합니다. 한 사람의 캐릭터 그 자체를 혼이라고 이해해도 됩니다. 혼은 여성명사입니다. 하나님은 사람의 영도 지으십니다: "하늘을 펴신 분, 땅의 기초를 놓으신 분, 사람 안에 영spirit을 만들어 주신 분께서 말씀하신다"(스가랴 12:1). 또한 하나님은 사람에게 영을 주십니다: "땅 위의 백성에게 호흡을 주시며 땅에 행하는 자에게 영spirit을 주시는 하나님 여호와께서 이같이 말씀하시되"(이사야 42:5). 영은 중성명사입니다. 사람의 영은 하나님과 교통하며, 하나님은 사람의 영에 임하십니다. 그리고 하나님이 지으신 영적인 피조물들, 즉 천사들과 교감을 갖는 것 또한 사람의 영의 기능입니다. 구약에서, 이러한 사람의 영은 불순종하여 죄와 사망이 들어옴으로 인해 기능을 제대로 발휘하지 못합니다. "내 영이 내 속에서 상할 때에도"(시편 142:3), 즉 영이 짓눌려 기능을 발휘하지 못하는 상태를 묘사한 것입니다. 다윗은 중심이 하나님과 일치된 자였고, 자신의 영의 압도된 상태를 감지합니다. 그리고 포로로 잡혀갔다가 돌아온 자들은 다윗을 통해 그러한 자신들의 영의 존재상태를 표현합니다. 마리아는 '주님의 아기를 잉태했다'는 주님의 말씀을 따라 생각하고 말하니, 기쁨이 넘칩니다: "내 영혼soul이 주를 찬양하며 내 마음spirit이 내 구주를 기뻐하였음은"(누가복음 1:46-47). 마음이 아니라 그녀의 영이 하나님을 기뻐하는 것입니다. 하나님 임재 가운데 있는 사람의 영은 하나님을 직관하며 하나님을 기뻐합니다.

한편, 십자가에서 맺으신 새 언약에서는, 사람의 영은 하나님의 거처가 됩니다: "주님께서 그대의 영spirit과 함께 하시기를 빌며, 주님의 은혜가 여러분과 함께 있기를 빕니다"(디모데후서 4:22). "그리스도 안에서 여러분도 함께 세워져서 하나님이 성령으로 거하실 처소가 됩니다"(에베소서 2:22). 새 언약은 육신이 아닌 영을 따라 행합니다. 영의 생각은 생명과 평안입니다. 그리스도께서 우리 안에 계시기 때문에 우리 영은 의로 말미암아 살아 있습니다. 우리 안에 계신 그분의 영이 우리의 죽을 몸도 살리십니다. 그러므로 우리는 영으로 몸의 행실을 죽입니다(로마서 8:4-13). 우리는 영으로 예배합니다: "하나님은 영이시니 예배하는 자가 영과 진리로 예배할지니라"(요한복음 4:24). 방언은 사람이 아닌 하나님께 영으로 하는 것입니다: "이는 알아 듣는 자가 없고 영으로 비밀을 말함이라"(고린도전서 14:2). 신령한 노래spiritual song를 심중에서 하나님께 감사와 찬양 가운데 부르는 것 또한 영으로 노래하는 것입니다(골로새서 3:16).

말씀에 불순종하여 선과 악으로 살아가는 혼soul은 영이신 하나님께 나가기 위해서는 반드시 죽어야 합니다. 구약의 백성들은 이것에 대한 상징적인 행위로 동물을 죽여 번제단에 불사름으로 인해 죽기 전에 죽었음을 고백합니다. 그때 비로소 그들은 하나님 앞에 설 수 있었습니다. 그런데 그것도 특정인, 즉 제사장들만 그렇게 할 수 있었습니다. 그들은 자신들의 영spirit이 제 기능을 발휘하지 못하니, 늘 결핍과 부족 그리고 죄의식에 붙잡혀 집착하고 추구합니다. 그들이 본래 있어야 할 자리, 아버지 집의 보좌 면전에서 벗어났기 때문입니다. 집으로 돌아가기까지는 쉼을 얻지 못합니다. 그래서 주 예수님께서 새 언약의 빛 가운데 수고하고 무거운 짐을 진 그들을 불러 쉼을 주신다고 말씀하십니다: "내가 너희를 쉬게 하리라"(마태복음 11:28). 예수님 자신을 속죄제물로 내놓으심으로, 그들이 아버지 집으로 돌아올 수 있는 것입니다.

예수님을 구세주로 주인으로 모신 자는 '누구든지' 그리스도와 함께 죽기 전에 십자가에 못 박혔습니다. 그러므로 자신을 부인하고 자기 십자가 짊어지고 죽기 전에 죽었음을 선포하는 그 믿음으로, 우리는 하나님 보좌 앞에 담대함과 확신을 가지고 나갑니다(에베소서 3:12). 외부에서 내면으로 방향을 전환하여 십자가 죽음을 통과합니다. 그러면 주의 영의 인도를 받아, 우리 혼이 본래 있어야 할 자리, 존재 중심의 영으로 나아가 주님과 연합하여 한 영one spirit이 됩니다(고린도전서 6:17). 그 결과로, 내가 주님을 기뻐합니다. 주님은 나를 기뻐합니다. 혼의 구원입니다: "믿음의 결국 곧 영혼soul의 구원을 받음이라"(베드로전서 1:9). 구원을 받은 우리의 영은 이미 그리스도의 영과 연합하여 하나입니다. 이제 혼이 본래 있어야 할 자리로 돌아와 하나님과 연합하여 한 영 되면, 혼의 구원이 이루어지는 것입니다. 우리의 영과 혼이 주님과 연합하여 한 영 됩니다. 하나님과의 연합입니다. UNION WITH GOD. 바로 이 포인트에서만, 우리는 혼이 영이라고 말할 수 있습니다. 이 맥락에서 혼이 영인 것은, 혼이 죽어서 하나님과 연합되었고, 그리스도 안에서 하나님과 한 영one spirit이 되어 살아났기 때문입니다. 이 결과로, 우리는 영이요 생명이요 말씀으로 우리 자신을 이해하게 됩니다. 그리스도 안에서 조물주를 향해 살아나 그분을 '아바 아빠'라고 부르는 새로운 피조물입니다.

주 여호와께서 우리를 지으심이 오묘하고 놀랍습니다. 주께서 하시는 일이 기이함을, 우리 혼은 잘 압니다(시편 139:14). 우리의 호흡이 끊어지면 흙으로 돌아가서 그날에 우리의 육신의 생각은 소멸됩니다(시편 146:4). 그러나 구원받은 우리의 영과 혼은 그날에 신령한 몸(생각, 감정, 신체)을 덧입어 영과 혼과 몸이 온전히 하나됩니다. 그리스도 안에서 새로운 피조물의 성취가 완성되는 그날입니다. 구원받은 우리는 한 목소리로 외칩니다: "할렐루야. 주님의 성소에서 하나님을 찬양하여라. 하늘 웅장한 창공에서 찬양하여라. … 숨 쉬는 사람마다 주님을 찬양하여라. 할렐루야"(시편 150:1-6).

일곱째 날 - 주야로 15분씩 임재 기도

역대하 1-9장

다윗 왕의 후계자 솔로몬의 사명은 '성전 건축'입니다. 역대하는 솔로몬의 성전 건축과 봉헌에 집중하여 기록합니다(역대하 2-7장). 건축을 시작하기 전에 기브온 산당에 가서 일천 번제를 드리고 하늘의 지혜를 얻습니다: "솔로몬은 온 회중을 데리고 기브온에 있는 산당으로 갔는데, 거기에는 하나님의 회막, 곧 주님의 종 모세가 광야에서 만든 회막이 있었다. … 내가 지혜와 지식을 너에게 줄 뿐만 아니라, 부와 재물과 영화도 주겠다"(역대하 1:3-12).

언약궤는 이미 다윗장막으로 옮겼습니다. 그런데도 기브온 산당으로 가서 번제를 드린 것은, 그 산당에 모세가 광야에서 만든 회막이 있었고, 이제 그 회막을 대신할 성전을 짓게 되었기 때문입니다. 역대하는 이렇게 기록하지만, 열왕기상은 이러한 의도를 삭제하고 단지 기브온 산당이 크다는 언급만 합니다(열왕기상 3:4). 열왕기상은 크고 유명하고 위대한 산당이라서 갔다고 말하는데 반하여, 역대하는 모세의 회막이 그곳에 있어서 갔다고 말합니다.

열왕기상과 역대하는 솔로몬에 대한 기록에 있어서 여러 가지 차이가 있습니다. 열왕기는 '이스라엘이 왜 망했는가' 물으며, 말씀에 복종하지 않고 음란과 우상숭배를 하였기 때문에 나라가 망하고 성전이 파괴되었다고 증언합니다. 그리고 으뜸원인으로 솔로몬의 호색과 우상숭배가 소환됩니다. 그러나 역대기는 포로로 잡혀갔다가 돌아온 청중을 향하여 '하나님은 여전히 너희를 사랑하니, 하나님 집을 건축하고 보좌 앞으로 나아가라'는 메시지를 전합니다. 그러므로 다윗 왕국과 솔로몬의 성전 건축은 역대기 메시지의 핵심이 되며, 그 이외의 것들은 가지를 칩니다. 열매를 맺지 못하거나 불필요한 가지들은 다 잘라버립니다. 따라서 솔로몬이 왕이 되어 정적들을 제거하는 내용과 호색과 우상숭배는 다 삭제됩니다. ***지금 이 순간 여기 하나님 임재 자리에서, 우리는 역대기 저자의 방식을 따라 이미 온전하고 의롭고 거룩한 자신을 발견합니다.*** 사랑의 메모리로 여기에 합당하지 않은 것들은 다 가지를 치며 과거는 재구성됩니다. 그리스도 안에 있는 지금 이 순간의 천국입니다. 그러나 동시에 육신으로는 죄의 법을 섬기고 있기에, 이 땅을 살아가면서는 여전히 몸(생각, 감정, 신체)으로 짓는 죄들에 대하여 열왕기의 빛이 비추이고 있는 '이미 … 그러나 아직already … but not'의 실존입니다.

역대기 저자는 성전 건축을 자세히 기록하고 전합니다. 그런데 솔로몬의 성전 건축 내용을 듣고 있는 청중들의 눈앞에는 스룹바벨의 성전이 보입니다. 포로로 잡혀갔다가 돌아온 그들은 스룹바벨의 성전을 보는 현실 속에서 귀로는 지금 다윗-솔로몬의 나라와 성전 이야기를 듣고 있는 것입니다. 파괴되기 전의 솔로몬 성전을 직접 보았던 노인들은 스룹바벨 성전의 놓인 기초를 보고 통곡을 합니다: "첫 성전을 본 나이 많은 제사장들과 레위 사람들과 가문의 우두머리들은, 성전 기초가 놓인 것을 보고, 크게 통곡하였다"(에스라 3:12). 대부분이 환호성을 지르며 기뻐하는 축제의 자리였음에도 불구하고, 첫 번째 성전의 그 웅장함과 영광을 보고 경험한 노인들은 비통해 하고 있는 것입니다. 이러한 정황을, 우리는 학개 선지자의 말로 확증을 받습니다: "그 옛날 찬란하던 그 성전을 본 사람이 있느냐? 이제 이 성전이 너희에게 어떻게 보이느냐? 이것이, 너희 눈에는 하찮게 보일 것이다"(학개 2:3). 스룹바벨 성전은 B.C. 516년 완공됩니다. 역대기는 B.C. 450년 전후에 기록됩니다. 이 맥락에서 떠오르는 물음이 있습니다. '솔로몬의 성전을 본 자들은 스룹바벨 성전을 건축하며 통곡을 하였는데, 지금 스룹바벨 성전시대를 살며 굳이 솔로몬 성전의 건축을 자세히 듣고 기억할 필요가 있는가'입니다.

의인은 믿음으로 삽니다. 믿음의 사람들은 보이는 대로 살지 않습니다. **눈에 보이는 것은 스룹바벨의 성전이지만, 지금 우리 심중에는 주님께서 다윗-솔로몬의 그 성전을 짓고 계신다는 말씀입니다.** 주님은 역대기의 청중들에게도 동일하게 말씀하십니다: '눈에 보이는 것은 두 번째 성전이지만, 너희 무리들 심령 가운데 바로 그 첫 번째 성전과 그 영광을 세우고 있다.' 오직 믿음입니다. 믿음으로 인내하며 기다려야 합니다. 그래야 말씀이 육신 되시어 우리 앞에 나타나실 때에, 그분이 바로 하나님의 성전이요 그분 안에 하나님의 영광이 가득함을 볼 수 있습니다. 역대기의 다윗과 솔로몬의 성전 건축을 읽으며, 우리는 이 포인트를 믿음으로 붙잡아야 합니다.

실제로 예수님은 육신 되시어 우리 가운데 그 장막을 치셨습니다: "말씀이 육신이 되어 우리 가운데 거하시매*skenoo* 우리가 그의 영광을 보니 아버지의 독생자의 영광이요 은혜와 진리가 충만하더라"(요한복음 1:14). '거하시매'에 해당되는 헬라어 *skenoo*는 '장막을 치다'는 뜻입니다. 광야에서 하나님의 집 장막을 세웠을 때처럼, 말씀이 육신 되시어 우리 가운데 하나님의 집을 세웠다는 말씀입니다. 예수님이 성막/성전입니다(요한복음 2:21). 그리고 지금은 '내가 죽고 내 안에 그리스도 사시는' 우리들이 성막/성전입니다(고린도전서 3:16). 성막/성전은 하나님의 임재를 상징합니다. 우리가 임재호흡을 하며 하나님 임재 아래 머문다는 것은, 우리 혼이 본래 있어야 할 자리 우리 존재 중심의 그리스도께로 나아가 그 영광을 의식한다는 뜻입니다.

솔로몬이 성전을 봉헌하고 기도를 마치니, 주님의 영광이 그 성전에 가득 찹니다(역대하 7:1). 그날 밤에 주 여호와께서 솔로몬에게 나타나 말씀하십니다: "내 이름으로 일컫는 내 백성이 그들의 악한 길에서 떠나 스스로 낮추고 기도하여 내 얼굴을 찾으면 내가 하늘에서 듣고 그들의 죄를 사하고 그들의 땅을 고칠지라 … 그러나 너희가 만일 돌아서서 내가 너희 앞에 둔 내 율례와 명령을 버리고 가서 다른 신들을 섬겨 그들을 경배하면 내가 너희에게 준 땅에서 그 뿌리를 뽑아내고 내 이름을 위하여 거룩하게 한 이 성전을 내 앞에서 버려 모든 민족 중에 속담거리와 이야깃거리가 되게 하리니"(역대하 7:14-20). B.C. 966년에 하신 말씀이며, 400년이 지나 B.C. 587년에 성전은 파괴됩니다. 70년이 지나 B.C. 516년 성전은 재건축됩니다. 이 말씀을 듣는 1차 청중들은 B.C. 450년 전후의 백성들입니다. 그리고 450년이 지나, 하나님이 육신이 되시어 손수 우리 가운데 장막을 지으셨고, 주의 영 성령을 보내시어 우리로 하여금 장막/성전이 되게 하십니다. 영광의 영 곧 하나님의 영이 우리 위에 머무시며, 그리스도 곧 영광의 소망이 우리 안에 계십니다(베드로전서 4:14; 골로새서 1:27). 우리 주 예수 그리스도, 성전 된 우리들을 통하여 이 땅에 다시 오십니다. 마라나타.

하나님 임재 연습 12주 차 성경 주제 & 내용

주일: 역대하 10-20장

· 하나님의 임재와 안식이 있는 '다윗과 솔로몬의 길'이 완성됩니다.

· 이 길을 따라가면 형통이고, 이 길을 더럽히면 심판입니다.

· 4대 왕 여호사밧이 이 길을 가니, 주께서 거룩한 전쟁을 펼칩니다.

월: 역대하 21-28장

· '성전모독→심판→성전회복'의 패턴으로 유다 역사가 진행됩니다.

· 성전 뜰에서 제사장을 죽이는 사건이 발생합니다.

· 그 이후, 유다 역사는 돌이킬 수 없는 나락으로 떨어져 결국 멸망합니다.

화: 역대하 29:1-36:21

· 중심을 살피시는 여호와께서 히스기야를 시험하십니다.

· 포로지에서 회개한 므낫세는 전심으로 주님을 섬깁니다.

· 신실한 왕 요시야는 말씀에 불복종하여 전쟁에서 죽습니다.

수: 다니엘 1-12장

· 다니엘의 몸(생각, 감정, 신체)은 우상에게 죽임을 당합니다.

· 그러나 그는 몸과 영혼을 다 멸하시는 주님만 경외합니다.

· 주님은 그를 벗 삼아 열방을 통치하시며 자기 백성을 돌봅니다.

목: 에스겔 1-11장

· 주님은 에스겔을 하늘 제사장과 땅의 선지자로 세우십니다.

· 불전차 보좌에서 열방을 통치하시는 주님을, 그는 수종듭니다.

· 만신전Pantheon 된 성전을 파괴하시고, 주님은 친히 포로지 백성들의 성
  소가 되어 그들을 거룩의 씨앗으로 빚으십니다.

금: 에스겔 12-19장

· 끝까지 회개하지 않는 백성들은 포로지에서 자신들의 죄의 깊이를 봅니다.

· 주님은 기근, 사나운 짐승, 전쟁, 전염병으로 심판하십니다.

· 죽을 죄를 지은 자라도, 주님은 그가 돌이켜 사는 것을 기뻐합니다.

토: 에스겔 20-28장

· 죄의 삯을 지불해야 마귀의 죄 권세에서 벗어납니다.

· 70년 포로 생활을 통해, 약속의 땅은 안식하고 영혼은 소생합니다.

· 귀환하여 주님을 바로 알게 되면, 그들은 자신을 더럽히며 살아온 길과 행실을 기억하고 자신을 미워하게 될 것입니다.

포로로 잡혀간 바빌론에서
무슨 일이 있었는가?

'반역하다'라는 뜻을 가진 니므롯은 세상에 처음 나타난 용사입니다(창세기 10:8). 니므롯 왕조는 세력을 떨치며 바빌론 평지에 바벨탑을 쌓습니다. 그리고 니므롯은 신격화되어 '마르둑'이라는 태양신으로 재탄생하여 바빌론 왕국의 최고신이 됩니다. 그런 포악한 세력에게 유다 왕국이 점령당한다는 것에 대해, 하박국 선지자는 감당하기 어렵습니다. 왜냐하면 세상의 다신론적 관점으로 볼 때에, 당시의 나라들 사이의 전쟁은 신들을 대리하는 전쟁이었고, 유다가 바빌론에게 정복당한다는 것은 곧 주 여호와께서 마르둑 우상에게 굴복된다는 뜻이기 때문입니다. 그런데 정말로 다니엘서는 그러한 관점에서 기술합니다: "주님께서 유다의 여호야김 왕과 하나님의 성전 기물 가운데서 일부를 느부갓네살의 손에 넘겨 주셨다"(다니엘 1:2). 바빌론 왕은 그것들을 자신이 섬기는 신전의 창고에 넣습니다. 즉 그의 입장에서는, 자신이 섬기는 마르둑 신이 이스라엘의 신을 제압했다는 뜻입니다. 이것은 B.C. 605년 바빌론의 침략으로 인해 1차 포로로 왕과 귀족들이 잡혀간 상황을 묘사한 것인데, 이때 다니엘과 세 친구도 포로로 끌려갑니다.

포로로 잡혀간 바빌론에서는 무슨 일이 있었을까요? 먼저는 세상의 관점에서 볼 때, 주 여호와께서 바빌론의 최고신에게 스스로 굴복을 당합니다. 그리고 잡혀간 자녀 세대들 중에서 영재들은 바빌론의 환관후보가 되어 거세를 당합니다. 여호와의 보호 아래 지어진 그들의 이름은 마르둑의 다스림을 받는 이름으로 바뀝니다. 그리고 정치에 특화된 소모품으로 특별교육을 받습니다. 함께 잡혀왔던 기성세대의 왕은 3년 뒤에 본국으로 돌아갔지만, 자녀 세대는 3년 교육을 마치고는 평생 그 나라의 소모품으로 삽니다. 하나님도 십 대 소년들도 잡혀간 그 나라의 가장 밑바닥에 위치한 겁니다. 그러나 그럼에 도 불구하고 다니엘과 세 친구는 주 여호와의 그 이름을 거룩히 여기며 환관 장에게 바빌론 왕이 내린 음식을 거부한다고 말합니다. 즉 마르둑에 의해 자 신들을 더럽히지 않을 수 있도록 간청하였고, 하나님은 그들이 환관장의 호 의와 동정을 받도록 합니다(다니엘 1:8-9). 이것이 바빌론으로 잡혀가 거룩의 씨로 빚어지기 위해 감내해야 했던 하나님과 자녀 세대의 모습입니다.

하나님과 자녀 세대의 그러한 모습은 겟세마네 동산에서 기도하시던 주 예수님의 간구와 같은 파동으로 공명됩니다. 말씀이 육신 되신 주 예수 께서 이 땅에 계신 존재이유는 아버지의 이름을 거룩히 여김을 받으시게 하는 것입니다. 그래서 겟세마네 동산에서 '이 잔을 내게서 옮기소서'라고 간구합니다. 자신이 그렇게 십자가에 매어 달릴 때, 이 땅에서 아버지의 이 름이 거룩히 여김을 받지 못하기 때문입니다. 자신들은 거세를 당하고 이 름을 개명 당해 마르둑의 그늘로 들어갈지라도 여호와의 이름이 훼손당하 는 것만큼은 막아내고자 했던 다니엘과 친구들의 간구와 주 예수님의 간구 는 서로 공명됩니다. 포로지에서 그러한 역경을 통해 거룩의 씨앗은 빚어 집니다. 같은 이치로, 갈보리 산 위에서 하나님께서 가장 비천한 자리에 위 치하심을 통해 구원의 여명이 비추기 시작합니다.

왕과 지도자와 조상이 낯뜨거운 수치를 그 땅에서 당합니다(다니엘 9:8). 바빌론 강변 곳곳에 앉아서 시온을 생각하며 웁니다. 하나님을 찬양 하던 시온의 노래로 바빌론 잔치의 흥을 돋우기 위해 노래 부르기를 강요 당합니다(시편 137:1-3). 오직 주 여호와를 섬긴다는 이유 때문에 용광로에 들어가고 사자 굴에 던짐을 당하기도 합니다. 그발 강가 운하 공사에 노예 로 차출되어 포로수용소에서 지냅니다. 그러면서 그들은 점차적으로 바빌 론 문화에 동화되어 갑니다. 하나님 보시기에 그리고 에스겔 보기에도 그 들은 아주 오래된 마른 뼈 같습니다: "여호와께서 권능으로 내게 임재하시고 그의 영으로 나를 데리고 가서 골짜기 가운데 두셨는데 거기 뼈가 가득하더라 나를 그 뼈 사방으로 지나가게 하시기로 본즉 그 골짜기 지면에 뼈가 심히 많고 아주 말랐더라"(에스겔 37:1-2).

말씀에 불순종한 것이 죄이며, 죄의 삯은 사망입니다. 포로지에서 기성세대의 죄의 삯으로 사망의 값을 지불한 것은 하나님과 자녀 세대입니다. 십자가에서 온 인류의 죗값을 대신 지불한 것은 우리 주 예수님과 그분의 아버지였습니다. 여호와의 손이 짧아 구원하지 못하시는 것도 아니고, 귀가 어두워 듣지 못하시는 것도 아닙니다. 우리의 죄악이 우리와 우리 하나님 사이를 갈라놓았고, 우리 죄 때문에 얼굴을 돌려 듣지 않으실 뿐입니다(이사야 59:1-2). 그런데 하나님께서 몸소 다음 세대와 함께 그 죄를 짊어지고 제거하시는 것입니다. 그리고 백성과 함께 살 수 있는 길을 열으십니다: "인자야 이 뼈들이 능히 살 수 있겠느냐 … 너희 마른 뼈들아 여호와의 말씀을 들을지어다 주 여호와께서 이 뼈들에게 이같이 말씀하시기를 내가 생기를 너희에게 들어가게 하리니 너희가 살아나리라"(에스겔 37:3-5). 그리고 모든 시선을 새 성전과 보좌에 집중시키십니다(에스겔 40-48장).

주님은 그 백성과 함께 70년의 포로 생활을 마치고 돌아오시며 말씀하십니다: "네가 불 속을 걸어가도, 그을리지 않을 것이며, 불꽃이 너를 태우지 못할 것이다"(이사야 43:2). 주님은 맹렬히 타오르는 풀무불에서도 다니엘의 세 친구를 보호하십니다. 그렇게 앞으로도 자기 백성을 보호하시고 지키실 것입니다. 90세가 다 된 다니엘은 그러한 주 여호와 하나님을 찬양하고 동포들의 귀환을 기뻐하며 바빌론에 남습니다: "고환이 상한 자나 음경이 잘린 자는 여호와의 총회에 들어오지 못하리라"(신명기 23:1). 돌아갈 수 없는 형편과 상황이더라도 문제가 되지 않는 것은, 이미 죽기 전에 죽었기 때문입니다. 내가 사는 것 아닙니다. 내 안에 그리스도께서 사십니다.

첫째 날 – 주야로 15분씩 임재 기도

역대하 10-20장

"다윗과 솔로몬의 길"(역대하 11:17). 다윗의 성전 건축 준비와 솔로몬의 완공을 통하여 길이 마련됩니다. 세상과 구별되어 하나님의 안식이 있는 길입니다. 이제 이 길을 따라가면 형통이요, 이 길을 더럽히면 심판입니다.

　　이 길에 처음부터 들어서지 않았던 북이스라엘의 역사는 전체가 통으로 삭제됩니다. 남왕국의 340년 역사에 닥친 모든 재난들이 하나님 임재의 상징인 성소에 대한 모독에서 기인되었다는 것을, 역대하 10-36장은 밀도 있게 보여 줍니다. 역사의 오메가 포인트에, 죽은 자나 산 자나 큰 자나 작은 자나 할 것 없이 누구나 다 하나님 심판 보좌 앞에 설 것입니다. 그 심판대에 책들이 있고 또 다른 책 하나가 있을 텐데, 역대기하에 삭제된 북이스라엘의 모든 행적들은 '책들the books'에 적혀 있습니다. 그 책들에 기록되어 있는 대로, 각각 자기들의 행위대로 심판을 받아 불바다에 던져집니다. 반면에, 생명책the book of life에 기록된 자들은, 하나님이 친히 그들과 함께하시며 그들의 눈에서 모든 눈물을 닦아 주십니다. 다시는 죽음이 없고, 슬픔도 울부짖음도 고통도 없습니다. 이전 것들이 다 사라져 버렸기 때문입니다(요한계시록 20:12-21:4). 하나님 임재가 있는 다윗과 솔로몬의 길은 바로 이 생명책과 연결됩니다.

　　르호보암의 나라가 견고하고 세력이 강해지니, 왕이 주 여호와의 율법을 버립니다. 이집트 왕 시삭이 예루살렘을 치러 올라왔고, 주님은 말씀하십니다: "너희가 나를 버렸으므로 나도 너희를 버려 시삭의 손에 넘겼노라"(역대하 12:5). 르호보암이 스스로 겸비하고 유다 나라에 선한 일도 있기에, 주 여호와께서 진노를 돌이키고 완전히 멸하지는 않으십니다. 르호보암에 대한 평가입니다: "악을 행하였으니 이는 그가 여호와를 구하는 마음을 굳게 하지 아니함이었더라"(역대하 12:14).

열왕기상에서는 솔로몬의 범죄로 인하여, 주 여호와께서 북이스라엘을 신하 여로보암에게 주었다고 말씀합니다. 그러나 역대기하는 여로보암이 자신의 주인을 배반하고 난봉꾼과 잡배를 모아 스스로 강하게 되어 대적하였고, 또한 금송아지를 만들었다고 말씀합니다. 솔로몬은 생명책에 연결되었으니 용서와 은총으로 평가를 받습니다. 그러나 여로보암은 약속의 줄기가 아니기에 '책들'에 기록된 자신의 행적을 따라 선악간에 심판을 받습니다. 우리의 하나님 임재 자리 또한 같은 이치에 놓여 있습니다. 지금 이 순간 여기에 하나님 생명과 연결된 임재 자리에서는 '용서와 은총'으로 다스림을 받습니다. 그리고 이 순간이 영원으로 이어집니다.

남북 간에 전쟁이 일어납니다. 남유다가 승리한 이유는 그들이 그들 조상들의 하나님 여호와를 의지하였기 때문입니다(역대하 13:18). 남유다 3대 아사왕은 처음 10년 동안 우상을 부수고 율법을 실천하며 종교개혁에 박차를 가합니다. 온 백성과 함께 오직 하나님만 구하기로 언약을 맺습니다. 그 결과로 전쟁이 없습니다. 그러나 나중에 북왕국을 대적하기 위해 시리아/아람을 의지하다가 선지자 하나니로부터 하나님의 질책을 받습니다: "여호와의 눈은 온 땅을 두루 감찰하사 전심으로 자기에게 향하는 자들을 위하여 능력을 베푸시나니 이 일은 왕이 망령되이 행하였은즉 이 후부터는 왕에게 전쟁이 있으리이다"(역대하 16:9). 왕은 회개하지 않고 오히려 선지자를 감옥에 가둡니다. 아사 왕 마지막 모습입니다: "발에 병이 나서 위독하게 되었다. 그렇게 아플 때에도 그는 주님을 찾지 아니하고, 의사들을 찾았다"(역대하 16:12).

4대 왕 여호사밧은 다윗이 걸어간 길을 따랐기에, 여호와께서 그와 함께 하십니다. 그는 우상을 부수고 율법을 가르칩니다. 그는 강성해집니다.

왕은 예루살렘에서 재판관을 세우며 명합니다: "그대들은 이 일을, 주님을 두려워하는 마음으로, 성실하게, 온 마음을 다하여 수행해야 하오"(역대하 19:9). 모압과 암몬과 에돔이 동맹을 하여 남왕국을 공격합니다. 여호사밧 왕은 유다 모든 백성과 함께 주님 앞에 나아가 한마음으로 간절히 기도합니다. 주님께서 그들을 위해 직접 싸워 승리를 주십니다: "이 전쟁은 너희에게 속한 것이 아니요 하나님께 속한 것이니라 … 이 전쟁에는 너희가 싸울 것이 없나니 대열을 이루고 서서 너희와 함께 한 여호와가 구원하는 것을 보라"(역대하 20:15-17). 여호와께서 이스라엘의 적군을 치셨다는 소문을 듣고, 이방 모든 나라들은 두려워합니다. 여호사밧의 나라는 태평합니다. 그의 하나님이 사방으로 그들에게 평강을 주셨기 때문입니다(역대하 20:29-30).

둘째 날 – 주야로 15분씩 임재 기도

역대하 21-28장

남유다 5대 왕 여호람은 북왕국 야합 왕의 딸 아달랴를 아내로 맞이합니다. 그는 다윗의 길이 아닌 아합과 이스라엘의 길을 갑니다. 그래도 다윗 왕조가 망하지 않은 것은, 주님께서 다윗과의 언약을 기억하셨기 때문입니다. 여호와께서 여호람을 치시니, 그는 창자에 불치병이 생겨 2년 뒤에 죽습니다. 백성은 그에게 조의를 표하지 않습니다. 그의 아들 아하시야가 6대 왕이 되는데, 어머니 아달랴가 그를 꾀어 아합 가문의 길을 가게 합니다. 1년 뒤에 그가 죽임을 당하자, 그의 어머니 아달랴는 유다 왕족들 다 죽이고 자신이 6년 동안 나라를 다스립니다.

열왕기와 역대기 저자는 아달랴가 왕위에 올랐다는 말을 하지 않습니다. **유다의 다윗 왕조에서, 그녀는 왕이 아니었다는 뜻입니다.** 그녀가 왕족을 다 죽일 때, 제사장 여호야다와 고모가 한 살 된 요아스를 숨깁니다. 아달랴 통치 7년째에, 제사장 여호야다는 반란을 일으켜 아달랴를 제거하고 개혁을 합니다. 요아스는 여호야다가 살아 있는 동안에는 선한 왕이었고, 더럽혀진 성전을 보수합니다. 그러나 여호야다가 죽은 후에는 신하들의 꾀임에 빠져 우상을 숭배합니다.

이 역사의 소용돌이 속에서 유다 왕국의 운명을 결정지은 획기적인 사건이 발생합니다. 제사장 여호야다의 아들 스가랴 제사장에게 하나님의 영이 임하니, 그는 예언을 합니다: "너희가 어찌하여 여호와의 명령을 거역하여 스스로 형통하지 못하게 하느냐 하셨나니 너희가 여호와를 버렸으므로 여호와께서도 너희를 버리셨느니라"(역대하 24:20). 그러자 왕의 명령을 따라 사람들이 스가랴 제사장을 성전 뜰에서 돌로 쳐죽입니다. 훗날 예수님은 이 사건을 예로 들며 바리새인들의 위선을 책망합니다: "의인 아벨의 피로부터 성전과 제단 사이에서 너희가 죽인 바라갸의 아들 사가랴의 피까지 땅 위에서 흘린 의로운 피가 다 너희에게 돌아가리라"(마태복음 23:35). 바라갸의 아들 스가랴는 여호야다의 아들 스가랴로 추정됩니다. 여호야다의 아들 바라갸가 일찍 죽자, 할아버지가 스가랴를 아들삼아 양육하였고, 여호야다가 죽자 스가랴/사가랴가 제사장직을 승계한 것입니다. 그리고 역대기는 히브리경전에서 마지막에 위치합니다. 그래서 예수님은 창세기 아벨의 피흘림부터 구약성경 마지막 역대기의 스가랴 제사장까지의 모든 무고한 자들의 핏값이 너희 위선자들에게 돌아간다고 말씀하신 것입니다.

또한 스가랴를 죽인 요아스 왕의 변절은 예수님 당시의 바리새인들의 타락과 유사합니다. 한 살 때 고모부의 도움으로 목숨을 건진 요아스는 여덟 살 때 왕이 되어 고모부의 지도 속에 성전을 보수하고 신실하게 왕의 업무를 감당합니다. 그러나 고모부 여호야다 제사장이 죽은 이후, 요아스는 하나님을 배반하고 신하들을 의존하여 나라를 다스리고 우상을 섬기다가 결국 자신의 생명의 은인 되는 고모부의 아들 스가랴를 죽입니다. 하나님을 의지하여 시작한 왕권을 신하들을 의지하여 사용한 결과입니다.

마찬가지로, 바리새인들의 시작은 거룩한 신앙을 지키려는 경건한 유대인 집단 하시딤에 있습니다. 이들은 오직 주 여호와만을 의지하여 성전을 모독하고 더럽힌 셀레우코스의 왕 안티오코스 4세에 대항하여 마카비 혁명을 일으킵니다(B.C. 164). 그리고 하나님의 역사로 인해, 전적으로 불리한 전쟁에서 승리를 하고 유대독립국가가 세워집니다. 그러나 이후에는 바리새파는 타락하여 대중들의 힘을 이용하여 자신들의 자리를 보호하고 지키는 부패한 정치집단이 됩니다. 예수님께서 바리새파를 향하여 '독사의 새끼들아, 너희가 어떻게 지옥의 심판을 피하겠느냐' 하시며 그 예로 스가랴 제사장을 언급하셨을 때, 청중들은 생명의 은인의 아들을 성전에서 죽이면서까지 자신의 기득권을 유지하고자 했던 요아스의 행위를 그들 눈앞에 있는 바리새인들과 오버랩시키게 됩니다.

의로운 자의 무고한 피흘림은 성전의 제단과 밀접한 관련이 있습니다: "다섯째 인을 떼실 때에 내가 보니 하나님의 말씀과 그들이 가진 증거로 말미암아 죽임을 당한 영혼들이 제단 아래에 있어 큰 소리로 불러 이르되 거룩하고 참되신 대주재여 땅에 거하는 자들을 심판하여 우리 피를 갚아 주지 아니하시기를 어느 때까지 하시려 하나이까"(요한계시록 6:9-10). 스가랴 제사장의 역사적인 순교 사건이 있은 이후, 유다 역사는 돌이킬 수 없는 나락으로 치닫습니다. 그리고 결국 성전은 파괴되고 나라는 망합니다. 역대지상은 성전이 언약 백성의 삶과 신앙에 얼마나 중요한가를 기록합니다. 반면에, 역대지하는 그 중심 터전인 하나님의 전이 어떻게 짓밟혀 폐허가 되고 하나님의 영광이 떠났는지를 기록합니다.

한편, 오늘날 새 언약의 빛 가운데 역대기를 읽는 우리들에게 있어서, 성전은 그리스도 안에 있는 우리들 자신입니다. 우리 혼이 본래 있어야 할 자리, 즉 우리 존재 중심에 계신 그리스도께로 나아가 주님과 연합하여 한 영 됨이 성전의 지성소입니다. *끊임없이 외부에서 내면으로 방향을 전환하여 성령님의 인도 가운데 존재 중심으로 나아가 하나님 임재 가운데 그 심중을 지키느냐가 관건입니다*: "모든 지킬 만한 것 중에 더욱 네 마음을 지키라 생명의 근원이 이에서 남이니라"(잠언 4:23). 이것은 새 언약 가운데 있는 우리에게 역대기 성전 중심의 메시지가 주는 포인트입니다.

주님은 심판하십니다. 시리아는 작은 규모의 군대로 요아스의 대군을 물리칩니다. 스가랴 제사장을 죽인 것에 대한 반감을 품은 신하들은 요아스 왕을 죽입니다. 뒤이어 아마샤가 왕이 되어 아버지를 죽인 신하들을 처형합니다. 그는 주님을 따르다가 배신하고 에돔의 신들을 섬깁니다. 주님은 북왕국의 손을 빌려 그와 성전을 심판하고, 아마샤는 반란군에게 죽임을 당합니다. 뒤를 이은 10대 왕 웃시야는 곁에 하나님을 경외하도록 가르쳐 주는 선지자가 있습니다. 그래서 여호와의 뜻을 찾는 동안에는, 주님께서 웃시야를 도우니, 그가 매우 강한 왕이 됩니다. 그러나 힘이 세어져 교만하게 되니, 그는 성전에서 제사장만 하는 분향을 하다가 나병에 걸려 죽는 날까지 별궁에 격리됩니다. 12대 왕 아하스는 다윗의 길이 아닌 이스라엘 왕들의 길을 걷습니다. 바알을 숭배하고 자식을 번제로 드리며 이방 민족의 역겨운 풍속을 따릅니다. 주님은 심판하십니다. 아람과 북왕국의 손에 그를 넘기십니다. 그는 산당을 세웠을 뿐만 아니라 여호와의 성전을 더럽히고 파괴하기까지 합니다. 아하스 왕은 죽어 왕실 묘지에 묻히지 못하고 예루살렘성에 장사됩니다.

셋째 날 - 주야로 15분씩 임재 기도

역대하 29:1-36:21

역대기는 실패자 아담으로부터 시작하여 위대한 해방자 고레스의 '유다 예루살렘에 성전을 건축하라'는 석방령으로 마칩니다(역대상 1:1; 역대하 36:22, 23). 그리고 그 중심에는 성전과 보좌가 있습니다. 성전을 건축하여 언약궤를 모십니다. 그 성전을 모독하면 심판이 임합니다. 그리고 다시 성전이 회복됩니다. 이러한 반복적인 패턴이 아하스-히스기야-므낫세와 아몬-요시야 왕들에게서 집중적으로 묘사됩니다(역대하 28-35장). 히스기야와 요시야 왕은 다윗 왕의 길을 걸어가며 종교개혁을 단행합니다. 그들은 성전을 정결하게 하고 절기와 예배와 율법을 회복한 위대한 왕들입니다.

주님은 신실한 종들의 중심을 살피십니다. 주님께서 백성들을 광야 40년 길을 걷게 하신 것은, 그들을 낮추시며 테스트를 통하여 그들의 중심이 어떠한지 명령을 지키는지 않는지를 알려 하신 것입니다. 만나를 먹이신 것도, 사람이 떡으로만 사는 것이 아니라 여호와의 입에서 나오는 모든 말씀으로 사는 줄 알게 하신 것입니다. 그래서 그 결과로 자기 백성들이 잘되게 하시려는 것입니다(신명기 8:16). 같은 이유로 주님은 히스기야 왕의 중심을 테스트하십니다: "바벨론 방백들이 히스기야에게 사신을 보내어 그 땅에서 나타난 이적을 물을 때에 하나님이 히스기야를 떠나시고 그의 심중에 있는 것을 다 알고자 하사 시험하셨더라"(역대하 32:31). 또한, 하나님은 이집트의 느고 왕을 통해 요시야에게 말씀하십니다: "유다 왕이여 내가 그대와 무슨 관계가 있느냐 … 하나님이 나에게 명령하사 속히 하라 하셨은즉 하나님이 나와 함께 계시니 그대는 하나님을 거스르지 말라 그대를 멸하실까 하노라"(역대하 35:21). 요시야 왕은 하나님 말씀에 불복종하고 므깃도로 나가 싸우다가 죽습니다. 한편, 돌이킬 수 없는 죄악으로 성전을 더럽히고 남왕국 멸망의 원흉이 된 므낫세이지만, 그는 바빌론 포로지에서 돌이켜 크게 겸손하여 간구합니다. 주님은 그를 고국으로 귀환시켜 왕의 업무를 보게 하십니다. 그제서야 므낫세는 여호와께서 하나님이심을 깨닫습니다. 그리고 성전의 우상을 다 제거하고 제단을 보수하여 오직 이스라엘 하나님 여호와를 섬기도록 백성들에게 명령합니다(역대하 33:15).

하나님 나라의 변하지 않는 법이 있습니다. **하나님은 우리 중심을 헤아리십니다. 그리고 중심이 하나님과 일치하는 자를 발견하시면, 주님은 그를 종의 자리에 세워 쓰임을 받게 하십니다. 천국의 법칙입니다.** 지금 이 순간 여기에, 영원히 현존하시는 하나님 생명과 연결된 하나님 임재 자리는 절대 복종의 자리입니다. 우리 혼이 본래 있어야 할 하나님 보좌 앞 생명의 자리입니다. 자신의 생각으로 선악을 헤아리며 자신의 의로움으로 설 수 있는 곳이 아닙니다. 자기 생각을 부인하고 자기 십자가 짊어지고 죽기 전에 죽었음을 고백하며 오직 믿음으로 아버지 집 보좌 앞에 나아가 자신의 영이 그리스도의 영과 연합하여 한 영 됨을 의식하며 누리는 하나님 임재 자리입니다. 성령께서 스승 되시어 모든 것들을 가르치시고 공급하십니다. 그러므로 아무리 위대한 종이라 할지라도 말씀에 불복종하여 자신의 생각으로 헤아리며 선악으로 존재하면, 그는 아버지 집에 존재하지 못합니다. 자신의 중심에 건축된 성전과 보좌를 선악의 생각으로 더럽혔기 때문입니다. 반면에 아무리 악한 죄인이라 할지라도 돌이키어 육신의 생각을 멈추고 자기를 포기하여 크게 겸손하면, 그는 은혜로 본래 있어야 할 자리로 돌아와 전심으로 주님을 섬기게 됩니다. 하나님 생명 안에서 자신의 마음 중심에 건축된 성전과 보좌를 정결케 하였기 때문입니다. 내가 사는 것이 아니라, 내 안에 그리스도 사시기 때문입니다.

요시야 왕의 세 아들과 손자가 남왕국 17-20대 왕입니다. 그들은 하나님께 정한 마음을 두지 못하고 보이는 것을 따라 우왕좌왕하다가 나라의 멸망과 성전의 파괴를 자초합니다. 남왕국은 주 여호와께서 자신의 것으로 구별하신 예루살렘과 성전을 더럽힙니다. 돌아오라는 명령을 끝까지 거부하니, 주님은 그들을 바로잡을 길이 없습니다. 주님께서 바빌론의 탐욕을 몽둥이 삼아 허용하니, 예루살렘성과 성전은 불타고 파괴됩니다. 바빌론 배후에서 역사하는 원수 마귀가 주의 백성들을 사로잡아 세상으로 끌고 갑니다. 주님도 스스로 주의 백성과 함께 바빌론 최고신 마르둑에게 굴복하십니다(다니엘 1:2).

한편, 포로로 잡혀가 70년 포로 생활을 하니, 그 땅이 70년 동안 황폐하게 되어 안식을 누린다는 말씀이 성취됩니다(역대하 36:21). 이스라엘 족속이 그 땅에 살 때에 자신들의 행위로 그 땅을 더럽혔기에, 그 땅은 그동안 쉼이 없었습니다(에스겔 36:17). 그러나 이제 땅을 더럽혔던 자들이 포로로 잡혀가므로 인해, 그 땅은 70년 동안 안식합니다. 또한 동시에, 잡혀간 자들은 좋은 무화과처럼 돌봄을 받아 거룩한 씨앗 그루터기가 되어 돌아올 것입니다. 같은 이치로, 에덴동산을 더럽혔던 아담이 쫓겨남을 통해 그 동산이 안식합니다. 그러나 동시에, 둘째 아담의 속죄제물 됨을 통해 주의 자녀들이 거룩의 씨앗 되어 마땅히 있어야 할 그 동산으로 다시 돌아옵니다.

넷째 날 - 주야로 15분씩 임재 기도

다니엘 1-12장

주 여호와를 재판장 삼아 그 은혜 가운데 오직 하나님께 속하여 그 도우심으로 살던 다니엘과 세 친구입니다. 그러나 바빌론 포로로 잡혀간 이후, 그들은 우상 마르둑의 그늘 아래 생명을 보호받아 달을 경배하고 포도주의 신에게 몸을 바치며 마르둑의 아들 느보 우상의 종이 되도록 개명을 당합니다. 환관정치에 특화된 소모품이 되기 위해 거세를 당하고 3년간 특별교육을 받습니다. 3년이 지나 함께 잡혀왔던 왕 여호야김은 조국으로 돌아가도, 자신들은 우상 나라의 환관이 되어 우상 나라의 방식대로 살아갑니다. 이것이 포로로 잡혀간 자녀 세대의 형편과 처지입니다.

그러나 그럼에도 불구하고 다니엘과 세 친구는 바빌론 음식을 거부하며 몸(생각, 감정, 신체)은 죽여도 혼soul은 죽이지 못하는 우상에게 굴복하지 않습니다(다니엘 1:8; 마태복음 10:28). 그들은 오직 주 여호와 하나님만 경외합니다. 그 대가로 세 친구는 용광로에 던져집니다. 하지만 그 자리에 하나님의 아들이 함께하시니 털끝 하나 다치지 않습니다. 메소포타미아 최고의 권력자 느브갓네살은 7년 동안 소처럼 풀을 뜯어먹으며 짐승처럼 지내다가 정신을 차리고 오직 주 여호와의 왕국만이 영원하심을 깨닫습니다(다니엘 4:37).

온 세상이 악마의 세력 아래 있듯이, 다니엘과 세 친구도 포로지의 마르둑 우상아래서 몸(생각, 감정, 신체)이 세상과 우상의 방식대로 압제당합니다. 세상과 우상은 그들의 몸을 죽이지만, 하나님께 속한 혼을 죽이지 못합니다. 다니엘과 세 친구는 몸과 혼을 다 지옥에 던져 멸망시킬 수 있는 주 여호와만을 경외합니다. 주님은 다니엘과 세 친구의 몸과 혼을 다 구원하여 세상과 우상을 복종시킵니다. "메네 메네 데겔 우바르신"(다니엘 5:25). 하나님께서 이미 세상 나라와 우상을 끝나게 하셨습니다. 바빌론 왕이 다니엘에게 말합니다: "너희 하나님은 참으로 모든 신들의 신이시요 모든 왕의 주재시로다"(다니엘 2:47). *자신이 섬기는 마루둑이 아닌, 다니엘이 섬기는 여호와가 진정한 하나님이심을 선언한 것입니다.* 하나님은 자기 백성들의 죄악으로 인해 성전과 백성을 바빌론에 내어주고 그들의 신에게 스스로 굴복하셨습니다. 그러나 오직 주 여호와를 경외하는 다니엘로 인하여, 바빌론 왕과 최고신 마르둑은 주 여호와께 무릎을 꿇으며 굴복합니다. 본래 있어야 할 창조 본연의 자리로 돌아와 확정된 다니엘의 영혼입니다. 그리고 그로 인해, 하나님의 주권과 섭리가 포로로 잡혀간 바빌론에 드러난 것입니다.

주 하나님은 그렇게 바빌론 포로지에서 자기 백성을 좋은 무화과처럼 빚으시며 거룩의 씨앗이 되게 하십니다. 그리고 다니엘에게 심판하시는 하나님의 보좌와 그리스도를 보게 하십니다(다니엘 7:9-14). 또한 주 하나님은, 20대 청년일 때 다니엘은 느브갓네살 왕의 꿈을 해석하였는데, 70 노인이 된 다니엘이 그 꿈을 직접 꾸게 하여 하나님의 일하심을 깨닫게 하십니다. 바빌론은 멸망하고 뒤 이어 페르시아-그리스-로마로 이어지는 대제국의 흥망성쇠 가운데, 다니엘은 하나님 나라의 출현을 고대합니다. 바빌론 포로 생활 70년이 되면, 하나님께서 자기 백성을 좋은 무화과처럼 돌보시며 거룩의 씨앗 즉 그루터기로 빚으시는 기한이 끝납니다. 주님의 섭리를 깨달은 다니엘은 금식하고 회개하며 기도합니다. 천사 가브리엘이 응답을 가져옵니다: "하나님께서 너의 백성과 거룩한 도성에 일흔 이레의 기한을 정하셨다"(다니엘 9:24).

일흔 이레는 490년(70x7)입니다. 예루살렘을 보수하고 재건하라는 고레스 칙령이 떨어진 후 7이레(7x7=49년) 동안 성전이 재건축되고 에스라를 중심으로 제2차 포로 귀환(B.C. 457년)의 때에 영적 성전 재건이 시작됩니다. 그리고 62이레(62x7=434년)가 지나면, 메시야가 오시어 죽임을 당하며, 가장 거룩한 곳에 기름이 부어지고 속죄가 일어나 하나님의 영원한 의가 세워집니다. 나머지 한 이레(7년)는 역사의 마지막 때를 가리킵니다. 이레의 절반인 3년 반 동안은 제사와 예물이 금지되고 흉측한 우상이 성전에 세워질 것입니다(다니엘 9:24-27). 밤낮 이천삼백 일이 지나야 성소가 깨끗하게 될 것입니다(다니엘 8:14). 구약의 유대인들은 '나머지 한 이레'를 다니엘서가 최종 편집된 B.C. 2세기의 한 경험을 통해 추론합니다. B.C. 170년, 헬레니즘을 계승한 세렐우코스 왕조의 안티오코스 4세가 예루살렘에 침입하여 유대인의 종교를 말살하며 성전을 더럽히고 지성소에 제우스 신상을 세웠습니다. B.C. 164년 12월, 유대 민족의 마카비 혁명으로 그들이 축출되고, 이스라엘 백성들이 성전을 깨끗이 하여 다시 하나님께 봉헌합니다. 이 기간이 이천삼백 일입니다. 이것을 기념하여 수전절/성전 봉헌절을 제정하였는데, 예수님도 이것을 지킵니다(요한복음 10:22-23).

한편, 새 언약의 그리스도인들은 '나머지 한 이레'인 역사의 마지막 때를 예수님의 초림과 재림 사이의 기간으로 설정합니다. 주 여호와께서는 포로지 바빌론에서 자기 백성을 좋은 씨앗 그루터기로 빚으십니다. 그리고 자신의 종 다니엘에게, 주 여호와의 일하심의 영역이 팔레스테인-이집트-바빌론 지역의 활동범위에서 이제는 그리스-로마의 지중해 전 지역으로 확장되어 말씀이 육신 되어 오실 것을 꿈으로 환상으로 알려 주십니다. 그리고 마지막 한 이레 때 있을 종말의 일들과 그 결말을 알려 주십니다: "한 때와 두 때와 반 때가 지나야 한다. 거룩한 백성이 받는 핍박이 끝날 때에, 이 모든 일이 다 이루어질 것이다"(다니엘 12:7). 한 때와 두 때와 반 때는 3년 6개월, 즉 일천이백육십 일(360x3.5)입니다. 여기에 심판의 30일 기간이 더해지면 일천이백구십 일이 지나가는 것이며, 회복의 45일을 더하면 천삼백삼십오 일이 되어 최종완성의 새 하늘과 새 땅이 펼쳐집니다(다니엘 12:1-3).

자신의 전 생애를 온전히 드린 다니엘에게, 주 하나님께서도 자신의 모든 것들을 다 알려주십니다. 서로 진짜 친구입니다(요한복음 15:14). 주님은 친구에게 마지막 당부를 합니다: "너, 다니엘아, 너는 끝까지 신실하여라. 너는 죽겠지만, 끝 날에는 네가 일어나서, 네게 돌아올 보상을 받을 것이다"(다니엘 12:13).

다섯째 날 - 주야로 15분씩 임재 기도

에스겔 1-11장

제사장 가문 출신의 예레미야는 예루살렘과 성전을 중심으로 선지자 사역을 감당합니다. 반면에 제사장 후보생 에스겔은 바빌론 포로지에서 열방을 성전삼아 활동하시는 여호와를 수종들며 선지자 사역을 감당합니다. 당시에 제사장 후보들은 25세에 징집되어 5년 동안 훈련을 받습니다. 그리고 30세부터 성전에서 제사장 직무를 수행합니다. 그런데 에스겔이 25세에 징집된 장소는 잡혀간 바빌론의 그발강 운하공사 현장입니다. 그는 포로수용소 노동현장에서 5년 동안 하나님으로부터 제사장 직무를 위한 특별훈련을 받았습니다. 내가 하나님을 위하여 제사장 직무를 수행한다는 꿈과 비전이 산산조각난 5년 세월입니다. 죽기 전에 죽었습니다.

그렇게 죽기 전에 죽어 30세가 되니, 하늘이 열립니다. 그리고 에스겔은 제사장 직무를 수행하며 섬겨야 할 분을 만납니다(에스겔 1:20-28). 그가 만난 하나님은 성전건물의 그룹 사이에 좌정하신 분이 아닙니다. 불전차를 타고 세계를 종횡무진하시는 절대적으로 초월하고 절대적으로 자유하신 하나님이십니다.

바빌론 포로지에서, 주 여호와께서는 자신의 종 다니엘과 세 친구 그리고 에스겔에게 강력하게 나타납니다. 에스겔의 뜻은 '하나님께서 강하게 하신다'입니다. 유다 왕국의 흥망성쇠와 상관없이, 그들은 여전히 온 우주와 열방을 주관하시는 참된 왕 여호와를 만납니다. 성전은 파괴되고 유다 왕의 보좌는 비었지만, 자신들의 진짜 왕 주 여호와는 불전차 보좌 위에 앉아 온 우주를 통치하십니다. 그들은 옛 세계의 멸망을 통해 진짜 세계를 볼 수 있는 영적인 눈이 열린 것입니다. 에스겔은 자주 말씀의 능력에 사로잡혀 들어올림을 받습니다(에스겔 2:2, 3:24, 3:12-14). *선지자 사명을 감당하는 주체가 자신에게서 하나님으로 바뀝니다. 하나님이 열방을 보시는 방식대로, 에스겔은 하늘의 차원에서 자신도 그렇게 보고 말하며 주님께서 하시는 일을 수종 듭니다.* 하늘의 제사장 되어, 이 땅에 그것이 이루어지도록 선지자 사명을 감당한 것입니다.

다니엘과 세 친구 그리고 에스겔에게 나타나신 주 여호와께서 그리스도 안에서 우리에게 나타나십니다. 왜냐하면 우리도 그들처럼 그리스도와 함께 십자가에 못 박혀 죽기 전에 죽었기 때문입니다. 그리스도와 함께 하늘로 올림을 받아 불이 섞인 유리 바닷가의 승리한 무리들과 영으로 한 몸 이루었고, 우리 혼이 외부에서 내면으로 전환하여 그 중심에로 끊임없이 나아가 주님과 연합하여 한 영 되었기 때문입니다. 그러므로 세상이 아닌 하늘의 차원에서, 내가 아닌 하나님이 보시는 대로 우리는 보고 듣고 말합니다. 이러한 우리는 그리스도 안에서 왕 같은 제사장입니다. 주체가 내 안에 계신 그리스도이십니다. 우리의 믿음과 믿음의 실상reality으로 살아감을 통해, 우리 안의 그리스도께서 하늘에서 이루어진 뜻을 이 땅에 이루어지게 하십니다.

주의 영이 에스겔 속으로 들어가 말씀하십니다: "너 사람아, 비록 네가 가시와 찔레 속에서 살고, 전갈 떼 가운데서 살고 있더라도, 너는 그들을 두려워하지 말고, 그들이 하는 말도 두려워하지 말아라. … 그들이 듣든지 말든지 오직 너는 그들에게 나의 말을 전하여라. 그들은 반역하는 족속이다"(에스겔 2:6-7). 그리고 붙여준 영혼을 깨우쳐 주지 않으면 그 사람이 죽은 책임을 파수꾼에게 묻겠다는 엄중한 사명을, 에스겔은 받습니다(에스겔 3:12-27).

4-5장은 유다와 예루살렘에 다가오는 심판에 대한 4가지 퍼포먼스입니다. 첫째, 예루살렘성이 포위되어 함락될 것을 상징하는 퍼포먼스입니

다. 둘째, 줄로 묶어 좌로 누워 북왕국의 죄를 390일 감당하고 우로 누워 남왕국의 죄를 40일 감당합니다. 총합 430일, 즉 430년 이집트에 묶였던 백성들이 출애굽하듯 죄를 감당하고 바빌론 포로됨에서 해방될 것을 상징합니다. 셋째, 음식을 저울에 달아 쇠똥에 구워 먹으며, 자신들의 죄악속에 말라 죽는 퍼포먼스입니다. 넷째, 삭도로 자른 머리털과 수염 같은 예루살렘의 운명을 퍼포먼스 합니다. 그리고 8-11장에서는, 비록 몸은 바빌론에 있으나 에스겔의 영은 주의 영의 권능에 사로잡혀 남왕국 멸망 4년 전의 예루살렘 성전의 당시 모습을 봅니다: "주의 영이 나를 들어 천지 사이로 올리시고 하나님의 환상 가운데에 나를 이끌어 예루살렘으로 가서 안뜰로 들어가는 북향한 문에 이르시니 거기에는 질투의 우상 곧 질투를 일어나게 하는 우상의 자리가 있는 곳이라"(에스겔 8:3). 70인 장로가 우상숭배 의식을 거행하고, 여인들이 담무스 우상에게 빕니다. 그리고 대제사장과 24반열의 제사장들이 태양신을 숭배합니다. 한마디로, 거룩하고 유일하신 하나님만 예배하는 성전이 모든 우상들을 위한 만신전Pantheon으로 변질된 것입니다. 그 결과 하나님의 영광이 성전을 떠나려는 순간, 패역한 지도자들을 처단하고 회복을 약속합니다. 그리고 그 영광이 성전을 떠납니다.

예루살렘의 성전은 파괴되고 하나님의 영광은 떠납니다. 그러나 바빌론 포로로 잡혀간 백성들에게 하나님 친히 성소가 되십니다: "내가 비록 그들을 멀리 이방인 가운데로 쫓아내어 여러 나라에 흩었으나 그들이 도달한 나라들에서 내가 잠깐 그들에게 성소가 되리라"(에스겔 11:16). 잠깐인 것은, 그들이 포로 생활 70년을 마치면 돌아가서 성전을 재건축할 것이기 때문입니다. 포로로 잡혀간 주의 백성들은 좋은 무화과처럼 돌봄을 받습니다. ***하나님이 친히 그들의 성소가 되시어 한마음을 주시고 그 속에 새 영을 주십니다. 그리고 그들의 육체에서 돌 같은 마음을 제거하고 살처럼 부드러운 마음을 주어 하나님의 율례를 따르며 지켜 행하게 하십니다.*** 그들은 주님의 백성이 되고, 주님은 그들의 하나님이 됩니다(에스겔 11:19-20).

한편, 온전한 회복은 새 언약의 빛 가운데 성취됩니다. 말씀이 육신 되시어 장막을 치시고 예수님 스스로 성전이 되십니다(요한복음 1:14, 2:22). 우리를 대신하여 육신으로 하나님 앞에 서 정죄를 받으시고 속죄제물 되십니다(로마서 3:25). 구속 곧 죄사함을 받아 그리스도 안에서 새로운 피조물 된 우리는 주의 영이 거하시는 성전입니다(고린도후서 5:17; 고린도전서 6:17). 또한 새 하늘과 새 땅에서는 하나님과 어린양이 성전이십니다: "성안에서 내가 성전을 보지 못하였으니 이는 주 하나님 곧 전능하신 이와 및 어린양이 그 성전이심이라"(요한계시록 21:22).

여섯째 날 - 주야로 15분씩 임재 기도

에스겔 12-19장

포로로 잡혀간 바빌론에서는 무슨 일이 있었습니까? 주의 백성들 사이에 두 부류가 있습니다. 첫째, 오직 주 여호와께 속하여 하나님 말씀대로 생각하고 말하고 느끼고 선포하며 하나님을 나타낸 자들입니다. 다니엘과 세 친구 그리고 에스겔 선지자입니다. 둘째, 자신들의 형편과 처지에 절망하여 비통해하며 거짓 선지자들의 거짓 평안에 자신들의 마음을 두고 자신들의 비통함을 나타내는 자들입니다. 그들은 회개하지 않습니다. 자신들이 왜 그렇게 비천한 자리에 잡혀와 있는지를 생각하지 않고, 자신들의 죄의 깊이를 외면하기 때문입니다. 사람의 저주를 끊고 오직 하나님의 은혜로 다스림을 받은 약속의 땅이 왜 그렇게 더럽혀졌는지, 그리고 이제 그 땅이 어떻게 해서 70년 동안 안식을 갖는지, 그들은 생각하지 않습니다. 자신들의 형편과 처지에 절망하여 무작정 살려달라고 그리고 빨리 고국으로 보내 달라고 울부짖을 뿐입니다. 고통은 구원의 메신저이니 주님이 자신들을 속히 구원해 주시리라 믿고, 삯꾼 선지자들의 거짓 평안에 온몸을 기댈 뿐입니다.

고국에서 예레미야를 통해 '잡혀간 자들을 향한 하나님의 마음은 재앙이 아니라 번영이다. 그러니 그곳에서 자리잡고 70년 포로 생활을 하라'는 메시지를 이미 받았습니다(예레미야 29:5-11). 그 메시지에 복종했다면, 그들은 왜 망해서 그곳까지 잡혀와 포로수용소에 있는지를 깨달아 진실되게 회개하고 말씀대로 생각하고 말했을 겁니다. 그러나 그들은 자신들의 형편과 처지를 따라 생각하고 말하며 자신들의 귀를 즐겁게 해 주는 거짓 선지자들에게 기대어 무엇을 먹을까 무엇을 마실까 비통해합니다. 그들은 자신들이 하나님의 나라와 그분의 의를 먼저 구하는 언약 백성이라는 사실을 왜곡하고 망각합니다.

여호와께서는 그러한 자들을 '반역하는 족속'이라고 칭하십니다: "사람아, 너는 반역하는 백성 가운데 살고 있다. 그들은 볼 눈이 있어도 보려고 하지 않고, 들을 귀가 있어도 들으려고 하지 않는다. 그들은 반역하는 족속이기 때문이다"(에스겔 12:2). 어떻게 하면 주님께서 반역하는 족속을 좋은 무화과처럼 돌보시며 거룩의 씨앗과 그루터기로 빚어낼 수 있을까요? 주님은 4년 뒤에 있을 남왕국의 멸망(B.C. 587)에 대해 에스겔을 통해 두 가지 퍼포먼스를 보이십니다. 그리고 심판의 확실함에 대한 다섯 가지 메시지를 주십니다.

먼저, 잡혀간 자들 사이에 만연한 유다 나라 멸망에 대한 의구심과 거짓된 낙관의 통설을 깨뜨리십니다. 그리고 거짓 선지자들을 심판하십니다. 백성들이 죄악의 벽을 세우면, 거짓 선지자들은 그 위에 회를 칠해 화려하게 장식하는 자들과 같습니다. 주님은 소나기와 우박과 폭풍으로 죄악의 벽을 무너지게 하시고, 회를 칠하여 거짓 평화를 주던 거짓 선지자들을 심판하십니다. 그 결과, 주님은 거짓 선지자들로부터 자기 백성을 구원하십니다: "내가 내 백성을 너희 손에서 건져내리니 내가 여호와인 줄을 너희가 알리라"(에스겔 13:23). 우상을 숭배하며 죄악의 걸림돌을 자기 앞에 두며 복을 구하는 백성을, 주님은 심판하십니다. 또한 그러한 백성에게 듣기 좋은 소리를 하며 축복하는 거짓 선자들을 심판하십니다. 기근, 사나운 짐승, 전쟁, 전염병으로 심판하십니다. 비록 그들 가운데 노아, 다니엘, 욥, 이 세 사람이 있어도 이 심판을 막을 수 없습니다.

사람의 저주로 가득한 가나안 땅입니다. 아브라함을 불러 민족을 형성하고 모세를 통해 출애굽하여 그 땅으로 자기 백성을 인도하신 주 여호와이십니다. 사람의 저주를 끊고 여호와의 은혜로 다스리며 그 땅에 하늘의 안식을 주십니다. 그런데 자기 백성이 말과 행실로 그 땅을 가나안 족속보다 더 많이 더럽힙니다. 하나님의 성전을 만신전Pantheon으로 둔갑시킵니다. 주님은 그러한 예루살렘과 성전을 심판하십니다. 그리고 주님은 자기 백성과 함께 스스로 세상의 통치자 아래로 들어가십니다. 자기 백성이 수치와 모욕을 당할 때, 주님도 그들과 함께 세상 신으로부터 수치와 모욕을 당하십니다(이사야 53:3). 바빌론 포로지에서 고난받으시는 주님의 클라이맥스는 600년이 지나 갈보리 그 십자가에서 나타납니다.

끝까지 회개하지 않는 백성은 자신들의 적나라한 죄의 모습을 듣고 봅니다. 사람들이 버린 핏덩이를, 주님께서 키워 아내를 삼습니다. 그런데 여자는 배은망덕하고 자신의 아름다움과 명성을 의지하여 온갖 역겨운 일과 음행을 저지릅니다.

주 여호와께서 음란한 유부녀인 예루살렘을 심판하십니다. 하지만 젊은 시절의 언약을 기억하시어, 주님께서 예루살렘과 영원한 언약을 세웁니다(에스겔 16:62-63). 새 언약의 빛 아래, 주 성령께서 죄와 의와 심판과 관련하여 우리들이 잘못 생각하는 것들을 책망하시며 깨뜨리십니다. 그때 비로소 우리는 우리 죄의 적나라한 모습을 보며 절망하나, 곧 이어 들려오는 복음의 소리에 소생됩니다: '내가 그리스도와 함께 십자가에 못 박혔다. 이제는 내가 사는 것이 아니다. 내 안에 그리스도께서 사신다.' 이렇게 주 여호와께서 바빌론 포로지의 자기 백성들을 돌보시며 좋은 무화과로, 그리고 무성한 포도나무로 빚으십니다(에스겔 17:5-6). 그 무성한 포도나무가 바로 우리 주 예수 그리스도이심을, 새 언약의 빛 가운데 있는 하나님의 자녀들은 압니다: "나는 참포도나무요 내 아버지는 농부라 … 나는 포도나무요 너희는 가지라 그가 내 안에, 내가 그 안에 거하면 사람이 열매를 많이 맺나니 나를 떠나서는 너희가 아무것도 할 수 없음이라"(요한복음 15:1-5).

한편, 바빌론에 잡혀가 거듭나는 이스라엘에게 있어서, 이제는 자신의 범죄로 인해 3-4대까지 내려가는 저주가 끊어집니다: "범죄하는 그 영혼은 죽을지라 아들은 아버지의 죄악을 담당하지 아니할 것이요 아버지는 아들의 죄악을 담당하지 아니하리니 의인의 공의도 자기에게로 돌아가고 악인의 악도 자기에게로 돌아가리라"(에스겔 18:20). 악인이 죄에서 돌이켜 말씀에 복종하면, 주님은 그가 지은 모든 죄악을 더 이상 기억하지 않습니다. 주님은 악인이 자신의 죄로 인해 죽는 것을 기뻐하지 않습니다. 그가 돌이켜 그 길에서 떠나 사는 것을, 주님은 기뻐하십니다(에스겔 18:32). 어떻게 3-4대까지 내려가는 저주가 끊어지고 그 복을 누릴 수 있습니까? 주님께서 바빌론 포로지에서 말씀에 복종하는 다니엘과 세 친구 그리고 에스겔 같은 자들과 함께하시며 그 죄를 대신 담당하셨기 때문입니다. 그리고 이 진리의 말씀이 바빌론 포로지의 중심부 같은 그 십자가에서 온전히 성취되어, 새로운 세상을 펼치셨습니다: "이전 것은 지나갔으니 보라 새 것이 되었도다"(고린도후서 5:17).

일곱째 날 - 주야로 15분씩 임재 기도

에스겔 20-28장

여호와는 우리의 목자이시기에 우리가 부족함이 없습니다. 우리 영혼을 소생시키시며 '자기 이름을 위하여' 우리를 의의 길로 인도하십니다(시편 23:1-3).

이스라엘 나라의 반역과 회복을 증거하는 에스겔 20장에서 '내가 내 이름을 위하여'라는 말씀이 네 번 반복됩니다. 주님은 자기 백성이 이집트 땅에서 우상들을 버리지 않았어도, 자기 이름을 위하여 진노를 쏟아 붓지 않고 그들을 이집트 땅에서 이끌어 내십니다(에스겔 20:8-9). 그들이 광야에서 반역하며 주님의 안식일을 더럽힐 때에도, 주님은 자신의 이름을 위하여 멸망시키지 않으십니다(에스겔 20:14). 그 자손들도 반역하여 율법을 따르지 않고 안식일을 더럽힙니다. 그래서 주님께서 광야에서 그들에게 진노를 쏟아부어 분노를 풀려고 했지만, 주님은 자신의 이름 때문에 그렇게 하지 않으십니다(에스겔 20:22). 그리고 약속의 땅에서도 그들은 여전히 악한 길을 걸으며 타락했지만, 주님은 자신의 이름을 위하여 그들의 행위대로 갚지 않습니다(에스겔 20:44). 북왕국 7대왕 아합부터는 바알을 왕궁에까지 들여놓으며 약속의 땅을 더럽히자, 주님은 엘리야-엘리사를 통해 암 같은 바알을 제거합니다. 그러나 암은 급속도로 번져갔고, 주님은 아모스-호세아-이사야-미가 선지자를 통해 끊임없이 우상숭배와 음란의 암세포 제거수술의 필연성을 알립니다.

그러나 그럼에도 불구하고 끝까지 돌이키지 않는 백성들입니다. 그런데 이제는 너무나 많이 더러워진 약속의 땅을 안식하게 해야 할 때입니다.

그리고 백성들의 영혼도 소생되어 거룩한 길을 걸어야 합니다. 그러므로 **이제는 주 여호와께서 자기 이름을 위하여 심판하실 것입니다.** 예레미야와 에스겔을 통해 암세포 제거수술의 무용성을 인정하고 사망선고를 내리는 자리에까지 온 것입니다. 바빌론을 몽둥이로 사용하여 예루살렘성을 멸망시키고 성전을 파괴시킬 것입니다. 그 결과로 백성들은 잡혀가 포로 생활을 하며 다시금 거룩의 씨앗으로 거듭나고 회복될 것입니다. 그리고 주 여호와는 하나님 자신의 거룩함을 드러내실 겁니다(에스겔 20:41). 심판을 받고 잡혀갔다가 70년 뒤에 다시 약속의 땅 이스라엘로 돌아오면, 그때 비로소 그들은 여호와가 자신들의 주인인 줄 알게 될 것입니다. 그리고 그들은 자신을 더럽히며 살아온 길과 모든 행실을 기억하고 스스로를 미워하게 될 것입니다(에스겔 20:42-43).

그런데 잡혀간 백성들은 여전히 돌아갈 생각만을 하며 거짓된 낙관에 붙잡혀 있습니다. 아직 조국과 성전이 존재하기 때문입니다. '설마 자신들의 하나님이 이방 나라와 우상들에게 굴복을 당하겠는가' 반문하며 안일함 가운데 비통해합니다. 자신들의 죄의 깊이를 들여다보지 않습니다. 이방 나라 포로수용소에서조차도 여전히 보이는 것을 따라 선악간에 생각하고 말하며 통제하려 합니다. 그래도 집 나간 탕자는 돼지 쥐엄 열매조차도 배불리 먹지 못하는 형편에서, 자신을 돌아보며 정신을 차리고 집에 돌아갈 결단을 합니다. 하지만 바빌론에 잡혀간 백성들은 '어떻게 해야 돌아갈 수 있는가'에 귀를 막고 막연히 자신들 입장을 따라 하나님께서 도우셔야 한다고만 생각합니다. 바로 그런 삶의 방식이 약속의 땅을 더럽혔고 그래서 망해 잡혀와 있는데, 그런데도 불구하고 여전히 하나님의 주권과 섭리를 애써 외면합니다.

오늘 읽는 성경 본문은 B.C. 590년의 시대 상황입니다. 완전히 멸망되는 3차포로 발생 3년 전입니다. 당시 바빌론으로 잡혀간 자들은 많게는 15년, 적게는 8년을 포로수용소에서 바빌론 운하사역에 동원되어 노예로 살고 있습니다. 아직 조국과 성전이 존재했기에, 타국의 포로수용소에서 노예로 지내면서도 탕자의 쥐엄 열매 보다는 좀 더 나은 형편이라고 생각하는 것일까요? 조국에 있는 자들이나 바빌론 포로수용소에 있는 자들이나 모두가 멈추지 않고 계속 반역을 합니다. 그럴수록 죄의 권세자 원수 마귀의 기세는 더 등등해져 조국과 바빌론에 죄와 사망을 가져옵니다. 죄의 삯을 지불해야 마귀의 기세는 꺾일 것입니다.

주 여호와께서 예루살렘의 멸망과 성전의 파괴를 확정하여 확언하십니다(에스겔 22-24장). 살인죄와 우상숭배로 스스로를 더럽힌 예루살렘, 쇠찌꺼기 같은 이스라엘을 용광로에 넣고 주님의 격노의 불로 녹입니다. 왕들, 제사장들, 선지자들 그리고 백성들이 심판을 받습니다. 심판을 받는 만큼 마귀의 죄의 권세는 소멸됩니다. 북왕국과 남왕국은 음행을 한 두 자매로 비유됩니다. 주님께서 음행으로 더러워진 몸을 깨끗하게 하려 했으나, 유다는 그것을 원하지 않습니다. 주님은 분노의 불로 가마솥까지 태워 멸망시키며 남은 자들을 정결케 하십니다. 이방 나라들도 심판을 받습니다. 동쪽의 암몬 모압 에돔, 서쪽의 블레셋, 그리고 북쪽의 두로와 시돈이 심판을 받습니다. 남쪽의 이집트와 동맹국들도 심판을 받습니다. 이집트는 앗시리아처럼 한때 번영했지만, 교만으로 인해 스올로 떨어집니다.

하나님의 생각과 사람의 생각은 같지 않습니다. 바빌론의 백성들은 '이렇게 심판을 받았으니, 주님은 빨리 구원의 손을 펴시라'고 요구합니다. 그러나 하나님은 심판을 통해 더러워진 약속의 땅에 70년 동안 안식을 가져옵니다. 그리고 바빌론 포로수용소의 자기 백성들과 함께 하시며 70년 동안 죄를 짊어지시고 죄의 삯을 지불하십니다. 이것을 통해 죄의 권세자 마귀의 세력은 약화될 것입니다. 그리고 70년 후에는 사로잡은 포로들을 내놓게 될 것입니다: "너희는 위로하여라! 나의 백성을 위로하여라! … 이제 복역 기간이 끝나고, 죄에 대한 형벌도 다 받고, 지은 죄에 비하여 갑절의 벌을 주님에게서 받았다고 외쳐라"(이사야 40:1-2).

이사야 40-66장에서 구속주Redeemer, *gaal*라는 단어를 13번 사용합니다. 죗값을 다 지불하고 본래의 자리로 돌아오게 한 자라는 뜻입니다. 70년 포로 생활을 통하여 죗값은 지불되고 약속의 땅은 안식하고 하나님백성의 영혼은 소생되어 본래 있어야 할 자리로 돌아갑니다. 하나님의 주권과 섭리입니다. 이 길 따라 말씀이 육신 되시어 십자가에서 정죄를 당하고 죽으십니다. 그 결과, 하나님은 죄를 심판하셨고, 예수님은 인류의 죗값을 다 지불하십니다. 죄의 권세자 마귀의 머리통이 부서졌고, 동시에 인류를 향한 하나님의 의를 만족시킵니다. 이제 우리 혼이 창조 본연의 자리로 돌아갈 수 있게 된 것입니다. 아버지 집 보좌 앞입니다.

주일: 에스겔 29-37장

· 에스겔이 회복의 파수꾼 사명을 갖습니다.

· 속죄의 맑은 물로 정결케 하여 새 마음 새 영을 주십니다.

· 말씀과 영에 의해, 마른 뼈들이 살아나 하늘의 군대가 됩니다.

월: 에스겔 38-48장

· 옛 성전을 떠났던 하나님의 영광이 새 성전에 임하십니다.

· 에스겔의 새 성전 비전은 곧 우리 주 예수 그리스도입니다.

· 성전 문지방에서 흘러나온 생명수가 닿는 곳마다 살아납니다.

화: 역대하 36:22-23; 에스라 1:1-5:2; 학개 1-2장; 스가랴 1-6장

· 해방과 자유의 나팔 소리: '예루살렘에 성전을 건축하라!'

· 성전을 건축하는 이 날부터, 내가 너희에게 복을 주리라!

· 사람의 힘과 지혜가 아닌, 오직 주의 영으로 되느니라!

수: 스가랴 7-14장; 에스라 5:3-6:22

· 메시아의 나라는 백성이 오직 하나님께 신실할 때 도래합니다.

· 메시아가 칼에 맞아 속죄제물 됨으로 구원의 길이 열립니다.

· 예수를 거절하는 자는 그 칼을 직접 받아야 하고, 예수를 영접한 자는 이미 그 칼을 받았기에 은혜와 용서의 영을 받습니다.

목: 에스더 1-10장

· 주 여호와께서 이방 나라에 머무는 찢기고 상한 자기 백성을 무대 뒤편에서 품고 계십니다. 죄의 권세자 마귀는 하만을 통해 유대인을 전멸하려 했으나, 주님께서는 오히려 아말렉 후예를 전멸시킵니다.

금: 에스라 7-10장; 느헤미야 1-7장

· 무대 뒤편에 계셨던 주님이 약속의 땅에서 다시 전면에 등장합니다.

· 에스라는 이방인과의 혼인을 통탄하며 이혼을 강요합니다.

· 느헤미야는 성벽을 재건하고 인구 조사로 성의 질서를 세웁니다.

토: 느헤미야 8-13장; 말라기 1-4장

· 느헤미야는 다시 무질서해진 성읍을 보고 분노하며 끝납니다.

· 하나님은 이혼하는 것과 아내를 학대하는 것을 미워합니다.

· 여호와 이름을 경외하는 자에게 치료의 광선을 비추십니다.

새 언약과 새 창조로 가기 위한 빌드업의 완성단계

포로로 잡혀갔다가 돌아온 자들은 성전을 재건하고 성벽을 구축합니다. 그리고 율법으로 심령의 부흥과 회복을 경험하며 초막절 절기를 지킵니다. 이제 그들의 가슴에는 수많은 선지자들이 증거하고 선포했던 '주님의 그날'을 고대합니다. 그러나 눈에 보이는 현실은 그들의 비전과 거리가 멉니다. 나라가 망하고 성전이 파괴되며 가족들이 다 잡혀가 죽임을 당하고 겨우 살아남은 그들의 가슴 깊은 곳에는 씻기 어려운 상처와 비통함이 있습니다. 눈에 보이는 현실은 또다시 그들의 속 깊은 상처를 건드리며 어쩔 수 없는 뱀의 유령이 어른거립니다: '하나님은 여전히 우리를 사랑하시는가? 도대체 하나님이 살아 계시기는 하나? 언제 그날이 온다는 건가?'

에스겔은 새 성전 비전을 포로지에 있던 백성들에게 분명히 전달합니다. 학개와 스가랴 선지자는 성전을 건축하면 분명 이전보다 훨씬 더 나은 삶을 산다고 강조합니다. 그리고 메시야가 오실 것이라고 증거합니다. 하지만 이방인과의 혼인으로 인해, 에스라 제사장에게 이혼을 강요받는 백성들 형편입니다. 느헤미야 총독 또한 페르시아를 다녀와서는 또다시 무질서해진 유대 사회를 보며 화내고 꾸짖고 쫓아냅니다. 성벽을 재건하여 성전 앞에서 율법의 말씀을 듣고 배우며 한 달간 심령 부흥회를 하며 초막절을 지키고 서약까지 합니다. 그러나 그것도 잠시뿐이고, 여전히 자신들의 삶은 나아지지 않습니다. 목이 곧고 반역의 족속이라는 말씀이 자신들과 더 잘 어울리는 듯합니다.

성전이 재건된 후, 그렇게 100년의 세월이 지난 어느 날 여호와께서

말씀하십니다: "나는 너희를 사랑한다. 나 주가 말한다. 그러나 너희는, '주님께서 우리를 사랑하신다는 증거가 어디에 있습니까?' 하고 묻는다. 에서는 야곱의 형이 아니더냐? 나 주가 말한다. 그런데도 내가 야곱은 사랑하고, 에서는 미워하였다. 에서가 사는 언덕은 벌거숭이로 만들고, 그가 물려받은 땅은 들짐승들에게 넘겨주었다"(말라기 1:2-3). 야곱의 허리에서 꺼낸 거룩의 씨앗입니다. 주님이 자신들을 사랑하신다는 증거를, **그들은 오직 믿음으로 찾아야 합니다.** *그러나 그들은 눈에 보이는 것을 따라 생각하고 말하니, 그 증거를 찾지 못합니다. 그리고 심령이 삐딱해집니다. 죄가 그들의 마음을 딱딱하게 하니, 목이 곧고 반역할 수밖에 없습니다.* 이것이 구약을 끝까지 읽었을 때, 최종적으로 보게 되는 구약 백성의 모습입니다. 그리고 구약 백성은 신구약 중간기를 거치며 예수님 당시 바리새인, 사두개인, 서기관 등으로 등장합니다.

"아들은 아버지를 공경하고 종은 제 주인을 두려워하는 법인데, 내가 너희 아버지라고 해서 너희가 나를 공경하기라도 하였느냐? 내가 너희 주인이라고 해서 너희가 나를 두려워하기라도 하였느냐? 나 만군의 주가 말한다. 제사장들아, 너희가 바로 내 이름을 멸시하는 자들이다. … 내 이름이 이방 민족들 가운데서 높임을 받을 것이다. 곳곳마다, 사람들이 내 이름으로 분향하며, 깨끗한 제물을 바칠 것이다"(말라기 1:6-11). 말라기의 말씀 선포는 말씀이 육신 되신 주 예수님께로 이어져 더 강한 책망과 저주가 선포됩니다: "율법학자들과 바리새파 사람들아! 위선자들아! 너희에게 화가 있다. 너희는 잔과 접시의 겉은 깨끗이 하지만, 그 안은 탐욕과 방종으로 가득 채우기 때문이다"(마태복음 23:25). 말라기 시대 보다 훨씬 더 악하고 목이 곧아 입술로는 여호와를 공경한다고 말을 해도 실제로는 여호와의 이름을 멸시하며 구약의 연장선 끝자락에 서 있는 택한 백성의 모습입니다. 그들은 예수님을 배척하고 못 박아 죽입니다. 그들은 복음에 걸려 넘어집니다: "그런데 이스라엘은 의의 율법을 추구하였지만, 그 율법에 이르지 못하였습니다. 어찌하여 그렇게 되었습니까? 그들은 믿음에 근거하여 의에 이르려고 한 것이 아니라, **행위에 근거하여 의에 이르려고 했기 때문입니다.** 그들은 걸림돌에 걸려 넘어진 것입니다"(로마서 9:31-32). 그리고 그들의 허물 때문에 구원이 이방 사람에게 이르렀습니다(로마서 11:11).

하나님을 공경해야 하는데, 그렇게 하지를 못합니다. 언약 백성답게 신실해야 하는데, 잠깐 신실한 듯하다가 또다시 어쩔 수 없는 자신들을 발견합니다. 심판의 날을 기억하며 산 소망을 가져야 하는데, 심령이 무너져 흐느적거릴 뿐입니다. **구약을 다 읽고 결론으로 가져야 할 것은 이것입니다: '아~ 나는 절대로 안 된다. 이러한 나는 죽고 새로운 길이 열려야 해.'** 하나님께로 돌아오라 하시니, 어떻게 하면 돌아갈 수 있습니까? 온전한 십일조를 통해, 보이는 것에 붙잡히지 말고 오직 믿음으로 주님을 경외하라 하십니다. 그러면 주님께서 주님의 때에 임하시어 치료의 광선을 베풀 것이니, 그때 그들은 죄와 율법과 세상에 대해서 죽고 그리스도 안에서 하나님을 향하여 다시 살아난 자기 자신들을 발견하게 될 것입니다. 새 마음 새 영을 받아 그리스도 안에서 이미 거룩하고 이미 온전한 자신을 발견하여, 외양간에서 풀려난 송아지처럼 기뻐 뛰어다닐 것입니다.

첫째 날 - 주야로 15분씩 임재 기도

에스겔 29-37장

예레미야는 고국 땅에서, 그리고 에스겔은 바빌론 포로지에서 사역을 합니다. 그들은 장소는 다르지만 서로 같은 사명을 갖고 있습니다. 둘 다 제사장 가문 출신으로서 성전 중심의 선지자 사명을 감당합니다. 그들의 전반기 사역은 뽑고 부수고 파괴하며 돌이키게 하는 파수꾼 사명입니다. 후반기 사역은 회복을 위해 심고 세우고 건축하는 파수꾼 사명입니다. 더럽혀진 성전은 파괴되고 하나님의 영광은 떠납니다. 그러나 회복되는 성전에는, 주님께서 새 마음과 새 영을 주시며 그 가운데 하나님의 영이 거하시므로 하나님의 영광이 돌아와 머무십니다. 새 성전 건축입니다. 이것을 위해, 에스겔은 3장에서 악인을 깨우쳐 회개하게 하는 파수꾼 사명을 받습니다. 그리고 이제는 회개한 자의 '회복'에 초점을 맞춘 후반기 사명을 감당합니다: "그가 저지른 모든 죄악을 내가 기억하지 않을 것이다. 그는 법과 의를 따라서 사는 사람이니, 반드시 살 것이다"(에스겔 33:16).

　　B.C. 537년 예루살렘과 성전은 망합니다. 그 소식을 듣기 하루 전날 저녁에, 여호와의 손이 에스겔에게 임하여 말씀하십니다: "내가 그 땅이 황무지와 공포의 대상이 되게 하고 그 권능의 교만을 그치게 하리니 이스라엘의 산들이 황폐하여 지나갈 사람이 없으리라 … 내 백성처럼 네 앞에 앉아서 네 말을 들으나 그대로 행하지 아니하니 이는 그 입으로는 사랑을 나타내어도 마음으로는 이익을 따름이라"(에스겔 33:28-31). 거짓 목자들은 양떼를 잡아서 자기들의 배만 채우며 주 하나님을 대적합니다. 그러나 주 하나님은 자신의 이름을 위하여 친히 자신의 양떼의 목자가 되어 잃어버린 자

를 찾으며 다리가 부러지고 상한 것은 싸매어 주며 병든 자를 강하게 할 것입니다. 그리고 탐욕으로 살찌고 강한 것들은 제거하여 공평하게 할 것입니다(에스겔 34:15-16). "내가 한 목자를 그들 위에 세워 먹이게 하리니 그는 내 종 다윗이라 그가 그들을 먹이고 그들의 목자가 될지라 나 여호와는 그들의 하나님이 되고 내 종 다윗은 그들 중에 왕이 되리라 나 여호와의 말이니라"(에스겔 34:23-24). 그리스도의 오심을 약속한 것입니다. 세일 산과 에돔의 온 땅은 황폐하게 될 것입니다. 그러나 이스라엘의 산들은 돌아올 하나님의 백성들을 위하여 다시 나뭇가지를 내고 열매를 맺을 것입니다. 주님은 폐허가 된 에루살렘 성읍을 다시 건설할 것입니다(에스겔 36:8-10).

　　나라와 성전은 파괴되었고 백성들은 붙잡혀 끌려와 이방 나라의 포로 수용소에 있습니다. 그들이 고국 땅에 거주할 때, 자신들의 행위로 약속의 땅을 더럽힙니다. 하나님 보시기에 그들의 행위가 마치 월경 중에 있는 여인의 부정함과 같습니다. 그들이 죄 없는 사람들의 피를 그 땅에 쏟아 더럽히며, 자신들의 탐욕을 채우려고 섬기던 우상들로 성전을 더럽히기 때문입니다. 주님께서 그 행위대로 심판하여 그들을 각국으로 흩으시니, 그들이 가는 곳마다 주 여호와의 이름이 더럽혀집니다. 이방 사람들이 그들을 보며 '저들은 여호와의 백성이라도 여호와의 땅에서 떠난 자다'라며 조롱하기 때문입니다. 그때마다 주님은 다짐하며 선포합니다: "너희가 그들 가운데에서 더럽힌 나의 큰 이름을 내가 거룩하게 할지라 내가 그들의 눈앞에서 너희로 말미암아 나의 거룩함을 나타내리니 내가 여호와인 줄을 여러 나라 사람이 알리라 주 여호와의 말씀이니라"(에스겔 36:23).

　　주 여호와는 자기 이름을 위하여 우리 영혼을 소생시키시며 의의 길로 인도하십니다. 이것을 위해 먼저, 속죄의 맑은 물로 백성을 정결하게 합니다(민수기 19:9; 에스겔 36:25). 둘째, 새 마음을 주고 새 영을 그들 내면에 넣어 주십니다. 그러면 불순종의 죄로 인해 돌처럼 굳어진 마음이 제거되고 살갗처럼 부드러운 마음을 얻게 될 것입니다. 셋째, 그 부드러운 심령에 하나님의 영을 넣으십니다. 그로 인해, 백성들은 여호와의 법을 따르며 주의 질서를 지키고 행동하게 됩니다(에스겔 36:26-27). 자신들이 율법을 지키는 조건에서만 하나님의 백성이 되는 옛 언약에서 벗어나, 이제는 오직 은혜로 약속의 땅에 거하며 오직 은혜로 하나님 백성이 됩니다. 동일한 말씀을 전파한 예레미야는 이것을 새 언약이라고 말합니다(예레미야 31:31-32). 말씀이 육신 되신 예수님은 구속 곧 죄사함을 베푸시며 그리스도 안에서 하나님의 영과 우리의 영이 한 영one spirit 되게 하십니다. 그리고 우리 혼이 외부에서 내면으로 전환하여 성령님의 인도를 받아 그리스도 안에서 하나님과 연합되도록, 주 예수님은 우리의 길과 진리와 생명이 되십니다. 에스겔과 예레미야 두 선지자는 동일하게 이 진리를 증언합니다. 그리고 주 여호와께서는 바빌론 포로지의 자기 백성들 심중에 이 말씀을 새겨 넣으십니다.

우리 혼이 본래 있어야 할 자리로 돌아옴으로 인해, 황폐하던 그 땅이 이제는 에덴 동산처럼 되고 성읍마다 성벽이 쌓여 사람 사는 땅이 됩니다. 이 비전 가운데, 주 여호와께서 에스겔을 권능으로 사로잡아 마르고 아주 오래된 뼈가 가득한 골짜기로 데려가 물으십니다: "인자야 이 뼈들이 능히 살 수 있겠느냐"(에스겔 37:3). 그 뼈들을 통해, 주님은 나라와 성전이 완전히 파괴되고 거짓 선지자들의 거짓 평화도 더 이상 존재할 수 없는 절망 그 자체인 바빌론 포로수용소 백성들의 모습을 보여 주신 것입니다. 주님은 이 뼈들이 살아나 엄청나게 큰 군대가 되는 환상을 에스겔에게 보여 주십니다. 주님의 말씀대로 에스겔이 생각하고 말하고 선포하니, 이 뼈들에게 주님의 말씀이 들어가 뼈들이 서로 연결되어 힘줄이 생기고 살이 올라가죽이 덮여집니다. 다시 에스겔이 하나님의 말씀을 대언하니, 생기가 사방에서 불어와 죽임을 당한 자들이 살아납니다.

주님의 말씀과 영으로 그리고 그것을 대언하는 에스겔 선지자의 선포 가운데, 절망 그 자체인 백성들이 산 소망으로 살아납니다. 주님은 자신의 영을 그들 속에 두어 살아나게 하고 고국 땅에 데려다 놓을 것이며, 남왕국과 북왕국은 하나가 될 것입니다. 그리고 여호와의 종 다윗, 즉 그리스도께서 그들의 왕이 되고, 샬롬의 언약을 세우고 주님의 성소를 그들 가운데 세워 영원히 이어지게 할 것입니다(에스겔 37:25-26). 그때나 지금이나 언제나 동일하신 주 하나님께서 죽은 교회를 살리고 잠자는 교회를 깨울 때에도 동일하게 역사하십니다. **말씀과 성령께서 수종 드는 무리들(교회)을 통하여 대언케 하시며, '자기 이름을 위하여' 이 일을 스스로 이루십니다.** 그리고 이 길 따라 우리 주 예수 그리스도 다시 오시어 영원한 그리스도의 나라를 펼치십니다. 마라나타.

둘째 날 - 주야로 15분씩 임재 기도

___
에스겔 38-48장

주 여호와께서는 바빌론 포로지에서 다니엘과 에스겔을 통해 예언하십니다. 주님은 자신의 종들을 통해 같은 말씀을 전하십니다. 하나님께서 메시야를 보내어 하나님 나라를 펼치실 것입니다. 그리고 메시야의 초림과 재림 사이의 마지막 때에 있을 종말의 일들과 그 결말을 알려주십니다. 한 때와 두 때와 반 때 즉 일천이백육십 일에 심판의 30일 기간이 더해져 일천이백구십 일이 지나가는 때에, 하나님의 백성과 그 정체가 마치 수수께끼 같은 마곡 땅의 왕인 곡 사이에 마지막 전쟁이 있을 것입니다(에스겔 38-39장). 이것은 메시야의 초림으로 인해 성취된 하나님 나라가 재림으로 인해 완성되기 직전에, 하나님께서 대적하는 세력을 심판하는 것입니다. 그리고 심판 이후에, 회복의 45일을 더하면 일천삼백삼십오 일이 되어 최종완성의 새 하늘과 새 땅이 펼쳐집니다. 주 여호와께서는 그리스도 안에서 성취되고 재림으로 인해 완성된 새 예루살렘성과 새 성전의 모습을 에스겔에게 보여 주십니다(에스겔 40-48장).

예루살렘성이 함락된 후 14년이 지나, 여호와의 권능이 에스겔에게 임하여 그를 데리고 이스라엘 땅으로 데려가 새 성전을 보게 하십니다(B.C. 573년). 옛 성전을 떠났던 하나님의 영광이 동쪽에서부터 와서 새 성전을 가득 채웁니다: "이스라엘 하나님의 영광이 동쪽에서부터 오는데 하나님의 음성이 많은 물 소리 같고 땅은 그 영광으로 말미암아 빛나니 … 여호와의 영광이 동문을 통하여 성전으로 들어가고 영이 나를 들어 데리고 안뜰에 들어가시기로 내가 보니 여호와의 영광이 성전에 가득하더라"(에스겔 43:2-5).

에스겔이 본 새 성전과 그 영광의 성취는 말씀이 육신 되시어 죽으시고 부활 승천하신 우리 주 예수 그리스도이십니다. 그런데, 말씀이 육신 되시는 그 길을 준비한 시작은 바빌론 70년 포로 생활과 귀환에 있습니다: "외치는 자의 소리여 이르되 너희는 광야에서 여호와의 길을 예비하라 사막에서 우리 하나님의 대로를 평탄하게 하라 … 여호와의 영광이 나타나고 모든 육체가 그것을 함께 보리라"(이사야 40:3-5). 그리고 그 길을 완성한 자는 세례 요한입니다: "나는 선지자 이사야의 말과 같이 주의 길을 곧게 하라고 광야에서 외치는 자의 소리로라 … 나는 물로 세례를 베풀거니와 너희 가운데 너희가 알지 못하는 한 사람이 섰으니 곧 내 뒤에 오시는 그이라 나는 그의 신발끈을 풀기도 감당하지 못하겠노라"(요한복음 1:23-27).

그 길 따라 말씀이 육신 되시어 우리 가운데 성막을 치셨고, 우리는 오직 믿음으로 그분에게서 에스겔이 본 하나님의 영광을 봅니다. 예수님 자신은 에스겔이 본 새 성전의 성취이십니다: "예수께서 성전이라고 하신 것은 자기 몸을 두고 하신 말씀이었다"(요한복음 2:21). 또한, 태초에 없음 nothingness 가운데 빛이 있으라 말씀하시며 천지를 창조하셨던 주 하나님께서 예수 그리스도의 얼굴에 있는 하나님의 영광을 아는 빛을 우리 심령에도 비추십니다. 그래서 우리는 말씀으로 재창조되어 그리스도 안에서 새로운 피조물 되고, 이 보배를 질그릇 같은 우리 몸에 가집니다. 우리 존재 중심에 그리스도 사십니다. 이러한 우리의 영과 혼과 몸은 그리스도의 영 성령께서 거하시는 성전입니다(고린도후서 4:5-6, 5:17; 고린도전서 6:17).

에스겔은 바빌론 포로지의 절망한 주의 백성들을 아주 오래된 마른 뼈로 보았습니다. 그리고 **그 영혼들이 소생하여 새 성전이 되는 비전을 통하여, 앞으로 그리스도 안에서 나타날 그리스도의 몸인 우리들을 본 것입니다.** 또한 동시에 그리스도의 재림을 통해 맞이하는 완성된 하나님 나라, 즉 **새 하늘과 새 땅의 새 예루살렘 도성과 성전을 보는 것입니다.** 주님의 성전인 우리들이 신령한 몸으로 변화되어 하나님 영광을 반사하며 신랑 되신 그리스도와 함께 다스리는 영원한 그리스도의 나라입니다.

그 빛 가운데, 에스겔은 지금까지 시행해 왔던 섬김과 예배의 방식을 재평가하여 상징적인 행동을 통해 말씀합니다. 제사를 바르게 수행하는 참 제사장에게 주어질 상급을 언급합니다. 언약의 빛 가운데 제사규정을 재평가합니다. 백성이 하나님께 바칠 것은 소유물, 시간과 정성 등 자신의 모든 것입니다(에스겔 44-46장). 에스겔의 새 성전에 대한 비전은 가깝게는 제사장 중심으로 예루살렘 성전과 공동체가 회복될 것이라는 메시지입니다. 그러나 본질적으로는 오실 그리스도로 인한 왕 같은 제사장들의 통치에 메시지가 놓여 있습니다(베드로전서 2:9).

바울은 새 언약의 빛 가운데 에스겔이 보았던 성전의 건축을 이렇게 표현합니다: "온몸은 머리이신 그리스도께 속해 있으며, 몸에 갖추어져 있는 각 마디를 통하여 연결되고 결합됩니다. 각 지체가 그 맡은 분량대로 활동함을 따라 몸이 자라나며 사랑 안에서 몸이 건설됩니다"(에베소서 4:16). 그리고 성경일독을 하는 우리들은 그리스도 안에서 이 진리의 말씀을 지금 이 순간 여기서 하나님 생명과 연결되어 숨결에 몸소 의식하며 느낍니다. 에스겔이 보았던 성전 문지방 밑에서 물이 흘러나와 강을 이루고 닿는 곳마다 살아나고 번성하는 것을, 우리는 직접 경험합니다: "나를 믿는 사람은, 성경이 말한 바와 같이, 그의 배에서 생수가 강물처럼 흘러나올 것이다"(요한복음 7:38). 하나님 임재 아래 있는 우리 존재 중심에서부터 의와 희락과 평강이 솟아나 우리의 생각과 감정과 신체 그리고 가정과 생업의 터전으로 흐르니, 이 땅에 이루어지는 하나님 나라입니다. 우리가 그리스도 안에 거하니, 주 성령께서 모든 것들을 가르치시며 공급하시는 것입니다(요한1서 2:27).

강 하나가 에덴에서 흘러나와서 동산을 적시고 갈라져 네 근원이 됩니다(창세기 2:10). 에스겔이 본 성전 문지방 밑에서 물이 나와 생명의 강을 이루듯, 우리 존재 중심에 계시는 그리스도로 말미암아 생수의 강이 흐르기 시작하며 창세기의 그 생명 강줄기가 우리 가운데 성취됩니다. 그리고 우리 주님 이제 다시 오시어 새 예루살렘 생명 강가를 이루어 그 성취를 완성하실 것입니다(요한계시록 22:1-2). 하나님이 우리 가운데 거하시는 도성의 완성입니다: "그날 후로는 그 성읍의 이름을 여호와삼마라 하리라"(에스겔 48:35). *주 예수님이 그 도성을 이미 성취하셨습니다. 그리고 지금 이 순간 여기서, 우리 가운데서 그리스도의 영으로 역사하시어 그 도성을 건축하고 계십니다.* 우리는 그 믿음의 실상을 간직하고 그 믿음으로 삽니다. 하나님이 지금 여기 내 모습 이대로 가운데 함께 계십니다: 여호와삼마. 그리스도께서 우리와 함께 계십니다: 임마누엘. 주님과 연합하여 한 영 된 우리는 영이요 생명이요 진리입니다. 우리를 길 삼아, 우리 주 예수 그리스도 다시 오십니다. 마라나타.

셋째 날 – 주야로 15분씩 임재 기도

역대하 36:22-23; 에스라 1:1-5:2; 학개 1-2장; 스가랴 1-6장

포로 생활 70년이 되어, 여호와께서 예레미야의 입으로 하신 말씀을 이루시려고 페르시아 고레스 왕의 마음을 감동시킵니다. 그러므로 역대기의 마지막에는 해방과 자유의 나팔 소리가 울려 퍼집니다: "하늘의 신 여호와께서 세상 만국을 내게 주셨고 나에게 명령하여 유다 예루살렘에 성전을 건축하라 하셨나니 너희 중에 그의 백성된 자는 다 올라갈지어다"(역대하 36:23). 구속사의 뿌리는 인간 권력의 상징인 왕궁과 보좌에 있지 않고 하나님 임재의 상징인 성전과 제단에 있다는 메시지를, 역대기는 B.C. 450년 전후의 역대기 청중들 가슴에 새기며 매듭을 짓습니다.

포로 귀환은 3차에 걸쳐 이뤄지며, 당시 바빌론에 거주한 유대인들의 10% 정도가 돌아갑니다. 상대적으로 적은 숫자가 돌아간 것은, 그 당시 대부분은 포로 3-4세대로서 그곳에서 이미 자리를 잡고 바빌론 방식대로 살고 있었기 때문입니다. 페르시아의 왕비 에스더는 '별'을 뜻하는 페르시아 말로써 여신을 연상케 하는 이름입니다. 2인자의 지위까지 오른 모르드개는 '마르둑의 사람'이라는 뜻입니다. 둘 다 유대인의 신분을 숨기고 바빌론과 페르시아의 방식대로 살았다는 뜻입니다. 이방 나라의 방식을 따른 것은 다니엘과 세 친구도 마찬가지였습니다. 주님은 이미 예레미야를 통해 바빌론에서 사는 것은 재앙이 아니라 번영이니 그곳에서 가정과 생업을 가지고 성실히 살라고 하셨습니다(예레미야 29장). 그때 바빌론 포로수용소 ghetto에 사는 이스라엘인들을 유대인the Jews이라고 불렀으며, 이 시기부터 성경에는 유대인이라는 말이 등장합니다. 즉 유대인이라는 말은 '원래 가

지고 있는 것을 빼앗겼고 언젠가는 다시 돌아갈 소망을 가진 자라는 정체성의 의미를 담고 있습니다. 예수님은 유대인이십니다: "구원은 유대 사람들the Jews에게서 나기 때문이다"(요한복음 4:22). 하나님이 유대인으로 이 땅에 오셨다는 것은, 혼soul이 본래 있어야 할 창조 본연의 자리를 마귀에게 빼앗겼고, 이제 다시 죗값을 지불하고 본래의 자리로 돌아간다는 의미를 내포하고 있습니다.

한편, 그리스의 알렉산더는 페르시아를 정복합니다(B.C. 330년). 이 때 페르시아에 남아 있던 많은 유대인들이 안디옥과 소아시아 지역 등으로 흩어집니다. 그 이후, 그들은 1년에 한두 번씩 예루살렘 순례 여행을 통해 성전에 십일조를 드리며 유대 사회의 중요한 역할을 감당합니다. 마치 오늘날 전 세계에 흩어진 유대인들이 이스라엘을 지원하며 영향력을 끼치는 것과 유사합니다. 그리고 특히나 바울의 선교 여행 때, 회당을 중심으로 모였던 그들은 복음의 그루터기 역할을 합니다. 합력해서 선을 이루시는 하나님의 크신 주권과 섭리입니다. 야곱의 허리에서 나온 70명이 이집트 땅에 거주하며 그 문명을 흡수합니다. 바빌론 포로 생활을 통하여, 유대인들은 바빌론-페르시아의 문명을 흡수합니다. 그리고 그리스-로마 시대를 지나며 그들의 문명 또한 흡수한 가운데, 그 길을 따라 우리 주 예수님께서 모든 문명이 하나로 융합된 약속의 땅에 오신 것입니다. 그리고 흩어져 있던 그루터기들을 통해 복음이 열방으로 전파됩니다.

다니엘과 에스겔을 통해, 하나님은 바빌론의 유대인들에게 귀환하여 성전을 재건축해야 한다는 분명한 방향을 제시합니다. 그래서 포로 1-2세대는 그 사명을 품고 그 시기를 지날 수 있었고, 이제 그 후손들이 비전을 따라 귀환을 준비합니다. 그리고 성전 건축을 위해 귀환한 백성들을 존귀하게 여기며 그 명단을 자세히 언급합니다(에스라 2장). 날마다 번제를 드리며 성전 기초가 세워집니다(B.C. 536년). 그러나 사마리아인들의 방해 공작으로 중단되었다가 B.C. 520년에 다시 시작됩니다. 학개와 스가랴, 그

리고 총독 스룹바벨과 제사장 여호수아가 성전재건축의 핵심 멤버입니다
(에스라 5:1-2). 주님의 말씀이 학개에게 임했고, 그는 성전 재건을 촉구합
니다: "너희는 산에 올라가서 나무를 가져다가 성전을 건축하라 … 너희가
많은 것을 바랐으나 도리어 적었고 너희가 그것을 집으로 가져갔으나 내가
불어 버렸느니라 나 만군의 여호와가 말하노라 이것이 무슨 까닭이냐 내
집은 황폐하였으되 너희는 각각 자기의 집을 짓기 위하여 빨랐음이라"(학
개 1:8-9). "너희는 오늘부터 이전을 추억하여 보라 … 열매가 맺지 못하였
었느니라 그러나 오늘부터는 내가 너희에게 복을 주리라"(학개 2:18-19).

　　동시에 하나님은 스가랴 선지자를 일으켜 성전을 재건축하는 백성들
의 심령이 은혜로 새롭게 변화되도록 말씀을 주십니다: "너희는 나에게로
돌아오너라. 만군의 주가 말한다. 나도 너희에게로 돌아간다"(스가랴 1:3).
여덟 개 환상이 대칭을 이루며 메시지를 전달합니다. 네 명의 말을 탄 자들
의 첫째와 여덟째 환상은 '70년의 포로 생활이 끝나는 지금이 메시야의 나
라가 임할 때인가' 질문하지만, 대답은 없습니다. 둘째와 일곱째 환상의 네
뿔과 네 대장장이 그리고 광주리 안의 한 여인은 '이스라엘의 과거의 죄와
포로기'를 상징합니다. 셋째와 여섯째 환상의 예루살렘을 측량하고 날아다
니는 두루마리는 '새 예루살렘의 재건'을 상징합니다. 재건된 성은 모든 민
족의 등불이며 말씀으로 정결케 된 장소입니다.

　　네 번째와 다섯 번째 환상은 8개 환상 전체의 중심이며, 성전 건축의
핵심리더 2명인 대제사장 여호수아와 다윗 왕의 자손 스룹바벨 총독에 관
한 내용입니다. 또한 이것은 말씀과 성령으로 거듭난 우리들에게 적용됩니
다. 우리는 그리스도 안에서 왕과 제사장이 하나된 '왕 같은 제사장'입니다.
제사장 여호수아가 죄로 인한 더러운 옷을 입고 있는데, 주님께서 그 죄악
을 제거하고 은혜와 용서의 새 옷을 입히시며 정결한 관을 머리에 씌우십니
다. 이것은 장차 메시야의 도래를 예표합니다. 천사는 여호와의 말씀을 증
언합니다: "네가 만일 내 도를 행하며 내 규례를 지키면 네가 내 집을 다스

릴 것이요 … 내가 너 여호수아 앞에 세운 돌을 보라 한 돌에 일곱 눈이 있느니라 내가 거기에 새길 것을 새기며 이 땅의 죄악을 하루에 제거하리라"(스가랴 3:7-9). 메시야의 나라는 오직 그의 백성이 하나님께 신실할 때 도래한다는 말씀입니다. 순금 등잔대는 여호와의 일곱 눈이며, 그 등잔대에서 두 감람나무에 기름을 공급합니다. 두 감람나무는 여호수아와 스룹바벨이며, 오직 주님을 의지할 때 사명을 감당할 수 있다는 말씀입니다: "이는 힘으로 되지 아니하며 능력으로 되지 아니하고 오직 나의 영으로 되느니라"(스가랴 4:6). 출애굽 때부터 지금까지 여호와의 영이 백성들 가운데 머물러 있었습니다(학개 2:5). 주님은 주 여호와를 전적으로 의지하는 왕 같은 제사장들을 통해 주님 자신의 일을 이 땅에 펼치십니다. I AM WHAT I AM.

넷째 날 – 주야로 15분씩 임재 기도

스가랴 7-14장; 에스라 5:3-6:22

중단되었던 성전 건축은 다시 시작되었으나, 또다시 사마리아인들이 방해하며 상소를 올립니다. 그런데 이것은 오히려 전화위복이 되어, 페르시아 다리우스 왕의 물심양면의 지원을 받아 건축이 신속히 진행됩니다(에스라 5:3-6:12). 성전 건축이 한창 진행 중인 B.C. 518년의 시대 배경 가운데, 백성이 묻습니다: "우리가 지난 여러 해 동안에 해 온 그대로, 다섯째 달에 애곡하면서 금식해야 합니까?"(스가랴 7:3). 이것은 성전이 파괴되고 바빌론 포로 생활 70년을 하면서 행했던 금식을 지금까지 이어온 것인데, 이것을 계속해야 하는가 질문하는 것입니다. 주님은 지금까지 한 금식은 하나님이 아닌 자신들의 절망과 비통함을 위한 것이었다고 책망하십니다. 말씀에 대한 불순종으로 인해 진노가 임했으니, 참된 회개를 하라고 촉구합니다. 재앙이 아닌 번영의 복이 유다와 예루살렘에 임할 것입니다. 이제는 금식의 절기가 유쾌한 절기로 바뀌어 열방이 주를 경배하러 올 것입니다(스가랴 7-8장). 학개와 스가랴가 성전 공사를 격려합니다. 공사는 순조롭게 진행되어 B.C. 515년에 완공됩니다(에스라 6:15). B.C. 586년 성전이 완전히 파괴된 이후 70년 만에 다시 성전이 세워집니다.

　　스가랴 9-14장은 시대 배경이 B.C. 470년 전후입니다. 하지만 9장 13절에 근거하여, 그리스의 알렉산더가 팔레스타인 지역을 침공한 B.C. 333년 이후로 보기도 합니다: "시온아 내가 네 자식들을 일으켜 헬라 자식들을 치게 하며 너를 용사의 칼과 같게 하리라." 1-8장에 대한 응답으로 9-14장이 기록되었다고 할 때, 어느 시대 배경을 취하던지 별 상관이 없습니다.

포인트는 '그날이 언제인가'입니다: "내가 이제 새싹이라고 부르는 나의 종을 보내겠다. … 그날이 오면, 너희는 서로 자기 포도나무와 무화과나무 아래로 이웃을 초대할 것이다"(스가랴 3:8-10). 그날이 언제인가는, 포로로 잡혀갔다가 돌아와 성전을 재건한 이후 신구약 중간기 전체에 걸쳐 제기되는 물음입니다. 또한 '그날'에 그들이 꿈꾸는 번영이 무엇인가도 중요합니다: '세상 욕구의 번영인가, 하나님 나라의 번영인가?' 스가랴는 '여호와께서 기억하신다'는 뜻입니다. 하나님께서 그 물음을 항상 기억하십니다. 그리고 이미 답을 주셨습니다. **메시아의 나라는 오직 그의 백성이 하나님께 신실할 때 도래합니다**(스가랴 6:15).

9장은 메시야가 어린 나귀를 타고 예루살렘성에 입성하실 것을 예언합니다(스가랴 9:9). 사복음서는 예수님께서 이 예언을 성취하셨음을 증언합니다. 10장에서, 봄철에 비를 내려 달라고 여호와께 간구하라는 말씀은 오순절 성령강림으로 성취됩니다. 11장의 예언은, 가룟 유다가 은 30냥에 예수님을 팔은 것으로 성취됩니다. 또한 그로 인해 유대인들은 A. D. 70년 성전이 파괴되고 민족이 흩어지는 대가를 치릅니다. 12-13장에서는, 이스라엘의 구속을 위해 자기 백성에게 은총을 간구하는 영과 용서를 구하는 영을 부어 주십니다. 그날에, 우상숭배자들과 거짓 예언자들이 심판을 받아 제거될 것입니다. 또한 메시야의 죽음으로 인한 환란 가운데, 구원받을 하나님의 백성은 연단을 통해 하나님의 구원에 이르게 됩니다. 그날에 여호와께서 예루살렘 주민들 중에서 약한 자를 다윗 같게 하십니다. 또한 다윗의 족속은 하나님 같고 우리 앞에 있는 여호와의 사자 같을 것입니다. 이 예언은 말씀이 육신 되시어 십자가 죽음과 부활 승천을 통하여 성취하십니다. 그리스도 안에서 우리는 왕 같은 제사장들입니다.

"만군의 여호와가 말하노라 칼아 깨어서 내 목자, 내 짝 된 자를 치라 목자를 치면 양이 흩어지려니와 작은 자들 위에는 내가 내 손을 드리우리라"(스가랴 13:7). 여호와의 짝이 된 자는 예수 그리스도이십니다: "나와 아버지는 하나이니라"(요한복음 10:30). 죄의 삯은 사망이며, 그 삯을 지불하는 것이 공의입니다. 하나님께서 공의의 칼로 예수님을 죽이므로 인류의 죗값이 지불되었습니다. 이 과정에서 예수님을 따르던 자들은 흩어졌지만, 하나님께서 그들을 다시 모아 품으셨습니다: "하나님께서는 이 예수를 속죄제물로 내주셨습니다. 그것은 그의 피를 믿을 때에 유효합니다. 하나님께서 이렇게 하신 것은, 사람들이 이제까지 지은 죄를 너그럽게 보아주심으로써 자기의 의를 나타내시려는 것이었습니다"(로마서 3:25). 복음에 하나님의 의가 나타난 것입니다. 사람들은 하나님으로부터 둘 중 하나를 받습니다. 심판의 칼을 받든지 아니면 여호와의 만지심을 받든지 둘 중 하나입니다. 예수 그리스도를 거절하는 사람은 그 칼을 직접 받습니다. 반면에, 예수를 믿어 혼이 본래 있어야 할 자리로 돌아와 주와 연합하여 한 영이 된 사람은, 자신과 연합되어 계신 예수께서 이미 그 칼을 받았기에, 하나님의 은혜의 영과 용서의 영으로 만지심을 받습니다.

14장은 메시야의 초림과 재림 사이의 마지막 때에 있을 종말의 일들과 그 결말을 예언합니다. 이것은 다니엘과 에스겔 그리고 요한계시록에 공통적으로 나타납니다. 메시야의 재림으로 인해, 교회에는 자비가 그리고 교회를 대적하는 자들에게는 심판이 임합니다. 그리고 그리스도께서 온 세상의 왕이 되시는 거룩한 영광의 세계가 시작됩니다(스가랴 14:20-21).

다섯째 날 – 주야로 15분씩 임재 기도

_____

에스더 1-10장

바빌론에 포로로 잡혀간 그들은 유대인the Jews으로 불립니다. 유대인이라는 말은 반드시 지켜야만 하는 것을 빼앗겼고, 이제 다시 지켜야 할 땅으로 돌아가 지켜야 할 것을 지키는 자라는 정체성을 담고 있습니다. 주님의 말씀대로 70년 포로 생활을 해야 하기에, 그들은 그곳에서 생존과 번영을 위해 열심히 살았습니다. 그리고 마침내 '유대인들은 돌아가 성전을 건축하라'는 페르시아 왕의 칙령이 떨어집니다. 자신들의 정체성과 그 명령을 따라 돌아간 자들은 10% 정도입니다. 나머지 대부분은 포로 3-4세대로서 이미 이방 나라의 문화와 생활에 익숙한 자들입니다. 사명과 자신들의 정체성을 따르기보다는, 자신들의 생존과 번영을 선택하여 이방 나라에 그냥 머뭅니다. 그렇다면, 사명을 따라 돌아가야 할 유대인들이 이방 나라에 남아 살아가는 모습과 형편은 어떨까요?

　　에스더서는 이것에 대한 답을 줍니다. 시대 배경은 1차 포로 귀환(B.C. 537년)과 2차 포로 귀환(B.C. 458년) 사이에 해당되는 B.C. 480년 전후입니다. 온 세상이 악마의 세력 아래 놓여 있듯이, 페르시아 제국은 아하스에로 왕의 권세 아래 있습니다. 그는 자기 왕국의 영화로운 부귀와 찬란한 위엄을 과시하며 180일 잔치를 펼칩니다. 왕과 지도자들은 술에 취해 점성술로 정치를 논하며 유희를 즐깁니다. 왕은 왕후를 폐위하고, 다음 날 술이 깨서는 후회하나 자신이 내린 조서에 발목이 잡혀 번복할 수 없습니다: "남편이 자기의 집을 주관하게 하고 자기 민족의 언어로 말하게 하라"(에스더 1:22). 이제 왕은 폐위된 와스디보다 낫고 철저하게 자신에게 복종하는 여자를 왕비로 맞이해야 합니다. 전국의 처녀들이 대상이 되며, 왕은 그들과 하룻밤을 지내 보고 왕비를 선택하는 방식입니다. 에스더는 유대인의 신분을 감추고 여기에 응합니다. 성경은 그 이유를 말하지 않기에, 우리는 그녀가 왜 무엇 때문에 그러한 방식의 이방 나라 이방 왕의 아내 되기 테스트에 응했는지 알 수 없습니다. 우리가 알 수 있는 것은, 돌아가지 않고 살아가야 하는 세상 나라의 풍습과 광기, 그리고 그러한 세상 문화에 동일시되어 가는 유대인들의 삶과 생존을 위한 몸부림을 짐작할 뿐입니다.

지켜야 할 것이 있는 약속의 땅에서의 언약 백성에게 있어서, 이방인과의 혼인은 철저히 금지됩니다(출애굽기 34:16; 신명기 7:3; 여호수아 23:13). 이것은 에스더와 비슷한 시기의 조국 땅에서 여전히 유효합니다. 2차 포로 귀환으로 돌아온 에스라는 이방인과의 혼인에 대해 주님께 이렇게 말씀드립니다: "하나님, 너무나도 부끄럽고 낯이 뜨거워서, 하나님 앞에서 차마 얼굴을 들 수 없습니다. 우리가 지은 죄는, 우리 스스로가 감당할 수 없을 만큼 불어났고, 우리가 저지른 잘못은 하늘에까지 닿았습니다"(에스라 9:6). 3차 포로 귀환으로 돌아와 성벽을 건축한 느헤미야 또한 철저히 금지합니다: "당신들은 당신들의 딸들을 이방 사람의 아들에게 주지 마시오"(느헤미야 13:25). 에스라와 느헤미야는 에스더와 비슷한 시기에 페르시아에 남겨졌던 포로 3-4세대에 해당될 것입니다. 이방인과의 혼인금지가 약속의 땅에서는 유효하고 이방 나라에서는 생존을 위해 허용되어야 하는 것일까요? 아마도 페르시아 땅에 남겨진 유대인들에게 이런 질문 자체가 무의미했을 것입니다. 살아남아야 하지 않습니까? 그렇다면 그러한 디아스포라 유대인들에 대하여, 하나님은 어떻게 했을까요?

이것에 대해서도 에스더서는 대답을 합니다. 에스더에는 하나님에 대한 언급이 전혀 없습니다. 율법과 예배절기에 대해서도 전혀 언급하지 않습니다. 반면에 왕이라는 말은 132번, 아하스에로는 29번 언급됩니다. 분명 하룻밤을 통해 평생 이방 나라 이방 왕의 후궁으로 사느냐 아내로 사느냐가 결정되는 방식에 응한 것은 자랑할 것이 못됩니다. 아니 엄격히 말하면, 여호와의 이름을 위해 존재하는 언약 백성에게 있어서 그것은 여호와의 이름을 망령되이 하는 것입니다. '하나님'이라는 이름이 등장하지 않는 것에 대해서, 하나님의 심정과 그런 형편 속에 생존하고 번영해야 하는 디아스포라 유대인의 심정이 전달되지 않습니까? 하나님은 에브라임을 책망할 때마다 그를 측은히 여겨 불쌍히 여기지 않을 수가 없었습니다(예레미야 31:20). 동일하신 주 여호와께서 페르시아에 머물고 있는 찢기고 상한 자기 백성을 무대 뒤편에서 품고 계십니다.

에스더는 6장의 하만의 몰락과 모르드개가 대반전을 맞이하는 내용을 중심축으로 대칭구조를 갖습니다. 1-2장은 왕의 위대함과 잔치가 펼쳐지고, 에스더와 모르드개가 왕의 목숨을 구합니다. 9-10장은 모르드개의 위대함과 잔치가 펼쳐지고, 에스더와 모르드개가 전체 유대인의 목숨을 구합니다. 3장 전반부는 하만의 높아짐이 나오고, 8장 후반부에는 모르드개의 높아짐이 나옵니다. 3장 후반부에는 유대인을 죽이라는 하만의 조서가 나오고, 8장 중반부에는 유대인을 구하라는 모르드개의 조서가 나옵니다. 4-5장에서는 계획과 잔치가 있고, 7장과 8장 전반부 또한 잔치와 계획이 있습니다. 이러한 전체 구조 가운데 우리는 묻습니다. 누가 대반전을 이끌었는가? 무대 뒤편에 계신 분이 대반전을 이루어 냈음을, 에스더서를 읽는 자는 누구나 쉽게 알 수 있습니다. 죄의 삯은 사망입니다. 죄의 권세자 마귀는 총리 하만을 통해 죄의 그늘 아래 있는 디아스포라 유대인들을 전멸시킬 계획을 갖습니다. 하만은 아말렉의 후손입니다(에스더 3:10, 8:3). 여호와께서는 출애굽 백성을 공격한 아말렉의 전멸을 선언했고, 사울왕에게 아말렉의 전멸을 명했습니다(사무엘하 15장). 그러나 사울은 전리품의 일부를 도둑질합니다. 모르드개와 에스더는 사울왕의 집안 베냐민 지파 출신입니다(에스더 2:5). 마귀는 아말렉의 후예를 통해 유대인들을 전멸하려 했으나, 주 여호와는 사울의 후예들을 통해 아말렉의 후예들을 전멸시킵니다.

에스더서는 언제 기록했고 누가 읽었을까요? 일치된 견해는 없습니다. 그러나 디아스포라 유대인들에게 있어서, 에스더서는 얼마나 큰 위로와 힘을 주었을까 짐작하는 것은 어렵지 않습니다. 페르시아는 그리스의 알렉산더에게 멸망을 당합니다(B.C. 330년). 그리고 페르시아의 유대인들은 또다시 흩어집니다. 안디옥과 소아시아 지역으로 옮겨진 디아스포라 유대인들은 아마도 에스더서를 읽으며 무대 뒤편에 계신 분으로 인한 생존과 번영에 박차를 가했을 겁니다. 실제로 그들은 예루살렘 순례 여행을 통해 자신들의 '생존과 번영'의 십일조를 드리며 신구약중간기의 약속의 땅을 지탱하는 데 큰 기여를 합니다. 또한 바울의 선교 여행 때 그루터기 역할을 하며 복음확장에 기여를 합니다. 무대 뒤편에 계신 하나님의 주권과 섭리입니다.

여섯째 날 – 주야로 15분씩 임재 기도

에스라 7-10장; 느헤미야 1-7장

같은 시대를 살아가도, 본래 있어야 할 자리로 돌아와 사는 자와 돌아오지 않고 사는 자의 시대 배경과 태도는 많이 다릅니다. 귀환한 유대인들과 여전히 이방 나라에 머물고 있는 유대인들의 삶의 방식 또한 서로 큰 차이를 갖습니다. 빼앗겼던 것을 되찾아 그것을 지켜내며 살아야 하는 자와 빼앗기고 지켜낼 것이 없는 자의 삶의 태도가 같을 수는 없습니다. 따라서 에스더서의 분위기와 에스라 느헤미야서의 분위기는 많이 다릅니다. 무대 뒤편에 계신 주님은 에스더와 모르드개를 통하여 전멸 위기의 자기 백성을 구원하십니다. 그 결과로, 에스라는 2차 포로 귀환 때, 그리고 느헤미야는 3차 포로 귀환 때 돌아옵니다. 그들은 율법 강독을 통해 심령의 부흥과 반드시 되찾아 지켜야 할 것에 전심을 기울입니다. 적들로부터 성전과 자신들의 삶을 지켜내기 위해 성벽도 쌓습니다. 따라서 에스더서에서 보았던 무대 뒤편의 존재는 다시금 역사의 전면에 등장하시어 찬양과 경배를 받으십니다.

에스라는 아론의 후손으로서 제사장이며 모세의 율법에 능통한 학자입니다. 페르시아 왕은 포로 귀환의 조서를 에스라에게 줍니다(에스라 7:11-26). 왕의 조서는 에스라 사역의 방향과 지침이 되어, 그는 그대로 실행합니다. 8장에서는 에스라와 함께 귀환한 사람들의 명단을 기록합니다. 돌아오는 여정에서 에스라는 금식을 선포하며 어린아이와 모든 소유를 위한 평탄한 길을 간구합니다(에스라 8:21). 하나님의 손이 그들을 도우사 대적과 길에 매복한 자의 손에서 그들을 구원하시어 예루살렘에 도착하게 합니다(에스라 8:31). 지도자들이 에스라에게 그 땅의 현재 형편을 보고합니다. 80년 전에 귀환한 자들과 그 후손들이 제사장과 레위인들 마저도 이방인들의 역겨운 일을 따라하며, 그들의 딸들을 아내로 며느리로 맞이했습니다. 즉 타민족의 잡신들이 유대 공동체에 들어와 자리를 잡았다는 뜻입니다.

지켜야 할 것을 빼앗기고 타향에서 본향을 그리워하며 산다는 것이 얼마나 힘들고 괴로운 것인가를 뼛속까지 체득한 에스라입니다. 돌아와서 빼앗겼던 것을 반드시 되찾아야 하는 에스라입니다. 그는 통곡하며 주 하나님께 회개와 간구를 합니다. 그리고 잡혀갔다가 돌아온 백성들의 모임 멤버들이 성전 앞뜰에 모입니다. 그들은 이방 여자를 데려와서 아내로 삼은 것을 죄로 고백하며 여자들과 아이들을 다 보낼 것을 하나님 앞에서 언약을 세우고 율법대로 하겠답니다(에스라 10:2-3). 주님은 약속의 땅에서는 이방인과의 혼인을 원칙적으로 금지했습니다(신명기 7:3-4). 제사장 에스라는 신앙의 순수성을 보존하기 위하여 이방인과의 혼인을 금하며 이혼을 강요합니다(에스라 10:10-11). 백성들은 그렇게 하겠다고 말하였지만, 그대로 실행한 자들은 적습니다.

이혼을 강요한 것은 페르시아 문명에서 신앙을 지키며 살아왔던 에스라의 아픔과 충심이었고, 또한 약속의 땅에서의 신앙의 순수성을 보존하기 위한 사명감에서 비롯되었습니다. 그러나 그럼에도 불구하고 우리는 부작용이 있었음을 추론할 수 있습니다. 에스라 제사장과 같은 시기에 활동을 한 말라기 선지자를 통해, 주님은 말씀합니다: "나는 이혼하는 것을 미워한다"(말라기 2:16). 이방여인과 강요된 이혼 가운데, 유대 백성 사에에 이혼 풍습이 생겨난 것 같습니다. **율법에 의해 사회, 정치, 문화의 변혁을 추구하여 새로운 공동체를 구축하는 것은 이미 예루살렘 성전의 멸망과 포로로 끌려감을 통해 안 된다는 것이 확증됩니다.** 사람이 근본적으로 바뀌지 않는 가운데 추구하는 사회개혁은 성공하지 못합니다. *죄 문제가 해결되고 새 마음과 새 영을 받아 하나님의 영의 인도를 받는 것이 우선된 과제입니*

다. 아마도 에스라서는 이방 여자와 결혼한 남자들의 명단을 나열하며 예레미야와 에스겔처럼 이것을 호소하고 있는 것 같습니다: '메시아의 죄사함으로 인한 새 언약과 새 창조의 하나님 나라!'

느헤미야는 페르시아에서 유다와 예루살렘 사람들의 형편과 예루살렘 성벽이 무너졌다는 소식을 듣고 며칠 동안 슬퍼하며 하늘의 하나님 앞에 금식하며 기도하고 응답을 받습니다: "나의 하나님이 선하신 손길로 나를 잘 보살펴 주셔서, 왕이 나의 청을 들어주었다"(느헤미야 2:8). 그는 유다 총독으로 귀환하여 성벽을 재건합니다. 사마리아 산발랏 총독의 공격을 받으며, 느헤미야와 백성들은 한 손으로는 짐을 나르고 다른 손으로는 무기를 잡으며 새벽부터 밤까지 성벽 쌓기를 계속합니다. 유대 공동체 내부 문제도 해결합니다. 가난한 이들의 외침에 귀 기울이며 귀족들과 관리들에게 이자 받는 것을 중지하도록 촉구하고 서약도 받습니다. 느헤미야는 솔선수범하며 무보수로 12년간 총독의 직무를 수행합니다. 암살음모, 중상모략, 배반의 술책들이 난무했으나, 느헤미야의 반응은 확고하며 오직 하나님만 의지합니다(느헤미야 6:14). 수많은 장애물과 난관 속에서 52일 만에 성벽 공사를 마칩니다. 하나님이 거하시는 거룩한 도성이기에, 하나님을 경외하는 자와 예배자들을 성벽 수비의 경비원으로 세웁니다. 그리고 인구 조사를 통해 성의 질서를 세우고 떠났던 자들이 다시 돌아오도록 독려합니다.

그런데 성벽재건사업은 당대의 스가랴 선지자가 예언한 '회복되는 주님의 나라에는 성벽이 필요 없다'는 말씀과 충돌합니다: "예루살렘은 그 가운데 사람과 가축이 많으므로 성곽 없는 성읍이 될 것이라 하라 여호와의 말씀에 내가 불로 둘러싼 성곽이 되며 그 가운데에서 영광이 되리라"(스가랴 2:4-5). 그 충돌로 인해, 아담과 하와를 유혹했던 뱀의 유령은 다시 어슬렁거리며 느헤미야와 백성을 유혹합니다: '그날은 언제인가, 하나님은 계시는가, 여전히 우리를 사랑하시는가.' 죽기 전에 죽어야 저 유혹에서 자유로울 겁니다. 그래야 우리 혼이 본래 있어야 할 자리로 돌아와 주와 연합한 한 영이 되어 '성곽 없는 내 존재 중심의 성전에서' 하나님을 즐거워하며, 또한 주 성령께서 불로 둘러싼 성곽이 되어 우리 삶을 보호할 수 있기 때문입니다. 따라서 느헤미야와 에스라의 사회개혁과 심령의 갱신은 잠깐 반짝일 뿐, '왜 망하여 포로로 잡혀갔다가 돌아왔는지, 정말 무엇을 기대해야 하는지'에 대한 물음만을 더 깊게 요구할 것입니다. *새 언약의 죄사함과 새 마음 새 영, 그리고 하나님 영의 인도를 받는 그 나라를 오직 믿음으로 먼저 구하고 먼저 기대해야 하는 그 시대 그 백성들의 사명입니다.* 보이는 대로 살면, 더 이상 갈 수 없는 그들의 신앙 길입니다.

일곱째 날 – 주야로 15분씩 임재 기도

느헤미야 8-13; 말라기 1-4장

예루살렘 성읍에 거주하는 모든 백성이 수문 앞 광장에 모였고, 에스라 제사장은 율법책을 가지고 회중 앞에 서서 새벽부터 정오까지, 큰 소리로 율법책을 읽어 주었습니다. 그가 위대하신 주 여호와를 찬양하면, 백성들은 모두 손을 들고 '아멘! 아멘!' 하고 응답하고 몸을 굽혀 얼굴을 땅에 대고 여호와께 경배합니다(느헤미야 8:1-6). 율법 중심의 부흥이 일어났고, 율법을 깨달은 백성들 사이에 진정한 회개가 일어나 초막절을 지킵니다. 22일 동안 집회가 이어졌고, 하루를 쉬고 그다음 날 다시 모여 금식하며 신앙고백과 죄를 자백합니다(느헤미야 9:33). 글로 적어 서약을 하고, 지도자들과 레위 사람들과 제사장들이 그 위에 서명을 합니다(느헤미야 9:38). 그리고 성벽 봉헌식을 합니다(느헤미야 12장).

느헤미야는 유다 총독으로 12년 동안 봉사했습니다. 그리고 페르시아 왕을 뵈러 갔다가 2년 뒤에 돌아오니(B.C. 430년), 유대 사회는 다시 무질서합니다. 그는 분노합니다: "내가 그들을 책망하고 저주하며 그들 중 몇 사람을 때리고 그들의 머리털을 뽑고"(느헤미야 13:25). 인간 존재의 근본적인 변화가 없는 정치사회개혁의 한계입니다. 새 마음 새 영을 받아 우리 존재 중심에 새 성전을 짓고 몸(생각, 감정, 신체)과 삶 가운데 법과 질서를 유지할 성벽/삶의 방식을 건축해야 할 필요성을 보여 주며, 느헤미야서는 이렇게 끝납니다: "나의 하나님, 나를 기억하여 주시고, 복을 내려 주십시오"(느헤미야 13:31).

본래 에스라와 느헤미야는 한 권의 책이었고, 저자는 에스라입니다.

주후 2세기에 두 권으로 나뉩니다. 1-3차 포로 귀환 전체와 성전과 성벽 건축과 영적 각성 그리고 개혁을 다루고 있습니다. 소망으로 시작했지만 실망스러운 결말을 맞이하는 모습을, 저자는 에스라에서도 느헤미야에서도 보여 줍니다. 성전을 세우고 성벽을 쌓고 구성원들의 생활방식을 개선시켰지만, 곧바로 타락하는 모습일 뿐입니다. 이것은 구약 전체에서 보아왔던 '너희는 목이 곧고 반역하는 족속이다'라는 주 여호와의 말씀에서 한 치도 나아진 것이 없다는 것을, 저자 에스라는 의도적으로 보여 주고 있는 것입니다. *이러한 모든 것들로는 안 된다는 것을, 저자는 말하고 있습니다. 그러면 어떻게 해야 합니까?* **구약이 증거하는 것은 예레미야와 에스겔이 증거한 '새 언약의 새 마음과 새 영'으로 인간의 근본적인 심령의 죄 문제가 해결되어야 한다는 것입니다.**

구약의 마지막 책 말라기 또한 동일한 물음에 동일한 답을 하며 마칩니다. 포로로 잡혀갔다 돌아와 성전을 완공하고 100년이 지난 시대 상황입니다. 성전도 건축하고 성벽도 세우고 율법으로 갱신도 하였지만, 백성들의 눈에는 의구심이 가득합니다: '하나님의 선지자들이 보았다는 환상들과 그날은 언제 도래하여 허리를 펴고 살겠는가?' 한 번 완전히 망해 잡혀갔다가 돌아온 백성입니다. 그들의 심중에는 늘 뱀의 망령처럼 어른거리는 물음이 떠나지 않습니다: '우리는 여전히 하나님이 사랑하시는 백성인가, 하나님은 살아 계시기는 하는가, 하나님은 정말 존재하시는가, 언제 그날이 온다는 건가?' 여기에 대해 주 여호와는 말씀하십니다: "나는 너희를 사랑한다"(말라기 1:2). 주님께서 그들을 사랑하신다는 말씀에 그들이 어떻게 반응하는지, 여호와께서는 잘 아십니다: "주님께서 우리를 사랑하신다는 증거가 어디에 있습니까?"(말라기 1:2). 주님의 대답은 이것입니다: "내가 아버지일진대 나를 공경함이 어디 있느냐 내가 주인일진대 나를 두려워함이 어디 있느냐"(말라기 1:6).

주님은 경멸받을 만한 제사들을 지적하시며 제사장들에게 경고하십니다. 하나님의 언약 백성답게 신실하라고 말씀하십니다: "레위와 세운 나의 언약은 생명과 평강의 언약이라 내가 이것을 그에게 준 것은 그로 경외하게 하려 함이라 … 제사장의 입술은 지식을 지켜야 하겠고 사람들은 그의 입에서 율법을 구하게 되어야 할 것이니"(말라기 2:5-7). 이방 신의 딸과 결혼한 것을 책망하시며, 이혼하는 것을 경고하십니다(말라기 2:11-14). 주님은 갑자기 성전에 임하시어 심판하실 것입니다(말라기 3:4). 주님께서 그들이 심판을 받기 전에 주님께로 오기를 촉구하십니다(말라기 3:7). 백성들이 두려워 묻습니다: "우리가 어떻게 하여야 돌아가리이까"(말라기 3:7).

여기서 주님은 뜻밖의 대답을 하십니다. 주님의 것을 제사장들과 백성들이 도둑질하였는데, 그것은 곧 '십일조와 봉헌물'입니다. 즉 그들이 하나님께로 돌아가기 위한 첫걸음은 '십일조와 봉헌물'입니다. 그러면서 주님은 약속하십니다: "너희의 온전한 십일조를 창고에 들여 나의 집에 양식이 있게 하고 그것으로 나를 시험하여 내가 하늘 문을 열고 너희에게 복을 쌓을 곳이 없도록 붓지 아니하나 보라"(말라기 3:10). 그들은 입술이 부정하여 말로 죄를 지은 자들입니다. 하나님을 섬기는 것이 헛되고, 그 명령을 지킨 것이 무슨 유익이 있으며, 오히려 교만하여 악을 행하는 자가 더 번성하고 복되며 하나님을 시험하는 자가 오히려 화를 면한다고 말합니다. 그렇게 그들의 심중에는 보이는 것에 붙잡혀 그동안 쌓아온 악과 더러움이 가득합니다. 그러한 자들이 주님께로 돌아오기 위해서, 먼저 십일조와 봉헌물을 제대로 하여 **보이는 것에서 벗어나 오직 믿음으로 존재하라는 주님의 말씀입니다.**

주 여호와는 입술로 범죄하지 않고 주 여호와를 경외하고 그 이름을 존중하는 자를 주님의 특별한 소유로 삼으십니다. 여호와 앞에 있는 기념책에 그들을 기록하십니다. 용광로 불 같은 날은 도래할 것입니다. 주님은 그날에 그들을 특별히 보호하십니다: "내 이름을 경외하는 너희에게는 공의로운 해가 떠올라서 치료하는 광선을 비추리니 너희가 나가서 외양간에서 나온 송아지 같이 뛰리라"(말라기 4:2). 눈에 보이는 대로 살지 않고, 오직 주의 말씀대로 생각하고 말하고 느끼고 행동하며 주 여호와를 경외하는 자들에게 공의로운 해가 떠올라서 치료하는 광선을 비추십니다. 즉 새 언약의 빛 가운데 새 마음 새 영을 갖고 하나님의 영의 인도를 받습니다. 그리스도 안에서 이미 의롭고 온전하고 거룩한 존재가 이 땅에 출현하는 것입니다. 그러므로 구약의 백성들은 오실 메시아에 대한 믿음의 실상을 가슴에 품고 그분의 길을 예비하는 엘리야 예언자의 줄에 반드시 서야 합니다. 광야에서 외치는 자의 소리가 된 세례 요한의 반열입니다. 구약의 최종 메시지입니다: "보라 여호와의 크고 두려운 날이 이르기 전에 내가 선지자 엘리야를 너희에게 보내리니 그가 아버지의 마음을 자녀에게로 돌이키게 하고 자녀들의 마음을 그들의 아버지에게로 돌이키게 하리라"(말라기 4:5-6).

주일: 욥기 1-14장

· 하나님을 경외하며 악을 멀리하는 욥은 자녀에게 집착하고 생존과 번영에 대한 두려움이 가슴 한편에 있습니다. 사탄은 그것을 간파하고 주님께 고소하며 정죄합니다. 그것으로 인해 고난의 풍파가 닥쳤고, 친구들은 고발과 정죄 위치에 섭니다.

월: 욥기 15-31장

· 친구들은 죄를 회개하고 복받을 자리로 복귀하라고 충고합니다.
· 욥은 이렇게 고난을 받을 만큼 죄 지은 것이 없다고 맞섭니다.
· 끝까지 자신의 온전함을 포기하지 않고, 주님 응답을 기다립니다.

화: 욥기 32-42장

· 욥은 율법의 정죄를 받고 하나님 앞에 섭니다. 폭풍우 가운데, 주님은 우주 만물을 통치하시는 주권과 섭리를 드러내십니다.
· 욥이 자신을 부인하고 회개하니, 주님은 그를 의롭다 하십니다.

수: 마태복음 1-13장

· 마태복음은 신약의 창세기입니다: 예수의 계보genesis.
· 예수님은 구약의 약속을 성취하신 메시아(그리스도)입니다.
· '나를 따르라' 말씀에 복종하는 자는 그 나라 백성이 됩니다.

목: 마태복음 14-28장

· 이스라엘의 잃어버린 양을 위해 오신 주 예수님께서 가나안 여인의 믿음을 받으시고 이방선교로 전환하십니다. 하늘과 땅의 모든 권세를 가지신 주님께서 '모든 민족을 제자 삼으라' 명령하시며 새 언약 가운데 새

창조의 완성을 향해 나가십니다.

금: 히브리서 1-10장

· 만왕의 왕이요 영원한 대제사장인 예수는 하나님이십니다.
· 주님의 통치 안으로 들어가는 자들은 안식을 얻습니다.
· 주님께서 자신을 단번에 제물로 드림으로 영원한 속죄를 이루십니다.

토: 히브리서 11-13장; 야고보서 1-5장

· 구약의 종들은 예수의 메시아 되심을 믿음의 실상으로 간직합니다.
· 그리스도 안에서 우리는 그 실상을 누리며 오실 길을 예비합니다.
· 주님께서 오실 때가 가깝습니다. 이미 문 앞에 서 계십니다.

성육신과 십자가와 부활에서 나타난 새 언약의 성취와 새 창조의 시작

욥기는 옛언약/구약과 새 언약/신약을 이어주는 브릿지 역할을 합니다. 욥의 항변의 결론은 이것입니다: "그러므로 저는 제 주장을 거두어들이고, 티끌과 잿더미 위에 앉아서 회개합니다"(욥기 42:6). '제 주장을 거둬들인다'는 말씀을 영어성경 NIV와 NRSV는 'I despise myself'로 번역합니다. 원어 **mass**는 거절하다, 멸시하다는 뜻입니다. 즉 **자기 의견을 갖고 있는 자아**self **를 거절하고 멸시한다는 뜻입니다.** 다른 말로, 자기부인 자기 포기입니다. **욥기 전체를 통해 제기하는 '어떻게 의로운 자신이 이렇게 부당한 고난을 당하는가'에 대해, 욥 스스로 갖는 최종 포지션입니다.** 이것은 예수님의 말씀에 복종하는 제자의 모습과 일치합니다: "자기의 생명breath, soul을 사랑하는 자는 잃어버릴 것이요 이 세상에서 자기의 생명을 미워하는 자는 영생하도록 보전하리라"(요한복음 12:25). 흙으로 지음을 받아 숨 쉬는 인생, 흙에서 와서 흙으로 돌아가는 인생이 하나님을 만나니, 그때 비로소 쉼을 얻습니다. 그리고 하나님과 다투었던 자신을 부인하고 자신을 포기하고 주 예수님을 따릅니다. 그리스도 안에서 하나님과 화해한 새로운 피조물입니다. 갑절의 복을 누립니다.

　　욥은 미움을 받는 자 혹은 회개하는 자라는 뜻입니다. 즉, 자기를 부인하고 자기 십자가를 짊어진 자입니다. 거주지 '우스'는 가나안 땅이 아닙니다. 이방 지역입니다. 욥은 성경의 어떤 인물과도 연결되어 있지 않습니다. 세 친구도 이스라엘 사람이 아닙니다. 누가 기록했는지도 모릅니다. 이와 같은 사실들은, 욥기가 구약에 소속되어 있지만 동시에 구약의 프레임에서 비교적 자유롭다는 것입니다. 특히 **욥기의 결론은 새 언약의 주체가 되시는 주 예수님의 말씀에 철저하게 복종하는 제자의 모습과 일치합니다. 욥기가 주는 메시지는 분명합니다: '고통과 괴로움은 구원의 메신저입니다.' 욥기는 마치 신약의 프롤로그 같습니다.**

역사는 지난날의 사실들을 관점을 가지고 엮은 이야기입니다. 구약은 기본적으로 역사책이며, 주의 영의 인도를 받아 이스라엘의 지난 일들을 신명기적 관점에서 엮어낸 39권의 책 모음입니다. 신명기적 관점이란 순종하면 복을 받고 불순종하면 저주를 받는다는 것입니다. 우리는 이제 욥기를 제외하고 38권의 책을 다 읽었습니다. 그래서 제법 신명기적 관점에 익숙해 있습니다. 자칫 주님의 세계를 내 손에 쥔듯한 착각에 빠질 수도 있습니다. 예수님 당시의 사람들도 그 관점에 익숙한 자들입니다. 그래서 제자들이 나면서부터 눈 먼 이 사람은 자신의 죄 때문인가 아니면 부모의 죄 때문인가 묻습니다(요한복음 9:2). 물음 이면에는 벌써 신명기적 관점에서 헤아리고 정죄함이 깔려 있습니다. 그런데 주 예수는 새로운 차원에서 답을 하십니다: '하나님께서 하시는 일을 그에게서 드러나게 하시려는 것이다.' 그 한마디에 제자들의 선무당이 사람 잡는 피상적인 신명기 관점은 산산조각 납니다. 마치 느브갓네살이 꿈에 본 신상이 날아온 돌에 의해 산산조각 나듯이, 그렇게 복음의 말씀에 육신의 생각들이 무너져 내립니다.

구약 38권을 읽고 신명기관점에 피상적으로 익숙해진 우리들의 선입관에 대하여, 욥기는 바로 그 돌과 같은 역할을 합니다. 그리고 우리를 새로운 세계, 즉 새 언약 새 창조의 세계로 홀연히 인도합니다. 참된 신명기 관점은 우리 눈에 보이는 순종과 불순종 이면에, 우리의 이해차원을 넘어서 일하시는 보이지 않는 하나님 영역에서의 주권과 섭리가 있다는 것입니다. 이것이 또한 욥기의 관점이며, 욥기의 결론부에서 우리는 자신도 모르게 이미 신약의 세계에 첫발을 내딛습니다.

마태복음은 신세계를 선포합니다: "아브라함과 다윗의 자손 예수 그

리스도의 계보genesis라"(마태복음 1:1). 구약의 창세기Genesis에 견주어 말한다면, 마태복음은 신약의 창세기(계보genesis)입니다. 즉 **새 언약의 새 창조**입니다. 말씀이 육신 되신 하나님, 우리 주 예수 그리스도에 의해 새롭게 창조되는 세계입니다. 주 예수께서 십자가에서 성취하셨습니다. 그리고 부활 승천하시어 하나님 보좌 옆에서 온 우주를 통치하십니다: "하늘과 땅의 모든 권세를 내게 주셨으니 그러므로 너희는 가서 모든 민족을 제자로 삼아 아버지와 아들과 성령의 이름으로 세례를 베풀고 내가 너희에게 분부한 모든 것을 가르쳐 지키게 하라 볼지어다 내가 세상 끝날까지 너희와 항상 함께 있으리라"(마태복음 28:18-20). 주 예수님은 주의 말씀에 복종하는 무리를 그리스도 안에서 새로운 피조물로 전능자 하나님 앞에 세우십니다. 그리고 그 무리를 통하여 하늘에서 이루어진 뜻을 이 땅에 이루어지게 하고 계십니다. 또한 그 무리들이 준비하는 길을 통해 이 땅에 다시 오시어 영원한 그리스도의 나라를 펼치십니다. 성취된 새 언약 새 창조의 완성입니다. 마라나타.

첫째 날 – 주야로 15분씩 임재 기도

욥기 1-14장

욥에 대해 성경은 이렇게 말씀합니다: "그는 흠이 없고 정직하였으며, 하나님을 경외하며 악을 멀리하는 사람이었다"(욥기 1:1). 주 여호와께서 욥에 대해 사탄에게 말씀하시는 것도 같습니다: "너는 내 종 욥을 잘 살펴보았느냐? 이 세상에는 그 사람만큼 흠이 없고 정직한 사람, 그렇게 하나님을 경외하며 악을 멀리하는 사람은 없다"(욥기 1:8). **하나님을 경외하며 악을 멀리하는 욥이지만, 그는 자녀들에게 집착하며 생존과 번영에서 비롯된 두려움이 있습니다.** 자녀들을 위한 생일잔치를 베풀고 나면 그들을 정결하게 하고, 다음 날 아침에 자식들 숫자대로 번제를 드립니다. 그것은 자식 가운데 어느 하나라도 죄를 범하여 하나님을 욕되게 하였을까 염려하기 때문입니다(욥기 1:5). 하나님께서 베푸신 번영의 복이 흔들릴까 봐, 그는 마음 한구석에 늘 두려움이 도사리고 있습니다. 그리고 결국 그것이 드러납니다: "마침내 그렇게도 두려워하던 일이 밀어닥치고, 그렇게도 무서워하던 일이 다가오고야 말았다. 내게는 평화도 없고, 안정도 없고, 안식마저 사라지고, 두려움만 끝없이 밀려온다!"(욥기 3:25-26).

사탄은 욥의 마음 한구석에 도사리고 있는 두려움을 간파하고 파고듭니다. 사탄은 고발하는 자라는 뜻입니다. 그 말의 뜻대로, 사탄은 여호와께 욥을 고발합니다: "욥이, 아무것도 바라는 것이 없이 하나님을 경외하겠습니까? … 이제라도 주님께서 손을 드셔서, 그가 가진 모든 것을 치시면, 그는 주님 앞에서 주님을 저주할 것입니다"(1:11). 주님께서 허용하신 고난 가운데, 욥은 가진 모든 것들을 잃었지만 그것으로 인해 죄를 짓지 않았으며 하나님을 원망하지도 않습니다: "모태에서 빈 손으로 태어났으니, 죽을 때에도 빈 손으로 돌아갈 것입니다. 주신 분도 주님이시요, 가져 가신 분도 주님이시니, 주님의 이름을 찬양할 뿐입니다"(1:21). 사탄은 다시 주 여호와께 탄원하며 고발합니다: "가죽은 가죽으로 대신할 수 있습니다. 사람은 자기 생명을 지키는 일이면, 자기가 가진 모든 것을 버립니다. 이제라도 주님께서 손을 들어서 그의 뼈와 살을 치시면, 그는 당장 주님 앞에서 주님을 저주하고 말 것입니다!"(2:4-5). 주님께서 고통을 허용하시자, 욥은 발바닥에서부터 정수리까지 악성 종기가 나서 고생합니다. 그의 아내가 말합니다: "당신이 그래도 자기의 온전함을 굳게 지키느냐 하나님을 욕하고 죽으라"(2:9). 하지만 욥은 입술로 범죄하지 않습니다. 욥의 친구들이 와서 밤낮 칠 일 동안 바닥에 앉아 함께합니다. 욥의 고통이 너무도 처참하기에, 그들은 침묵할 수밖에 없습니다(2:13).

친구들이 욥과 7일을 함께하였다는 것은, 하나님께서 보시기에도 육신으로 할 수 있는 모든 것을 동원하여 인내하며 견뎠다는 뜻입니다. 그러나 주님께서 허락하신 고통은 육신의 한계를 넘어서는 것입니다. 욥의 고통은 견디다 못해 결국 터져 나왔고, 그는 자기의 생일을 저주하며 울부짖습니다: "내가 태어나던 날이 차라리 사라져 버렸더라면… 어머니의 태가 열리지 않아, 내가 태어나지 않았어야 하는 건데. 그래서 이 고난을 겪지 않아야 하는 건데! … 금과 은으로 집을 가득 채운 그 통치자들과 함께 잠들어 있을 텐데"(욥기 3:3-15). *'생존과 번영'에서 비롯된 마음 한 구석의 두려움이 이렇게 현실로 나타나 자신의 몸(생각, 감정, 신체)으로 직접 경험하며 몸부림을 칩니다.* 지금 울부짖으며 몸부림을 치는 욥은 성경도 하나님도 인정한 하나님을 경외하고 악을 멀리하며 온전한 사람입니다. 세 친구들 또한 7일간을 온전히 침묵하며 함께하였던 신실한 동료입니다. 그런데 육신이 감당할 수 없는 고통 앞에서, 그들은 더 이상 참지 못하고 격한 논쟁을 시작합니다.

서로 간에 종교적인 품위를 유지할 수 있는 거리가 무너졌습니다. 고통과 괴로움은 무서울 정도로 주관적이고 개인적인 것입니다. 겪는 당사자는 직접 지옥을 통과하는 것이지만, 세 친구는 객관적인 자리에서 지켜보는 자들일 뿐입니다. 더군다나 지금의 고통은 육신의 한계를 넘어선 **'영혼의 어두운 밤'**입니다. 당사자 외에 누가 그 괴로움을 알 수 있겠습니까? 때론 당사자조차도 알 수 없는 육신의 무게감을 몸(생각, 감정, 신체)으로 겪으며 그 터널을 지나야 하는 것인데… **통제하고 절제할 수 있는 성질의 고통이라면, 천하의 욥에게 있어서 어찌 그것이 고통과 괴로움이라고 할 수 있겠습니까?** 악을 멀리하고 하나님을 온전히 경외하는 욥 아닙니까?

하지만 논쟁이 시작되자 세 친구의 펀치는 거침없이 날아옵니다: "생각하여 보라 죄 없이 망한 자가 누구인가 정직한 자의 끊어짐이 어디 있는가 … 나라면 하나님을 찾겠고 내 일을 하나님께 의탁하리라 … 너는 전능자의 징계를 업신여기지 말지니라"(욥기 4:7-5:17). "네가 만일 하나님을 찾으며 전능하신 이에게 간구하고 또 청결하고 정직하면 반드시 너를 돌보시고 네 의로운 처소를 평안하게 하실 것이라"(8:5-6). "네 손에 죄악이 있거든 멀리 버리라 불의가 네 장막에 있지 못하게 하라"(11:14). '의인은 복을 받고 악인은 벌을 받는데, 너가 지금 고난 중에 있다는 것은 곧 죄가 있다는 것이다. 회개하라!' 이것이 친구들의 입장입니다.

이것에 맞서는 욥의 입장 또한 확고합니다: '나는 이런 고통을 받을 만한 죄가 없다. 그런데도 지금 하나님께서 이런 고통을 주고 계시는 것이다.' 욥은 친구들로 인해 실망합니다: "너희는 무식을 거짓말로 때우는 사람들이다. 너희는 모두가 돌팔이 의사나 다름없다"(13:4). 욥은 좁은 문 들어가 좁은 길 가는 것에 대해 환멸을 느낍니다(7:11-19, 9:13-10:17, 12:4-6). 욥은 삶에 절망하며 죽기를 갈망합니다. 그리고 주님의 변호를 갈망합니다: "어찌하여 나를 당신의 과녁으로 삼으셔서 내게 무거운 짐이 되게 하셨나이까"(7:20). "내게는, 내가 죄가 없다는 확신이 있다. 하나님, 나를 고발하시겠습니까? 그러면 나는 조용히 입을 다물고 죽을 각오를 하고 있겠습니다. … 나를 치시는 그 손을 거두어 주시고, 제발 내가 이렇게 두려워 떨지 않게 해 주십시오"(13:18-21).

구경꾼 입장에 있는 우리들은 논쟁의 결과가 어떻게 나왔는지 이미 알고 있습니다: "내가 너와 네 두 친구에게 분노한 것은, 너희가 나를 두고 말을 할 때에, 내 종 욥처럼 옳게 말하지 못하였기 때문이다"(욥기 42:7). 하나님은 욥의 손을 들어주십니다. 욥의 판정승. 욥은 지옥 같은 고통과 괴로움 가운데 몸부림 치며 거친 말과 자신 속의 악을 다 토해 놓았습니다. 그리고 결국 하나님을 만났고, 만난 이후에는 하나님께 항변한 자신을 미워하며 자신의 주장을 거둬들입니다(욥기 42:5-6). **그랬기 때문에, 욥은 논쟁에서 승리한 것입니다. 욥의 옳음은 피조물 본연의 자리에서 조물주를 경외하는 것입니다**(욥기 40:3-5, 42:1-6). 우리의 신앙 길도 동일합니다. 육신의 생각들이 세 친구들처럼 끊임없이 우리를 정죄하고 고발하여도, **우리의 옳음은 오직 '그리스도 안에' 머무는 것입니다.** 우리는 그리스도 안에서 이미 거룩하고 이미 온전한 자들입니다. 우리의 참자아가 이미 그리스도와 함께 하늘에 앉음을 받았습니다(에베소서 2:6). 결과(미래)를 알고, 그 결과에서부터 지금 이 순간 여기에 오직 믿음으로 존재합니다. 그 믿음으로 우리는 욥과 친구들의 1라운드 논쟁을 보고, 우리 삶의 1라운드 또한 지켜봅니다.

둘째 날 - 주야로 15분씩 임재 기도

욥기 15-31장

세 친구들은 인간의 삶이 하나님 앞에 있음을 바르게 인식합니다: '주 여호와는 이 세상을 초월하여 존재하시면서도 또한 동시에 인간의 삶에 직접 개입하시어 하나님 자신의 계획을 펼치십니다. 하나님 말씀에 순종한 자에게 복을 주시고 불순종한 자에게 벌을 내리십니다.' 그들은 이렇게 바르게 하나님의 공의를 인식합니다. 말씀에 복종하여 선을 행하며 기도하면, 주님은 들으시고 응답하십니다.

하지만 이것은 일반적인 경우이고, 지금 욥은 고통의 원인이 무엇인지 알 수 없는 '영혼의 어두운 밤'을 통과하며 영혼이 본래 있어야 할 자리, 아버지 집으로 돌아가고 있는 중입니다. 하나님 보좌 앞에서야 비로소 쉼/안식을 가질 수 있는 신앙 여정입니다. 피상적으로 배운 성경 지식으로는 헤아릴 수 없는 신앙 길입니다. **하나님을 직접 만나야 끝나는 고통의 여정입니다.** 그런데 어떻게 자신이 처한 고난의 부당함 가운데서 절망하며 어찌할 바를 모르는 자에게 피상적인 잣대를 들이댈 수 있습니까? 더욱이 자신들 스스로 주체가 되어 그 잣대를 거침없이 휘두른다 말입니까? 그러나 세 친구는 쉼 없이 더욱 맹렬하게 '죄를 회개하고 복을 받으라'고 앵무새처럼 고장난 레코드판처럼 반복합니다. 그리고 이렇게 논쟁의 2라운드를 마칩니다(욥기 15-21장). 논쟁의 3라운드는 진흙탕 싸움입니다(욥기 22-31장). 친구들은 구체적인 죄들을 나열하며 극단적인 공세를 펼칩니다. 그리고 이제라도 하나님께로 돌아오라고 촉구합니다.

욥이 자신을 무죄한 사람으로 여기는 것은 아닙니다: "어찌하여 주님께서는 내 허물을 용서하지 않으시고, 내 죄악을 용서해 주지 않으십니까?"(7:21). 다만, 그는 자신이 지은 죄의 정도와는 전혀 어울리지 않는 일들이 발생하도록 허용하신 것을 이해할 수 없습니다. 그래서 더더욱 자신의 온전함을 버릴 수 없습니다: "나는 결코 너희를 옳다 하지 아니하겠고 내가 죽기 전에는 나의 온전함을 버리지 아니할 것이라"(27:5). 또한 그랬기 때문에 욥은 더욱 극심한 긴장 속에 절망하고 결백을 주장합니다: "그런데 이제는 나보다 어린 것들까지 나를 조롱하는구나. 내 양 떼를 지키는 개들 축에도 끼지 못하는 쓸모가 없는 자들의 자식들까지 나를 조롱한다. … 하나님이 나를 진흙 속에 던지시니, 내가 진흙이나 쓰레기보다 나을 것이 없다. 주님, 내가 주님께 부르짖어도, 주님께서는 내게 응답하지 않으십니다. 내가 주님께 기도해도, 주님께서는 들은 체도 않으십니다"(30:1-20). "이제는, 전능하신 분께서 말씀하시는 대답을 듣고 싶다. 내 원수가 나를 고발하면서, 뭐라고 말하였지? 내가 저지른 죄과를 기록한 소송장이라도 있어서, 내가 읽어 볼 수만 있다면, 나는 그것을 자랑스럽게 어깨에 메고 다니고, 그것을 왕관처럼 머리에 얹고 다니겠다"(31:35-36).

욥은 자신의 원수가 자신을 정죄하고 있는 세 친구라고 알고 있습니다. 하지만 처음부터 구경꾼의 자리에 있었던 우리는 친구들 배후에 사탄이 있다는 것을 알고 있습니다. 고발자 사탄이 하나님을 경외하고 악을 멀리하는 욥이 집착하고 있는 것이 무엇이고 두려워하는 것이 무엇인지를 알아 파고들며 고발한 것에서 이 모든 것들이 생겨난 것입니다. 그리고 육신의 생각을 하고 있는 세 친구를 통하여 여전히 끊임없이 정죄하고 있습니다. 이것은 구경꾼 되어 이러한 사실을 다 알고 있는 우리들 삶에도 동일하게 적용됩니다. 우리는 그리스도 안에서 이미 거룩하고 이미 온전한 자들입니다. 그러나 우리는 욥처럼 집착하고 두려워하는 것들이 있습니다. 원수 마귀는 이 틈새를 파고들어와 정죄합니다. 우리가 육신의 소욕을 따르면, 거침없이 육신의 생각으로 우리를 정죄하며 죄와 사망으로 끌고 갑니다. 그래서 우리는 울부짖습니다: "내 속사람으로는 하나님의 법을 즐거워하되 내 지체 속에서 한 다른 법이 내 마음의 법과 싸워 내 지체 속에 있는 죄의 법으로 나를 사로잡는 것을 보는도다 오호라 나는 곤고한 사람이로다 이 사망의 몸에서 누가 나를 건져내랴"(로마서 7:22-24).

그러나 그러한 순간에도 우리가 결코 잊지 말아야 할 진리가 있습니다. **이와 같은 말씀을 몸(생각, 감정, 신체)으로 경험하며 몸부림을 치고 있다는 것 자체가 바로, 당신은 이미 온전하고 하나님을 경외하고 있다는 증거가 됩니다.** 우리가 이미 구원을 받고 온전하기에 이러한 영적 갈등 또한 있는 것 아닙니까? 우리의 신앙 여정은 그런 겁니다. 욥이 걸어간 그 좁은 길을 우리도 걷습니다. 이 길 끝에서 우리는 생명을 발견할 것입니다: "그러나 내가 가는 길을 그가 아시나니 그가 나를 단련하신 후에는 내가 순금같이 되어 나오리라"(욥기 23:10).

그리스도와 함께 죽기 전에 죽은 자들에게 있어서, 사탄과 세 친구가 고발하는 육신의 생각들은 진리도 나도 실재도 아닙니다. 우리는 그리스도 안에서 이미 거룩하고 이미 온전합니다. 다만, 육신으로 죄의 법을 섬길 수밖에 없는 이 땅에서의 우리의 실존이기 때문에 정죄를 받는 것입니다. 하지만 동시에 마음으로는 하나님의 법을 섬기고 있기 때문에, **그리스도 안에 있는 '진짜 나'는 정죄를 받지 않습니다.** 그것은 그리스도 안에서 생명을 누리게 하는 성령의 법이 우리를 죄와 사망의 법에서 해방하여 주었기 때문입니다(로마서 7:25-8:2). 그러므로 **사탄과 세 친구의 고발장은 무효가 되어 종이조각에 불과할 뿐입니다.** 육신의 생각에서 논쟁 1, 2, 3라운드가 벌어져도 그냥 내버려 두고, 우리는 끊임없이 내 안의 주님께로 성령님의 인도를 받아 나아가면 됩니다. **우리 혼이 본래 있어야 할 자리 내 존재 중심의 보좌 앞으로 나가면, 우리는 언제든지 우리의 참모습을 의식합니다.** 그리고 전능자 하나님을 향하여 마음껏 '아바 아빠' 부르며 찬양하고 경배합니다. 우리는 그리스도 안에서 이 모습 이대로 이미 거룩하고 이미 온전합니다.

셋째 날 – 주야로 15분씩 임재 기도

욥기 32-42장

욥은 자신의 눈으로 자신을 볼 때에 의롭습니다. 이것 때문에 세 친구는 더이상 논쟁할 수 없습니다. 이것을 그동안 옆에서 말없이 지켜보던 엘리후는 네 명 모두에게 화를 냅니다. 엘리후는 '그는 나의 하나님'이라는 의미입니다. 그는 욥이 하나님보다 자신이 의롭다고 하기에 화가 납니다. 그리고세 친구들에게도 화가 난 것은, 그들이 욥을 정죄만 했지 욥의 말에 제대로반박도 못하기 때문입니다(욥기 32:1-3). 엘리후는 욥과 세 친구가 더 이상죄를 짓지 않도록 막아 주고 보호하며 죄를 깨닫게 하는 역할을 자신이 감당할 수 있다고 말합니다. 그리고 그 근거를 제시합니다: "사람의 속에는 영이 있고 전능자의 숨결이 사람에게 깨달음을 주시나니 어른이라고 지혜롭거나 노인이라고 정의를 깨닫는 것이 아니니라 그러므로 내가 말하노니 내말을 들으라"(욥기 32:8-10). 자신 안에 있는 영이 자신을 압박하여 말하게한다는 것입니다(32:18). 자신의 말은 심중의 정직함에서 비롯되었는데, 하나님의 영이 자신을 지었고 전능자의 기운이 자신에게 생명을 주었다고 말합니다(욥기 33:3-4).

엘리후는 그동안 욥이 했던 말을 요약합니다: "나는 깨끗하여 악인이아니며 순전하고 불의도 없거늘 참으로 하나님이 나에게서 잘못을 찾으시며 나를 자기의 원수로 여기사 내 발을 차꼬에 채우시고 나의 모든 길을 감시하신다"(욥기 33:9). 하지만 구경꾼으로서 우리도 지금까지 쭉 봤지만, 욥이 비록 자신의 의로움을 주장했지만 그렇다고 자신이 죄와 허물이 전혀없다고 말한 것도 아닙니다. 욥은 다만 자신이 그토록 큰 징벌을 당할 정도로 심각한 죄를 결코 범하지 않았다고 항변하고 있을 뿐입니다. 엘리후는 계속 욥의 말을 요약하여 제시합니다: "내가 의로우나 하나님이 내 의를 부인하셨고 내가 정당함에도 거짓말쟁이라 하였고 나는 허물이 없으나 화살로 상처를 입었노라"(욥기 34:5). 욥은 실제로 비슷한 말을 합니다: "나의 정당함을 물리치신 하나님, 나의 영혼을 괴롭게 하신 전능자의 사심을 두고 맹세하노니 … 결코 내 입술이 불의를 말하지 아니하며 내 혀가 거짓을 말하지 아니하리라 나는 결코 너희를 옳다 하지 아니하겠고 내가 죽기 전에는 나의 온전함을 버리지 아니할 것이라"(욥기 27:2-5).

엘리후가 욥에게 문제를 제기하는 포인트는 이것입니다: "그대는 이것을 합당하게 여기느냐 *그대는 그대의 의가 하나님께로부터 왔다는 말이냐* … 욥이 헛되이 입을 열어 지식 없는 말을 많이 하는구나"(욥기 35:2, 16). 엘리후는 하나님께서 사람을 연단하시는 이유를 말합니다. 그리고 축복을 지연시키는 욥의 죄를 지적하니, *율법의 정죄는 더욱 깊이 욥의 뼛속으로 침투해 들어갑니다*(36장). 그렇게 산산조각난 욥에게, 엘리후는 자연의 여러 가지 현상을 통하여 하나님의 능력과 권세를 드러냅니다. 그리고 인간의 나약함을 인정하고 경외심으로 하나님께 굴복하라고 호소합니다(37장).

율법에 정통한 엘리후의 정죄는 욥의 뼈를 때립니다. 욥의 입장에서는, 엘리후의 말들이 대부분 맞지만 자신에 대해 잘못 말하거나 때로는 과장하여 말하는 것도 섞여 있습니다. 더군다나 *욥이 지금 바라는 것은, 율법의 정죄가 아닌, 생명을 주시는 하나님의 만지심입니다.* '생명을 주는 영'은 엘리후가 직접 말한 것입니다(욥기 34:14). 생명을 주는 영으로 자신을 만지고 치유하시고 새롭게 해 주기를 바라지만, *영혼의 어두운 밤을 지나는 욥에게 있어서는 그것 마저도 정죄의 기능으로 역사하고 있습니다.* 우리 혼이 본래 있어야 할 자리로 돌아가기 위하여 *그리스도와 함께 십자가에 못 박힌 자리는 본래 그런 겁니다. 그냥 그렇게 죽는 겁니다. 우리 인생이 고난의 한복판에서 새 하늘과 새 땅을 꿈꾸며 죽기 전에 죽는 것이 목표이*

기 때문입니다. 이것이 영혼의 어두운 밤의 끝자락입니다. 하나님께로 돌아가 연합하여 죽는 것입니다.

죽기 전에 죽은 자의 피조세계에, 조물주 여호와께서 폭풍우 가운데 나타나십니다. 피조물과 조물주 사이의 절대 간극gap이 폭풍우에 가리워 일체감을 줍니다. 고난은 구원의 메신저입니다. 고난의 한복판에서 욥은 절규하였고, 마침내 주 여호와께서 그 모습을 드러내십니다. 그분은 주권자의 부당하심을 주장하는 욥의 말에 답하지 않습니다. 고통에 대한 이유와 목적도 설명하지 않습니다. 다만 창조 세계의 수많은 물음 가운데 하나님 자신을 드러내실 뿐입니다. 한계를 넘어 조물주의 자리에까지 나아가려던 욥의 절규는 수그러들고, 그는 피조물 본연의 자리에 위치합니다: "저는 비천한 사람입니다. 제가 무엇이라고 감히 주님께 대답할 수 있겠습니까? 다만 손으로 입을 막을 뿐입니다. 이미 말을 너무 많이 했습니다. 더 할 말이 없습니다"(욥기 40:4-5).

여호와께서는 폭풍우 가운데 다시 말씀하십니다. 보이지 않는 세계와 보이는 세계 경계선에 위치한 수수께끼 같은 베헤못과 리워야단을 등장시키며, '너는 그것들을 제압할 수 있느냐' 물으십니다. 그것들을 창조한 주인이 바로 하나님 자신이시듯, **악의 세력 또한 하나님의 통제를 넘어서지 못한다는 뜻입니다.** 욥은 피조물 본연의 자리에서 이제 회개합니다: "무지한 말로 이치를 가리는 자가 누구니이까 나는 깨닫지도 못한 일을 말하였고 스스로 알 수도 없고 헤아리기도 어려운 일을 말하였나이다 ⋯ 내가 주께 대하여 귀로 듣기만 하였사오나 이제는 눈으로 주를 뵈옵나이다 그러므로 내가 스스로 거두어들이고 티끌과 재 가운데에서 회개하나이다"(욥기 42:3-6).

사탄은 욥의 집착과 생존에서 비롯된 두려움을 파고들어 고소하고 정죄합니다. 욥은 견디지 못해 절규하며 울부짖습니다. 고통과 괴로움은 구원의 메신저입니다. 그 고통과 괴로움을 허용하신 주 여호와께서 그 절규를 들으시고 피조세계에 모습을 나타내십니다. 그리스도는 만유시요 만유 가운데 충만하십니다. **욥은 주님 안에서 비로소 쉼을 갖습니다.** 하나님을 만나니, 이제는 절규하던 생각들을 멈출 수 있습니다. 자기 십자가를 짊어지고 자신을 포기할 수 있습니다. 절대 안식이 그와 함께합니다. 그리스도 안에서 하나님과 화해한 새로운 인류의 탄생을 알리는 서막입니다.

욥이 그 고통을 통해 이렇게 거듭날 것이라는 것을, 사탄은 예측하지 못했습니다. 아무리 사탄이 울부짖는 사자처럼 으르렁거리며 돌아다녀도, 그것은 단지 합력해서 선을 이루시는 하나님의 도구일 뿐입니다. 반면에, 주 여호와의 뜻대로 부르심을 받아 하나님을 사랑하는 자들에게는, 모든 것들이 합력하여 선을 이룹니다. 여기서의 선은 선악을 알게하는 나무의 열매가 아닙니다. 선악의 주체인 내가 그리스도와 함께 죽고 그리스도와 함께 다시 살아난 생명나무의 생명열매입니다. 즉, 합력하여 이룬 선은 바로 내 안에 살아 계신 우리 주 예수 그리스도의 생명입니다. 우리는 그리스도 안에서 본래 지음을 받은 하나님의 형상을 회복하여 본래 있어야 할 자리 아버지 집 보좌 앞에 머뭅니다. **이렇게 거듭난 욥은 이제 새 언약 새 창조의 문을 활짝 열며 우리를 이러한 신약의 세계, 신세계로 초대합니다.**

넷째 날 - 주야로 15분씩 임재 기도

마태복음 1-13장

마태복음은 새 언약과 새 창조의 시작을 예수님의 계보genesis로 선포합니다: "아브라함과 다윗의 자손 예수 그리스도의 계보라"(마태복음 1:1). 계보를 통해, 철저하게 구약의 하나님 나라와 오실 메시아에 대한 약속을 이어받고 있습니다. 그러나 동시에, 예수 그리스도의 탄생을 구체적으로 이야기하며 **'육신의 족보가 아닌 오직 성령으로'** 구약과 신약이 연결되어 있음을 **증거**합니다: "예수 그리스도의 나심은 이러하니라 그의 어머니 마리아가 요셉과 약혼하고 동거하기 전에 **성령으로 잉태된 것이 나타났더니** … 다윗의 자손 요셉아 네 아내 마리아 데려오기를 무서워하지 말라 **그에게 잉태된 자는 성령으로 된 것이라** 아들을 낳으리니 이름을 예수라 하라 이는 그가 자기 백성을 그들의 죄에서 구원할 자이심이라"(마태복음 1:18-21).

마태복음의 예수님 계보genesis는 우리로 하여금 이제부터 새 언약의 말씀으로 거듭나 생명책에 기록되는 수많은 사람들의 계보를 **오직 믿음으로 바라볼 것을 요청**합니다: "회개하라 천국이 가까이 왔느니라"(마태복음 4:17). 예수님은 지금 이 순간 여기에 영원한 생명과 연결되어 천국에 머물고 있습니다. 예수님의 육체는 이 땅에 있으나, 그분의 혼은 본래 있어야 할 자리인 하나님 보좌 앞에 있습니다. 이전에는 존재하지 않았던 **새로운 인류 출현의 첫 열매이십니다. 이제 예수님이 존재하시는 새로운 차원이 땅을 밟는 순간마다 이 땅에 드러납니다. 지금 이 순간 여기의 천국입니다.** 그래서 예수님은 청중들도 회개하여 이 천국에 속하라고 촉구합니다. 회개metanoia는 생각을 전환하는 것입니다. **전통과 혈통의 계보에서 성령과 믿**

음의 계보로 차원을 전환하여 하나님의 영의 통치를 받는 것이 회개의 본질입니다.

지금 마태복음에 등장하신 주 예수님은, 육신의 눈에 보이는 차원이 아닌, 믿음의 차원에서 하나님의 영의 인도를 따라 생각하고 말하고 느끼고 선포하고 계십니다. 예레미야와 에스겔이 선포했던 새 마음과 새 영으로 하나님의 영의 인도를 받는 하나님 나라가 도래한 것입니다. 예수님은 자신의 성품과 삶을 통해 그 나라를 이 땅에 지금 이 순간마다 나타내고 계십니다. 예수님의 복음 사역의 핵심은 유대인과 이방인을 그들의 죄에서 구원하시어 그들과 함께 계시는 것입니다(마태복음 1:21-23). 구속은 죄사함을 받아 우리 혼이 본래 있어야 할 자리로 돌아가 주님과 함께 하는 것입니다. 이것이 곧 하나님 나라입니다.

예수님을 따르던 제자들과 무리는 약속을 따라 예루살렘에 머뭅니다. 오순절 날, 예수님과 함께하셨던 보혜사 성령께서 '같으나 동시에 다른' 보혜사 성령으로 임하십니다. 하나님 임재 가운데 그들은 새 마음과 새 영을 받아 성령의 인도를 받으며 하나님의 나라를 이 땅에 펼쳐냅니다. 그런데 주후 70년, 예루살렘 도시는 로마군에 의해 완전히 파괴되었고 백성들은 흩어집니다. 이미 로마를 비롯한 유럽과 소아시아 지역에 복음이 전파되었지만, 그러나 이제는 복음의 중심지가 예루살렘에서 이방 지역으로 옮겨진다는 의미를 갖습니다. 마태 공동체 또한 유대인 중심으로 기독교 공동체가 형성되었지만, 그들의 공동체는 이제 이방 지역에 위치했기에 전도 대상 또한 이방인들이 됩니다. 이러한 그들의 시대 상황 가운데, 마태복음은 구약이 증거하고 예언한 메시아가 바로 예수님이시라는 것을 증언하기 위해서 기록됩니다. 따라서 마태복음의 전반부는 유대인들에게 복음이 증거되고 있지만, 후반부에서는 15장 가나안 여인에게 복음이 증거되는 것을 계기로 이방인에게로 복음 사역이 확대되는 것을 보게 됩니다.

마태복음의 1차 청중은 유대-그리스도인들입니다. 그래서 예수님의 삶이 어떻게 구약을 성취하게 되었는지를 자세히 설명하는 첫 시도로 계보 genesis가 등장합니다. 아브라함에서 다윗까지, 다윗에서 바빌론 포로까지, 바빌론 포로에서 메시야 예수의 오심까지 14대씩 3분할로 소개함으로써, 예수님 이야기를 이스라엘의 역사 안에 고정시키는 것입니다. 헤롯의 박해로 인해, 예수님은 출생하여 곧 이집트로 피신하여 헤롯이 죽을 때까지 그곳에 머뭅니다. 이것은 구약의 말씀을 성취하기 위한 것입니다: "이것은 주님께서 예언자를 시켜서 말씀하신 바, '내가 이집트에서 내 아들을 불러냈다' 하신 말씀을 이루시려는 것이었다"(마태복음 2:15; 호세아 11:1; 민수기 24:8). 그리고 세례 요한에게 물세례를 받고 광야에서 40일 금식을 하시며 시험을 받으시는 것은, 출애굽 백성이 홍해를 건너 모세가 시내산 하나님 앞에서 40일 금식을 하는 것과 동일시됩니다. 즉 적어도 유대-그리스도인들에게 있어서, 예수는 새로운 모세의 출현인 것입니다. 또한 예수님의 광야 40일은 출애굽 백성들의 광야 40년과 연결되어, 예수님은 모세와 이스라엘 전체에 대한 연속성 가운데 위치합니다. 마귀의 유혹에 대한 예수님의 답변은 모두 신명기에서 유래됩니다(신명기 6:13-18). 예수님은 율법에 대한 순종을 포함하여 더욱 높은 의를 요구합니다: "내가 율법이나 예언자들의 말을 폐하러 온 줄로 생각하지 말아라. 폐하러 온 것이 아니라, 완성하러 왔다. … 너희의 의가 율법학자들과 바리새파 사람들의 의보다 낫지 않으면, 너희는 하늘나라에 들어가지 못할 것이다"(마태복음 5:17-20). 예수님은 구약의 율법을 완성시키시는 분이십니다.

예수님은 하나님 나라의 도래를 선포하시며 역사의 전면에 등장하십니다. 그리고 산상 수훈을 통해 **하나님 나라의 백성으로 사는 법**을 가르치십니다(마태복음 4-7장). 이것은 **예수님께 있는 새 마음과 새 영을 받아 하나님의 영의 인도를 따라 사는 삶**입니다. 예수님은 아프거나 위험에 처한 자들 그리고 심령이 무너진 자들 가운데서 귀신을 내쫓고 하나님 나라를 실현시키십니다. 이때 예수님은 '나를 따르라' 말씀하시는데, 그 말씀에 복종하는 자만 그 나라 그 백성이 될 수 있습니다(마태복음 8-10장). 잃을 것이 없는 자들은 '저분이 메시아다' 하며 예수를 따라 나섭니다. 반면에 잃을 것이 많은 바리새인과 율법학자들은 거절하고 대적합니다. 이러한 반응에 대하여, 예수님은 씨뿌리는 비유를 통해 해석하며 하나님 나라에 대해 가르칩니다. 하나님 나라는 그 어떤 방해에도 불구하고 계속 확장됩니다(마태복음 11-13장).

다섯째 날 – 주야로 15분씩 임재 기도

_____

마태복음 14-28장

마태복음 후반부에서는 '메시아'에 대한 다양한 기대 속에 두 나라의 충돌이 일어납니다. 우리는 구약 읽기의 끝에서 선지자들이 이구동성으로 오실 메시아를 약속했으며 백성들은 그분을 기대하는 모습을 봅니다. 특히 예레미야와 에스겔 선지자는 메시아로 인한 새 마음과 새 영 그리고 하나님의 영의 인도하심을 받는 하나님 나라를 증거합니다. 그러므로 구약의 연장선에 선 백성들은 인간의 본질적인 문제인 죄를 해결해 줄 참메시아를 전심으로 원하며 기다려야만 합니다. 구약이 약속한 '그날의 그 나라'는 죄 문제가 해결되어 마음이 부드러워지고 영이 살아나 그분과 함께 사는 새로운 세상입니다. 이것은 군사적인 힘으로 이방 나라를 정복하여 정치, 경제, 사회, 문화를 구축하는 나라가 아닙니다. 하나님과의 관계 회복을 통하여 서로 용서하고 서로 섬기는 나라입니다. 먹고사는 문제는 덤으로 따라오는 것입니다.

그러므로 말씀이 육신 되어 메시아로 오신 주 예수님은 구약의 연장선 끝자락에 서 있는 당시의 유대인들에게 '하나님 나라'를 선포하고 그 나라로 인도하시는 것이 첫째 사명입니다: "나는 이스라엘 집의 잃어버린 양 외에는 다른 데로 보내심을 받지 아니하였노라"(마태복음 15:24). 열두 제자를 파송하실 때에도, 예수님은 그들에게 이방인에게 가지 말고 사마리아인의 마을에도 가지 말라고 말씀하십니다(마태복음 10:6). 온갖 질병과 아픔으로 신음하는 선택된 백성을 불쌍히 여기십니다. 그들을 고치시며 제자들에게 말씀하십니다: "추수할 것은 많되 일꾼이 적으니 그러므로 추수하는 주인에게 청하여 추수할 일꾼들을 보내 주소서 하라"(마태복음 9:37-38).
이것은 이방인이나 사마리아인을 무시하거나 소홀히 여기는 것이 아닙니
다. **예수님께서는 지금 구약의 하나님 말씀을 성취하고 계십니다. 참메시
아로서 구약의 약속을 온전히 성취하시면, 주 여호와께서는 그분을 통하여
열방에 복음의 문을 활짝 여실 것입니다.** 하나님의 주권과 섭리입니다.

하나님은 가나안 여인으로 하여금 그 문을 열게 하십니다. 그 여자는
예수가 메시아임을 알고 외칩니다: "주 다윗의 자손이여 나를 불쌍히 여기
소서 내 딸이 흉악하게 귀신 들렸나이다"(마태복음 15:22). 예수님은 반응
하지 않습니다. 오직 언약의 성취에 집중하십니다. 그녀는 언약을 성취하
고 계신 조물주께 나아와 피조물로서 무릎을 꿇고 간청합니다: "주여 저를
도우소서"(15:25). 예수님은 비로소 반응하십니다: "자녀의 떡을 취하여 개
들에게 던짐이 마땅하지 아니하니라"(15:26). 지금 하나님께서 베푸시는 복
은 구약의 끝자락에서 메시아를 기다리던 유대인들 것이라는 말씀입니다.
이것에 대해 여자는 말합니다: "주여 옳소이다마는 개들도 제 주인의 상에
서 떨어지는 부스러기를 먹나이다"(15:27). '네, 주님.' 그 여자는 그것이 바
로 구약의 말씀이라고 화답합니다. 그리고 동시에 이스라엘 주변의 이방
나라들은 이스라엘로 인해 주 여호와께 복을 받으며 지내온 것 또한 구약
의 말씀임을 예수님께 상기시킵니다. 진리입니다. 예수님께서 응답하십니
다: "여자여 네 믿음이 크도다 네 소원대로 되리라 하시니 그때로부터 그의
딸이 나으니라"(15:28).

이 사건을 계기로, 예수님은 계속해서 이방인 땅인 두로와 시돈, 데가
볼리, 헬몬산 줄기의 가이사랴 빌립보에 머물며 이방인들의 병을 치유하시
고 돌보십니다. 오병이어가 유대인의 굶주림을 돌본 것이라면, 칠병이어는
이방인을 위한 것입니다(마태복음 15:32-38). 그리고 예수님은 지금까지의
유대인을 위한 사역에서 이방인 사역과 제자훈련사역으로 전환합니다. 이
글을 읽는 당시 1차 청중들인 유대-그리스도인들 또한 저 여인의 '그 큰 믿

음'을 따라 유대 민족에서 이방 민족에게로 선교의 시선을 옮깁니다. 즉 그들은 유대 지역 선민에게 국한된 기독교를 온 세상 모든 민족의 기독교로 전환시키는 사명을 감당합니다. 새 언약의 빛 가운데 새로운 창세기Genesis의 시작입니다: "예수 그리스도의 계보genesis라"(마태복음 1:1).

"사람들이 인자를 누구라 하느냐 … 너희는 나를 누구라 하느냐"(마태복음 16:13-15). 바리새인과 서기관들은 예수가 메시아임을 거부합니다. 그들이 기대하는 메시아는 군사적인 승리로 로마의 식민지에서 벗어나게 하는 자이기 때문입니다. 그들은 눈에 보이는 것을 따라 여호와 이름을 이용하여 자신들의 세상 욕구를 충족하기에, 예수를 메시아로 볼 수가 없는 것입니다. 유대와 이방 민중들은 자신들의 필요를 따라 병을 고쳐 주고 먹을 것을 주며 하늘나라에 대한 가르침을 주기에, 자신들 눈높이에서의 메시아로 예수님을 기대합니다. 한편, 예수님의 제자 베드로는 '주는 그리스도시요 살아 계신 하나님의 아들이시니이다'라고 말합니다. 주님은 그 믿음의 고백에 근거하여 예수님의 교회를 세운다고 말씀하십니다(마태복음 16:15-18). 하지만 베드로는 하나님에 의해 그렇게 믿음의 고백을 하였지만, 정작 자신은 그것이 무엇을 뜻하는지 알지를 못합니다. 예수님께서 수난을 예고하니, 그는 항변합니다: "주여 그리 마옵소서 이 일이 결코 주께 미치지 아니하리이다"(16:22). 예수님은 베드로에게 말씀하십니다: "사탄아 내 뒤로 물러 가라 너는 나를 넘어지게 하는 자로다 네가 하나님의 일을 생각하지 아니하고 도리어 사람의 일을 생각하는도다"(16:23). 예수님은 두 번을 더 자신의 수난에 대하여 예고하십니다(17:22-23, 20:17-19).

두 나라가 충돌합니다. 하나님으로부터 지혜와 힘을 공급받아 서로 섬기는 나라와 하나님을 이용하여 세상의 지혜와 힘을 얻어 자신의 욕망을 성취하는 나라의 충돌입니다. 주 예수께서 예루살렘에 들어가 마지막 유월절을 지키는 가운데, 두 나라는 더욱 격하게 부딪힙니다. 성전의 주인이신 예수님께서 성전을 청결하게 하십니다. 예수님은 바리새인들의 위선에 대해 일곱 번 저주를 하십니다: "화 있을진저 외식하는 서기관들과 바리새인들이여"(마태복음 23:13). 모욕감을 견디지 못한 바리새인과 제사장 그룹이 예수님을 죽이기로 결정합니다. 로마 총독 빌라도는 '그는 무죄다' 하는데, 유대 지도자들은 '그는 메시아가 아니다. 그는 하나님을 모독했다' 합니다. 빌라도는 예수님을 구하려 했지만 민란이 일어나는 것을 두려워하여 결국 예수님을 십자가 처형에로 넘깁니다(마태복음 27:26).

만왕의 왕께서 세상왕의 대리자에게 유월절 어린양처럼 죽임을 당합니다. 그러나 세상왕에게 죽임을 당한 어린양이 만왕의 왕으로 다시 사십니다. 구약의 창세기는 요셉이 입관됨으로 마칩니다(창세기 50:26). 반면에, 신약의 창세기인 마태복음은 예수 그리스도께서 무덤에서 나오셔서 하늘과 땅의 모든 권세를 아버지로부터 받습니다. 그리고 새 창조를 시작하시며 제자들에게 말씀하십니다: "가서 모든 민족을 제자로 삼아 … 내가 세상 끝날까지 너희와 항상 함께 있으리라"(마태복음 28:19-20). 구속 곧 죄를 사하시며 그들과 함께하시는 임마누엘의 주 예수께서 구약의 약속을 성취하시고 함께하는 자들을 통해 그 나라의 완성을 향하십니다. 우리 주 예수님, 다시 오시어 영원한 그리스도의 나라를 펼치십니다. 마라나타.

여섯째 날 – 주야로 15분씩 임재 기도

히브리서 1-10장

"하나님께서 옛날에는 예언자들을 통하여 … 이 마지막 날에는 아들을 통하여 우리에게 말씀하셨습니다"(히브리서 1:1-2). 옛날은 옛 언약의 구약입니다. '이 마지막 날'은 새 언약의 신약이며, 예수님의 초림과 재림 사이의 전체 기간입니다. 하나님께서 아들을 상속자로 세우셨습니다. 예수님께서 십자가와 부활로 그것을 성취하시어 새 창조를 펼치십니다: "하늘과 땅의 모든 권세를 내게 주셨으니 그러므로 너희는 가서 모든 민족을 제자로 삼아"(마태복음 28:18-19). 아들을 통하여 온 세상aionas을 지으셨기 때문에, 주 예수님은 모든 과거 현재 미래 세대의 근원이 되십니다. 예수님은 하나님의 영광의 광채시기에, 예수님의 얼굴에는 하나님의 영광을 아는 빛이 있습니다(고린도후서 4:6). 그리고 예수님은 하나님의 본체대로의 모습이기에, 예수님을 본 사람은 아버지를 보는 것입니다(요한복음 14:9). 히브리서 저자는 지금 이와 같은 내용을 통하여 '나사렛의 예수는 하나님이시다'라고 말씀합니다(히브리서 1:2-3). 그분은 하늘과 땅의 왕이시며, 동시에 하늘과 땅의 대제사장이십니다. 그리고 그분께 복종하여 따르는 자들은 왕 같은 제사장들입니다(베드로전서 2:9).

1-4장은 새 언약의 새 창조 가운데 만물을 새 하늘과 새 땅으로 인도하시며 통치하시는 왕의 모습을 증거하고 있습니다: "그의 능력의 말씀으로 만물을 붙드시며"(히브리서 1:3). 5-10장은 새 언약의 새 창조 가운데 교회와 만물을 주 여호와 하나님과 바른 관계를 갖게 하시는 대제사장의 모습을 증거합니다: "죄를 정결하게 하는 일을 하시고"(히브리서 1:3). 그리고

이 메시지를 받는 히브리서의 1차 청중은 유대-그리스도인들입니다. 예루살렘 도시와 성전이 파괴되는 A.D. 70년 이전에 디모데와 로마의 이탈리아와 관련이 있는 청중들입니다: "우리 형제 디모데가 풀려나온 것을 알려 드립니다. … 이탈리아에서 온 사람들이 여러분에게 문안합니다"(히브리서 13:23-24). 그들은 지금 박해 속에 견디고 있으며, 또 어떤 자들은 모이기를 그만하거나 배교하여 유대교로 돌아가기도 합니다(히브리서 10:25-34). 아무도 그들이 구체적으로 언제 어디서 어떻게 박해를 받았는지를 모릅니다. 저자가 누구인지도 모릅니다. 다만 분명한 것은, 저자와 수신자들은 구약에 대해 잘 알고 있는 유대-그리스도인들입니다.

유대인들은 천사들을 통해 하나님의 말씀과 율법이 모세에게 전달된다고 믿습니다(신명기 33:2). 하나님이신 예수님은 천사들과 율법보다 훨씬 더 우월하십니다(히브리서 1-2장). 천사가 전해 준 율법에 주의를 기울이라는 명령을 구약 백성들이 받았다면, 우리는 하나님의 아들이 선포한 복음에 얼마나 더 주의를 기울여야 하겠습니까? 예수님은 모세보다 훨씬 더 뛰어나십니다. 백성들은 모세에게 반역하여 약속의 땅에 들어가 안식할 기회를 잃었습니다(히브리서 3-4장). 같은 이치로, 우리가 모세보다 더 위대하신 주 예수님께 반역하면 그 결과는 어떻겠습니까?

아론의 자손들은 백성들과 자신들의 죄를 가지고 매일 그리고 일 년에 한 번씩 하나님께 나아가 죄사함을 받지만 죄의식을 제거할 수는 없었습니다. 반면에 예수님은 멜기세덱의 반열을 따르는 영원한 제사장이시며, 하나님과 백성들 사이의 완전한 중재자입니다(히브리서 5-7장). 그러므로 예수님을 거부하는 것은 하나님과의 화해를 거부하는 것입니다. 구약의 동물 희생제사와 다르게, 예수님은 자신을 '단번에' 속죄제물로 드렸습니다(히브리서 8-10장). 그러므로 예수님을 떠나는 것은 하나님의 자비와 용서를 거절하는 것입니다. 예수님의 제사는 영원합니다. 그리고 그 희생은 선지자들이 예언했던 모든 죄를 용서하는 새 언약의 기초가 됩니다: "'나는 내 율법을 그들의 마음에 박아주고, 그들의 생각에 새겨주겠다. 또 나는 그들의 죄와 불법을 더 이상 기억하지 않겠다.' … 죄와 불법이 용서되었으니, 죄를 사하는 제사가 더 이상 필요 없습니다. … 우리는 마음에다 예수의 피를 뿌려서 죄책감에서 벗어나고, 맑은 물로 몸을 깨끗이 씻었습니다"(히브리서 10:16-22). 그리스도인들은 죄사함을 받아 마음이 살갗처럼 부드럽고 영이 살아났으며, 그로 인해 주의 영을 따르는 새로운 피조물이며 왕 같은 제사장입니다.

그러므로 우리는 뒤로 물러나 멸망할 자가 아닙니다. 우리 혼이 본래 있어야 할 자리로 돌아가 그 자리를 지켜내는 믿음을 가진 자입니다(히브리서 10:39). **우리는 저 안식*katapausis*에 들어가기를 힘씁시다**(히브리서 4:11). 저 안식은 하나님께서 6일 동안 창조하시고 '지으신 그 모든 것을 보시니 보시기에 심히 좋았더라' 말씀하신 후, 일곱째 날에 에덴동산에서 가지신 안식입니다(창세기 2:2). 여호와께서는 그 안식을 출애굽 백성들에게 주시려고 했으나, 목이 곧은 그들은 하나님을 거역했습니다: "내가 화가 나서 '그들은 나의 안식에 들어오지 못할 것이다' 하고 맹세까지 하였다"(시편 95:11; 히브리서 4:3, 5).

하나님이신 주 예수께서 십자가에서 성취하신 것이 바로 저 '안식*katapausis*'입니다. 지금 이 순간 여기, 그리스도 안에서 주님과 연합하여 한 영 됨으로 하나님 임재 가운데 하나님을 즐거워하며 쉼을 누리는 안식입니다(히브리서 4:1, 3, 10, 11). 육신이 죽은 다음에 저 천국에 가서 누리는 안식이 아닙니다. **그리스도 안에서 하나님과 연합하면, 누구든지 담대히 은혜의 보좌 앞으로 나아가 지금 이 순간 여기서 누리는 안식입니다**(히브리서 4:16). 죽음의 공포 가운데 일생 동안 보이는 것에 묶여 종 노릇 하는 자들을 해방시키시려고, 우리 주 예수님께서 십자가 죽음을 통하여 사망 권세를 가진 마귀를 멸하시며 성취하신 지금 이 순간 여기의 안식입니다(히브리서 2:14-15). 우리들 가운데는 이미 저 안식에 들어간 자들이 있습니다:

"이미 믿는 우리들은 저 안식에 들어가는도다*eiserchomai*"(히브리서 4:3). **'들어가는도다'는 현재형입니다.** *지금 이 순간 여기입니다.* 그리스도 안에서 안식을 누리는 자들은 말씀으로 거듭난 영이요 생명이며, 이 길을 따라 우리 주 예수님 다시 오십니다. 마라나타.

일곱째 날 – 주야로 15분씩 임재 기도

히브리서 11-13장; 야고보서 1-5장

만왕의 왕이요 영원한 대제사장이신 주 예수님께서 우리 존재 중심에 계십니다. 주 예수님과 연합하여 한 영 된 우리는 왕 같은 제사장들입니다. 우리 안에 계신 예수님이 우리 삶의 주체이시며 우리는 믿음으로 존재합니다. 그러므로 우리는 육신의 생각을 부인합니다. 오만가지 생각들을 붙잡지 않고 추구하지도 않습니다. 자기 십자가 짊어지고 죽기 전에 죽었음을 받아들이고 선포합니다. 자기포기는 내면의 성전문을 여는 열쇠입니다.

문이 열리니, 예수님의 피를 힘입어 담대하게 성전에 들어가 은혜의 보좌 앞에 담대히 섭니다(히브리서 10:19, 4:16). 지금 이 순간 여기 하나님 생명과 연결된 하나님 임재 자리입니다. 우리 혼soul이 본래 있어야 하는 아버지 집 보좌 앞입니다. 주님과 합하여 한 영one spirit 되어 안식합니다. UNION WITH GOD. 그리스도 안에 있는 이 믿음을 통해 주님께서 기름을 부으시니, 주 성령께서 우리의 스승 되시어 모든 것을 가르치시며 공급하십니다. 믿음은 바라는 것들의 실상reality이며 보이지 않는 것들의 증거입니다. 우리는 이 믿음으로 삽니다. 보이는 대로 살지 않습니다. 보이는 것은 우리 믿음의 실상이 나타난 결과입니다. 우리 심중에 간직한 믿음의 실상과 증거가 나타나 보이는 것들의 원인입니다. 바로 이 믿음이 하나님을 기쁘시게 합니다. 이 믿음으로 하나님께 나아가는 자에게, 하나님은 상을 주십니다(히브리서 11:1-6).

구름같이 둘러싼 허다한 예수의 증인들이 이 길을 걸어갑니다. 아벨, 에녹, 노아, 아브라함, 사라, 이삭, 야곱, 요셉, 모세, 라합, 기드온, 바락, 삼손, 입다, 다윗, 사무엘, 그리고 수많은 예언자들과 남녀, 조롱과 채찍을 당하며 감옥에 갇힌 자, 돌로 맞고 톱질을 당하고 칼에 맞아 죽은 자, 궁핍과 환란과 학대를 당한 자들-세상은 그들을 감당하지 못합니다. 그들은 보이는 것에서 하나님 사랑의 증거를 찾지 않습니다. **구약의 신실한 종들은 메시아로 인한 새로운 세상을 믿음의 실상으로 그들 가슴에 간직하고 그 믿음으로 삽니다.** 그러나 그들은 약속된 그 실상을 받지 못하고 이 땅을 떠납니다. 때가 되어 **말씀이 육신 되신 하나님께서 그 약속을 성취하십니다.** 우리는 그리스도 안에서 그 성취한 것을 지금 이 순간 여기서 누리며 다시 오실 주님의 길을 예비합니다. 우리 주님 그 길 따라 다시 오시어 '그 나라'를 새 하늘과 새 땅에 완성시키십니다.

그러므로 구름 같이 둘러싼 허다한 예수의 증인들은 그 길을 예비하는 우리로 인해 그 완성을 보게 될 것입니다(히브리서 11장). 믿음의 창시자요 완성자이신 예수를 바라봅시다(히브리서 12:2). 예수님은 받으신 고난으로 순종을 배우셨고, 십자가 죽음의 고난을 통하여 구약의 약속을 성취하십니다. 즉, 주님은 하늘과 땅의 모든 권세를 아버지에게서 상속받으시고 왕과 대제사장으로서 통치하시는 완성의 자리에 위치하십니다(히브리서 5:8-9).

우리는 하나님의 자녀입니다. 그러므로 우리도 고난의 징계를 통해 하나님의 거룩에 참여하여 의와 평강의 열매를 맺습니다(히브리서 12:10-11). 예수님께서 자기 피로 백성을 거룩하게 하려고 성문 밖에서 고난을 받습니다. 우리도 그분이 겪으신 치욕을 짊어집니다(히브리서 13:13). 그 거룩함 없이는 아무도 주님을 뵙지 못합니다(히브리서 12:14). 죽기 전에 죽은 우리는 우리 안에 살아 계신 그리스도로 인하여 모세의 율법 아래서는 얻을 수 없었던 거룩함이 있는 예루살렘 성전, 즉 우리 내면의 시온산에 있습니다: "여러분이 나아가서 이른 곳은 시온산, 곧 살아 계신 하나님의 도성인 하늘의 예루살렘입니다"(히브리서 12:22). 하늘의 예루살렘이 우리 믿음의 실상이 되어, 예수님께서 우리 존재 중심에 은혜의 보좌를 펼치셨다는 뜻입니다. 외부에서 내면으로 전환하여 **우리 혼이 본래 있어야 할 바로 그 자리로 돌아가, 우리는 그 은혜의 보좌에서 하나님을 즐거워합니다. 이것이 거룩입니다.** 거룩은 지금 이 순간 영원히 현존하시는 하나님 생명과 연결되어 하나님 임재를 누리며, 그로 인해 그리스도의 향기가 생활 가운데 퍼지는 것입니다.

　　"온유한 마음으로 여러분 속에 심어 주신 말씀을 받아들여야 합니다. 그 말씀에는 여러분의 영혼을 구원할 능력이 있습니다"(야고보서 1:21). 모세가 시내산에서 돌판에 율법을 새기듯, 주 성령께서 하나님 자녀들 심중에 새 언약의 말씀을 새겨 놓으십니다. 외부에서 내면으로 전환하여 우리 존재 중심의 은혜 보좌로 나아가 그 말씀대로 생각하고 말하고 느끼고 선포하며 혼의 구원을 받습니다. 이것이 곧 말씀을 행하는 사람입니다(야고보서 2:22). 날마다 임재 호흡기도를 하며 하나님 임재 가운데 머무는 훈련을 하면, 행한 일에 복을 받아 생활 가운데 나타나시는 그리스도를 경험하며 증거합니다(야고보서 1:25). 성령께서 심중에 새겨진 말씀을 통해 우리 혼과 몸(생각, 감정, 신체)을 통치하시며 모든 것을 가르치시고 공급하십니다(요한1서 2:27).

　　야고보서는 마태복음과 히브리서처럼 유대-그리스도인들이 1차 청중입니다: "세계에 흩어져 사는 열두 지파에게 문안을 드립니다"(야고보서 1:1). 그리고 2차 청중은 과거 현재 미래의 모든 그리스도인입니다. 영과 몸이 하나이듯, 믿음과 행함 또한 하나임을 강조하는 **야고보서는 '믿음생활은 기도이다'라는 것을 알리며 시작합니다**: "하나님께 구하십시오. 그리하면 받을 것입니다"(야고보서 1:5). **그리고 기도의 능력을 전하며 마칩니다**: "너희 죄를 서로 고백하며 병이 낫기를 위하여 서로 기도하라 의인의 간구는 역사하는 힘이 큼이니라"(야고보서 5:16). 기도는 하나님과 나와의 생명적인 관계이며, 그 주체는 우리 안에 계신 그리스도이십니다. 기도가 전부입니다. 하루 24시간, 들숨과 날숨 가운데 쉬지 않고 기도합니다.

　마태복음 그리고 히브리서와 동일한 맥락에서, 야고보서는 그리스도가 주체가 되시어 우리의 삶을 통해 나타나시는 모습을 증거합니다. 즉 그리스도 안에서 왕 같은 제사장인 우리는 그리스도를 살며 그리스도를 나타냅니다. 그러므로 우리는 다양한 환란과 시련들 가운데서 기뻐합니다. 그로 인해 나는 죽고 내 안의 주님은 흥하여 나타나시기 때문입니다. 심중에 새겨진 말씀대로 생각하고 말하니, 생각과 말을 통해 주님이 나타나십니다. 서로 용납하고 서로 도우며 우리 가운데 주님의 몸이 드러남을 기뻐합니다. 소유를 나누고 환란을 견디며 주님의 다시오심을 기다립니다: "주님께서 오실 때가 가깝습니다. … 보십시오. 심판하실 분께서 이미 문 앞에서 계십니다"(야고보서 5:8-9).

주일: 마가복음 1-8장

· 신의 아들 로마황제의 복음 vs. 신의 아들 예수 그리스도의 복음.

· 1년 6개월 갈릴리 사역: 하나님 나라를 전파하고 가르치십니다.

· 하나님의 아들, 인자the Son of Man, 그리고 그리스도는 같은 뜻입니다.

월: 마가복음 9-16장

· 로마의 성도들은 인자로서 고난을 통해 그 나라를 성취하는 예수님과 일체감을 갖습니다. 함께 죽고 함께 부활합니다.

· 제자들이 복음을 전파할 때, 부활 예수께서 그들과 함께하십니다.

화: 로마서 1-7장

· 복음은 유대인과 이방인 믿는 자 모두를 구원하는 하나님 능력입니다.

· 복된 자는 '너는 이미 거룩하고 이미 의롭다' 말씀하시는 하나님을 믿는 자입니다. 믿는 자에게는, 은혜가 왕 노릇 합니다.

수: 로마서 8-16장

· 육신의 생각은 하나님과 원수가 되며, 사망을 열매 맺습니다.

· 영을 따르며 영의 생각을 하는 자 안에 그리스도 영이 계십니다.

· 우리는 육신이 아닌 영적 존재로서 새로운 육체를 경험합니다.

목: 요한복음 1-12장

· 그 이름으로 생명을 얻어 주와 연합됩니다. Union with God.

· 예수님은 하나님과 연합되어 하나님 본질을 이 땅에 나타내십니다.

· 주 말씀에 복종하면, 믿는 자가 되어 예수님과 연합됩니다.

금: 요한복음 13-21장

· 예수님 안에 하나님, 우리 안에 예수님 말씀, 그리고 우리는 예수님 안에 완전하게 하나 됨 가운데, 포도나무에서 생명을 공급받습니다.

· 예수께서 십자가 보좌에 좌정하시며 '다 이루었다' 하십니다.

토: 요한1서 1-5장; 요한2서 1장; 요한3서 1장

· 그리스도 안에서 빛과 사랑이신 하나님과 연합된 우리입니다.

· 우리를 통해 하나님의 빛과 사랑이 공동체에 퍼져 나갑니다.

· 욕심을 따라 어둠과 미움으로 욕구하고 성취하는 모든 것이 우상입니다.

하나님 임재 아래 있는
'지금 이 순간'이 천국입니다

복음서와 서신서는 복음을 선포합니다. 복음이 선포될 때마다 하나님의 능력이 임하여 하나님의 통치가 나타납니다. 복음은 믿음을 창조하고, 구원과 생명 그리고 심판을 가져옵니다. 구약은 죄와 공의를 증거합니다. **죄를 사하여 공의를 만족시킨 '하나님의 의'가 바로 십자가와 부활의 복음에 나타납니다.** 죄와 공의 사이에서 긴장하고 갈등하는 구약의 백성들은 메시아가 오시는 '그날'을 사모합니다. 그렇게 구약은 마칩니다. 신약은 복음의 선포 속에 주 예수께서 구약의 약속을 성취하셨음을 증거합니다. 복음이 선포되어 죄사함을 받고 하나님 임재 아래 있는 지금 이 순간이 천국입니다. 새 언약 가운데 새 창조가 시작된 것입니다.

  마가복음과 로마서는 로마의 그리스도인들을 대상으로 '복음'을 증거합니다. 바울은 3차 전도 여행을 마치고 새로운 계획을 세우는 과정에서 로마서를 작성합니다(A.D. 57년). 바울과 베드로와 전도 여행을 다녔던 마가는 베드로가 순교할 당시에 마가복음을 작성합니다(A.D. 65년 즈음). 두 책의 핵심은 같습니다. 하나님의 아들 예수 그리스도와 관련된 복음을 증거합니다: "하나님의 아들 예수 그리스도의 복음의 시작은 이러하다"(마가복음 1:1). "이 복음은 하나님께서 예언자들을 통하여 성경에 미리 약속하신 것으로 그의 아들을 두고 하신 말씀입니다"(로마서 1:2-3). 차이점은 복음의 강조점이 다르다는 것입니다. 바울은 하나님이신 그리스도의 복음에 초점을 맞추어 그리스도의 몸의 통치를 증거합니다. 반면에, 마가는 말씀이 육신 되신 예수의 복음에 초점을 맞추어 예수님의 생애와 사역을 증거합니다.

'복음'과 '하나님의 아들'은 그 당시 로마황제와 연관된 용어입니다. 당시 로마시민들은 로마황제를 하나님의 아들이라고 간주합니다. 하루 품삯에 해당되는 한 데나라온 동전에는 황제 초상과 '신의 아들'이라는 글자가 새겨져 있습니다. 그리고 70인역 구약성경에서 이미 20여 번 사용된 '유앙겔리조'의 명사형 유앙겔리온(복음)은, 로마제국에서 황제가 탄생하거나 황제에게 전쟁의 승리를 알릴 때 혹은 황제가 시민에게 기쁜 소식을 전할 때 사용한 단어이기도 합니다: "황제는 모든 이들이 기대하는 복음을 드러나게 하시고, 그로 인해 온 세상에 복음이 시작되었다"(어느 묘지명에 기록). "모든 도시가 복음을 듣고 축제를 벌였다"(역사가 요세푸스).

로마의 그리스도인들은 바울의 로마서를 먼저 접합니다. 당시 그들은 로마황제가 아닌 예수 그리스도가 하나님의 아들이라는 믿음으로 인해 모진 박해를 받으며 순교합니다. 그들 거의 대부분은 살아생전의 예수님을 뵙지 못했습니다. 그러나 그럼에도 불구하고 그들은 복음의 참신앙을 자신들의 목숨과 맞바꿉니다. 그들의 구세주요 주인이신 예수님도 이 땅에서 그들처럼 박해를 받으시고 죽으십니다. 그래서 마가는 그들을 위로하고 돕기 위하여 이 땅에서의 예수님의 생애와 사역을 기록합니다: "제자들이 다 예수를 버리고 도망하니라 한 청년이 벗은 몸에 베 홑이불을 두르고 예수를 따라가다가 무리에게 잡히매 베 홑이불을 버리고 벗은 몸으로 도망하니라"(마가복음 14:50-52). 그 청년이 자신임을 간접적으로 밝히는 대목입니다.

당시 로마시민들은 '신의 아들 로마황제의 복음'으로 살며 로마제국의 평화를 추구합니다. 복음서와 서신서는 이것에 정면 충돌합니다. '하나님의 아들 예수 그리스도의 복음'을 말하며, 로마제국의 평화와 충돌하는 하나님 나라의 평화를 증거합니다. 이 충돌의 결과/열매는 박해와 순교입니다. 그러나 신약은 전혀 피하지 않고 오히려 마음을 다하고 목숨을 다하여 부딪힘을 선택합니다. 오직 하나님으로부터 오는 지혜와 힘으로 당시 그리스도인들은 살았기에, 그런 선택이 오히려 생명과 위로와 힘을 주었음을 짐작하는 것은 어렵지 않습니다.

한편, 사복음서 중에서 가장 늦게 기록된 요한복음에는 '복음'이라는 단어가 한 번도 안 나오고, 대신에 '증언하다martureo'와 '증언martyria'이라는 단어가 77번 나옵니다. 세상 창조 전에 하나님과 함께 계셨던 말씀이 육신 되시어 우리 가운데 성막을 치십니다(요한복음 1:14). 믿는 자는 이미 영생을 얻었고 현재 사망에서 생명으로 옮겨졌습니다(요한복음 5:24). 이미 심판을 받았습니다. 그리고 영생이 시작되었습니다. **요한복음은 예수 그리스도의 생애와 사역에서 '이미 시작된 영생'의 모습을 증거합니다. 또한 요한 서신에서는 예수님을 따르는 무리들에게서 동일한 모습을 증거합니다.** 이 땅에 계신 예수 그리스도는 그 순간순간이 하나님 임재 가운데 실현된 하나님 나라 그 자체이십니다. 이 땅의 성도들 또한 마찬가지입니다. 지금 이 순간 여기에 영원히 현존하시는 하나님 생명과 연결된 하나님 나라와 그 나라에 속한 자신을, 우리는 하나님 임재 자리에서 경험합니다. 요한복음과 요한서신은 바로 이것을 증거하기에, 복음의 기쁜 소식을 선포하고 알리는 것이 아닌, **복음의 기쁜 소식 가운데 이미 살고 있는 예수님과 공동체를 증거합니다.**

첫째 날 – 주야로 15분씩 임재 기도

마가복음 1-8장

"하나님의 아들 예수 그리스도의 복음의 시작이라"(마가복음 1:1). 1-8장은 예수님의 갈릴리 사역을 소개하며 '예수 그리스도의 복음과 생애'에 대하여 기록합니다. 광야에서 외치는 자의 소리가 있어 메시아의 길을 준비한다는 이사야와 말라기 선지자의 예언은 세례 요한에 의해 성취됩니다. 그리고 예수님은 세례 요한에게 요단강에서 세례를 받으십니다: "예수께서 물속에서 막 올라오시는데, 하늘이 갈라지고, 성령이 비둘기같이 자기에게 내려오는 것을 보셨다"(마가복음 1:10).

구약에서 요단강은 죽음을 통과하는 상징으로 사용됩니다. 요단강 세례는 죽기 전에 죽었음을 퍼포먼스합니다. 예수님은 죄가 없으셨기 때문에 죽기 전에 죽을 필요가 없으십니다. 그러나 속죄제물로 이 땅에 오셨기에, 그 사명을 감당하기 위해 세례 받음을 자청하신 것입니다. 그러한 예수를 향하여 하늘에서 소리가 납니다: "너는 내 사랑하는 아들이라 내가 너를 기뻐하노라"(마가복음 1:11). 자신을 부인하고 자기 십자가 짊어지고 예수님을 따르는 자들, 즉 죽기 전에 죽어 존재 중심에 계신 그리스도께 나아가는 자들에게 동일한 하나님의 음성이 들려옵니다: '너는 내 사랑하는 딸이다. 아들이다. 내가 너를 기뻐한다.'

성령께서 세례를 받으신 예수를 광야로 몰아내십니다. 40일 동안 광야에 계시며 사탄에게 시험을 받으십니다. 세례 요한이 잡힌 뒤에, 예수께서 갈릴리에서 오셔서 하나님의 복음을 선포합니다: "때가 찼다. 하나님의 나라가 가까이 왔다. 회개하여라. 복음을 믿어라"(마가복음 1:15). 귀신을 쫓아내고, 병든 자를 고치고, 인자가 안식일의 주인임을 드러내시며, 12제자를 세우십니다. 그리고 예수님의 어머니와 동생들이 식구가 아니고, 누구든지 하나님의 뜻대로 행하는 자가 예수님의 형제자매라고 말씀하십니다(마가복음 1-3장).

누구든지 하나님의 뜻대로 행하는 자가 나의 형제자매라고 말씀하시며, 주 예수님은 본격적으로 하나님 나라를 가르칩니다. 네 가지 땅에 떨어진 씨 비유를 통해 하나님 나라를 가르칩니다. 자라나는 씨와 겨자씨 그리고 여러 가지 비유로 하나님 나라를 가르치신 후, 제자들로 하여금 실생활에서 배운 말씀을 경험하게 합니다. 큰 광풍이 일어나 배가 위태로운 지경에도 주 예수님은 주무십니다. 제자들이 깨우니, 주님은 바람을 꾸짖어 잠잠케 하십니다. 그리고 제자들에게 말씀하십니다: "너희가 어찌 믿음이 없느냐"(마가복음 4:40). **하나님 나라는 하나님과 나와의 관계에서 비롯된 절대 안식이 중심입니다.** 이것이 없는 제자들은 믿음이 없는 것이라고 판정을 받습니다. 뒤이어 군대 귀신 들린 자, 혈루증을 앓는 여인, 야이로의 딸이 연속해서 등장합니다. 로마황제의 복음에 사로잡혀 방황과 광기에 사로잡힌 자에게서 세상 신들을 쫓아내십니다. 꿈과 소망을 혈루증처럼 끊임없이 상실하는 자의 근원을 치유하여 예수의 복음에 사로잡히게 하십니다. 그리고 죽은 아이의 손을 잡고 '달리다굼' 하시니, 하나님 나라의 꿈과 소망이 싹을 냅니다. 하나님 나라입니다. 이 하나님 나라는 혈과 육의 고향에서 배척을 받습니다(마가복음 4:1-6:5). 즉, **하나님 나라는 오직 우리 주 예수 그리스도가 주체 되시어 새 마음과 새 영을 가진 하나님 자녀들을 통해서 나타나는 하나님 통치입니다.** 혈과 육의 로마제국 복음과 오직 하나님의 뜻에 의한 하나님 나라의 복음은 섞일 수 없습니다.

예수님의 갈릴리 사역은 갈릴리 전 지역을 순회하시며 1년 6개월 동안 지속됩니다. 하나님 나라를 집중적으로 가르치고 전파하신 후, 12제자에게 권능을 주셔서 선교 파송을 하여 귀신을 쫓고 병을 고치며 잃은 양을 찾게 하고 보고를 받습니다(마가복음 6:30). 오병이어로 오천 명을 먹이시고 물 위를 걸어 제자들에게 오십니다. 바다를 건너 게네사렛 땅에서 많은 병자들을 고칩니다. 그때 예루살렘에서 바리새인들과 서기관들이 갈릴리까지 와서 예수님의 사역을 감시하다가 장로들의 전통과 규칙에 대해 질문을 합니다. 예수님은 이사야의 말씀으로 위선자들에게 대답을 하십니다: "이 백성이 입술로는 나를 공경하되 마음은 내게서 멀도다 사람의 계명으로 교훈을 삼아 가르치니 나를 헛되이 경배하는도다 하였느니라 너희가 하나님의 계명은 버리고 사람의 전통을 지키느니라"(마가복음 7:6-8). 사람 속의 심중에서 악한 생각과 악한 행동들이 나와서 사람을 더럽게 합니다(7:20-23). 이 일 이후로, 예수님은 이방 지역으로 가서 여인의 딸을 고치시고 귀먹고 말 더듬는 사람을 고치십니다. 칠병이어로 이방인 사천 명을 먹이시고 벳세다에서 눈먼 사람을 고치십니다(마가복음 7:24-8:26).

예수님은 사람들의 반응을 묻고 나서 제자들에게도 묻습니다: "너희는 나를 누구라 하느냐"(마가복음 8:29). 베드로가 대답합니다: "당신은 그리스도/메시야이십니다"(8:29). 예수님은 화답합니다: "인자가 반드시 많은 고난을 받고 … 죽임을 당하고 나서, 사흘 후에 살아나야 한다"(8:31). 여기서 예수님은 그리스도와 인자the Son of Man를 일치시킵니다. 분명 1장 1절에서는 '하나님의 아들' 예수 그리스도의 복음이 시작되었다고 하셨는데, 하나님의 아들이 아닌 '사람의 아들'을 메시아와 동일시합니다. 당시 유대인들은 메시아가 오시면 현실 정치에 직접 참여하여 군사적인 힘으로 구원을 쟁취할 것이라는 잘못된 생각을 갖고 있었고, 주님은 그들을 '위선자, 독사의 자식들'이라고 책망하십니다. 그래서 그들의 잘못된 메시야 사상과 구별하시려고, 주님은 다니엘서의 인자를 인용하여 자신과 일치시킨 것입니다(다니엘 7:13-14). 다니엘서의 인자는 하나님에게서 오신 분입니다. 왕권은 하늘에 속했고, 악한 세상 왕국을 심판하고 죄인들을 구원하여 하나님 나라로 인도하는 자입니다.

예수님은 다니엘서의 인자를 이사야서 53장의 고난을 받는 종과 연결하여 자신에게 적용합니다. 즉 인자가 십자가 죽음을 통과하여 하늘보좌에 앉으십니다. 영광과 존귀로 관을 쓰시고 하늘과 땅의 모든 권세를 받으시고 통치하십니다. 인자의 나라와 왕권은 영원히 멸망하지 않습니다. 간단히 말해, 하나님의 아들과 인자the Son of Man와 그리스도/메시아는 같은 의미입니다.

둘째 날 – 주야로 15분씩 임재 기도

마가복음 9-16장

예수님은 세 제자들과 함께 변화산에 올라갑니다. 하나님 음성이 들려옵니다: "내 사랑하는 아들이니 너희는 그의 말을 들으라"(마가복음 9:7). 예수님은 산에서 내려오실 때에 제자들에게 경고하십니다: "인자가 죽은 자 가운데서 살아날 때까지는 본 것을 아무에게도 이르지 말라"(마가복음 9:9). 여기서도 하나님의 아들과 인자는 같은 의미로 사용되는 것을 볼 수 있습니다.

그런데 '인자'라는 말은 예수님의 정체성을 숨기는 효과도 있습니다. 예수님이 자신을 메시아라고 노출시켰다면, 바리새인과 서기관들은 자신들의 사상과 배척되는 예수님을 곧바로 죽이려 했을 것입니다. 그런데 인자는 땅에서 죄를 용서하는 권세를 갖고 있음에도 불구하고(마가복음 2:10), 바리새인과 서기관들은 '인자'를 그냥 사람의 아들이라고 생각하니 별 위협이 안 되었던 것입니다. 이것은 제자들도 마찬가지입니다. 예수님께서 인자가 사람들의 손에 넘어가고, 죽임을 당하고 사흘 후에 살아날 것을 가르쳤지만, 제자들은 그 말씀을 깨닫지 못하고 묻기조차 두려웠습니다(마가복음 9:31-32).

그러나 예수님은 십자가 죽음이 가까울수록 인자의 참의미를 더 노출시킵니다: "우리는 예루살렘으로 올라가고 있다. 인자가 대제사장들과 율법학자들에게 넘어갈 것이다. 그들은 인자에게 사형을 선고하고, 이방 사람들에게 넘겨줄 것이다. 그리고 이방 사람들은 인자를 조롱하고 침 뱉고 채찍질하고 죽일 것이다. 그러나 그는 사흘 후에 살아날 것이다"(마가복음

10:33-34). 예수님은 십자가 죽음 3일 전에 올리브산에서 예루살렘 성전을 바라보시며 말씀하십니다: "그때에 사람들이, 인자가 큰 권능과 영광에 싸여 구름을 타고 오는 것을 볼 것이다"(13:26). 마지막 만찬의 자리에서도 말씀하십니다: "인자는 자기에 관하여 성경에 기록되어 있는 대로 떠나가지만, 인자를 넘겨주는 그 사람에게는 화가 있다"(14:21). 겟세마네 동산에서도 말씀하십니다: "보아라, 인자는 죄인들의 손에 넘어간다. 일어나서 가자. 보아라, 나를 넘겨줄 자가 가까이 왔다"(14:41-42). 대제사장은 체포된 예수께 묻습니다: "그대는 찬양을 받으실 분의 아들 그리스도요?"(14:61). 예수님은 말씀하십니다: "내가 바로 그이요. 당신들은 인자가 전능하신 분의 오른쪽에 앉아 있는 것과, 하늘의 구름을 타고 오는 것을 보게 될 것이오"(14:62). 그리스도는 하나님의 아들입니다. **예수님은 인자the Son of Man 와 그리스도와 하나님의 아들을 일치시킵니다. 메시아인 하나님의 아들, 즉 '그' 사람의 아들이 십자가에 달리셨습니다.**

바울의 로마서를 먼저 듣고 배운 로마의 성도들에게 있어서, 그들은 마가복음을 통해 '인자'로서의 예수님에 대한 생애와 사역을 듣고 배우며 얼마나 큰 위로와 힘을 얻겠습니까? 사람의 아들로 고난을 받아 죽으심에 대해, 육신을 가진 자신들이 현재 핍박을 받고 순교하는 상황에 대비하여 분명 일체감을 갖습니다: "우리는 세례를 통하여 그의 죽으심과 연합함으로써 그와 함께 묻혔던 것입니다"(로마서 6:4a). 또한 동시에 그들은 그 '인자the Son of Man'가 부활 승천하여 하늘과 땅의 모든 권세를 가지신 왕이요 영원한 대제사장이시라는 진리와 관련하여, 죽기 전에 죽어 자신들의 존재가 하늘에 속한 왕 같은 제사장이라는 사실과 대비하여 분명 일체감을 갖습니다: "그것은, 그리스도께서 아버지의 영광으로 말미암아 죽은 사람들 가운데서 살아나신 것과 같이, 우리도 또한 새 생명 안에서 살아가기 위함입니다. … 우리는 부활에 있어서도 또한 그와 연합하는 사람이 될 것입니다"(로마서 6:4b-5). **로마황제가 아닌 예수를 '신의 아들'로 그리고 '복음'으**

로 받아들인다는 이유만으로 박해를 받고 순교의 피를 흘려야만 하는 그들에게 있어서, 모든 시선은 이미 새 하늘과 새 땅을 향합니다: "그러므로 나의 사랑하는 형제자매 여러분, 굳게 서서 흔들리지 말고, 주님의 일을 더욱 많이 하십시오. 여러분이 아는 대로, 여러분의 수고가 주님 안에서 헛되지 않습니다"(고린도전서 15:58).

세례 요한은 광야에서 외치는 자의 소리가 되어 주*kurios*의 길을 예비합니다. **마가복음은 구약의 여호와를 가리키는 '주'가 바로 예수라고 증거합니다.** 마가는 예수를 주로, 죄를 사하시는 권세가 있으시고, 바다와 바람에 명령하시고, 이스라엘의 참된 목자이고, 바다 위를 걸으시며, 듣지 못한 자를 듣게 하고 말 못 하는 자를 말하게 하시는 분으로 증거합니다. 그분 예수는 섬기려고 이 땅에 오십니다(마가복음 10:45). '십자가에 달리신 메시야'는 섬김의 클라이맥스입니다: "내가 목자를 칠 것이니, 양 떼가 흩어질 것이다"(마가복음 14:27; 스가랴 13:7). 참목자이신 예수께서 하나님의 공의의 칼에 맞아 죽으심으로 우리의 죗값이 다 탕감됩니다. 우리의 목자이신 예수님은 양떼인 우리를 이렇게 섬기십니다. 그리고 우리에게 로마의 평화Pax Romana가 아닌, 하나님 나라의 평화*Shalom*를 주십니다.

부활하신 예수님은 하늘로 들려 올라가셔서, 하나님 우편에 앉으십니다. 그리고 제자들이 곳곳에서 복음을 전파하실 때, 주님이신 예수님도 그들과 함께하십니다: "주님께서 그들과 함께 일하시고, 여러 가지 표징이 따르게 하셔서, 말씀을 확증하여 주셨다"(마가복음 16:20). 제자들과 함께하셨던 예수님께서 로마의 성도들과 함께하십니다. 동일하신 주 예수님 지금 이 순간 여기 하나님 생명과 연결된 우리와 함께 일하십니다. 믿음으로 기도하는 것들은(현재) 이미 받은 줄로 알게 하시고(과거), 응답을 받은 그 믿음의 실상을 가슴에 간직하고 지금 이 순간을 살게 하십니다(현재). 주님의 때에 주님께서 그 실상을 이 땅에 이루어지게 하시며(미래) 하나님 나라를 펼치십니다(마가복음 10:24).

셋째 날 – 주야로 15분씩 임재 기도

로마서 1-7장

십자가에서 죽은 자 예수가 자신을 따르는 무리들과 지금도 여전히 함께하신다는 마가복음의 증언을, 바울은 다메섹 도상에서 직접 체험합니다: "사울아 사울아 네가 어찌하여 나를 박해하느냐 하시거늘 대답하되 주여 누구시니이까 이르시되 나는 네가 박해하는 예수라"(사도행전 9:4-5). **예수님은 박해를 받고 있는 예수의 무리들과 자신을 동일시합니다. 바로 이 포인트에서, 바울은 하나님의 복음을 증거합니다.** 즉 구약성경이 예언한 메시아와 그분의 나라에 대한 약속을, 하나님의 아들이신 주 예수께서 성취하십니다. 그리고 이제 주 예수께서 자신의 교회와 함께하시며 그 완성을 향하여 나아가고 계십니다. 이것이 바로 바울이 증거하는 하나님의 복음이며 로마서입니다.

　　로마교회는 오순절 마가 다락방의 성령강림을 체험하고 로마로 돌아간 유대-그리스도인들에 의해 세워집니다. 시간이 갈수록 유대인보다는 더 많은 이방인들이 예수를 믿고 교회 구성원이 됩니다. 로마서 16장에는 유대식 이름보다 더 많은 이방인들의 이름이 나열되어 있습니다. 당시 로마교회는 유대인과 이방인이 함께 멤버로 구성됩니다. 그런데 A.D. 49년 유대인 추방명령이 떨어집니다: "아굴라는 글라우디오 황제가 모든 유대 사람에게 로마를 떠나라는 칙령을 내렸기 때문에, 얼마 전에 그의 아내 브리스길라와 함께 이탈리아에서 온 사람이다"(사도행전 18:2). 당시 로마사회에서는 유대교를 믿는 유대인들과 기독교를 믿는 유대인들 사이에 충돌이 자주 발생했고, 사회적인 문제가 됩니다. 그래서 황제가 유대인 추방명령을 내린 것이고, 5년 뒤에 다음 황제인 네로가 유대인 복귀를 허락합니다.

이 부분에서 짐작할 수 있는 것은, 추방당한 유대-그리스도인들은 바울이 개척한 여러 교회들의 성도들과 접촉했을 것이고 또한 바울을 음해하는 나쁜 소문들도 듣고 로마로 복귀하였을 것입니다. 그런데 로마교회는 추방당했던 지난 5년간 이방인 그리스도인들이 더욱 깊이 뿌리를 내려 공동체의 관습과 관행이 많이 비유대화됩니다. 자연히 이방인 그리스도인과 유대-그리스도인들 사이에 분쟁이 일어납니다. 이방인 그리스도인들은 '그리스도 안에서 자유로움'을 강조하고, 유대-그리스도인들은 할례를 주장하며 안식일과 유대 음식법을 지킬 것을 요구합니다. 그리고 로마로 복귀한 유대-그리스도인들은 이방인 선교에 초점을 맞춘 바울에 대한 나쁜 소문들을 로마교회로 가져왔을 것입니다.

이러한 삶의 정황 가운데, 바울은 자신이 증거하는 하나님 복음의 본질에 대해 로마교인들에게 전달하여 확신을 심어 줄 필요가 생깁니다. 따라서 로마교회에 편지를 쓰며, 바울은 자신이 증거하는 복음의 본질을 변증합니다. 그리고 비방자들의 공격을 누그러뜨려 스페인 선교를 위한 로마교회의 후원도 얻고자 합니다. 이러한 동기 가운데, 기독교의 진리가 무엇인지 명확히 알 수 있는 로마서가 탄생했고 오늘날 우리에게 전달됩니다: "이 복음은 유대 사람을 비롯하여 그리스 사람에게 이르기까지, 모든 믿는 사람을 구원하는 하나님의 능력입니다. 하나님의 의가 복음 속에 나타납니다. 이 일은 오로지 믿음에 근거하여 일어납니다"(로마서 1:16-17). 이 진리의 복음에 의해 분열된 유대-그리스도인과 이방-그리스도인은 하나가 되어야 합니다. 그리고 로마교회를 중심으로 서쪽 끝 스페인까지 복음이 전파되어 다시 오실 주님을 맞이해야 합니다. 그래서 바울은 지금 로마교회에 하나님의 복음을 자세히 설명합니다.

유대 사람이든 이방 사람이든 모두 죄 아래 있습니다. 의인은 없습니다. 한 사람도 없습니다. 다 치우쳐 모두가 쓸모가 없습니다. 선한 일을 하는 사람은 없습니다. 한 사람도 없습니다. 율법의 행위로는 하나님 앞에서 의롭다고 인정받을 육체가 아무도 없습니다. 율법으로는 죄를 깨달을 뿐입니다(로마서 3:9-20). 그런데 이제는 율법과는 상관없이 구약의 율법과 선지자들이 증거한 '하나님의 의'가 나타납니다. 이것은 예수 그리스도 안에서 믿는 믿음을 통해서 모든 믿는 자들에게 주신 하나님의 의입니다. 차별이 없습니다. 하나님이 예수를 그의 피 흘림을 통해 속죄제물로 내주십니다. *그 피로 죗값을 지불했기에, 하나님의 공의는 우리의 모든 죄들을 간과합니다.* 온 세상에 하나님의 의로움이 나타났고, 그 결과로 하나님 자신도 의로우시며 또한 예수님을 믿는 자는 누구든지 의롭습니다. 유대인이나 이방인이나, 할례자나 무 할례자나 다 오직 믿음으로 말미암아 의롭습니다(로마서 3:21-30).

누가 복된 자입니까? *불법이 용서함을 받고 죄들이 덮여져 '너는 이미 거룩하다 너는 이미 온전하다'라고 하나님께서 인정하신 자가 복된 자입니다.* 그러면, 하나님은 어떤 자를 인정하십니까? 하나님은 지금 예수를 믿는 당신에게 '너는 이미 거룩하다. 너는 이미 의롭다'라고 말씀하십니다. *이 말씀을 받아들이고 이렇게 말씀하시는 하나님을 믿는 당신의 바로 '그 믿음' 을 인정하십니다*(로마서 4:5-9). 그러므로 만약 당신이 '그리스도 안에서 나는 이미 거룩하고 의롭다'고 한다면, 하나님은 당신과 당신의 믿음을 인정하십니다. 우리가 아직 연약하고 죄인 되었을 때에, 그리스도께서 우리를 위해 죽으십니다. 우리가 하나님의 원수 되었을 때, 그분의 아들이 죽으심으로 우리는 하나님과 화목하게 됩니다. 이 은혜가 의로 말미암아 우리 가운데서 왕 노릇을 합니다(로마서 5:6-21). 믿는 우리는 이미 예수님과 함께 죽었습니다. 그리고 예수님과 연합되어 새 생명으로 살아갑니다(로마서 6:11). 이제 *우리는 은혜가 왕 노릇을 하는 '하나님의 의' 의 노예입니다.* 우리의 몸(생각, 감정, 신체)을 통해 하나님의 의가 나타납니다.

율법은 거룩하고 의롭고 선합니다. 그런데 내가 그 율법을 깨달으면 깨달을 수록 죄가 더 살아나고 나는 죽습니다: "나는 육정에 매인 존재로서, 죄 아래에 팔린 몸입니다"(로마서 7:14). 나는 선을 행하려고 하는데, 그러한 나에게 악이 붙어 있습니다. 나는 속사람으로는 하나님의 법을 즐거워하지만, 육신으로는 죄의 법을 섬깁니다. 그 죄의 법에 포로가 되니, 정말로 나는 비참한 사람입니다. 누가 이 죽음의 몸에서 나를 건져 주겠습니까? 하나님께서 우리 주 예수 그리스도를 통하여 나를 건져 주십니다(로마서 7:12-25).

넷째 날 - 주야로 15분씩 임재 기도

로마서 8-16장

그리스도 예수 안에 있는 자들은 정죄를 받지 않습니다. 생명의 성령의 법이 그리스도 예수 안에서 죄와 사망의 법으로부터 그들을 해방하였기 때문입니다. 육신으로 인해 약해진 율법이 하지 못하는 것을, 하나님께서 하십니다. 하나님은 자신의 아들을 죄 된 육신의 모습으로 이 땅에 보내십니다. 그리고 그 육신 안에서 죄를 정죄하십니다. 이것은 율법의 의로운 요구가 육신을 따르지 않고 영을 따라 사는 우리 안에서 이루어지게 하시려는 것입니다. 영을 따르며 영의 일을 생각하는 자들 안에는 하나님의 영이 거하십니다. 그들은 육신에 있지 않고 영 안에 있습니다. 누구든지 그리스도의 영이 없으면 그리스도의 사람이 아닙니다. 그리스도께서 우리 안에 계시면, 몸은 죄로 말미암아 죽은 것이지만 영은 의로 말미암아 살아 있습니다. 하나님의 영이 우리 안에 계시면, 하나님이 우리 안에 계신 그분의 영으로 우리 죽을 몸도 살리십니다(로마서 8:1-11).

그러므로 우리는 육신에 빚을 진 것이 아닙니다. 우리는 육신을 따라 살아야 할 존재가 아닙니다. 육신의 생각은 하나님과 원수가 됩니다. 육신에 있는 자들은 하나님을 기쁘시게 할 수 없습니다. 만일 우리가 육신을 따라 살면, 우리는 반드시 죽습니다. 그러나 영으로 몸의 행실을 죽음에 놓으면, 우리는 살 것입니다. 하나님의 영으로 인도함을 받는 자는 누구나 다 하나님의 자녀입니다. 우리는 자녀 됨의 영을 받아 하나님을 향해 '아바 아버지'라 울부짖습니다. 바로 그때에 주의 영이 우리 영과 함께 우리가 하나님 자녀라는 것을 증거합니다. 자녀인 우리는 그리스도와 함께 공동 상속자입니다. 현재 우리들의 고난은 장차 나타날 영광과 족히 비교할 수 없습니다 (로마서 8:7-18).

피조물은 하나님의 자녀들이 나타나기를 간절히 기다리고 있습니다. 피조물도 썩어짐의 종 노릇에서 해방되어 하나님의 자녀들의 영광의 자유에 함께 참여하기를 소망합니다. 즉, 피조물도 새 하늘과 새 땅을 고대하며 해산의 고통을 겪고 있습니다. 물론 혼이 본래 있어야 할 자리로 돌아와 주와 연합하여 한 영 된 우리들도 몸(생각, 감정, 신체)의 구속을 기다리며 산 소망 가운데 탄식합니다. 주 성령께서 우리의 연약함을 도우십니다. 우리가 어떻게 기도할지 몰라도, 성령께서 친히 말할 수 없는 탄식으로 우리를 대신하여 간구하십니다. 성령은 항상 하나님의 뜻대로 우리를 위해 간구하십니다. 하나님의 뜻대로 부르심을 받아 하나님을 사랑하는 우리들에게는 모든 것들이 함께 선을 위해 작동됩니다. 그 선은 맏아들 예수의 형상대로 우리가 변화summorphos되는 것입니다. 이것을 위해 하나님은 우리를 미리 정하시고 부르셨습니다. 부르심을 받은 우리는 이미 거룩하고 이미 온전하고 이미 영화롭습니다. 이러한 우리를 누가 정죄하겠습니까? 그 어떤 피조물도 우리를 우리 주 그리스도 예수 안에 있는 하나님의 사랑에서 끊을 수 없습니다. 우리는 정복자들 그 이상으로 넉넉히 이깁니다(로마서 8:19-39).

로마서 8장은 한마디로 '**새 인류의 출현**'을 전파하고 있습니다. **하나님은 구약의 약속을 그리스도 안에서 성취하십니다. 새 언약 가운데 새 창조가 시작됩니다.** 예수님을 믿는 유대인과 이방인 모두가 죄사함을 받아 새 마음과 새 영을 얻었고 하나님의 영의 인도를 받는 새로운 피조물입니다. 그러므로 로마교회에 있는 유대-그리스도인과 이방-그리스도인이 취해야 할 올바른 자세는 '그리스도의 몸으로 하나 되는 것'입니다. 각자 자신의 은사로 교회의 지체들을 서로 섬길 때, 십자가 사랑이 나타납니다. 끊임없이 회개하며 피조물 본연의 자리에 위치합니다. 그리고 서로를 일곱 번씩 일흔 번이라도 용서합니다. 그럴 때, 새 인류의 최고 가치인 아가페 사랑이 공동체에 가득해집니다.

서로 다른 민족과 서로 다른 문화가 예수님 안에서 연합할 때, 충돌과 갈등은 불가피합니다. 유대 음식법이나 안식일 문제 등 *비본질적인 것들로 인해 충돌하고 갈등을 빚을 때는, '서로의 다름을 존중'하면 됩니다. 그리스도의 몸인 교회의 본질은 믿는 자들 가운데 그리스도께서 함께 계신다는 것입니다.* 교회의 멤버들은 죽기 전에 죽어 그리스도를 모신 새로운 피조물입니다. 육신이 아닌 영적 존재로서 새로운 육체를 경험하고 있습니다. 그리스도를 살며 그리스도를 나타내고 있습니다. *그러므로 서로의 민족과 문화가 다름을 존중하며 신앙의 본질에 머물러 있을 때, 그 결과로 우리는 하나님을 사랑하고 이웃을 사랑하는 최고의 계명을 성취합니다.* '서로 사랑'하는 이것이 바로 땅 끝까지 복음을 증거하여 주님 다시 오실 길을 예비하게 만듭니다. 이 사명을 감당하기 위해 겐그레아 교회의 여성 지도자 뵈뵈가 로마서를 가지고 로마로 향합니다. 예루살렘으로 돌아가는 바울의 시선 또한 로마교회의 후원 가운데 서쪽 끝 스페인까지 복음이 전파되는 것으로 향하니, 주님께서 그들과 함께하십니다(로마서 12-16장).

그런데 예수님을 메시아로 인정하는 것을 거절한 유대인들은 어떻게 되나요? 그들은 야곱의 허리에서 나온 언약 백성으로서 첫째 아담의 반열에 서 있습니다. 한 사람 아브라함을 불러 다윗의 통일왕국을 세우고 포로로 잡혀갔다가 돌아온 1200년의 역사를 통해, 유대인들은 하나님 앞에서 목이 곧아 전적으로 타락한 인류의 대표자입니다. 전적으로 타락한 인류의 절정은 메시아를 십자가에 넘기는 것입니다. 사람은 누구나 이 진리 앞에 서야 합니다. 그들은 율법의 행위로는 하나님 앞에서 의롭다고 인정받을 사람이 아무도 없다는 말씀의 샘플입니다(로마서 3:20). 믿음이 아닌 행위에 근거하여 의에 도달하려다 오히려 그것 때문에 걸려 넘어졌습니다(로마서 9:32). 하지만 그들의 허물 때문에 구원이 이방 사람에게 이르렀습니다. 그러므로 이스라엘 전체가 바로 설 때에는, 그 복이 얼마나 더 엄청나겠습니까?(로마서 11:11-12). 하나님은 그들을 다시 구원할 능력이 있습니다: "비밀은 이러합니다. 이방 사람의 수가 다 찰 때까지 이스라엘 사람들 가운데서 일부가 완고해진 대로 있으리라는 것과, 온 이스라엘이 구원을 받게 되리라는 것입니다"(로마서 11:25-26).

다섯째 날 - 주야로 15분씩 임재 기도

요한복음 1-12장

요한복음 저자는 책을 기록한 목적과 예수님께서 이 땅에 오신 이유를 분명하게 밝힙니다: "여러분으로 하여금 예수가 그리스도요 하나님의 아들이심을 믿게 하고, 또 그렇게 믿어서 그의 이름으로 생명을 얻게 하려는 것이다"(요한복음 20:31). "나는, 양들이 생명을 얻고 또 더 넘치게 얻게 하려고 왔다"(요한복음 10:10). **예수가 그리스도이며 하나님의 아들이심을 믿게 하려고, 저자는 예수님이 하나님과 연합되어 있는 것을 밝힙니다.** UNION WHITH GOD. 그리고 **제자들이 부활하신 예수님과 연합하여 주님의 일을 계승하는 것을 통해,** 요한복음은 믿는 자가 그 이름으로 생명을 얻고 풍성한 삶을 사는 것이 무엇인지를 보여 줍니다. 다시 말해, 요한복음은 제자들이 전심으로 주 예수님을 받아들여 생명을 얻고 풍성한 삶을 살게되는 과정을 책 전체를 통해 기술합니다.

믿어서 주 예수의 이름으로 생명을 얻고 더 넘치게 얻는 것은 성령을 받으면서 체험되고 성취됩니다: "너희에게 평강이 있을찌어다 아버지께서 나를 보내신 것 같이 나도 너희를 보내노라 이 말씀을 하시고 저희를 향하사 숨을 내쉬며 가라사대 성령을 받으라"(요한복음 20:21-22). 여호와 하나님이 땅의 흙으로 사람을 지으시고 생기를 그 코에 불어넣으시니, 사람이 생혼a living soul이 됩니다(창세기 2:7). 같은 맥락에서, 부활하신 예수님께서 숨을 내쉬며 '성령을 받으라' 하실 때, 제자들은 주님의 영과 연합하여 한 영 one spirit이 됩니다. UNION WITH JESUS. 예수를 따르는 새로운 피조물의 출현입니다. 우리 혼이 본래 있어야 할 자리로 돌아가 그리스도 안에 거하며 주의 영의 인도를 받아 모든 가르침과 공급을 받습니다. 그 결과로 우리는 그리스도를 살며 그리스도를 나타내는데, 이것이 곧 생명으로 살아가는 풍성한 삶입니다.

이스라엘 백성들은 목이 곧고 패역하여 이기적이고 죄악에 사로잡혀 있는 자들입니다. 그런데 주 여호와는 그런 백성을 자신의 희생을 통해서 끝까지 사랑하십니다. 하나님의 아들이신 예수 그리스도는 바로 그 사랑을 온몸으로 담고 계시며 또한 이 땅에 나타내십니다. 말씀이 육신 되시어 성소가 되시므로, 하나님이 예수님을 통하여 사람들을 만나십니다. 예수를 만나는 자마다 외칩니다: "보십시오, 세상 죄를 지고 가는 하나님의 어린양입니다"(요한복음 1:29). "이분이 하나님의 아들이라고 증언하였습니다"(1:34). "랍비님"(1:38). "우리가 메시아를 만났소"(1:41). "모세가 율법책에 기록하였고, 또 예언자들이 기록한 그분을 우리가 만났습니다. 그분은 나사렛 출신으로, 요셉의 아들 예수입니다"(1:45). "선생님은 하나님의 아들이시요, 이스라엘의 왕이십니다"(1:49). "하나님의 천사들이 인자 위에 오르락내리락하는 것을 보게 될 것이다"(1:51).

예수는 누구입니까? 그분은 나사렛 출신의 사람의 아들로서 이스라엘의 선생/랍비이며 왕이며 그리스도이며 세상 죄를 위해 죽으실 하나님의 어린양 하나님의 아들입니다. 저자는 이렇게 7가지 칭호로 예수님을 소개합니다. 또한 7개의 표적과 7번의 '나다' 그리고 7번의 '나는 ~이다'를 사용하여, 저자는 예수님이 하나님과 연합되어 있는 것을 증거합니다. 그리고 동시에 저자는 예수께서 하나님의 본질을 이 땅에 나타내시는 모습을 증거합니다.

물로 포도주를 만드시고(2장), 병든 소년을 고치시고(4장), 38년 된 병자를 고치시고(5장), 오천 명을 먹이시고(6장), 눈먼 자를 고치시고(9장), 죽은 나사로를 살리시는 것(11장)-이 6개의 표적은 모두 7번째의 표적을 지향하고 있습니다: 죽음에서 부활하신 예수님(20장). 예수님께서 자신을 '나다, I AM, *ego eimi*'라고 하실 때, 이것은 주 여호와께서 출애굽기 3장에서 모세에게 자신을 '나는 스스로 있는 자다, I AM THAT I AM'라고 하신 말씀과 동일합니다. 예수님께서 하나님과 연합되어 하나이십니다: "나와 아버지는 하나이다"(10:30). 그래서 예수님은 자신을 7번 '나다, I AM' 즉 '여호와다'라고 말씀하십니다(4:26, 6:20, 8:24, 8:28, 8:58, 13:19, 18:5). 예수님은 자신을 스스로 7번 증거하십니다: "내가 생명의 빵이다"(6:35). "나는 세상의 빛이다"(8:12). "나는 양의 문이다"(10:7). "나는 부활이요 생명이다"(11:25). "나는 길이요, 진리요, 생명이다"(14:6). "나는 참포도나무이다"(15:1).

한편, 예수님은 유대인의 절기의 실재가 바로 예수님 자신이심을 증거하십니다. 안식일에 중풍병자를 고치시며 말씀하십니다: "내 아버지께서 이제까지 일하고 계시니, 나도 일한다"(5:17). 유월절 기간에 오병이어 기적을 베푸시며 말씀하십니다: "나는 하늘에서 내려온 살아 있는 빵이다. 이 빵을 먹는 사람은 누구나 영원히 살 것이다. 내가 줄 빵은 나의 살이다. 그것은 세상에 생명을 준다"(6:51). 초막절에 성전 뜰에서 외치십니다: "목마른 사람은 다 나에게로 와서 마셔라. 나를 믿는 사람은, 성경이 말한 바와 같이, 그의 배에서 생수가 강물처럼 흘러나올 것이다"(7:37-38). 성전 봉헌절에 대적하는 유대 사람들에게 말씀하십니다: "아버지께서 거룩하게 하여 세상에 보내신 사람이, 자기를 하나님의 아들이라고 한 말을 가지고, 너희는 그가 하나님을 모독한다고 하느냐?"(10:36).

주 예수님께서 표적을 행하거나 자신에 관해 스스로 선언을 하실 때, 예수님 당시의 사람들은 오해하는 자들도 있었고 분노하며 죽이려고 하는 자들도 있었습니다. 이 이야기를 듣는 요한복음의 1차 청중들과 오늘날 우리들 또한 반응하고 선택해야 합니다. 말씀에 복종하면, 믿는 자로서 그 생명에 참여하여 제자의 풍성한 삶을 삽니다. 반면에 오해하거나 분노하여 심중이 길가나 돌짝이나 가시덩굴이 되어 말씀에 복종하지 않는다면, 하늘 생명에 참여하지 못합니다. 즉 예수님과 연합하지 못합니다. 그 결과, 우리 혼이 본래 있어야 할 자리-은혜의 보좌로 담대히 나아가 머물지 못합니다. 혼이 몸(생각, 감정, 신체)을 '나'라고 하여, 죽음을 두려워하며 육신의 소욕을 따라 살 수밖에 없습니다. 이것은 요한복음이 증거하는 풍성한 삶이 아닙니다.

여섯째 날 – 주야로 15분씩 임재 기도

요한복음 13-21장

하나님 생명에 참여하여 풍성한 삶을 사는 비결은 하나님과의 연합에 있습니다: "내가 그들 안에 있고, 아버지께서 내 안에 계신 것은, 그들이 완전히 하나가 되게 하려는 것입니다. 그것은 또, 아버지께서 나를 보내셨다는 것과, 아버지께서 나를 사랑하신 것과 같이 그들도 사랑하셨다는 것을, 세상이 알게 하려는 것입니다"(요한복음 17:23). **내 혼이 본래 있어야 할 자리로 돌아가 주의 영과 연합하여 한 영 됨이 곧 하나님과의 연합입니다. 이 연합이 바로 하나님 생명에 참여하는 것입니다.** 이것을 베드로는 믿음에 덕과 지식과 절제와 인내를 더하여 경건에 참여하는 것으로 표현합니다. 그리고 나와 하나님과의 생명관계에서 지체들 간에 서로 사랑을 합니다(베드로후서 1:5-7). 그 결과로, 모든 사람이 우리가 예수님의 제자인 줄을 알게 됩니다(요한복음 13:35, 17:23). 요한복음은 이렇게 풍성한 삶을 사는 것 자체가 전도라고 말씀합니다.

　　하나님과 연합하여 믿음으로 존재하는 예수님은 유월절이 다가올수록 노골적으로 풍성한 삶을 나타내십니다. 하나님과 하나이신 예수님께서 제자들의 발을 씻기시고 수건으로 닦아 주시는 것이 풍성한 삶입니다. 그리고 주께서 십자가로 향하시니, 십자가는 이 땅에서 풍성한 삶의 클라이맥스입니다: "아버지, 때가 왔습니다. 아버지의 아들을 영광되게 하셔서, 아들이 아버지께 영광을 돌리게 하여 주십시오"(요한복음 17:1). 십자가는 언약 백성을 끝까지 사랑하시는 하나님의 본질을 나타내는 궁극적인 계시입니다. 그러므로 십자가는 땅에서 높이 올려져 앉게 될 예수님의 보좌입니다. 예수님을 믿는 자는 그 십자가에 달리신 그분에게서 하나님을 보게 됩니다. 또한 동시에 믿는 자 자신도 예수님과 함께 그 십자가에 못 박혔음을 보게 됩니다. 그리고 죽기 전에 죽어 하나님과 연합되어 있음도 알게 됩니다. 주 성령께서 죄와 의와 심판과 관련하여 우리의 잘못된 생각들을 책망하시고 폭로하신 결과/열매입니다(요한복음 16:8-11).

하나님은 생명 그 자체이십니다. 하나님과 연합된 모든 것이 다 생명으로 살아납니다. 주의 영이 하나님과 연합되어 죽어 있는 우리를 살리시니, 그리스도 안에서 살아난 우리는 영이요 생명입니다. 하나님과 연합하여 지금 이 순간 여기에 오직 믿음으로 존재합니다. 예수님은 포도나무입니다. 우리는 가지입니다. 예수님과 우리는 연합하여 일체/하나입니다. 가까이에서 보면 나무와 가지가 구별되나, 뒤로 물러서 전체를 보면 그냥 다 포도나무입니다. 그렇게 나무와 가지는 연합하여 하나가 되어 있습니다. 예수님이 죽으니 우리도 죽습니다. 예수님이 살아나시니 우리도 살아납니다. 예수님이 하늘로 승천하시니, 우리의 영도 하늘에 함께 앉습니다. 그리고 이제 우리 혼도 끊임없이 외부에서 내면으로 전환하여 본래 있어야 할 자리로 돌아와 은혜의 보좌 앞에 머뭅니다. UNION WITH GOD. 내 안의 주 예수님이 내 삶의 주체입니다. 보이는 것이 아닌 오직 믿음의 차원에 존재합니다. 이 땅에서 예수님과 함께 하셨던 보혜사 성령과 '같으나 다른 *allos*' 보혜사 성령께서 우리를 인도하십니다.

이 십자가를 통과하는 과정에서, 우리 각자는 다양한 반응을 보입니다. 가룟 유다는 보이는 세상에서 먹고살 궁리의 한계를 넘지 못합니다. 하나님 자녀들의 영광스러운 자유를 받아들일 수 없는 세계에 그냥 주저앉습니다. 생명을 주는 것은 영입니다. 육신이 아닙니다. 그는 육신의 한계를 벗어나지 못합니다. 반면에, 베드로는 충동적이고 두려움이 많아 내면의 투쟁을 거칩니다. 예수님이 자신의 발을 씻는 것을 거부합니다. 자신은 절대로 배신하지 않을 것이라고 말했으니, 자신의 말에 책임을 지고 말고

의 귀를 자릅니다. 그러나 곧 세 번 주님을 부인하고 그렇게 허세虛勢는 무너집니다. 닭 우는 소리에, 베드로는 영혼의 어두운 밤 속으로 들어갑니다. 그는 욥처럼 생존과 번영의 두려움에 걸려 넘어집니다. 그는 싸우고 부인하고 도망치지만 그러나 가룟 유다처럼 그냥 어둠에 주저앉지는 않습니다. 끝까지 몸부림을 칩니다. 그러한 그에게 주님이 찾아오시어 153마리의 고기를 낚게 하시고 먹을 것을 주시며 예수님의 양을 먹이라고 하십니다. 새 언약과 새 창조의 신세계로 초대를 받은 것입니다. 대제사장들은 십자가의 진리 앞에서 자신들의 본심이 탄로납니다: "우리에게는 황제 폐하밖에는 왕이 없습니다"(요한복음 19:15). 그들은 하나님 나라를 이 땅에 이루어야 하는 유대 민족의 역할을 부정합니다. 자신들이 메시아적 백성이라는 주장도 포기합니다. 입술로는 하나님과 그 나라를 말해도 심중에는 탐욕이 가득해 성전이 파괴되고 포로로 잡혀갔던 구약의 지도자들과 조금도 다르지 않습니다. 진리 앞에서 안절부절하던 빌라도는 대제사장들의 말에 힘입어 예수를 십자가에 처형하라고 넘겨줍니다. 세상 권력은 희미하게나마 알게 된 진리를 외면하고 그렇게 조연의 역할을 마칩니다. 그러나 그로 인해 주인공은 십자가에서 영광을 받으시며 궁극의 사명을 완수하십니다.

진리는 단순합니다. 진리는 영이요 생명이요 말씀입니다. 외부에서 내면으로 방향을 전환하여 진리에 귀를 기울이고 그 말씀에 단순히 순종할 때, 비로소 우리는 자신들의 삶에서 일하시는 주님을 진정으로 만나게 됩니다. 죽음에서 생명으로 건너온 나사로를 가리켜 '예수가 사랑하는 제자'라고 반복하여 말합니다. *그 사람은 갈등이 없습니다. 죽기 전에 죽었기 때문입니다. 영의 차원으로 들어가 육신의 경계선이 다 허물어졌습니다.* 이미 거룩하고 이미 의롭습니다. 내 모습 이대로 아름답습니다. 이제는 내가 사는 것이 아닙니다. 그리스도께서 사십니다. 끊임없이 자신의 생각과 의견을 부인합니다. 자신을 포기하고 오직 믿음으로 주님을 따릅니다. 주님께서 사랑하는 자입니다. 보이는 대로 살지 않습니다. 육신의 생존과 번영의 벽을 뚫고 초월하여 하나님 보좌 앞에 머무는 자입니다. 십자가를 통과하여 생명의 차원으로 들어간 '예수께서 사랑하는 자'입니다.

가나의 혼인잔치가 표상했던 완성된 오메가 포인트의 어린양 혼인잔치에, 예수님을 사랑하는 자는 오직 믿음으로 참여합니다. 그리고 지금 이 순간 여기로 보냄을 받아 오직 믿음으로 육체 가운데 존재합니다. 예수님은 포도나무이고 나는 포도나무의 가지입니다. 주님을 통해 생명이 흘러들어와 열매를 맺으며 풍성한 삶을 삽니다: "너희가 내 안에 머물러 있고, 내 말이 너희 안에 머물러 있으면, 너희가 무엇을 구하든지 다 그대로 이루어질 것이다"(요한복음 15:7). 그리스도 안에서 나는 영이요 생명이요 말씀입니다. 나는 이미 거룩하고 이미 의롭고 이미 영광스럽습니다. 지금 이 순간 여기의 천국에서 들숨과 날숨에 하나님 임재를 누리는 새 인류의 출현입니다.

일곱째 날 – 주야로 15분씩 임재 기도

요한1서 1-5장; 요한2서 1장; 요한3서 1장

요한 공동체는 예수께서 사랑하시는 제자를 중심으로 에베소 지역에 여러 가정교회를 형성하고 있습니다. 그런데 그중 한 무리가 '예수는 그리스도가 아니며 하나님의 아들도 아니다'라며 교회와 관계를 끊습니다(요한1서 2:19-22). 예수를 시인하지 않는 영은 다 하나님에게서 나지 않은 적대자의 영입니다. 그런데 그 영이 공동체에 침투한 것입니다(요한1서 4:3). 대적하며 떠난 무리들로 인해, 주님과 연합하여 한 몸을 이루고 있는 공동체에 분열이 일어났고 서로에게 미움이 생겨납니다. 이것은 죄입니다: "죄를 짓는 사람마다 불법을 행하는 사람입니다. ⋯ 죄를 짓는 사람은 악마에게 속해 있습니다. ⋯ 하나님에게서 난 사람은 누구나 죄를 짓지 않습니다. 하나님의 씨가 그 사람 속에 있기 때문입니다"(요한1서 3:4-9).

그래서 저자는 기록 목적을 분명히 밝힙니다: "여러분으로 하여금 죄를 짓지 않도록 하려는 것입니다. 누가 죄를 짓더라도, 아버지 앞에서 변호해 주시는 분이 우리에게 계시는데, 곧 의로우신 예수 그리스도이십니다"(요한1서 2:1). 그리스도 안에 하나님의 씨앗인 영원한 생명이 있는데, 저자는 바로 그것이 공동체 멤버들에게 있다는 것을 알게 하려고 이 글을 씁니다(요한1서 5:13).

요한 공동체에서 발생한 구체적인 내용은 요한2서와 요한3서를 통해 엿볼 수 있습니다. 요한2서는 한 가정교회의 여성 지도자와 구성원들에게 전달하는 메시지입니다. 즉, 말씀이 육신 되신 예수님을 부인하는 자들이 또다시 여러분의 가정교회에 오게 되면, 받아들이지 말라는 경고입니다(요한2서 1:9-11). 그들은 예수의 그리스도 되심을 부인하는 적 그리스도의 영을 가진 자들입니다. 한편, 요한3서에서는 예수께서 사랑하시는 제자가 진리 안에서 사랑하는 '사랑을 받는 자' 가이오에게 쓰는 개인 편지입니다. 가이오가 속한 가정교회에서 으뜸이 되기를 좋아하는 디오드레베가 지금 전체 공동체 감독관인 장로를 대적하고 있습니다(요한3서 1:9-10). 그런데 조금 있으면 장로그룹에 속한 순회 전도자들이 가이오의 가정교회에 도착할 예정입니다. 그래서 디오드레베의 말을 듣지 말고 그들을 잘 맞이하라는 당부의 서신입니다(요한3서 1:5-8). 이와 같이 요한 공동체에는 배교와 시기질시와 다툼이 계속 일어났습니다. 그런데 **이런 문제들을 다스리는 핵심단어는 '네 영혼이 잘됨 같이'**입니다(요한3서 1:2). 요한복음의 예수님 고별설교(13-17장)를 중심으로, 저자그룹은 요한1, 2, 3서를 작성합니다. 그 내용의 핵심은 하나님과의 연합이며, **주님과 연합하여 한 영 된 우리 '영혼의 형통함'이 이 모든 문제를 다스리는 키워드가 됩니다.**

하나님은 빛이십니다(요한1서 1:5). 하나님과 연합된 우리는 빛 가운데 있습니다. 그런데 우리가 어둠 속에서 살아가면, 우리가 하나님과 연합하여 생명을 나누고 있다는 말은 거짓이 됩니다. 우리는 계속 빛 가운데 걸어야 하며, 그것이 곧 예수님의 계명을 지키는 것입니다. 지키지 못해 실패하면, 그 죄를 고백하면 우리 가운데 계신 속죄제물이신 주 예수께서 그 죄와 허물을 덮어주십니다. 그러므로 우리는 또다시 일어나 '서로 사랑하라'는 말씀에 복종합니다. 이것이 빛 가운데 걷는 것입니다. 주 예수님께 복종하는 우리를 통해 하나님의 빛이 비추이니, 세상의 어두움이 사라지고 있습니다: "이 세상도 사라지고, 이 세상의 욕망도 사라지지만, 하나님의 뜻을 행하는 사람은 영원히 남습니다"(요한1서 2:17). 공동체에 있는 분열과 교만 그리고 성적 타락 또한 빛에 의해 사라집니다. 예수님의 그리스도 되심을 부인하고 떠난 무리들은 그리스도의 적대자이며 미혹하는 자들입니다. 그들은 악마에게 속해 있습니다(요한1서 3:8). 반면에, 하나님과 연합하여 빛 가운데 서로 사랑하는 자들은 하나님의 사랑을 세상에 나타내는 하나님 자녀들입니다. 그리스도 안에 거하는 그들의 참스승은 성령님이시며 그분의 기름 부으심이 모든 것을 가르치시며 공급하십니다(요한1서 2:27).

하나님은 사랑이십니다(요한1서 4:16). 하나님과 연합된 우리는 사랑 가운데 있습니다. 그런데 누가 하나님을 사랑한다고 하면서 지체들을 미워한다면, 그가 하나님과 연합하여 생명을 나누고 있다는 말은 거짓입니다(4:20). 미워하는 것은 살인하는 것입니다. 살인하는 사람은 누구나 그 속에 영원한 생명이 거하지 않습니다(3:15). 우리도 예수님을 따라 형제자매를 위하여 목숨을 버리는 것이 마땅합니다. 세상 재물을 가지고 지체들의 궁핍함을 도와주는 것이 사랑이며, 이렇게 해야 심중에서 가책을 받지 않아 하나님 앞에서 담대함을 갖습니다. 그리고 무엇이든지 구하는 바를 하나님에게서 받습니다(3:15-22).

우리 안에 계신 분이 세상에 있는 악마보다 크십니다. 그러므로 우리가 거짓 예언자들을 이깁니다(4:4). 예수가 하나님의 아들이심을 믿는 사람이 세상을 이기는 사람입니다(요일5:5). 물세례와 십자가의 피와 성령의 불세례가 '예수는 그리스도시요 하나님의 아들이시며 육신을 입고 이 땅에 오신 분'이라는 진리를 증거합니다: "증언하시는 이가 셋인데, 곧 성령과 물과 피입니다. 이 셋은 일치합니다"(5:7-8). 우리의 사랑은 바로 이 진리에 근거합니다: "하나님이 우리를 사랑하셔서, 자기 아들을 보내어 우리의 죄를 위하여 화목제물이 되게 하신 것입니다"(4:10). 그 아들 안에 영원한 생명이 있습니다. 그러므로 예수님을 모시고 있는 사람은 누구든지 그 생명을 가지고 있습니다(5:11-12). 우리의 가장 심각한 결점과 실패에도 불구하고, 그 사랑이 이 모든 것들을 넉넉히 덮어주십니다. 그 사랑으로 인해, 우리는 하나님을 향하여 담대함을 가집니다. 무엇이든지 우리가 하나님의 뜻대로 구하면, 하나님은 응답해 주십니다(5:14).

빛과 사랑이신 하나님을, **우리 욕심을 따라 어둠과 시기질시로 바꾸**

어 원하는 것을 성취하려 한다면, 우리는 그분을 우상으로 둔갑시키는 것입니다. 그러한 유혹은 다 악마에게서 온 것입니다. 온 세상은 악마의 세력 아래 있습니다(요한1서 5:19). 심중에서 욕망하는, 하나님 이외의 그 어떤 욕구도 다 우상입니다. 우상을 멀리하십시오. 외부에서 내면으로 방향을 전환하여 존재 중심에 계신 그리스도께로 나아가 하나님 보좌 앞에 머물 때, 우리의 영혼은 주님과 연합하여 참안식을 갖습니다. 우리 혼이 본래 있어야 할 자리에 위치하여 보좌 앞에서 하나님을 기뻐합니다. 그럴 때, 크고 작은 모든 일들 가운데 그리스도의 빛과 사랑이 나타나심을 경험하며 죽을 몸의 행실도 다스림을 받습니다. **우리 영혼의 형통함입니다.** 이것이 요한1서, 요한2서, 그리고 요한3서가 주는 메시지입니다.

주일: 누가복음 1-9장

· 예수님께서 변화산에서 모세와 엘리야와 구속사역을 나누며, 이것을 위해 예루살렘을 떠나신다exodos는 새로운 출애굽이 누가복음의 핵심 메시지입니다. 예수님은 이 구원을 가난한 자, 포로 된 자, 눈먼 자, 그리고 억눌린 자에게 베푸십니다.

월: 누가복음 10-24장

· 예수님이 가르치신 기도는 하나님 나라의 청사진입니다.
· 성전이 있는 예루살렘에 십자가 세워져 새 창조가 시작됩니다.
· 부활의 주님을 만난 제자들은 눈이 밝아져 그 나라를 봅니다.

화: 사도행전 1:1-12:24

· 아버지의 약속은 예루살렘에 하나님이 오신다는 것입니다.
· 성령강림 가운데, 제자들은 그리스도의 몸이 됩니다.
· 주 예수님은 그 몸을 통해 하나님 나라를 이 땅에 펼치십니다.

수: 사도행전 12:25-16:5; 갈리디아서 1-6장

· 성령께서 두 제자를 파송하시며 선교의 문을 여십니다.
· 복음은 나의 내면에서 체험되는 십자가와 부활 사건입니다.
· 우리는 그리스도 안에서 새로운 피조물, 새 인류입니다.

목: 사도행전 16:6-17:10; 데살로니가전서 1-5장; 데살로니가후서 1-3장

· 성령께서 문을 여셨기에, 서로 싸워도 선교는 계속됩니다.
· 파루시아paraousia는 예수님께서 지금 이 순간 여기에 영으로 임재하심과 동시에 장차 신령한 몸으로 재림하신다는 뜻입니다.

· 파루시아의 빛 가운데, 항상 기뻐하고 범사에 감사, 늘 기도합니다.

금: 사도행전 17:11-19:20; 고린도전서 1-4장
· 주님께서 박해를 받고 순교하며 이룬 승리의 길, 우리도 갑니다.
· 주 성령은 십자가를 통해 역사하시며 우리를 변화시키십니다.
· 십자가의 메시아는 우리의 지혜, 의로움, 거룩함, 구원입니다.

토: 고린도전서 5-16장
· 남의 유익을 위해 자신을 희생하고 고난받는 것이 풍성한 삶입니다.
· 예수의 사람은 자신의 삶과 돈을 남을 돕는 데 사용합니다.
· 이 같은 삶에는 상급이 따릅니다: 살아서 100배, 죽어서는 영생입니다.

주님과 연합된 혼의 부활능력으로
주님 다시 오실 길 예비합니다

사람의 눈이 밝아지고 하나님처럼 되어서 사람이 선악의 주체가 됨으로 인해, 하나님의 창조는 망가지기 시작합니다(창세기 3:5). 눈이 멀어 보지 못한다면, 사람은 오히려 죄가 없을 겁니다. 보게 되니, 죄가 왕 노릇을 하여 피조세계가 탄식합니다(요한복음 9:41; 로마서 8:22). 말씀이 육신이 되어 우리 가운데 성막을 치신 **주 예수의 동정녀 탄생은** 초자연적인 하나님의 나라가 이 땅에 침투해 들어와 옛것을 벗고 새것을 입는 **새 창조의 시작입니다. 이 땅에서 나사렛의 그 청년이 존재하는 순간순간이 조물주 하나님의 현현입니다.** 이 땅에 높이 세워진 나무에 그분이 매달려 죽으시므로 모든 사람의 죗값을 다 지불하십니다. 그리고 다시 사십니다. 옛 언약 약속의 성취이며, 새 언약과 새 창조 확장의 시작입니다.

　　보이는 것에 눈이 밝아지고 보이지 않는 것에는 눈이 어두웠던 인생이 새 언약 새 창조의 주인을 만남으로 인해 다시 믿음의 눈이 밝아집니다: "그들의 눈이 밝아져 그인 줄 알아보더니 예수는 그들에게 보이지 아니하시는지라"(누가복음 24:31). 보게 되니, 은혜가 왕 노릇을 하여 피조세계의 탄식을 만지시고 치유하십니다: "보좌에 앉으신 이가 이르시되 보라 내가 만물을 새롭게 하노라"(요한계시록 21:5). 우리는 그리스도 예수 안에서 새로운 피조물로서 하나님과 연합되어 있습니다. 새로운 인류의 출현입니다. 주님과 연합된 혼의 부활능력으로 주 예수님의 다시 오실 길을 예비하는 우리의 믿음을 통해, 주님은 성취된 새 창조를 확장하고 계십니다. 이 길 따라 우리 주 예수 그리스도 다시 오시어 그 확장을 완성하십니다.

이방인 의사 누가는 바울의 동역자입니다. 하나님과 연합하여 하나이신 우리 주 예수님의 생애와 사역 그리고 그분을 따르는 성령의 무리들이 주님과 연합된 혼의 부활능력으로 다시 오실 그분의 길을 예비하는 사역을, 누가는 한 흐름 가운데 두 권의 책으로 기록합니다: 누가복음과 사도행전. 그러므로 우리는 두 권의 책을 각각 살펴봄과 동시에 한 흐름 가운데 마치 한 권의 책처럼 붙여서 읽습니다. 첫 번째 책은 성전에서 시작하여 예수님의 갈릴리 사역을 소개합니다. 예수님은 갈릴리에서 예루살렘으로 가는 여정 가운데 '구원과 기도'에 대해 가르치십니다. 그리고 예루살렘에서 죽으시고 부활하십니다. 부활의 주님으로 인해 기쁨과 찬양 속에 제자들이 성전에 머무는 것으로, 첫 번째 책은 성전에서 시작해서 성전에서 끝납니다. 두 번째 책은 성전이 있는 예루살렘에서 시작합니다. 십자가와 부활의 주님으로 인해 새 언약 새 창조 가운데 들어선 새로운 피조물 된 주의 백성들은 성령강림의 약속을 기다리며 예루살렘에 머뭅니다.

첫 번째 책에서, 예수님이 갈릴리에서 예루살렘으로 가시는 것은 죽으러 가시는 겁니다. 즉 예루살렘은 십자가 세워져 죽기 전에 죽는 곳이며, 제자들은 그렇게 십자가 죽음에 동참하여 약속을 기다립니다. 오순절 성령강림으로, 제자들은 예수님과 영으로 연합된 새로운 피조물 되어 예수님께서 하신 사역을 계승하고 확장합니다. **주님은 그들과 함께 하시며 그들을 통해 새 언약과 새 창조의 성취를 확장하십니다.** 두 번째 책은 바울이 로마에서 주님의 이 일을 수종 드는 것으로 마칩니다. 복음전파의 중심지가 예루살렘에서 로마로 바뀌어 전 세계를 향하고 있습니다. 한편, 첫 번째 책과 두 번째 책의 수신자인 로마 이름의 데오빌로를 로마에 거주하는 하나님을 사랑하는 자로 가정한다면, 두 책의 시작은 로마가 됩니다. 즉 누가는 당시 세계의 중심지인 로마가 복음전파의 중심지임을 인지하여, 책의 시작을 로마로 하였고 그리고 동시에 두 번째 책의 마침 또한 로마로 합니다.

두 권의 책을 하나의 흐름으로 볼 때 주목되는 것은, 누가는 마가 마태와 달리 예수님의 기도 생활을 강조하며 기록을 남겼다는 것입니다. 예수님은 하나님과 연합하여 하나이셨기에 존재 자체가 늘 기도입니다. 그러므로 특별히 기도를 언급하지 않아도 계속 기도하는 상태였기에 마가와 마태는 예수님의 기도 생활을 특별히 주목하지는 않습니다. 하지만 누가는 예수께서 세례를 받으신 후 '기도를 하실 때' 하늘에서 음성이 들렸다고 기록합니다(누가복음 3:21). 12제자를 세울 때도 기도합니다(누가복음 6:12). '내가 누구냐' 정체성을 물을 때에도, 변화산에서도, 주기도문을 가르치기 직전에도, 누가는 예수님의 기도하는 모습을 강조하며 기록합니다. 왜 누가는 예수님의 기도에 주목하여 그것을 기록했을까요?

두 번째 책의 입장에서 보면, 누가의 의도를 파악할 수 있습니다. 하나님과 하나 되어 존재하시는 예수님은 이제 더 이상 보이지 않습니다. 그러나 제자들은 누가복음의 예수님처럼 그렇게 보고 배운 대로 기도합니다. 그 결과, 그들과 영으로 함께 계시는 주님은 그들에게 체험되고 또한 그들을 통해 나타나십니다. 제자들은 예수님처럼 그렇게 기도함으로 인해 하나님과의 연합을 체험하며 하나님 임재 가운데 머뭅니다. 그리고 기도를 하면 할수록 주의 영의 인도 가운데 눈이 밝아져 하나님과 그 나라를 보며 이 땅에 그리스도를 나타낼 수 있는 것입니다. 성취된 새 언약과 새 창조의 확장입니다. 하나님은 기도하는 베드로의 믿음을 통해 예루살렘과 유대와 사마리아와 이방에 주 성령의 강림을 허락하십니다. 그리고 주 예수님은 바울의 세 차례 선교 여행을 통해 열방에 주님의 몸을 일으키시며 땅 끝까지 향하게 하십니다. **이 일에 참여함에 있어서, 두 권의 책과 서신서들은 '오직 기도'임을 가르치고 있습니다.** 이 가르침에 복종하여 기도하는 무리를 통해, 주님은 주님 자신의 일을 이 땅에 펼치시며 그 길 따라 다시 오시어 영원한 그리스도의 나라를 펼치십니다. 마라나타.

첫째 날 – 주야로 15분씩 임재 기도

누가복음 1-9장

누가복음의 1차 청중은 데오빌로 각하입니다. 데오빌로*Theophilos*는 '신의 친구' 혹은 '신*Theo*을 친구로서 사랑하는*philos* 자'라는 뜻을 가진 로마식 이름입니다. 예수님은 '서로 사랑하라'는 계명을 지키는 자는 나의 친구라고 하십니다(요한복음 15:12-14). 그러므로 누가복음의 청중은 데오빌로와 그리스도를 사랑하여 서로 사랑하는 모든 그리스도인들입니다. 배경은 로마로 짐작되고, 책을 쓴 시기는 A.D. 60-90년대입니다. 기록목적은 직접 언급하지 않지만 예수님께서 하신 말씀에 근거하여 추론할 수 있습니다: "건강한 사람에게는 의사가 필요하지 않으나, 병든 사람에게는 필요하다. 나는 의인을 부르러 온 것이 아니라, 죄인을 불러서 회개시키러 왔다"(누가복음 5:31-32). "인자가 온 것은 잃어버린 자를 찾아 구원하려 함이니라"(누가복음 19:10). "너희도 만일 회개하지 아니하면 다 이와 같이 망하리라"(누가복음 13:3, 5).

회개*metanoia*는 생각의 차원을 전환하는 것입니다. 선과 악의 차원에서 생명의 차원으로 전환하는 것이 회개의 본질입니다. 말씀에 불순종하여 스스로 시비선악의 주체가 되어 밝아진 육신의 눈으로 서로 정죄하며 혼돈과 죽음으로 달려가는 세상 속의 망가진 인생입니다. 예수님은 그러한 인생을 출애굽시켜 영원한 하나님 나라로 인도하기 위해 이 땅에 오셔서 죽으시고 부활하십니다. 그리고 하나님을 향한 그들의 눈을 밝게 하십니다: "떡을 가지사 축사하시고 떼어 그들에게 주시니 그들의 눈이 밝아져 그인 줄 알아보더니"(누가복음 24:30-31). 누가는 예수님의 그러한 생애와 사역을 소개하고자 첫 번째 책을 기록합니다. 또한 누가는 혼이 본래 있어야 할 자리-은혜의 보좌 앞으로 돌아와 구원을 받은 하나님 백성이 예수님의 사역을 계승하여 그 사명을 감당하는 것을 증거하기 위해 두 번째 책인 사도행전을 기록합니다.

예수님은 산에서 기도할 때, 얼굴이 변화되고 옷이 눈부시게 희어지고 빛이 납니다. 그때 모세와 엘리야와 함께 영광 중에 대화를 하십니다: "예수께서 예루살렘에서 이루실 일 곧 그의 떠나가심exodos에 대하여 말하고 있었다"(누가복음 9:31). 성전이 있는 예루살렘은 십자가가 세워진 죽음의 종착지입니다. 그리고 동시에 부활 가운데 영원한 생명을 향한 새로운 출애굽의 출발지입니다. 누가복음의 전체 구조는 예수님의 출생과 갈릴리 사역(1-9장), 갈릴리에서 예루살렘으로의 여정(10-19장), 그리고 예루살렘에서의 일주일(20-24장)로 되어 있습니다. 하나님을 떠난 망가진 인생 모두는 저마다 살려 하지만 결국에는 죽음의 종착지에 도착합니다. 그러나 주 예수님은 처음부터 의도적으로 죽음을 향합니다. 죽기 위해 오신 하나님의 아들입니다. 예루살렘에서 이루실 일은 바로 죽음의 속죄제물 되심으로 죄사함을 베풀고 하나님의 자녀들을 하나님의 은혜 보좌 앞으로 인도하십니다. 주님은 변화산상에서 모세와 엘리야와 함께 바로 그 구속사역을 나누십니다. 이 새로운 출애굽이 누가복음의 핵심 내용입니다.

누가복음 이야기는 성전에서 시작해서 성전에서 끝납니다. 스가랴는, 성전에서 제사장 직무를 감당하고 백성은 밖에서 기도하는 가운데, 천사로부터 주의 길을 예비하는 세례 요한의 잉태소식을 듣습니다. 시므온은 성령의 인도로 성전에 들어가 아기 예수를 맞이합니다. 성전을 떠나지 않고 구약의 메시아 약속을 기다리던 안나 예언자는 예루살렘의 구원을 기다리는 모든 사람에게 아기 예수를 증언합니다. 12살 예수는 성전에서 선생들과 대화를 나눕니다. 이렇게 시작된 누가복음 이야기는 제자들이 날마다 성전에서 하나님을 찬양하며 지내는 것으로 마칩니다. 예수님은 "위로부터 오는 능력을 입을 때까지, 이 성에 머물러 있어라" 명령하고 축복한 후 승천하십니다(누가복음 24:49-51). 그들은 예수님께 경배하고 크게 기뻐하며 그 말씀에 복종합니다. **도입부의 성전은 구약을 잇는 다리였고, 결말에서의 성전은 성취된 언약과 새 창조의 교두보 역할을 감당합니다.** 성전은 이 땅에 하나님이 임재하는 곳이며 하나님이 사람과 만나는 곳입니다. 예수님은 직접 자신의 몸이 성전이라고 밝히십니다(요한복음 2:21). 그러므로 우리는 성전이신 예수님의 생애와 사역의 이야기를 대하며 하나님 임재를 경험합니다. 그리고 하나님을 만납니다.

성전 중심으로 예수님의 생애와 사역의 스토리가 펼쳐지는 것을 읽으며, 데오빌로와 그리스도를 사랑하는 청중들은 무엇을 떠올릴까요? 그들은 우리처럼 이미 바울이 전한 하나님의 복음도 알고 있습니다. 우리 몸(생각, 감정, 신체)은 성령님이 거하시는 성전입니다. 우리 존재 중심에 지성소가 있고, 그곳에 우리 주 예수님이 계십니다. 그러므로 주를 사랑하는 자들은 육신의 눈에 보이는 예루살렘과 성전 건물에 집착하지 않습니다. 오히려 그들은 로마에서 순교의 피를 흘린 사도 베드로의 말씀을 떠올립니다: "사람에게는 버린 바가 되었으나 하나님께는 택하심을 입은 보배로운 산 돌이신 예수께 나아가 너희도 산 돌같이 신령한 집으로 세워지고 예수 그리스도로 말미암아 하나님이 기쁘게 받으실 신령한 제사를 드릴 거룩한 제사장이 될지니라"(베드로전서 2:4).

예수님이 성전에서 장사하는 사람들을 내쫓으시며 '내 집은 기도하는 집인데 너희는 그것을 강도들의 소굴로 만들었다'고 책망하시는 말씀에서(누가복음 19:45-46), 그리스도를 사랑하는 자들은 **자신의 내면에 하나님의 임재를 막고 방해하는 불필요한 것들을 제거하고 회개**할 것입니다. 우리 혼이 죄사함 받아 본래 있어야 할 자리인 존재 중심의 하나님 보좌 앞에서 하나님 임재 가운데 절대 안식을 갖는 것이 구원이기 때문입니다. 안식과 구원의 주체는 우리 주 예수님이십니다: "인자는 안식일의 주인이다"(누가복음 6:5). 주 예수님은 이 구원을 가난한 자, 포로 된 자, 눈먼 자, 억눌린 자에게 베푸십니다(누가복음 4:18).

둘째 날 – 주야로 15분씩 임재 기도

누가복음 10-24장

예수님은 변화산 영광 중에 모세와 엘리야와 예루살렘에서 이루실 구속의 대화를 하신 후 내려오십니다. 그리고 그 사명을 감당하러 예루살렘으로 향하십니다(누가복음 9:51-52). 갈릴리에서 예루살렘으로 가는 구원의 여정에서, 사람들은 예수님을 거부하거나 적대감을 갖습니다. 사마리아인들은 예수님이 예루살렘을 향하셨기 때문에 거부합니다(9:51-55). 어떤 이들은 예수님을 귀신 들린 자로 취급합니다(11:14-23). 예수님이 바리새인과 율법교사를 책망하면서, 그들의 반대와 적대감은 더욱 거세집니다(11:37-54). 예수님은 이러한 정황에 대하여 말씀하십니다: "나는 세상에 불을 지르러 왔다. … 분열을 일으키러 왔다"(12:49-51). '구원을 받을 자가 적은가' 하고 한 사람이 물으니, 주님은 대답하십니다: "좁은 문으로 들어가기를 힘쓰라 내가 너희에게 이르노니 들어가기를 구하여도 못 하는 자가 많으리라"(13:24). "누구든지 자기 십자가를 지고 나를 따라오지 않으면, 내 제자가 될 수 없다"(14:27). 예루살렘에 도착하여 성전을 청결하게 하는 사건으로 인해, 유대 지도자들은 예수님을 죽이려고 음모합니다(19:47).

　　반면에, 예루살렘으로 가시는 구원의 여정 가운데 하나님 나라에 초대를 받는 자들도 많습니다. 예수님은 70인 전도대를 파송하시며 여정을 시작하십니다. 전도대가 추수한 것을 보고할 때에, 예수께서는 성령으로 기뻐하시며 아버지께 아룁니다: "그렇습니다, 아버지! 이것이 아버지의 은혜로우신 뜻입니다. 아버지께서 모든 것을 내게 맡겨 주셨습니다. 아버지밖에는 아들이 누구인지 아는 사람이 없습니다. 또 아들밖에는, 그리고 아버지를 계시하여 주려고 아들이 택한 사람밖에는, 아버지가 누구인지 아는 사람이 없습니다"(10:21-22). 성부, 성자, 성령 삼위일체 하나님의 관계 가운데 하나님 나라 구원사역이 진행되고 있다는 것을, 저자 누가는 예수님의 기도를 통해 우리에게 증거합니다. 다르게 말해, **예수님은 기도를 통해 우리를 하나님과의 연합으로 이끌고 계십니다.** 잃은 양을 찾아 기뻐하고, 잃은 드라크마를 찾아내어 기뻐하며, 그리고 죽었다가 살아나고 잃었다가 다시 얻은 자식으로 인해 즐거워합니다(15장). 하나님과 재물을 함께 섬길 수 없습니다(16:13). 삭개오는 하나님만 섬긴다는 결단 가운데 구원을 받습니다: "오늘 구원이 이 집에 이르렀다. 이 사람도 아브라함의 자손이다. 인자는 잃은 것을 찾아 구원하러 왔다"(19:9-10). 눈 먼 자도 고침을 받고 예수님을 따라갑니다. 백성들은 이것을 보며 하나님을 찬양합니다(18:43).

한편, 예루살렘으로의 여정 가운데, 제자들 중 한 사람이 기도하시는 예수님을 보며 예수님처럼 기도하고 싶은 마음을 갖습니다. 그래서 기도를 마치신 예수님께, 그는 기도를 가르쳐 달라고 요청합니다(11:1). 그런데 저자 누가는 이 내용을 전하기 직전에 마르다와 마리아 사건을 먼저 언급합니다(10:38-42). 마르다는 예수님을 대접하기 위해 많은 일로 염려하며 들떠 있습니다. 그러나 마리아는 주님*kurios*의 발 곁에 앉아서 말씀을 듣습니다. 즉 마리아와 다윗처럼, 우리 혼이 본래 있어야 할 자리로 돌아와 하나님 보좌 면전에서 살아가는 자에게 필요한 것은 오직 한 가지뿐입니다: "주님, 나에게 단 하나의 소원이 있습니다. 나는 오직 그 하나만 구하겠습니다. 그것은 한평생 주님의 집에 살면서 주님의 자비로우신 모습을 보는 것과, 성전에서 주님과 의논하면서 살아가는 것입니다"(시편 27:4). *예수님은 바로 이러한 심중의 자세에서 아버지와 대화를 하셨고, 제자는 그 모습을 보고 자신도 그렇게 기도하고 싶어 기도를 가르쳐 달라고 요청한 것입니다.*

예수님은 이러한 맥락에서 오직 한 가지만을 구하는 **기도의 내용**이 무엇인지를 알려 주십니다: "아버지여 이름이 거룩히 여김을 받으시오며 나라가 임하시오며 우리에게 날마다 일용할 양식을 주시옵고 우리가 우리에게 죄 지은 모든 사람을 용서하오니 우리 죄도 사하여 주시옵고 우리를 시험에 들게 하지 마시옵소서"(누가복음 11:2-4). 성령님은 우리가 이렇게 기도할 수 있도록, 우리 안에서 말할 수 없는 탄식가운데 죄와 의와 심판과 관련하여 우리의 잘못된 생각을 책망하시며 도우시고 중보하십니다. 또한 이것이 바로 외부에서 내면으로 방향을 전환하여 우리 존재 중심에 계신 은혜의 보좌로 나아가 하나님 임재 아래 머무는 하나님 나라의 참모습입니다. 우리 심중에 임한 하나님 나라를, 주 성령께서 기름을 부으시며 우리가 밟는 가정과 생업과 교회에 나타내시며 다스리십니다. 그러므로 오직 '하나님의 임재와 통치'-이것 하나만을 원하고 바라고 기도하기를, 찾아온 벗의 굶주림을 해결하기 위해 떡 세 덩이를 꾸어 달라는 자세로 구하고 찾고 두드립니다. 그렇게 성령을 간구합니다(누가복음 11:5-13).

예수님께서 세 제자와 함께 겟세마네에 갔을 때, 마태와 마가는 "내가 저기 가서 기도하는 동안에, 너희는 여기에 앉아 있어라"라고 기록합니다(마태복음 26:36; 마가복음 14:32). 그런데 누가는 그것을 다르게 기록합니다: "그곳에 이르러 그들에게 이르시되 유혹에 빠지지 않게 기도하라"(누가복음 22:40). 주님께서 기도하고 와서 제자들을 보니 잠들어 있는 것을 보시고 제자들에게 말씀하십니다: "시험에 들지 않게 깨어 있어 기도하라"(마태복음 26:41; 마가복음 14:38). 마태와 마가는 그때 비로소 기도하라는 것을 기록합니다. 물론 누가도 주께서 그 모습을 보고 기도하라고 하신 것을 한 번 더 기록합니다: "어찌하여 자느냐 시험에 들지 않게 일어나 기도하라"(누가복음 22:46). 마태와 마가는 '영은 원하지만 육신이 연약하다'는 예수님의 말씀을 남깁니다. 그 말씀에는 주님께서 기도하지 못하는 그들을 긍휼히 여기신다는 여운이 담겨 있습니다. 그래서 제자들은 반드시 보혜사 성령님의 강림을 맞이해야 한다는 스승의 간절함도 묻어 있는 말씀입니다.

그러나 그럼에도 불구하고 마가복음을 참조하여 기록한 누가는 그 말씀을 넣지 않습니다. 그냥 시험에 들지 않게 기도하라는 말씀을 계속 반복합니다. 자신을 부인하고 자기 십자가 짊어지고 예수의 길을 가는 제자들 입장에서는, 기도는 그만큼 중요하고 목숨과 맞바꿀 것이기 때문입니다. 누가는 지금 두 번째 책을 염두에 두고 첫 번째 책을 씁니다. 예수님의 기도 생활을 보고 배우며, 제자들은 예수님이 승천하신 후에 스스로 그렇게 기도했다는 것을 우리에게 전달하고자 하는 누가의 간절함이 느껴집니다. 하루 24시간 기도가 중단되면 갈 수 없는 길입니다. 주님이 원하시고 자신들의 영이 원하면, 어떤 상황 어떤 형편에서든 기도가 일순위가 됩니다. 우리는 기도를 통해 하나님의 세계에 들어갑니다. 그리고 우리는 오직 믿음으로 존재하여 기도함으로 하나님의 일하심을 수종 듭니다. 이렇게 예수님을 따라 기도하는 제자들의 모습을, 우리는 누가의 두 번째 책 사도행전에서 봅니다.

셋째 날 – 주야로 15분씩 임재 기도

사도행전 1:1-12:24

두 제자는 다시 세상의 양지를 찾아 엠마오(따뜻한 샘)로 향합니다. 그들에게 메시아는 먹고살 문제를 해결해 줄 유대 민족의 구세주였는데, 그분이 그렇게 허망하게 죽었기 때문입니다. 그런데 부활의 주님은 그들에게 찾아가시어 그들의 생각이 아닌 가슴에 진리의 말씀을 넣어 주시며 죄사함을 베푸십니다. 그들의 굳은 마음이 살갗처럼 부드러워지고 죽은 영은 다시 살아납니다. 눈이 밝아지니 비로소 참메시아를 봅니다. 그들은 새로운 삶을 경험하며 말합니다: "길에서 우리에게 말씀하시고 우리에게 성경을 풀어 주실 때에 우리 속에서 마음kardia이 뜨겁지 아니하더냐"(누가복음 24:32).

새로운 존재 차원에 거하는 그들에게 있어서, 엠마오가 아닌 십자가 죽음이 있는 예루살렘이 이제 그들의 양지입니다. **십자가 죽음에는 오직 믿음으로만 알 수 있는 부활생명이 있기 때문입니다.** 부활의 주님은 그들을 축복하고 복의 근원이 되게 합니다. 그리고 주님은 승천하십니다. 그들은 방향을 전환하여 크게 기뻐하며 예루살렘으로 돌아가 날마다 성전에서 지냅니다(누가복음 24:51-52). 사도행전은 도입부에서 누가복음의 이 끝부분을 조금 더 자세히 설명합니다. 부활의 주님은 그들에게 여러 차례 나타나 하나님 나라에 관한 일들을 말씀하십니다. 주님은 제자들에게 두 가지 명령을 하십니다: '예루살렘을 떠나지 말아라. 아버지의 약속을 기다려라.' 그리고 명령에 복종한 결과가 무엇인지도 말씀하십니다: '너희는 곧 성령으로 세례를 받을 것이다. 성령이 임하시면, 너희는 능력을 받아 내 증인이 될 것이다.' 그리고 주님은 승천하시는데, 그때 흰 옷 입은 두 사람이 증언을

합니다: "너희 가운데서 하늘로 올려지신 이 예수는 하늘로 가심을 본 그대로 오시리라"(사도행전 1:11).

예루살렘에서 십자가의 죽음과 부활의 삶으로 새 언약과 새 창조는 성취됩니다. 이미 이루어진 그 뜻을, 이제 이 땅에 확장해야 할 사명이 생깁니다: "예루살렘과 온 유대와 사마리아에서, 그리고 마침내 땅 끝에까지 이르러 내 증인이 될 것이다"(사도행전 1:8). 하나님 나라가 이런 순서로 확장되어 나갑니다. 그러므로 성전이 있는 예루살렘을 떠나지 말라는 것은, 그 땅에 임하실 하나님을 기다리라는 뜻입니다. 다시 말해, 그 땅에 거룩한 영으로 임하실 아버지와 아들을 기다리라는 뜻입니다. **아버지의 약속은 거룩한 영으로 임하시는 하나님과 그분의 능력**입니다(누가복음 24:49; 사도행전 1:8). 하나님과 예수님은 거룩한 영으로 불처럼 임하여 여전히 육신적인 메시아 개념을 갖고 있는 그들의 생각을 불사를 것입니다: "주님, 주님께서 이스라엘에게 나라를 되찾아 주실 때가 바로 지금입니까?"(사도행전 1:6). 이와 같은 육신의 생각은 하나님을 기쁘시게 못합니다.

우리는 더 이상 육신에 빚을 진 자들이 아닙니다. 멈춥니다. 포기합니다. 우리는 죽기 전에 죽었고, 내 안에 그리스도의 영이 거하십니다. 이제는 내가 사는 것이 아닙니다. 내 안에 그리스도께서 사시며 그분이 새 창조를 시작하셨습니다. 그러므로 우리는 끊임없이 외부에서 내면으로 전환하여 내 안에 살아 계신 그리스도께로 나갑니다. 은혜의 보좌 앞입니다. 이렇게 120여 명의 성도들이 마가의 다락방에 모여 같은 생각과 같은 뜻으로 오직 기도에 힘씁니다. 마치 출애굽 백성이 요단강을 건너 길갈에서 할례를 받고 오직 하나님께 속하였음을 선포하며 여리고 성을 믿음으로 도는 것과 같습니다. 희년의 나팔 소리에 이미 승리한 믿음의 실상을 간직하고 여리고 성을 돌았던 것처럼, 그들은 믿음의 실상을 간직하고 아버지의 약속을 기다립니다.

아버지의 때가 되니, 갑자기 하늘로부터 급하고 강한 바람 같은 소리가 나더니, 그들은 온 집 안에 하나님 임재 가득함을 몸으로 체험합니다. 그리고 마치 불의 혀처럼 갈라지는 것들이 각 사람 위에 임하니, 그들은 모두 성령으로 충만하게 됩니다. 여리고 성이 무너지듯 그렇게 자신들 내면의 견고한 진들이 무너져 내렸고, 그들의 몸(생각, 감정, 신체)이 하나님을 체험합니다. **하나님과 예수님께서 거룩한 영으로 친히 찾아 오시어 그들의 몸을 성전 삼으신 것입니다.** 자녀들의 영과 그리스도의 영이 연합하여 한 영입니다. 그리스도 안에서 그들의 혼이 본래 있어야 할 보좌 앞으로 나아가 주님과 연합하여 한 영이 되었고, 그리고 이제 성령으로 충만하니, 지금 이 순간 여기서 주님과 연합됨을 몸(생각, 감정, 신체)으로 체험합니다.

그들은 성령께서 시키시는 대로 각각 다른 언어로 말하기 시작합니다. 베드로는 열한 사도와 함께 서서 선지자 요엘을 통하여 말씀하신 것이 성취되었음을 선포합니다: "말세에 내가 내 영을 모든 육체에 부어 주리니"(사도행전 2:17). **성령께서 강림하신 지금 이 순간이 말세입니다.** 이전 것은 다 지나갔습니다. 보십시오. **그리스도 안에서 새로운 피조물이며, 새로운 창조의 시작입니다.** 주의 영이 오심으로 인해 이 땅에 하나님 나라가 침투해 들어옵니다. 누구든지 주의 이름을 부르는 자는 이 구원의 신세계에 참여합니다. 새로운 약속의 땅, 그리스도 안에서 펼쳐지는 새로운 삶입니다. **주체가 내 안에 살아 계신 그리스도 예수**이십니다. 보이는 육신의 차원이 아닌 **보이지 않는 믿음의 차원이 이 땅에 펼쳐졌습니다. 하나님 나라입니다.** 오순절이 되어 각 나라에 흩어져 있던 유대인들이 성지순례를 왔기에, 그들은 사도들과 무리가 성령에 사로잡혀 자신들이 거하고 있는 족속들의 말로 하나님의 큰 일을 말하는 것을 직접 듣고 보았습니다. 그리고 이제 그들은 복음의 불씨를 갖고 열방을 향한 복음의 그루터기가 되어 각처소 각 나라로 돌아갑니다. 열방을 향한 복음전파의 시작입니다.

예수님의 복음전파와 가르침과 병 고침 그리고 박해와 순교가 제자들과 무리들에게 그대로 계승됩니다. 여리고 성이 무너진 이후 가나안 정복

전쟁이 펼쳐진 것처럼, 교회는 예루살렘에서 전투적으로 전진합니다. 스데반이 순교한 날에 큰 박해가 일어납니다. 예루살렘의 교회는 유대와 사마리아로 흩어집니다(8:1). 사마리아 사람들은 복음을 받아들이고 세례를 받습니다. 하나님은 베드로와 요한을 통해 사마리아인들에게 성령강림을 허락합니다(사도행전 8:17). 주 예수님이 교회를 핍박하는 사울을 불러 이방인을 위한 사도로 준비시킵니다(사도행전 9장). 그리고 주님은 베드로를 이방인 고넬료 가정으로 보내십니다. 베드로가 "그를 믿는 사람은 누구든지 그의 이름으로 죄 사함을 받는다"고 증언할 때에, 그 말씀을 듣는 모든 이방인들에게 성령께서 친히 임하십니다(사도행전 10:43-44). 베드로는 이 사실을 예루살렘교회에 보고합니다.

이방인들에게 성령께서 임하신 결과로, 안디옥에 최초의 다민족교회가 세워집니다. 이때, 안디옥교회 제자들은 유대교와는 다르게 예수 그리스도를 따르는 자들이라는 의미에서 처음으로 '그리스도인'이라고 불립니다(사도행전 11:19-26). 헤롯이 예루살렘교회를 박해했고, 12제자 중 야고보가 제일 먼저 순교합니다. 헤롯은 유대인들이 이 일을 기뻐하는 것을 보고 베드로까지 죽이려 합니다. 그러나 무교절 기간이기에 일단 감옥에 넣습니다. 천사가 베드로를 구출하니, 베드로는 많은 사람이 모여서 기도하고 있는 마리아의 집으로 갑니다. 헤롯이 왕의 옷을 입고 왕좌에서 연설을 하니, 군중이 외칩니다: "신의 소리다. 사람의 소리가 아니다"(사도행전 12:22). 그 즉시 주의 천사가 그를 치니, 그는 벌레에 먹혀서 죽습니다. 하나님의 말씀은 점점 더 널리 퍼지고 믿는 사람도 더 많아집니다(사도행전 12:24).

넷째 날 - 주야로 15분씩 임재 기도

사도행전 12:25-16:5; 갈라디아서 1-6장

안디옥교회의 선지자들과 교사들이 금식하며 주님께 예배할 때에, 성령께서 말씀하십니다: "너희는 나를 위해서 바나바와 사울을 따로 세워라. 내가 그들에게 맡기려 하는 일이 있다"(사도행전 13:2). 그래서 그들은 금식하며 기도한 후 두 사람에게 안수하여 보냅니다. 성령의 보내심을 받은 바나바와 사울은 키프로스/구브로 섬에서 전도활동을 합니다. 또한 갈라디아 지방으로 가서 순회 전도를 하며 교회들을 개척합니다. 그리고 나서, 제1차 선교 여행을 마치고 선교베이스캠프인 수리아의 안디옥으로 돌아옵니다.

그런데 그들은 갈라디아교회들이 '이방인들도 구원의 한 방법으로서 할례를 받아야 한다'는 유대주의자들의 주장에 미혹되었다는 소식을 듣습니다. 몇몇 사람이 유대에서 안디옥으로 와서 그 같은 주장을 펼쳤고, 바울과 바나바는 그들과 충돌하고 논쟁을 합니다. 결국 예루살렘에 가서 그 문제를 공론화합니다. 예루살렘 공의회는 '이방인들은 할례를 받을 필요가 없고, 오직 예수 그리스도의 은혜로만 구언을 받는다'는 것을 공식적으로 채택합니다(A.D. 49년). 그리고 그 결과를 바탕으로, 바울은 자신이 전한 하나님의 복음이 무엇인지를 명확하게 글로 작성하여 갈라디아의 교회들에게 보냅니다.

다른 복음이라는 것은 없습니다. 진짜 복음이라는 말도 성립이 안 됩니다. 복음은 오직 하나뿐이기 때문입니다. 그러면, 바울이 갈라디아서를 통해 말씀하는 '복음'이란 무엇입니까? 바울은 예수 믿는 자들을 죽이기 위해 다메섹으로 가는 중에 자신의 내면에서 복음을 체험합니다: "그의 아들을 이방에 전하기 위하여 그를 내 속에 나타내시기를 기뻐하셨을 때에"(갈라디아서 1:16). 부활하여 승천하신 주 예수께서 영으로 그의 내면에서 말씀하십니다: "나는 네가 핍박하는 예수다"(사도행전 9:5). **주님은 영으로 믿는 자들과 함께 계십니다.** 성도들의 몸(생각, 감정, 신체)은 그리스도가 나타나시는 의의 병기입니다. 그래서 사울은 예수 믿는 자들을 박해했음에도 불구하고, 예수님은 그가 예수님 자신을 박해했다고 말씀하신 것입니다. **바울은 이것을 자신의 내면에서 체험합니다. 복음은 나의 내면에서 체험되는 십자가과 부활 사건입니다.** 복음의 소식을 접한 자들은 이구동성으로 화답합니다: '나는 그리스도와 함께 십자가에 못 박혔습니다. 이제는 내가 사는 것이 아닙니다. 내 안에 그리스도께서 사십니다. 이제 내가 육체 가운데 있는 것은 나를 위하여 자기 자신을 내어주신 하나님의 아들의 믿음에 의해 사는 것입니다'(갈라디아서 2:20).

그러므로 우리가 이 믿음으로 존재한다면, **우리는 그리스도의 믿음에 의해 의롭다고 선언됩니다**(갈라디아서 2:16). 믿는 자는 새 언약 가운데 새롭게 창조된 피조물입니다: "누구든지 그리스도 안에 있으면, 그는 새로운 피조물입니다. 옛 것은 지나갔습니다. 보십시오, 새 것이 되었습니다"(고린도후서 5:17). 그래서 바울은 선언합니다: "우리 주 예수 그리스도의 십자가밖에는, 자랑할 것이 아무것도 없습니다. 그리스도로 말미암아, 내 쪽에서 보면 세상이 죽었고, 세상 쪽에서 보면 내가 죽었습니다"(갈라디아서 6:14). 할례를 받거나 안 받는 것이 중요한 것이 아닙니다. **그리스도 안에서 새로운 피조물이라는 것이 전부입니다**(갈라디아서 6:15). 이것이 갈라디아서에서 증거하는 복음입니다.

복음의 뿌리는 하나님께서 아브라함에게 한 약속입니다. 하나님은 니므롯의 세상과 바벨탑을 흩으십니다. 그리고 하나님은 그러한 세상에서 한 사람을 불러내어 그에게 새로운 세상을 약속하십니다. 아브라함은 신세계가 어떻게 성취되는지를 구체적으로 알지 못했음에도 불구하고 그렇게 말씀하시는 하나님을 믿었습니다. 하나님은 아브라함의 그 믿음을 '의'로 인정해 주십니다(갈라디아서 3:6). 즉 아브라함은 오직 믿음으로 복음에 나타나는 하나님의 의를 십자가 사건보다 훨씬 이전에 미리 얻게 된 것입니다. 반면에, 우리는 십자가로 새 언약을 맺으시고 새로운 세상-즉 하나님 나라를 성취하신 예수를 메시아/그리스도로 믿어서 의롭게 됩니다. 그러므로 우리보다 앞서 믿은 아브라함이 우리의 믿음의 조상이 됩니다. 우리는 아브라함의 후손입니다. 하나님께서 아브라함에게 약속하신 모든 축복이 그리스도 안에서 이방인 된 우리의 것이 되었고, 또한 그 믿음으로 말미암아 약속하신 성령을 받습니다(갈라디아서 3:14). 하나님께서 아브라함과 맺으신 언약을, 430년 뒤에 생긴 율법이 이것을 무효로 만들어 그 약속을 폐기하지 못합니다(갈라디아서 3:17). 우리는 오직 믿음으로 그리스도 예수 안에서 하나님의 자녀입니다: **"유대 사람도 그리스 사람도 없으며, 종도 자유인도 없으며, 남자와 여자가 없습니다. 여러분 모두가 그리스도 예수 안에서 하나이기 때문입니다"**(갈라디아서 3:28).

우리가 자녀이기 때문에, 하나님께서 그 아들의 영을 우리 마음*kardia* 가운데 보내어 '아빠 아버지'라 부르게 하십니다. 그러므로 우리는 그리스도와 함께 공동 상속자입니다(갈라디아서 4:6-7). 육체의 욕망과 성령의 바라심은 서로 적대관계에 있습니다. 자신을 부인하며 자기 십자가 짊어지고 성령께서 인도하여 주시는 대로 살아가면, 육체의 욕망을 채우려고 하지 않을 것입니다. 우리의 삶과 성품에 사랑과 기쁨과 화평과 인내와 친절과 선함과 신실과 온유와 절제가 성령의 열매로 맺어집니다. 예수께 속한 우리는 정욕과 욕망과 함께 우리의 육체를 십자가에 못 박았습니다(갈라디아서 5:16-24). 죽기 전에 죽었습니다. 보이는 대로 살지 않습니다. 집착하지 않고 추구하지 않습니다. 지금 이 순간 여기에 영원히 현존하시는 하나님 생명과 연결되어 내 모습 이대로 이미 거룩하고 이미 의로움을 숨결에 누립니다. 천국입니다.

다섯째 날 – 주야로 15분씩 임재 기도

사도행전 16:6-17:10; 데살로니가전서 1-5장; 데살로니가후서 1-3장

주 성령께서 선교의 문을 활짝 엽니다. 그래서 바나바와 바울은 1차 선교 여행을 다녀옵니다. 이제 바울은 열린 선교의 길을 다시가고자 바나바에게 제안을 합니다: "우리가 주의 말씀을 전한 각 성으로 다시 가서 형제들이 어떠한가 방문하자"(사도행전 15:36). 하지만 둘은 마가를 데리고 가는 문제로 심하게 다툰 끝에, 서로 갈라섭니다. 바울은 실라를 선택하여 성도들의 축복 가운데 수리아와 길리기아로 다니며 교회들을 견고하게 합니다(사도행전 15:37-41). 1차 선교 때 루스드라 지역에서 돌에 맞아 죽을 뻔했는데, 바울은 그곳을 다시 방문합니다. 그런데 피를 흘리며 복음의 씨를 뿌렸던 그곳에서, 하나님은 디모데라는 사역자를 열매 맺어 맞이하게 합니다(사도행전 16:1).

성령께서 소아시아 지역에서 말씀을 전하는 것을 막으십니다. 비두니아로 가는 것도 예수의 영이 허락하지 않습니다. 그리고 밤에 바울에게 마가도냐 사람 하나가 환상으로 나타나 "마게도냐로 건너와서 우리를 도우라" 하고 간청합니다(사도행전 16:9). 그래서 바울 일행은 하나님께서 그곳에서 말씀을 전하라고 하셨다는 확신을 갖고 마게도냐로 건너갑니다. 빌립보에서, 바울은 자색 옷감 장수 루디아를 만납니다. 하나님께서 바울의 전하는 말씀에 반응하도록 그녀의 마음을 여십니다. 그녀와 집안 식구들이 다 세례를 받습니다. 귀신들려 점을 치는 여종이 귀신에게서 해방을 받습니다. 간수와 집안 식구들도 회심합니다. 그러나 귀신이 떠나가 돈벌이 희망이 끊어지니, 그 여자의 주인들은 거세게 반발을 합니다. 시기와 질시 그리고 선동 가운데 충돌이 끊이지 않습니다. 바울 일행은 그곳을 떠나 데살

로니가에 도착합니다(사도행전 17:1).

바울은 그곳에서 유대 사람의 회당에 가서 구약에서 약속한 메시아가 바로 예수라고 증거합니다. 그들 가운데 몇몇 유대인과 많은 경건한 헬라 인들 그리고 적지 않은 귀부인들이 바울과 실라를 따릅니다. 그러나 대부분의 유대인들은 시기하여 거리의 불량배들을 동원해 소요를 일으킵니다. 신도들은 그날 밤에 그들을 베뢰아로 보냅니다(사도행전 17:2-10). 바울이 고린도에 있을 때, 디모데가 돌아와 데살로니가 성도들 소식을 전합니다. 그래서 바울은 그들의 신실함을 칭찬하고 그리고 성과 결혼과 노동에 대한 바른 자세를 갖도록 가르치기 위해 편지를 씁니다. 그런데 디모데가 가져온 소식들 중에는, 몇몇 사람의 식구들이 아마도 순교를 하였기에 예수님의 재림 때 그들이 어떻게 되는지를 질문합니다. 그래서 바울은 그분께서 왕으로 다시 오실 때, 죽은 자가 먼저 일어나고 산 자도 공중에서 주님을 영접하여 항상 주님과 함께 있을 것임을 가르칩니다(데살로니가전서 4:16-17).

당시 로마제국은 '팍스 로마나*Pax Romana*'를 외치며 태평성대였지만, 그 지배를 받던 식민지 민중들은 로마의 평화 유지를 위한 폭력과 착취로 고통을 받고 있었습니다. 이렇게 니므롯의 세상과 로마황제는 "평안하다, 안전하다" 말하지만, 예수님께서 왕으로 재림*Parousia*하실 때 그들에게 갑자기 멸망이 닥칠 것입니다(데살로니가전서 5:3). 그러나 믿는 자는 그런 죄와 사망에서 생명으로 이미 옮겨졌습니다: "형제자매 여러분, **여러분은 어둠 속에 있지 아니하므로,** 그날이 여러분에게 도둑과 같이 덮치지는 않을 것입니다"(데살로니가전서 5:4). **왕이신 예수님을 따르는 믿는 자들은 미래에 일어날 그 일이 믿음의 실상으로 가슴에 간직되었기에, 지금 이 순간 여기에 왕이신 예수님이 함께 계십니다.** 우리는 보이는 대로 살지 않고 오직 믿음으로 존재하기 때문입니다. 그래서 너희는 어둠에 있지 않다고 말합니다. 즉 언제 멸망할지 모르는 거짓 평화의 로마와 그 황제에게 속하지 않았다는 뜻입니다. 예수가 왕이신 하나님 나라에 지금 현재 속해 있고, 그래서 왕의 통치를 받고 있다는 뜻입니다.

파루시아는 *para*(함께)+*ousia*(실재, 실체)로서, 실재이신 만왕의 왕이요 영원한 대제사장이신 우리 주 예수 그리스도께서 **눈에 보이게 함께 계신다는 뜻**입니다. 당시 동방에서는 왕이 도착하거나 방문을 했을 때, 파루시아 단어를 사용했습니다. 바울은 그와 같은 의미에서 2번 그 단어를 성도에게 적용하여 사용합니다: "나는 스데바나와 브드나도와 아가이고가 온 것을*parousia* 기뻐합니다"(고린도전서 16:17). "하나님이 디도가 옴으로 *parousia* 우리를 위로하셨으니"(고린도후서 7:6). 바울은 그 성도들을 황제처럼 여깁니다. 예수님이 그들과 함께 계셨기 때문입니다. 그래서 그 단어를 사용합니다. 그 단어가 신약에는 24번 나오는데, 나머지 22번은 승천하신 예수님께서 이 땅에 오심에 대해 사용합니다. 예수님은 두 번 파루시아 합니다. 첫 번은 부활 승천하시어 제자들에게 40일 동안 여러 번 나타나실 때 '파루시아' 합니다. 부활의 신령한 몸을 지니시고 하늘과 땅의 권세를 가지신 왕으로 제자들에게 **눈에 보이게 오신 것입니다.** 두 번째 파루시아는 마지막 날 최후심판을 위하여 신령한 몸으로 **눈에 보이게 직접 오시는 재림의 날**입니다. 주 예수님과 관련하여 사용된 22번의 파루시아는 '재림'의 의미로 사용됩니다.

그리스도의 몸 된 교회는 그분의 첫 번째 파루시아와 두 번째 파루시아 사이에 '오직 은혜, 오직 믿음, 오직 말씀'으로 존재합니다. **우리 주 예수 그리스도는 그분의 성령에 의해 '눈에 보이지 않게' 그분의 몸인 공동체의 머리로 현존합니다.** 그것이 오순절 성령강림부터 시작됩니다. 첫 번째 파루시아 하신 주 예수께서 승천하시며 명령하신 것은 예루살렘을 떠나지 말고 아버지의 약속을 기다리라는 것입니다. 아버지의 약속은 하나님이 오신다는 것이었습니다(누가복음 24:49; 사도행전 1:5). 성령은 하나님이십니다. 삼위일체 하나님의 관점에서, 성령님의 오심은 승천하신 예수님을 통해 영광의 영 보혜사께서 오신 것입니다(요한복음 14:26). 보혜사*parakletos*

는 파라칼레오*para+kaleo*에서 유래되었고, 칼레오는 '위로하다, 돕는다'의 뜻입니다. 즉 보혜사는 옆에서 도우시는 분입니다. 사도들은 예수님의 신령한 몸의 부활을 눈으로 직접 본 자들입니다. 부활하신 후 곧바로 승천하셨다가 다시 오신 예수님은 제자들에게 성령을 주십니다(요한복음 20:22). 그때 사도들은 예수님의 첫 번째 파루시아를 직접 경험하며 영으로 성령과 연합하여 한 영이 됩니다. 또한 그들의 혼은 본래 있어야 할 자리에 머물며 찬양하고 약속을 기다립니다. 그리스도 안에서 체험되는 하나님 은혜 보좌 앞입니다.

그리고 오순절 성령강림을 맞이했을 때, 그 순간 그들의 몸(생각, 감정, 신체)은 그리스도의 영의 임재로 인해 그리스도의 나타나심을 체험합니다. 그들의 몸은 의의 병기가 되어 그리스도를 나타냅니다. 그들은 정말로 그 순간 영광의 예수님이 자신들과 함께 계신 것을 성령의 역사 속에 몸소 경험합니다. 그리스도의 영이 자신들 옆에서 도우시며 모든 것을 가르쳐 주십니다. 그리고 지금 이 순간 여기서 영원히 현존하시는 하나님 생명과 연결되어 두 번째 파루시아를 오직 믿음으로 직관합니다. 두 번째 파루시아를 믿음의 실상으로 간직한 가운데, 교회는 지금 이 순간 '오직 믿음으로' 육체 가운데 있는 것입니다. 이러한 교회의 믿음을 통하여, 주 예수님의 두 번째 파루시아는 아버지의 때에 이 땅에 발생합니다. 그때에는 우리 주 예수님께서 새 하늘과 새 땅에서 신령한 몸으로 우리 옆에 항상 계십니다. **지금은 우리 옆에 보혜사 성령께서 보이지 않게 함께하시지만, 그때에는 우리 옆에para 예수님께서 눈에 보이는 실체ousia로서 영원토록 함께하십니다.**

역사 속에서는 가슴에 간직한 믿음의 실상과 이 땅에 발생할 파루시아의 시간차가 존재하지만, **하나님의 시간 속에서 그 간격은 사라집니다.** 그래서 사도들은 항상 긴박한 재림을 말했던 것입니다. 지금 이 순간 여기서의 하나님 임재로 인해, 우리는 오직 믿음으로 천국을 누립니다. 그리고 **미래의 마지막 날 펼쳐질 어린양의 혼인잔치를 믿음의 실상으로 간직하고**

현재 지금 이 순간을 그 잔치의 기쁨으로 삽니다. 영광의 영으로 임재하신 예수님의 영과 함께 믿음으로 삽니다. *이것이 바로 지금 이 순간 여기서의 교회의 영광입니다.*

그래서 우리는 악으로 악을 갚지 않고, 도리어 서로에게 그리고 모든 사람에게 항상 선하게 대합니다. 그 잔치의 기쁨 가운데 항상 기뻐합니다. 끊임없이 기도합니다. 모든 일에 감사합니다. 성령을 소멸하지 않습니다. 말씀을 멸시하지 않습니다. 그 결과로, 우리 주 예수 그리스도께서 신령한 몸으로 재림하실 때에*Parousia*, 우리의 영과 혼과 몸을 흠이 없이 완전하게 보전되어 맞이합니다(데살로니가전서 5:15-23). *잘못된 종말론으로 인한 미혹과 게으름의 근본원인*은 믿음이 아닌 **'보이는 것'에 붙잡혔기 때문**입니다(데살로니가후서 2-3장). 그러면 집착하고 추구할 수밖에 없으며, 결국에는 생존과 번영에서 비롯된 두려움에 빠져 쉽게 미혹됩니다. 우리는 하나님과 연합되어 믿음의 실상으로 지금 이 순간 존재합니다. 내일 지구의 종말이 온다 해도, 우리는 오늘 한 그루 사과나무를 심습니다. 이 길 따라 우리 주 예수 그리스도께서 재림하시어 적 그리스도를 결박하고 영원한 불못에 던지십니다. 그리고 영원한 그리스도의 나라를 새 하늘과 새 땅에 펼치십니다. 마라나타.

여섯째 날 - 주야로 15분씩 임재 기도

사도행전 17:11-19:20; 고린도전서 1-4장

복음은 분명 내면에서 일어나는 성령의 거듭남의 역사입니다. 그러나 동시에 그리스도 안에서 경험되는 그리스도의 몸으로 인해 우리의 모든 삶을 포괄합니다. 우리 혼이 본래 있어야 할 자리 하나님 보좌 앞으로 나아가 안식하며, 그리고 동시에 예수 그리스도 안에 있는 우리의 믿음을 통해 **주님께서 기름을 부으시며 우리 몸(생각, 감정, 신체)에 나타나십니다.** 우리는 그리스도를 살며 그리스도를 나타내는 의의 병기입니다. 그러므로 우리가 밟는 모든 땅에 복음은 증거됩니다.

그 결과로, 니므롯의 세상과 로마황제에 의한 평화에 의문을 제기하게 됩니다. 그리고 박해가 뒤따릅니다. 유대인들은 자신들이 메시아를 알아보지 못하고 죽였다는 주장에 위협을 느끼고 거세게 반발합니다. 로마 지도자들은 로마황제가 아닌 예수가 왕이라는 선포에 위협을 느낍니다. 아테네 철학자들은 세상에 대한 자신들의 합리적인 이론에 물음표를 던지게 하는 예수의 부활에 당황합니다. 에베소의 우상을 만드는 상인들은 자신들의 생계에 위협이 되기에 반발합니다. 로마의 평화와 안보는 대다수의 희생을 바탕으로 로마 시민권을 가진 소수만의 안락과 방탕을 지원합니다. 반면에, 복음이 전파하는 하나님 나라는 그러한 나라에서 구원받아 믿는 자는 '누구든지' 하나님 나라의 시민으로 풍성한 생명을 누립니다. 그러므로 로마와 세상 기득권자들은 교회를 박해하고 죽이기까지 합니다.

하나님과 연합되어 있는 친아들 예수님조차도 그러한 세상에 박해를 받고 순교하십니다. 그러므로 예수님과 연합되어 있는 하나님의 자녀 된 초대교회와 지금의 우리들 또한 세상으로부터 미움을 받는 것은 자연스러운 것입니다. 믿음의 선한 싸움을 싸우며 좁은 이 길을 걸어가는 이유는, 이미 우리의 가슴에 승리한 믿음의 실상이 간직되어 있기 때문입니다. 우리는 이미 승리하여 완성된 오메가 포인트의 어린양 혼인잔치 자리에 '오직 믿음으로' 이미 동참해 있습니다. **우리가 지금 육체 가운데 있다는 것은, 그 미래/결과에서부터 지금 이 순간 여기로 보냄을 받았다는 뜻이기도 합니다.** 하나님 나라의 성취와 완성 사이에 끼어 있는 지금의 이 중간기는 세상에 하나님 사랑을 나타낼 수 있는 기회입니다. 세월을 아끼며 이 기회를 살려 영원한 나라와 주 예수님의 파루시아를 세상에 증거하며 주님을 위하여 한 영혼을 더 예수님께로 인도하는 것은, 천사들도 흠모하는 우리의 특권입니다. 그러므로 우리는 고난과 박해 가운데도 이 특권을 사용하는 기쁨을 누립니다. 또한 복음증거로 인한 이 고난은 그날에 우리의 영원한 상급입니다.

베뢰아 사람들은 바울의 복음증거를 기꺼이 받아들이고 그것이 사실인지 구약성경을 자세히 살핍니다. 그러나 그곳까지 찾아온 유대인들의 박해로 인해, 바울은 아테네로 갑니다. 그는 상대의 눈높이에 맞추어 지적으로 전도합니다. 소수의 판사와 귀부인들이 복음을 받아들입니다(사도행전 17장). 바울은 고린도로 갑니다. 밤에 주님께서 환상 중에 말씀하십니다: "두려워하지 말며 침묵하지 말고 말하라 내가 너와 함께 있으매 어떤 사람도 너를 대적하여 해롭게 할 자가 없을 것이니 이는 이 성중에 내 백성이 많음이라"(사도행전 18:9-10). 바울은 고린도에 1년 6개월 머뭅니다. 그리고 그는 에베소를 거쳐 예루살렘으로 돌아가 문안한 뒤에 안디옥으로 갑니다. 이렇게 2차 선교 여행은 마칩니다. 그리고 얼마 뒤에 바울은 3차 선교 여행을 떠납니다(사도행전 18:23). 에베소에서 3년간 사역을 하는 동안에, 고린도교회에 대한 소식과 어려움을 듣고 공동체의 분열, 성sex, 음식, 예배모임, 부활과 관련하여 실제적인 가르침과 권면의 글을 첫 번째 편지에 담아

보냅니다.

고린도는 잡다한 인종과 민족들이 모인 항구도시이며 상업과 향락이 번성합니다. 아프로디테 신전에는 1000여 명의 여사제들이 매춘을 하여 성적으로도 문란한 곳입니다. 인구의 2/3가 노예이고, 자유민들의 신분상승 욕구는 강합니다. 로마 시민권만 획득하면 소수의 특권층에 속할 수 있기에, 집착할 수밖에 없습니다. 그러한 곳에, 주님은 자기 백성이 많다고 말씀하십니다. 바울은 그곳에서 십자가의 도를 선포합니다. 말씀 선포 가운데 하나님의 백성들은 반응을 하고 교회에 속합니다. 하지만 육신의 욕구가 강하기에, 복음의 메시지가 피상적으로 닿을 수밖에 없습니다. 이방인에게 십자가의 도는 미련한 것입니다. 그래서 배척하는데, 그러나 그럼에도 불구하고 하나님의 은혜가 그들에게 닿았기에, 고린도 성도들은 그 진리를 품습니다. 하지만 동시에 신분상승과 향락의 세상 욕구를 떨치지 못하고 오히려 은혜를 이용하여 자신들의 세상 욕구를 충족시키려 합니다. 그 결과, 공동체는 교만 속에 분열을 경험합니다. 아볼로파, 게바파, 바울파, 심지어는 그리스도파까지 등장합니다. 아무리 성경공부를 많이 해 온갖 언변과 지식이 늘고 전도를 하고 '주여 주여' 하며 주님을 불러도, **그들의 심중에는 처리되지 않은 탐욕이 주인 되어 있습니다.** 따라서 그들은 하나님의 일을 하여도 여전히 인간의 방식으로 하며 시기와 분쟁 속에 서로를 정죄하고 배척합니다(고린도전서 1-4장).

이러한 문제를 진단하고 처방하는 바울의 잣대는 '십자가의 도'입니다. 하나님을 이용해 신분상승과 세상성취의 욕구를 만족시키려는 고린도 성도들을, 바울은 십자가의 말씀으로 진단합니다: "형제자매 여러분, 나는 여러분에게 영에 속한 사람에게 하듯이 말할 수 없고, 육에 속한 사람, 곧 그리스도 안에서 어린아이 같은 사람에게 말하듯이 하였습니다. … 여러분은 아직도 육에 속한 사람들입니다"(고린도전서 3:1-3). 당시 십자가 처형은 인간이 상상해서 만들어 낼 수 있는 가장 혐오스럽고 미련한 것입니다.

그런 공포를 이용해서 로마는 제국의 체제를 유지합니다. 그런 십자가에 메시아가 달려 죽었다는 것은, 유대인에게는 "나무에 달린 자는 하나님께 저주를 받았음이니라"(신명기 21:23)라는 영적 의미가 더해져 매우 부끄럽고 수치스러운 것입니다. 그리고 이방인들 보기에 십자가에 달려 죽는다는 것은 어리석은 일입니다.

하지만 **구원을 얻은 자들에게는, 십자가의 메시아는 하나님의 능력이며 하나님의 지혜입니다.** 그러므로 바울은 고린도 성도들에게 도전합니다. 세상의 신분상승의 대열에서 낙오되었을 때에, 하나님께서 그들을 불러 오직 은혜로 자녀 삼으십니다. 십자가의 메시아는 우리에게 지혜와 의로움과 거룩함과 구원함이 되십니다. 자랑할 것이 없는 자들입니다. 만약 자랑하려면, 오직 십자가에 달리신 메시아 주님 안에서 자랑합시다(고린도전서 1:23-31). 주 달려 죽은 십자가가 우리를 멈추게 합니다. 포기하고 주님을 따르게 합니다. 그러므로 바울은 서로 사랑하며 그리스도의 한 몸 됨을 위해 간곡히 권면합니다: "내가 우리 주 예수 그리스도의 이름으로 너희를 권하노니 모두가 같은 말을 하고 너희 가운데 분쟁이 없이 같은 마음과 같은 뜻으로 온전히 합하라"(고린도전서 1:10).

일곱째 날 - 주야로 15분씩 임재 기도

고린도전서 5-16장

십자가의 진리는 하나님의 능력입니다. 율법으로는 변화되지 않는 우리를, 하나님께서는 십자가에서 새 언약을 맺으시고 새 창조 가운데 새로운 피조물로 재창조하십니다. 주 예수님께서 십자가에서 우리 죄를 대신 짊어지고 속죄의 피를 흘리시므로 우리에게 구원을 베푸신 것입니다.

십자가에서 우리를 향한 하나님의 사랑을 확증하십니다. 죄에 사로잡혀 율법으로는 구원을 받지 못하는 우리를 살리시려고 하나님이 고난을 받으시고 십자가 처형을 받아 죽으신 것입니다. 그 결과로, 우리 주 예수께서 만왕의 왕으로서 영광스럽게 높임을 받으십니다. 하나님은 의로운 분으로 판명됩니다. 이 진리를 믿는 자는 그리스도 안에서 의롭습니다. 그리고 이 십자가의 삶이 믿는 자의 삶의 방식이 됩니다. 바울은 십자가의 도를 따라 가난과 고난 속에 고린도 성도들을 섬깁니다. 그리고 이제 바울은 '십자가의 도'를 잣대로 하여 고린도교회의 문제들을 진단하고 처방합니다.

고린도 도시는 퇴폐적인 향락 문화 가운데 성적 타락이 심합니다. 그런데 바울은 고린도교회에 음행이 공공연히 있을 뿐만 아니라 심지어 아들이 의붓어머니를 데리고 살며 자기 세력을 구축하여 파당을 짓고 있다는 소식에 크게 놀랍니다. 바울은 처방을 합니다: "여러분은 그러한 자를 당장 사탄에게 넘겨주어서, 그 육체는 망하게 하고 그의 영은 주님의 날에 구원을 얻게 해야 할 것입니다"(고린도전서 5:5). 그리고 음행을 피하라고 권면합니다.

바울은 성적인 범죄에 대해 매우 단호합니다. 왜냐하면 사람이 짓는 다른 모든 죄는 자기 몸 밖에서 짓지만, **음행을 하는 자는 자기 몸에다가 죄를 짓는 것입니다(고린도전서 6:18). 그리고 그것을 정당화하기 위해서 궤변을 동원합니다.** 믿는 자의 몸은 자신의 것이 아닙니다. 하나님 소유입니다. 몸(생각, 감정, 신체)은 하나님의 영 성령께서 거하시는 집입니다. **성관계를 통해 신체에 죄를 지을 때, 생각과 감정도 그 죄에 속하게 됩니다.** 성령께서 운행하시며 만지시고 다스리시며 몸(생각, 감정, 신체)을 통해 그리스도를 나타내시는데, 우리가 성적인 범죄를 통해 성전인 몸을 더럽히면, **성령은 소멸됩니다.** 그래서 바울은 성적인 범죄를 굉장히 심각하게 다룹니다. 또한 우리 몸은 주 예수께서 재림하실 때에 신령한 몸으로 변형됩니다. 몸이 땅에 묻히거나 화장하여 소멸되어도, **주님은 그 몸의 정보를 하늘 창고에 간직하였다가 재림 때에 신령한 몸으로 나타내십니다.** 그러므로 믿는 자는 영과 혼을 잘 관리할 뿐만 아니라 몸(생각, 감정, 신체)도 잘 관리하고 보관해야 합니다. 그래서 바울은 늘 성도들을 위해 이렇게 기도합니다: "우리 주 예수 그리스도께서 오실 때에 여러분의 영과 혼과 몸을 흠이 없이 완전하게 지켜 주시기를 빕니다"(데살로니가전서 5:23).

우상에게 받쳐진 고기를 먹는 문제로 유대-그리스도인과 이방-그리스도인 사이에 분열이 일어납니다. 전자는 우상에게 드려진 것이기에 먹으면 안 된다고 합니다. 반면에 후자는 그리스도 안에서 자유하며 우상이라는 것은 존재하지도 않으니 먹어도 된다고 합니다. 바울은 십자가의 도의 기준에 따라 남의 유익을 구하며 덕을 세우기 위해 선택하라고 합니다. 즉 음식을 먹는 자리에 오해를 살 만한 자가 있다면 먹지 말라고 권합니다. 하지만 오해할 만한 자가 없다면, 고기는 단지 음식이니 양심을 따라 맛있게 먹으면 됩니다. 먹든지 마시든지, 무슨 일을 하든지, **모든 것을 하나님의 영광을 위하여 하면 됩니다**(고린도전서 10:31). 우리는 보이는 대로 살지 않습니다. 죽기 전에 이미 죽었습니다. 내가 사는 것이 아닙니다. 내 안에 그리스도께서 사십니다. 질그릇 같은 내 몸(생각, 감정, 신체)에 보물이 담겨 있습니다. 그리스도이십니다. 우리가 지금 육체 가운데 있는 것은 오직 믿음으로 존재하는 것입니다. 그러므로 이런 믿음의 눈으로 바라보았을 때, 출애굽 백성이 홍해를 건너고 만나를 먹은 것은 세례를 받고 신령한 음식을 먹은 것입니다. 그들이 사막에서 물을 마실 때, 그 신령한 바위는 바로 그리스도입니다(고린도전서 10:1-4). 축복의 잔은 그리스도의 피에 참여하는 것입니다. 우리가 떼는 빵은 그리스도의 몸에 참여하는 것입니다. 그 한 덩이 빵을 함께 나누어 먹기에, 우리는 한 몸입니다(고린도전서 10:16-17). **그러므로 우리는 먹는 문제로 분열하면 안 됩니다.**

우리가 '예수는 주님이시다' 하고 말할 때, 이것은 성령님으로 인해 말문이 열려 말하는 것입니다. 믿는 자의 주체는 우리 주 예수 그리스도이십니다. 믿는 자들의 모임인 교회 또한 그 주체는 우리 주 예수 그리스도이십니다. 한 분이신 성령께서 그분의 원하심을 따라 각 사람에게 은사를 주어 공동의 이익을 위해 서로 섬기게 하십니다. 성령님은 몸에 분열이 생기지 않게 분배하시며 아가페 사랑으로 다스리십니다. 그러므로 사랑을 추구하십시오. 또한 방언을 하는 것은 좋은 일이며 자기 영을 강하게 합니다. 하지만 신약성경이 없는 당시 배경에서 구약성경을 올바로 해석하고 적용할 수 있는 말씀의 예언은 공동체 예배와 질서를 세우는 데 반드시 필요했습니다. 그리고 죽은 자의 부활이 없다면, 우리의 선포도 여러분의 믿음도 헛될 것입니다. 결코 여러분의 수고가 주님 안에서 헛되지 않습니다. 굳게 서서 흔들리지 말고, 주님의 일을 더욱 많이 합시다. 마지막 나팔이 울릴 때에, 죽은 사람은 썩어 없어지지 않을 몸으로 살아나고, 우리는 순식간에 다 변화됩니다(고린도전서 12-15장).

주일: 사도행전 19:21-20:6; 고린도후서 1-13장

· 보이는 것에 집착하면 십자가의 도를 피상적으로 알게 됩니다

· 그 결과, 육신에 힘을 주는 거짓 말씀사역자들이 득세합니다.

· 육신의 무게감이 빠질수록 겉사람은 낡아가고, 진정한 나는 더 강해집니다.

월: 사도행전 20:7-28:31; 골로새서 1-4장

· 9장에서 언급된 회심사건은 22장과 26장에 두 번 더 증거됩니다.

· 그를 이방의 사도로 세워, 사탄의 세력에서 자기 백성을 구원합니다.

· 바울이 전한 예수는 열방을 구원하는 '우주적인 메시아'입니다.

화: 에베소서 1-6장; 빌립보서 1-4장; 빌레몬서 1장

· 그리스도의 몸인 우리는 하늘과 땅 두 영역에 동시에 존재합니다.

· 교회는 지금 이 순간 여기 생명과 연결되어 신령한 복을 누리며, 하늘에서 이루어진 그 신령한 복을 이 땅에 믿음으로 나타냅니다.

수: 디모데전서 1-6장; 디모데후서 1-4장; 디도서 1-3장

· 이 세상과 장차 올 세상에 약속이 있는 경건은 범사에 유익합니다.

· 믿음의 선한 싸움을 싸우며 달려갈 길을 달리는 삶에 상급이 있습니다.

· 분파를 일으키는 자는 한두 번 훈계한 후에 멀리하십시오.

· 복음의 능력은 지역 문화에 참여하여 선을 행하며 헌신하는 겁니다.

목: 베드로전서 1-5장; 베드로후서 1-3장; 유다서 1장

· 주님과 연합된 우리는 믿음의 목표인 혼의 구원을 받고 있습니다.

· 그것은 곧 하나님의 성품에 참여하는 삶인 '경건'입니다.

· 복음의 진리 위에 성전인 자신을 건축하고 성령으로 기도합니다.

금: 요한계시록 1-11장

· 요한은 성령에 사로잡혀, 우리 주 예수께서 일곱 교회, 일곱 인, 일곱 나팔을 통해 하늘과 땅을 통치하시는 것을 봅니다.
· 죽임을 당한 어린양의 길을 가는 교회를 통해 열방이 회심합니다.

토: 요한계시록 12-22장

· 요한은 성령에 사로잡혀, 우리 주 예수께서 영적 판세, 일곱 대접, 큰 도시의 멸망, 그리고 새 도시의 도래를 이끄시는 것을 봅니다.
· 최후의 전쟁은 주의 재림으로 인해 발생하지 않고 새 하늘과 새 땅이 도래합니다.

어린양 혼인잔치가 펼쳐지는
영원한 그리스도의 나라

밧모섬의 사도요한은 두 가지 환상을 동시에 봅니다. 첫 번째 환상은 이 땅의 믿음의 영역에서 일어나는 것으로, 마귀는 천 년 동안 제압을 당합니다. 천 년은 주 예수님의 부활 승천에서부터 재림 사이의 기간을 상징합니다. **이 기간 동안, 마귀는 주의 영과 연합하여 한 영 되어 있는 성도들의 천상의 차원을 침범하지 못합니다.** 예수님의 재림 직전에 마귀는 잠시 풀려나는데, 이것은 마귀를 최후심판하여 영원한 불못으로 던져지기 위한 조치입니다. 마귀는 그때 최후의 전쟁을 시도합니다. 하지만, 주의 재림으로 인해 그 시도는 무산됩니다(요한계시록 20:1-3).

두 번째 환상은 천상의 보좌들과 환란을 통과하며 승리한 주의 백성들이 불이 섞인 유리바다 위에서 모세의 노래와 어린양의 승리의 노래를 찬양합니다(요한계시록 20:4-6). **우리 혼이 본래 있어야 할 은혜의 보좌로 나아가 그리스도와 연합하여 한 영 됨을 의식하고 누리는 천상입니다.** 이 땅에서 순교의 피를 흘렸던 자들은 어린양에게 신원합니다: "우리가 얼마나 더 오래 기다려야 지배자 님께서 땅 위에 사는 자들을 심판하시어 우리가 흘린 피의 원한을 풀어 주시겠습니까?"(요한계시록 6:9-10).

두 가지 환상을 동시에 보는 사도요한처럼, **이 땅의 성도들은 두 영역에 동시에 존재합니다. 하나님과 연합되어 있기 때문입니다.** 이 땅과 천상은 시간과 공간과 물질에 의해 단절되어 있지만, 그러나 동시에 영spirit으로 연속되어 있습니다. 이 땅의 성도들은 하늘에서 이루어진 뜻을 믿음의 실상으로 간직하고 이미 천상에 속해 있음을 그 믿음으로 누립니다(에베소서

2:6). 이제 육체 가운데 있는 것은 그 뜻이 이 땅에 이루어지도록 이 땅에 파송을 받아 오직 믿음으로 존재하는 것입니다. 그리고 주님의 일하심을 믿음으로 수종 들며 다시 오실 주님의 길을 예비합니다.

요한계시록은 구약과 연관된 상징들과 숫자로 가득하여 읽기에 어려움이 있습니다. 그런데 연대기적으로 읽으려는 유혹을 피하면, 우리는 의외로 단순한 진리를 대면하여 읽게 됩니다. **요한계시록은 부활하신 예수님께서 제자들에게 나타나신 첫 번째 파루시아와 이제 신령한 몸으로 다시 오시는 두 번째 파루시아 사이에서 하늘에서 이루어진 뜻을 이 땅에서도 이루어지게 하시는 주 예수님의 주권과 섭리 이야기입니다.** 이 책은 그 기간 사이에 펼치는 주님의 주권과 섭리를 다양한 각도에서 일곱 번 반복하여 그 이야기를 풀어나갑니다: 첫 번째 반복 일곱 교회(1-3장), 두 번째 반복 일곱 인(4-7장), 세 번째 반복 일곱 나팔(8-11장), 네 번째 반복 영적 판세(12-14장), 다섯 번째 반복 일곱 대접(15-16장), 여섯 번째 반복 큰 도시의 멸망(17-19장), 그리고 일곱 번째 반복 새 도시의 도래(20-22장). 천 년은 두 파루시아 사이의 간격을 상징으로 표현한 것입니다. 그러므로 이것을 연대기적이 아닌 카이로스의 믿음의 차원에서 직면하면, 우리는 오직 믿음의 직관으로 과거 현재 미래가 언제나 동일하신 하나님의 시간 속에 머물며 요한계시록 말씀을 읽을 수 있습니다.

로마제국과 황제를 따르는 자들은 자신들이 이기는 자들이라고 합니다. 그러나 하나님은 주 예수를 따르며 그리스도를 이 땅에 나타내는 자들을 이기는 자들이라고 부르십니다: "다 이루었다. 나는 알파며 오메가, 곧 처음이며 마지막이다. 목마른 사람에게는 내가 생명수 샘물을 거저 마시게 하겠다. 이기는 사람은 이것들을 상속받을 것이다. 나는 그의 하나님이 되고, 그는 내 자녀가 될 것이다"(요한계시록 21:6-7). 우리 인생의 끝에 놓인 새로운 길, 새 하늘과 새 땅입니다. 천 년은 때와 기간이 한정되어 있다는 뜻이며, 하늘 아버지의 주권에 속합니다. **아버지께서 구원하시기로 정해진**

숫자가 차면, 그 기한도 끝나고 우리 주 예수 그리스도께서는 눈에 보이게 다시 오시어 영원무궁하도록 우리 옆에 계십니다. 파루시아. 우리 몸은 예수님의 신령한 몸처럼 홀연히 변화되어 어린양의 혼인잔치에 참여합니다. 그리고 그 기간이 한정되지 않은 영원 그 자체의 새 질서 속에서 서로 사랑하며 끊임없이 하나님의 영광을 누리며 나타내는 영원한 그리스도의 나라가 펼쳐집니다.

우리는 영으로 어제와 오늘과 내일이 언제나 동일하신 하나님의 그 나라에 이미 동참했습니다. 지금 이 순간 여기에 영원히 현존하시는 하나님 생명과 연결되어 오직 믿음으로 육체 가운데 있습니다. 어린양의 혼인잔치를 믿음의 실상으로 가슴에 품고 믿음으로 존재합니다. 이미 하늘에서 이루어진 그 뜻이 이 땅에도 이루어지도록, 믿음의 선한 싸움을 싸우며 주님의 일하심에 손과 발이 되어 드립니다. 17주 차에서 만나게 되는 서신서의 사도들과 성도들은 바로 이 믿음으로 이 땅에 그리스도의 몸을 건설하며 주님께서 다시 오실 길을 예비하고 있습니다.

첫째 날 – 주야로 15분씩 임재 기도

고린도후서 1-13장; 사도행전 19:21-20:6

첫 번째 편지로 인해 고린도교회의 문제는 더욱 심각해집니다. 많은 교인들이 바울의 가르침을 거부합니다. 거기에 더하여 유대 예루살렘에서 온 자들이 바울을 거짓 사도라고 하며 공격을 합니다. 그들은 그 말에 미혹되어 바울의 권위에 반기를 듭니다. 고린도교회 자체가 무너질 위기에 봉착했고, 그래서 바울은 고린도를 방문합니다(고린도후서 13:2). 하지만 어떤 자가 오히려 면전에서 바울을 모욕하였고, 바울은 다시 에베소로 돌아와서 눈물의 편지를 씁니다(고린도후서 2:4).

그 편지에 대한 답장을 기다리고 있는데, 그만 에베소에서 폭동이 일어납니다(사도행전 19:23-41). 그래서 바울은 그곳을 떠나 드로아에 가서 답장을 갖고 오는 디도를 기다립니다. 그런데, 디도가 마케도니아로 갔기에, 그는 드로아에서의 복음전도 기회를 뒤로 미루고 디도를 만나러 갑니다(고린도후서 2:12-13). 그만큼 고린도교회에 대한 사명이 강했고 상황이 궁금합니다. 바울은 디도를 만나 고린도교회가 회개를 하고 반대자를 치리했다는 소식을 듣습니다. 그래서 기쁨 가운데 세 번째 편지인 고린도후서를 그곳 마케도니아에서 씁니다(A.D. 56년).

바울과 고린도교회 사이에 발생한 갈등의 주된 원인은 두 가지입니다. 첫째는 그들이 육신의 죄에 붙잡혀 십자가의 도를 피상적으로 접한 것입니다. 따라서 고린도 교인들을 향해, 바울은 영의 그리스도인이 아니고 육에 속한 그리스도인이라고 판정합니다. 육신의 소욕으로 인해 교회는 분열에 휩싸입니다. 그런데 거짓된 슈퍼스타 교사들의 선전선동이 그것을 부채질하며 더 큰 문제로 몰아갑니다. 이것이 둘째 원인입니다(고린도후서 10-12장). 거짓 교사들은 당시 수사학에 정통하여 화려한 언변으로 대중집회를 하며 큰돈을 모았고 자신들을 자랑하고 높이기에 바쁩니다. 바로 그들이 고린도교회를 뒤집어 놓습니다. 고린도 성도들은 가난하고 말이 어눌한 바울과 그들을 비교하여 바울을 낮추어 보고 심지어는 빈궁하게 보이는 바울을 부끄럽게 생각합니다.

바울은 강력하게 항변합니다: "나는 저 거물급 사도들보다 조금도 못할 것이 없다고 생각합니다"(고린도후서 11:5). 여기서 거물급 사도들은 예수님의 12사도가 아닙니다. 당시의 슈퍼스타 전도 설교자들입니다. 그들은 자신을 높이며 바울은 가난하고 실패한 지도자라고 비방하고 다닙니다. 그들이 육신적인 고린도교회에 육신의 힘을 키우는 육의 말씀을 잔뜩 먹여 교회를 뒤집어 놓았기 때문에, 바울은 지금 해산의 수고를 다시 하며 그들에 빗대어 자신을 변호하는 것입니다. 변호의 핵심은, '그들은 돈 욕심에 그랬지만 나는 여러분에게서 돈을 한 푼도 받지 않았다'입니다. 돈을 안 받고 사역을 한 이유는, 저 거짓 슈퍼 설교자들과 차별되어 저들이 인정받을 기회를 애초에 잘라 없애기 위함입니다. 그들은 그리스도의 사도로 가장하는 거짓 사도입니다(고린도후서 11:12-13).

그들을 반박하는 과정에서, 바울은 자신이 셋째 하늘에까지 이끌려 올라갔던 체험을 나눕니다(고린도후서 12:2). 그리고 그는 자신의 약점을 자랑합니다. 주님의 이 말씀 때문입니다: "내 은혜가 네게 족하다. 내 능력은 약한 데서 완전하게 된다"(고린도후서 12:9). 그래서 바울은 그리스도를 위하여 병약함과 모욕과 궁핍과 박해와 곤란을 겪는 것을 기뻐합니다. 자신이 약할 그때에, 오히려 자신이 강하다는 것을 알기 때문입니다. 이것이 '십자가의 도'로 분별되는 진짜 사역자 됨의 잣대입니다.

우리는 모든 생각을 사로잡아 그리스도께 복종시켜야 합니다. *자신이 주체가 되어 선과 악, 옳고 그름을 헤아리며 통제함에서 비롯되는 생각에*

는 하나님의 쉼이 없습니다. 그 배후에는 늘 뱀의 유령이 어슬렁거리며 우리로 하여금 우월감과 열등감에 빠지게 합니다. 생각은 진리도 실재도 나도 아닙니다. 그냥 뇌의 자극에서 비롯된 반응이며, 그 반응의 축적으로 뇌에 경험과 지식이 쌓이는 것일 뿐입니다. 그 경험과 지식으로 인해 과거에 집착하여 미래를 추구하지만, 그 미래 역시 반응된 생각이기에 결국 과거로 귀속됩니다. 한마디로, **생각은 늘 우리로 하여금 과거의 덫에 걸려 다람쥐 쳇바퀴를 돌게 합니다.**

해 아래 새것이 없습니다. 그러한 세상과 죄에 대해서, 우리는 그리스도와 함께 죽었습니다. 동시에 그리스도 안에서 하나님을 향하여 살아났습니다. 생명을 주는 성령의 법이 우리를 죄와 사망의 법에서 해방시켰습니다. 지금 이 순간 여기 영원히 현존하시는 생명과 연결된 우리는 '내 모습 이대로' 이미 거룩하고 이미 온전합니다. 이전 것은 다 지났습니다. 보십시오! 그리스도 안에서 하나님과 화해한 새로운 피조물입니다(고린도후서 5:17). 보이는 대로 살지 않습니다(고린도후서 5:7). 오직 믿음으로 존재하고 믿음으로 숨 쉬며 믿음으로 살아갑니다: "우리가 육신을 입고 살고 있습니다마는, 육정을 따라서 싸우는 것은 아닙니다. 싸움에 쓰는 우리의 무기는, 육체의 무기가 아니라, 하나님 앞에서 견고한 요새라도 무너뜨리는 강력한 무기입니다. 우리는 궤변을 무찌르고, 하나님을 아는 지식을 가로막는 모든 교만을 쳐부수고, **모든 생각을 사로잡아서, 그리스도께 복종시킵니다**"(고린도후서 10:3-5).

자기 자신을 점검하십시오. 자신 안에 예수 그리스도께서 계시다는 것을 알지 못합니까? 만약 모른다면, 당신은 실격자입니다(고린도후서 13:5). 그러나 분명한 것은, 자신 스스로 실격자라 하여도, 당신은 실격자가 아니라는 것입니다. 하나님께서 부르셔서 그 은혜로 당신을 자녀 삼으셨기 때문입니다. 다만 보이는 것에 붙잡혀 깨닫지 못할 뿐입니다. 보이는 것에서 믿음의 차원으로 전환을 하면 됩니다. **외부에서 내면으로 전환하여, 당신 존재**

중심에 이미 계신 그리스도께로 매일 순간마다 끊임없이 전심으로 나가십시오. 주님께서 기다리십니다.

주님은 영이십니다. 주의 영이 계신 곳에는 자유가 있습니다. **주의 영이 당신을 주님과 같은 모습으로 변화시키십니다**(고린도후서 3:16-18). 어둠 속에 빛이 비쳐라 말씀하신 하나님께서 당신의 마음 속을 비추십니다. 그리스도의 얼굴에 나타난 하나님의 영광을 아는 지식의 빛을 당신 내면에 비추십니다. 예수님의 시신을 우리 몸에 짊어집니다. 우리 몸을 죽음에 내어 맡깁니다. **보이는 대로 생각하지 않으니 육신의 무게감이 사라지고 우리 겉사람은 낡아갑니다. 그러나 우리 속사람, 즉 진정한 나는 날마다 새로워집니다.** 지금 우리가 겪는 고난은 장차 누릴 영광과 견주어 일시적이고 가벼운 것입니다. 우리는 보이는 것을 바라보지 않습니다. 보이지 않는 영원한 것을 바라봅니다(고린도후서 4장). 이러한 우리의 믿음이 길 되어, 우리 주 예수 그리스도 이 길 따라 속히 오십니다. 마라나타.

둘째 날 – 주야로 15분씩 임재 기도

사도행전 20:7-28:31; 골로새서 1-4장

주 성령께서 바울을 예루살렘으로 이끄십니다(사도행전 20장). 저자 누가는 주 성령께서 사도행전의 모든 사건이 펼쳐지는 장면들 배후에서 일하심을 기록합니다. **주 예수님은 우리의 눈에 보여진 구약의 하나님이십니다.** 그리고 **주 성령님은** 그리스도의 몸인 교회가 이 땅에서 펼쳐 나가는 삶에 함께 계시는 **우리 주 예수 그리스도의 살아 계신 임재**입니다. *사도들은 눈에 보이지 않는 예수님을 오직 믿음으로 직관하며 주님의 일을 수종 듭니다.* 우리 주님은 그 믿음을 받으시고 성령의 기름 부으심 가운데 다이너마이트 같은 폭발력으로 장애물들을 제거하시며 하나님의 나라를 이 땅에 확장하십니다. 거절과 박해를 받는 사도들과 성도들을 위로하시며 용기를 주십니다.

그들은 주 성령의 이끄심에 믿음으로 반응하며 따라갑니다. 사도행전은 성령행전입니다. 그들은 하나님과 생명관계속에 오직 믿음으로 존재합니다. 그들은 끊임없이 하루 24시간 깨어 있는 기도상태에서 주님을 따릅니다. 주님은 다메섹의 아나니아를 환상 중에 불러 '지금 사울이 기도하고 있는데 그곳으로 가라' 하십니다. 아나니아는 사울에게 가서 말합니다: "그대가 오는 도중에 그대에게 나타나신 주 예수께서 나를 보내셨소. 그것은 그대가 시력을 회복하고, 성령으로 충만하게 되도록 하시려는 것이오"(사도행전 9:17).

저자 누가는 바울의 이 회심사건을 22장과 26장에서 반복하여 말하며 바울의 사명을 독자들에게 전합니다. 예루살렘에서 자기 동족에게 붙잡혔을 때에, 바울은 이 회심사건을 그들에게 증거하며 그때 아나니아가 자신에게 한 말을 조금 더 자세히 설명합니다: "우리 조상의 하나님께서 당신을 택하셔서, 자기의 뜻을 알게 하시고, 그 의로우신 분을 보게 하시고, 그분의 입에서 나오는 음성을 듣게 하셨습니다. 당신은 그분을 위하여 모든 사람에게 당신이 보고 들은 것을 증언하는 증인이 될 것입니다. … 주님의 이름을 불러서, 세례를 받고, 당신의 죄 씻음을 받으십시오"(사도행전 22:14-16). 즉 하나님께서 구약에서 약속하신 메시아 그 의로운 분을, 사울이 직접 뵈었고 그분의 음성도 직접 들었다는 증언입니다.

그렇게 붙잡힌 다음 날 밤에 주님께서 바울에게 말씀하십니다: "용기를 내어라. 네가 예루살렘에서 나의 일을 증언한 것과 같이, 로마에서도 증언하여야 한다"(사도행전 23:11). 바울은 로마총독 베스도와 유대 왕 아그립바 앞에서 자신이 유대 사람에게 고발당한 이유를 밝힙니다: "지금 나는, **하나님께서 우리 조상들에게 주신 약속에 소망을 두고 있기 때문에** … 전하, 나는 바로 이 소망 때문에 유대 사람에게 고발을 당한 것입니다"(사도행전 26:6-7). 그리고 자신의 그 회심사건을 한 번 더 증언합니다. 그 회심사건에서, 예수님은 바울에게 자신을 나타나셨던 목적을 말씀하셨습니다. 누가는 그것을 이번 증언에서 기록에 남깁니다: "나는 이 백성과 이방 사람들 가운데서 **너를 건져내어, 이방 사람들에게로 보낸다.** 이것은 그들의 눈을 열어 주어서, 그들이 어둠에서 빛으로 돌아서고, 사탄의 세력에서 하나님께로 돌아오게 하며, 또 그들이 죄사함을 받아서 나에 대한 믿음으로 거룩하게 된 사람들 가운데 들게 하려는 것이다"(사도행전 26:17-18).

그래서 바울은 '하늘로부터 받은 환상을 거역하지 않고' 먼저 다마스쿠스와 예루살렘에 있는 자들에게, 다음에는 온 유대 사람들에게, 그리고 이방 사람들에게 **'예언자들과 모세가 장차 그렇게 되리라고 한 약속'이 바로 우리 죄를 대신해 죽으시고 다시 살아나신 예수에게서 성취되었다는 것을 증언하고 선포**한 것입니다(사도행전 26:19-23). 이러한 바울의 증언에 대한 유대 왕의 판결은 무죄입니다: "그 사람이 황제에게 상소하지 않았으면, 석방될 수 있었을 것이오"(사도행전 26:32).

하나님의 섭리와 주권은 바울이 당시 세계의 중심지 로마에서도 증언하는 것입니다. 예수님은 이 땅에 하나님의 구원을 가져오기 위해서 고난에로 나아가 예루살렘에 세워진 보좌 십자가에 달리십니다. 그리고 성전이 있는 그 예루살렘에 부활의 광명을 가져옵니다. 바울은 예수님의 그 길에 동참합니다. 바울은 유라굴로 광풍의 죽음을 통과하여 **로마에 준비된 감옥에서 유대인에게 약속했던 메시아 그분이 바로 죽음에서 부활하신 예수이심을 열방을 향해 증거합니다:** "그는 아무런 방해도 받지 않고, 아주 담대하게 하나님 나라를 전하고, 주 예수 그리스도에 관한 일들을 가르쳤다"(사도행전 28:31). 다신론의 로마제국에서, 바울은 신은 오직 한 분이심을 증언합니다. 그리고 예수가 바로 유일하신 하나님 여호와와 하나 되신 하나님이라고 증언합니다.

하나님은 우리가 죽인 예수를 다시 살리십니다. **바울이 전한 복음은 부활하신 예수가 바로 메시아라는 것입니다. 구약이 증언하고 약속했던 분입니다.** 구약의 그 약속을 성취하신 분이 바로 우리 주 예수 메시아입니다. 그분이 바울을 불러 이 복음을 열방의 이방 사람들에게 전하라 하십니다. **바울이 전한 예수는 '우주적인 메시아'입니다.** 유대라는 한 민족을 넘어 온 우주 모든 열방에게 죄사함을 베푸시며 하나님 가족으로 초청하여 예수의 한 몸을 이루는 한 가족입니다. 메시아는 만유시요 만유 안에 계십니다(골로새서 3:10-11). 그분은 보이지 않는 하나님의 형상이며 모든 피조물보다 먼저 나십니다. 만물이 그분 안에서 창조됩니다. 하늘과 땅에서 보이는 것들과 보이지 않는 것들, 왕권이나 주권이나 권력이나 권세나 할 것 없이, 만물이 다 우리 주 예수로 말미암았고 그분을 위해서 창조됩니다. 그분은 만물의 근본입니다. 죽은 자들 가운데서 제일 먼저 살아나셔서 만물의 으뜸이 되십니다. 그분은 메시아의 몸인 교회의 머리이십니다. 하나님은 그분의 십자가의 피로 화목하게 하시어 하늘과 땅에 있는 모든 것들과 화목하게 된 것을 기뻐하십니다(골로새서 1:15-20). 아버지는 모든 충만함이 아들 메시아 안에 거하는 것을 기뻐하셨는데, 이것이 십자가에서 성취되었고 지금은 새 언약과 새 창조 가운데 그 완성을 향해 나아갑니다.

우리는 세상의 초등학문에 대해서 그리스도/메시아와 함께 죽은 자들입니다. 그리고 그리스도와 함께 다시 살리심을 받았습니다. 우리는 죽었고, 우리 생명은 그리스도와 함께 하나님 안에 감추어져 있습니다(골로새서 2:20-3:3). 그러므로 우리는 그리스도께서 하나님 우편에 앉아 계시는 곳, 즉 눈에 보이는 세상의 차원이 아닌 **믿음으로 *직관하는 하나님의 차원을 마음을 다하고 목숨을 다하고 뜻을 다하여 구하고 찾고 두드립니다.*** 외부에서 내면으로 방향을 전환하여 모든 시선을 주님께 드립니다. 숨결에 주님을 느끼며 주의 영의 인도를 받아 존재 중심에 계신 그리스도께로 나갑니다. 은혜의 보좌 앞입니다. 우리 혼이 그리스도와 연합하여 한 영이 된 우리 참모습을 의식하며 누립니다. 이미 거룩합니다. 이미 온전합니다. 이미 의롭습니다. 이미 영광스럽습니다. 이 믿음을 통해, 주님께서 기름 부으시며 주의 영을 흐르게 하시니, 우리 몸(생각, 감정, 신체)을 통해 그리스도/메시아가 나타나 다스리십니다. 지금 이 순간 여기에 펼쳐진 천국입니다. 우리가 밟는 곳마다 이 천국의 향기가 전달되니, 가정과 생업의 터전에 주님의 뜻이 이루어집니다(골로새서 3:18-4:1). 주 예수의 이름을 힘입어 하나님 아버지께 감사하는 새 인류가 그 자리에 존재합니다(골로새서 3:15-17).

셋째 날 – 주야로 15분씩 임재 기도

에베소서 1-6장; 빌립보서 1-4장; 빌레몬서 1장

그리스도는 하나님의 비밀입니다. 유대 민족의 하나님으로 자신을 나태내신 하나님께서 이제는 그리스도 안에서 열방의 하나님이 되십니다. 왜냐하면 그리스도께서 십자가로 유대인과 이방인 사이의 막힌 담을 모두 무너뜨리시며 원수 된 것을 소멸시키시고 한 몸 되게 하셨기 때문입니다. 이것은 세상을 창조하기 전에 그리스도 안에서 예정하신 하나님의 섭리와 경륜입니다(에베소서 1:4-5).

한 몸이 된 그리스도의 몸은 교회입니다. 교회는 그리스도의 비밀입니다. 천상의 그리스도께서는 이 땅의 그리스도인들을 자신과 동일시하십니다: "사울아, 네가 왜 나를 핍박하느냐? … 나는 네가 핍박하는 예수다"(사도행전 9:4-5). 교회는 만물 안에서 만물을 충만하게 하시는 그리스도의 충만입니다. 교회는 오직 그리스도만이 전부입니다. 교회는 남자 여자가 없습니다. 교회는 종과 자유인이 없습니다. 교회는 유대인과 이방인이 없습니다. 교회는 빈부귀천이 없습니다. 모두가 죽기 전에 죽어 그리스도 예수 안에서 하나님과 연합되었고 한 영이기 때문입니다. 그러므로 그리스도 안에서 교회는 하나이며 거룩하신 분의 충만입니다(에베소서 1:23; 골로새서 3:11; 갈라디아서 3:28).

교회는 천상과 이 땅의 두 가지 환상을 소유하며 하늘과 땅 두 영역에 동시에 존재합니다. 먼저, 교회는 "하늘에 속합니다. *en tois epouranios*"(에베소서 1:3, 20, 2:6, 3:10, 6:12). 하나님께서 그리스도 안에서 교회의 멤버인 우리들에게 하늘에 속한 신령한 복을 주셨기 때문에(1:3), 그 어떤 피조물도 그 복을 우리에게서 빼앗지 못합니다: '거룩하고 흠이 없도록 미리 택하셨습니다. 사랑으로 미리 정하셨습니다. 하나님 자녀 삼으셨습니다. 구속 곧 죄 사함을 받아 함께 살게 하셨습니다. 은혜를 입었습니다. 그리스도와 함께 상속인입니다. 성령으로 도장을 찍으셨습니다'(1:3-13). 하나님께서 죽은 자들 가운데서 그 크신 능력으로 예수를 살리시어 하늘에 속한 보좌에 앉히실 때, 우리도 함께 앉게 하셨습니다(1:20, 2:6). **이것이 바로 우리의 현재 존재 상태입니다. 이렇게 교회는 영적으로는 하늘에 속한 영역에서 '이미' 부활하여 승리한 무리들과 그리스도의 몸을 이루어 승리의 노래를 부르고 있습니다. 교회는 영광의 소망입니다.** 하나님은 하늘에 속한 영적 존재들에게 교회로 인해 하나님의 갖가지 지혜를 나타내고 계십니다(3:10).

둘째, 그리스도의 몸인 우리는 지금 땅에 발을 딛고 육체의 부활을 기다리고 있습니다. **우리가 지금 육체 가운데 있는 것은 하늘에서 이루어진 뜻이 이 땅에서도 이루어지도록 오직 믿음으로 존재하는 것입니다.** 우리가 서로 사랑하는 것을 보며, 세상은 하나님이 살아 계신다는 것을 알아 주님께로 돌아옵니다. 그러므로 우리는 사람을 적대자로 삼지 않습니다. 보이지 않는 하늘에 속한 악한 영들을 대적합니다(6:12). 하나님과 연합하여 한 영 됨 가운데 오직 말씀대로 생각하고 말하고 선포하며 믿음의 실상을 간직하는 존재상태 자체가 곧 영적 전쟁이며 승리입니다. 지금 이 순간 여기서 하나님 생명과 연결된 무장상태를, 바울은 지금 전신 갑주를 취하고 그 상태에서 하루 24시간 성령 안에서 기도하는 모습으로 묘사합니다(6:13-17).

이렇게 교회는 두 영역에 동시에 존재하며 오직 그리스도로 충만한 세상의 참소망입니다. 영광의 산 소망인 교회의 길을 따라, 우리 주 예수 그리스도 신령한 몸으로 다시 오시어 영원한 그리스도의 나라를 펼치십니다. 그러므로 이 땅의 교회는 헌 옷을 벗고 새 옷을 입듯이 옛 사람을 벗고 새사람을 입어 하나님의 형상이 회복됨을 경험합니다. 거짓을 벗고 진실을, 분노를 벗고 평화를, 도둑질을 벗고 구제를, 험담을 벗고 격려를, 복수를 벗고 용서를, 성적 문란을 벗고 육체에 대한 절제를, 그리고 술에 취함을 벗고 성령으로 충만함을 입습니다. 심령에서부터 찬송이 솟아나며 감사하고 기뻐하는 것이 곧 성령충만함의 증거입니다. 부부관계에서, 자녀들과 관계에서, 생업의 인간관계에서, 우리 삶의 이 모든 곳에서 우리 주 예수님이 주체가 되시어 다스리십니다. 우리는 자신을 부인하고 자기 십자가 짊어지고 주님을 따르며 주의 일하심을 수종 듭니다. 이 땅에 이루어지는 하나님 나라입니다. 한 몸입니다. 한 성령입니다. 한 주님입니다. 한 믿음입니다. 한 세례입니다. 한 하나님입니다(에베소서 4-6장).

이 놀랍고 위대하고 영광스러운 복음 이야기는, 우리 주 예수 그리스도께서 본래 하나님이심에도 불구하고 하나님과 동등함을 취하지 않음에서 시작됩니다. 첫째 아담은 피조물임에도 불구하고 자신이 조물주와 동등한 자리에 있으려고 말씀에 불순종했고 그 결과 죄와 사망에 떨어집니다. 그러나 둘째 아담은 본래 조물주임에도 불구하고 자신 스스로를 피조물의 자리에 놓으십니다. 자신을 낮추시고 십자가에 죽기까지 하십니다. 그런 까닭에, 하나님께서 그분을 지극히 높이시고 모든 이름 위에 뛰어난 이름을 주시어 하늘과 땅과 땅 아래에 있는 모든 피조물로 하여금 예수의 이름 앞에 무릎을 꿇게 하십니다. 그 결과, 우주 만물은 '예수 그리스도는 주님이시다'라는 고백을 하며 모든 영광을 하나님 아버지께 돌립니다(빌립보서 2:6-11).

이분 예수 그리스도께서 죽기 전에 죽은 우리들 가운데 그리고 각자 안에 살아 계십니다. 그분의 영이 우리로 하여금 하나님께서 기뻐하시는 것을 소원하며 실천하게 하십니다. 두렵고 떨림 가운데 **우리 가운데서 일하시는 주님을 따르는 것**이 곧 **우리의 영혼을 구원하는 것**입니다(빌립보서 2:12-13). 우리는 혼의 구원을 이루어가는 순례길 가운데 모든 것을 잃어버리고 배설물로 여깁니다. 그럴 때마다 그리스도 안에서 우리의 참모습을 발견하고 의식하게 하십니다. 이미 거룩합니다. 이미 의롭습니다. 이 길 끝에서, 우리는 신령한 몸으로 오시는 그분을 맞이합니다. 우리의 늙고 병드는 이 몸도 그분의 영광스러운 몸과 같은 모습으로 그때 그 순간 홀연히 변형될 것입니다(빌립보서 3:8-21).

주님께서 가까이 오셨습니다. 모든 일을 감사함으로 하나님께 말씀드립니다. 하나님의 평화가 그리스도 예수 안에서 우리의 심중과 생각을 지키시고 인도하십니다. 우리는 우리의 관용을 모든 사람에게 알립니다(빌립보서 4:4-7). 바울은 이것에 대한 샘플을 빌레몬과 오네시모의 관계에서 보여 줍니다. 오네시모는 빌레몬의 노예입니다. 오네시모는 도망쳤고 훗날 감옥에서 바울을 만나 주 예수께 헌신합니다. 이제는 오네시모가 사는 것이 아닙니다. 그리스도가 사십니다. 그는 이제 바울의 동역자입니다. 바울은 오네시모를 빌레몬에게 보내며 빌레몬의 '관용'을 기대합니다. 왜냐하면 두 영역에 동시에 존재하는 그리스도인들에게 있어서, 로마법의 다스림을 받는 육체에게 있어서는 여전히 주인과 노예의 관계이지만, 생명을 주시는 성령의 법의 통치 가운데 그 둘은 이미 가족이기 때문입니다. 그들은 이제 진리의 생명을 공유하며 같은 길을 가는 동역자입니다. 그러므로 바울은 믿음의 형제 빌레몬에게 '그리스도의 관용'을 나타낼 기회가 생겼다고 편지를 씁니다(빌레몬서 1장). 이 땅에 펼쳐지는 하나님 나라입니다. 지금은 부분적이고 죄악의 성난 파도에 의해 부서지기도 하지만, 그날에는 모든 영역에서 온전히 영원무궁하도록 그 나라가 펼쳐집니다. 마라나타.

넷째 날 - 주야로 15분씩 임재 기도

디모데전서 1-6장; 디모데후서 1-4장; 디도서 1-3장

바울은 2차 선교 여행 때 에베소교회를 개척하였고, 3차 선교 여행때 그곳을 다시 방문하여 2년 반 동안 섬깁니다(A.D. 53-55년). 성도들은 주 예수의 이름으로 세례를 받았고, 바울이 그들에게 손을 얹으니 성령이 그들에게 임합니다. 그래서 12명 정도가 방언으로 말하며 예언도 합니다. 바울은 회당에서 석 달 동안 '하나님 나라'에 관하여 강론하고 권면합니다. 그런데 그들 중 몇몇은 마음이 굳어져 불순종하여 무리 앞에서 이 '도'를 비방합니다. 그래서 바울은 그들을 떠나 제자들을 따로 데리고 나가 두란노 서원에서 날마다 강론을 합니다.

유대인이나 헬라인이나 다 주님의 말씀을 들으며 그렇게 에베소교회는 말씀의 뿌리를 내립니다(사도행전 19:5-10). 그리고 **그리스도의 비밀인 교회의 영광**이 무엇인지를, 바울은 훗날 에베소교회를 모델로 하여 쓰며 밝히 드러냅니다. 에베소서는 그리스도의 몸인 교회에 대한 하나님의 청사진입니다. ***이 땅에 바빌론 같은 도시가 무너지고 새 예루살렘의 새 도시가 어떻게 세워져 가고 있는가를, 주님은 우리에게 에베소교회를 통해 보여 줍니다.*** 그런데 이런 에베소교회에 한 무리의 지도자들이 잠입해서 예수님과 그분을 따르는 것에 대한 잘못된 관점을 퍼뜨리고 있다는 소식을, 바울은 듣습니다. 그래서 바울은 믿음의 아들 디모데를 그곳으로 보내어 그들을 대적하며 교회의 질서를 회복하게 합니다. 그리고 이제 디모데에게 두 번의 편지를 쓰며 사역을 완수하는 데 필요한 지침을 건넵니다.

주 예수의 길을 따라, 주 성령께서 선교의 문을 엽니다. 바울은 주 성

령의 인도를 따라 1-3차 선교 여행을 통해 소아시아와 유럽 지역에 주님의 몸을 세웁니다. 세워진 주님의 교회는 성장함과 동시에 거짓 교사들에 의해 위기를 맞기도 합니다. 따라서 바울의 목회서신들과 사도들의 공동서신들은 거짓에 저항하며 주님의 몸을 지킴과 동시에 확장하고자 믿음의 선한 싸움을 싸우는 주님의 종들과 그 사역의 모습을 보여 줍니다.

주의 종들과 교회가 거짓에 저항하여 진리를 지켜내고 확장하는 원동력은 우리 주 예수 그리스도입니다. "그분은 육신으로 나타나시고, 성령으로 의롭다는 인정을 받으셨습니다. 천사들에게 보이시고, 만국에 전파되셨습니다. 세상이 그분을 믿었고, 그분은 영광에 싸여 들려 올라가셨습니다"(디모데전서 3:16). **사도들과 교회의 경건의 비밀은 바로 그분 우리 주 예수님과 자신들이 연합되어 있는 것입니다**: "우리가 주님과 함께 죽었으면, 우리도 또한 그분과 함께 살 것이요, 우리가 참고 견디면, 우리도 또한 그분과 함께 다스릴 것이요, 우리가 그분을 부인하면, 그분도 또한 우리를 부인하실 것입니다"(디모데후서 2:11-12). 그들은 사역자로서의 정체성이 분명합니다: "나는 거짓이 없으신 하나님께서 영원 전부터 약속해 두신 영생에 대한 소망을 품고 있습니다. 하나님께서는 제 때가 되었을 때에 하나님의 이 약속의 말씀을 사도들의 선포를 통하여 드러내셨습니다. 나는 우리의 구주이신 하나님의 명령을 따라 이것을 선포하는 임무를 맡았습니다"(디도서 1:2-3).

우리 주 예수께서 새 언약의 성취 가운데 새 창조를 시작합니다. 그러므로 그리스도 안에서 새로운 피조물됨과 이 땅에서 그것을 지켜내며 새 창조의 그 나라를 확장함이, 주의 종들과 교회의 존재 이유입니다. 보이는 것에서 내 안의 주님께로 방향을 전환하여 은혜의 보좌 앞으로 끊임없이 나아갑니다. 심중의 눈을 주 예수님께 고정합니다. 들숨 날숨 숨결에 주님의 생명을 호흡하며 주님과 연합됨의 즐거움을 누립니다. **그리스도 안에 있는 우리의 이 믿음을 통해, 주님께서 기름을 부으시며 주의 영이 흐르며**

우리의 몸(생각, 감정, 신체)을 통해 나타나시니, 주님의 나라가 우리의 가정과 생업의 터전에 순간순간 펼쳐집니다. 그 길 따라 우리 주 예수님 파루시아 하시어 영원한 그리스도의 나라를 펼치십니다. 아멘. 마라나타.

거짓 교사들은 속이는 영과 악마의 교훈을 따릅니다(디모데전서 4:1). 에베소교회에 침투한 거짓 교사들은 신화와 끝없는 족보에 몰두하며 음식과 결혼과 성에 관한 잘못된 가르침을 줍니다. 젊은 과부들로 추정되는 일부 여성들이 여기에 미혹되어 거짓 교리를 교인들에게 가르칩니다. 그래서 바울은 디모데에게 여자들이 교회에서 가르치는 것을 중단시키고 그들을 잘 양육하여 여성 지도자로 세워지도록 인도하라고 권면합니다. 또한 남자들 중에서 소수의 장로와 집사그룹을 만들어 교회 질서를 유지하라고 지침을 줍니다. 그리고 거짓 지도자들의 동기를 폭로합니다. 그들은 추종자들을 모아 비싼 돈을 받고 가르치려 합니다. 그것은 그리스도 안에서 자족함과 단순한 삶에 대한 주 예수님의 가르침을 저버리는 것입니다. 교회 내의 부유한 성도들은 선한 일을 하며 나눔을 통해 주신 부를 누리라고, 바울은 가르칩니다.

첫 번째 편지를 쓴 후, 바울은 감옥에서 형편이 더 안 좋아집니다. 이제 곧 죽을 것을 직감하며 디모데로 하여금 자신에게 오라고 요청합니다. 그동안의 사역의 노하우를 전달하기 위함입니다. 또한 바울은 디모데에게 거짓 교사들에 맞서라고 재차 권면합니다. 그리고 그들을 대신하여 신실한 진짜 지도자를 세우라고 명령합니다. 거짓 교사들과 헛된 논쟁을 피하고, **성경의 메시지에 집중하는 지도자들이 세워져야 합니다.** 구약성경은 모르는 것을 가르치고 말만 하고 실천하지 않는 것을 지적하기에 유익합니다. 그리고 흐트러진 생각과 행동방식을 드러내어 바르게 하고 새로운 길을 보여 주기에 유익합니다. 이렇게 성경에 익숙하여 하나님의 일을 하기에 준비된 자들을 지도자로 세우라고 권면합니다(디모데전서 3장). 바울 개인에게 있어서, 모두가 떠난 지금의 자신에게 유일한 위로의 원천은 항상 자신의 편이 되어 주실 뿐만 아니라 자신이 죽는다고 하여도 영생으로 인도하여 주실 *예수님의 임재입니다. 바울은 그 임재를 오직 믿음으로 직관합니다.* 그는 지금 이 순간 여기에 영원히 현존하시는 하나님 생명과 연결하여 있는 자신의 모습 그대로 이미 온전하고 이미 거룩함을 의식하며 주님을 기뻐합니다. 이것이 바울의 기쁨이요 산 소망입니다(디모데전서 4:16-18).

한편, 바울은 디도에게 두 가지 임무를 주어 그레데섬으로 파송합니다. 첫째는 그곳 교회에서 장로를 임명하여 교회 질서를 유지하라는 것입니다. 둘째는 거짓 지도자들을 책망하는 것입니다. 유대-그리스도인 중에서 할례와 율법의 준수를 강요하는 자들이 돈을 벌려는 속셈으로 지도자의 자리를 차지합니다. 그들은 하나님을 안다고 말은 하지만 그들의 행동방식은 주님을 부인하고 있습니다. 부패한 지도자들 때문에 그레데섬의 많은 교회들의 가정과 개인의 삶이 무너집니다. 부패한 그레데섬의 풍습을 그대로 따르고 있습니다. '하나님의 풍성한 은혜'는 분명 그러한 삶과 모순됩니다. 이미 새 언약 가운데 새 창조의 삶이 열렸습니다. 그러므로 예수님께 충성한 자들이 성령의 능력으로 일어나 하나님의 그 은혜를 그레데섬 전역과 온 세상에 선포합니다. 복음의 능력은 문화적인 충돌이나 그레데 문화에 동화되는 것이 아닙니다. *지혜롭게 그들의 문화에 참여하여 선한 것은 수용하고 헌신하며 사는 것이 복음의 능력입니다.* 그러면 지중해 전역으로 나가는 항구도시 그레데를 통하여, *주님은 복음을 열방에 전파할 것입니다.* 디도서를 통한 주님의 선교 전략입니다.

다섯째 날 - 주야로 15분씩 임재 기도

베드로전서 1-5장; 베드로후서 1-3장; 유다서 1장

베드로는 주 예수 그리스도의 위엄을 변화산에서 눈으로 직접 봅니다. 그리고 베드로는 장엄한 영광에 의해 그분에게 이런 음성이 함께하는 것도 듣습니다: "이는 내 사랑하는 아들이요 내 기뻐하는 자라." 그때 주 예수님께서 하나님 아버지께 존귀와 영광을 받으셨고, 베드로는 이것을 직접 경험합니다(베드로후서 1:17-18; 누가복음 9:28-36). 그때 영광 중에 예수님은 모세와 엘리야에게 예루살렘에서 새로운 출애굽이 일어날 것에 대해 말씀하셨는데, 훗날 베드로는 누가에게 이 사실을 전해 줍니다. 그래서 누가복음에 그 기록이 남아 있습니다: "그들은 영광에 싸여 나타나서, 예수께서 예루살렘에서 이루실 일 곧 그의 떠나가심exodos에 대하여 말하고 있었다"(누가복음 9:31).

예수님은 예루살렘에 세워진 십자가에 달려 죽으시므로 이 세상을 떠나십니다exodos. 그러나 사흘 만에 부활하시어 승천하시고 다시 신령한 몸으로 첫 번째 파루시아parousia 하시어 제자들에게 '성령을 받으라' 하시며 40일간 여러 차례 나타나십니다. 제자들은 그때 성령으로 다시 태어납니다. 그리고 주님은 두 번째 파루시아를 약속하시며 다시 떠나십니다exodos. 오순절 날 약속하신 보혜사 성령께서 사도들과 120여 성도들에게 임하십니다. 베드로와 그 무리는 거룩한 영으로 충만합니다. 교회는 그분의 충만입니다(에베소서 1:23). 제자들은 그분으로 충만합니다. 성령으로 충만한 그들은 이제 그분의 몸입니다. 그들은 자신들의 몸(생각, 감정, 신체)으로 주님을 경험하고 나타냅니다. 주 예수님은 말씀에 복종하는 그들을 몸으로

하여 이 땅에 영으로 현존하십니다.

　주 예수의 이름으로 세례를 받은 자들은 예수님과 연합되어 있습니다. 주 성령이 그들에게 임하시면, 그들은 몸으로 주님을 체험하며 자신들의 생각과 감정과 신체로 주님을 나타냅니다. **그들은 세상을 떠나 주님과 연합되어 한 영이며 그분의 몸이기 때문입니다.** 이 놀라운 새 출애굽의 구원 역사가 사도들의 복음전파를 통해 유럽과 소아시아 전역에 나타납니다. 지금 베드로는 소아시아 지역에 있는 이방-그리스도인들이 박해와 고난을 받고 있다는 소식을 듣고 편지를 씁니다. 그들이 환난 중에도 기뻐할 수 있는 것은, 이 고난과 박해로 인해 우리 주 예수님의 죽음에 동참하는 것이기 때문입니다. 죽음에 동참했으면 부활의 영광도 있습니다. 그들은 그리스도를 본 일이 없으면서도 그분을 사랑하며, 그를 보지 못하면서도 그분을 믿으며, 그리고 말로 다 표현할 수 없는 즐거움과 영광을 누리며 기뻐합니다. 그들은 구약/옛언약이 증언하고 약속했던 믿음의 결과인 혼의 구원을 받고 있습니다(베드로전서 1:8-10). 즉 그들은 주님과 영으로 연합하여 한 영이 되어 있습니다. **이것이 바로 우리의 진정한 나 자신이며 숨은/속사람입니다**(베드로전서 3:4). 지금 우리는 혼의 구원을 받고 있습니다. 이제 우리 주님이 파루시아 하시면, 우리 몸(생각, 감정, 신체)도 우리 주님처럼 변형되어 영원한 그리스도의 나라에서 왕 같은 제사장으로 영원히 함께 살 것입니다.

　베드로는 바빌론 같은 로마에서 이 편지를 작성하여 고난과 핍박을 받는 소아시아 지역의 그리스도인들에게 보냅니다. 우리의 몸은 여전히 로마에 속하여 죄의 법을 섬기고 있습니다. 하지만 새로 태어난 하나님 자녀들의 영은 이미 출애굽을 하여 그리스도의 영과 연합하여 한 영이 되어 있습니다. 이제 우리 혼이 외부에서 내면으로 전환하여 끊임없이 존재 중심에 계신 그리스도께로 나아가며 혼의 구원을 받습니다. 기쁨과 감사와 평강이 우리 존재 중심에서부터 끊임없이 솟아납니다. 주님께서 그리스도 안에 있는 우리의 이 믿음을 받으시고 우리의 몸(생각, 감정, 신체)과 우리가 밟는 땅 가정과 생업의 터전에 끊임없이 기름을 부으시며 나타나십니다. 우리를 만지시고 치유하시며 새롭게 하시고 이 땅에 하나님 나라를 펼치십니다. 새 언약 가운데 이 땅에 새 창조를 이루시며 확장하는 것입니다. 그러므로 **하늘과 땅 두 영역에 동시에 존재하는 우리에게 있어서, 영으로는 이미 출애굽을 하여 하나님 나라에 속하였습니다. 그러나 우리 육신은 여전히 출애굽을 기다리며 환란 속에 순례길을 갑니다.** 우리 주 예수 그리스도의 재림의 날, 우리는 완성된 그 나라를 신령한 몸으로 온전히 경험하며 어린양의 혼인잔치에 참여할 것입니다.

우리는 어린양 예수님의 속죄의 피 흘림을 통해 죄사함을 받고 출애굽을 하여 주님의 영 보혜사의 임재 가운데 영원한 본향을 향하고 있는 나그네입니다. 삼위일체 하나님께서 거하시는 새 성전으로, 우리는 함께 세워지고 있습니다. 이러한 우리 앞에는 여전히 고난과 박해가 있습니다. 그러나 우리는 심중으로 뜨겁게 서로 사랑하며 이 길을 갑니다: "여러분이 그리스도의 이름으로 모욕을 당하면 복이 있습니다. 영광의 영 곧 하나님의 영이 여러분 위에 머물러 계시기 때문입니다"(베드로전서 4:14).

우리의 적대자는 사람이 아닙니다. 배후에서 역사하는 악한 영의 어두운 세력입니다: "근신하라 깨어라 너희 대적 마귀가 우는 사자 같이 두루 다니며 삼킬 자를 찾나니 너희는 믿음을 굳건하게 하여 그를 대적하라"(베드로전서 5:8-9). **악한 영에 속한 자들**은 자신들의 경건하지 못한 욕정을 따라 살며 교회를 분열시킵니다. **그들은 혼이 육신에 속하여 성령을 소멸한 자들입니다.**

그러나 우리는 깨어 정신을 차리고 단번에 받은 이 거룩한 믿음 위에 자신을 건축하며 성령으로 기도합니다(유다서 1:3, 18-20). 하나님은 이미 우리에게 생명과 경건을 위해 필요한 모든 것들을 주셨습니다. 우리는 하나님의 성품에 참여하는 자들입니다. 믿음에 덕과 지식과 절제와 인내를 더하여 경건에 이르고 우리 안에 자리잡은 하나님 성품으로 서로 사랑하면, 하나님 사랑이 온 세상으로 전파됩니다(베드로후서 1:3-7).

사랑하는 여러분, 이 한 가지만은 잊지 마십시오. 주님께는 하루가 천 년 같고, 천 년이 하루 같습니다. **우리는 오직 믿음으로 바로 이 하나님의 시간에 참여합니다.** 지금 이 순간 여기에 영원히 현존하시는 하나님 생명과 연결되니, 과거에 집착하여 원망불평하는 것이 사라집니다. 미래를 추구하여 걱정근심에 빠지는 것을 반복하지 않습니다. **지금 여기서 순간순간 하나님 임재 가운데 기뻐하며 감사하며 끊임없이 기도합니다.** 주님께서 재림하실 때, 하늘은 큰 소리로 떠나가고 새 하늘이 도래합니다. 그리고 물질이 뜨거운 불에 풀어지며 죄와 죽음의 세력이 제거되어 새로운 원소로 신령하게 변형됩니다. 그 결과, 우리는 새 땅의 도래를 맞이합니다. 이렇게 모든 것들이 홀연히 변형되며 새 하늘과 새 땅에 영원한 그리스도의 나라가 펼쳐질 것입니다. 그러므로 우리가 그날을 앞당기기 위해 그 길을 예비함이 마땅하지 않습니까? 우리는 주님의 약속대로 하나님의 의가 있는 곳인 새 하늘과 새 땅을 바라봅니다(베드로후서 3장; 이사야 65:17, 66:22).

여섯째 날 – 주야로 15분씩 임재 기도

요한계시록 1-11장

밧모섬의 요한은 성령에 사로잡혀(요한계시록 1:10), 하늘의 주님과 이 땅의 교회들을 동시에 봅니다. 첫 번째 파루시아 가운데 죽은 자들의 첫 열매가 되시며 땅 위의 왕들의 지배자가 되신 우리 주 예수님께서 이제 알파와 오메가의 심판주로 구름 가운데 재림하십니다(요한계시록 1:5-8). 하늘의 일곱 금 촛대 사이에 계신 주님께서 이 땅의 일곱 교회들과 함께하십니다.

이기는 교회들의 상급은 새 언약의 새 창조 세계를 상속받는 것입니다: 에베소의 이기는 자들은 하나님 낙원에 있는 생명나무의 열매를 먹습니다. 서머나의 이기는 자들은 둘째 사망의 해를 받지 않고 새 예루살렘성에 속합니다. 버가모의 이기는 자들은 감추어 둔 만나와 흰 돌에 그들의 새 이름이 적혀 있습니다. 두아디라의 이기는 자들은 민족들을 다스리는 권세 즉 샛별입니다. 사데의 이기는 자들은 그 이름이 생명책에 기록되고 흰 옷을 입습니다. 빌라델비아의 이기는 자들은 새 예루살렘 성전의 기둥입니다. 라오디게아의 이기는 자들은 아버지의 보좌와 그리스도의 보좌에 앉게 하십니다(요한계시록 2-3장). 라오디게아교회의 미지근함은 이 땅의 교회의 최종 형태입니다. 이것을 극복하며 다시 오실 주님의 길을 예비하는 자들에게, 주님은 그 보좌에 앉게 하십니다.

밧모섬의 요한은 성령에 사로잡혀(요한계시록 4:2), 우리 주 예수 그리스도께서 일곱 인으로 섭리하시는 모습을 봅니다. 보좌에 계신 주 하나님께서 일곱 인으로 봉한 두루마리를 들고 계십니다. 누가 그 두루마리의 인봉을 뗄 수 있겠습니까? **오직 죽임을 당하신 우리 주 어린양뿐입니다.** 부활하여 승천하신 어린양이 각각의 인을 떼시며 하늘에서 이루어진 새 언약과 새 창조를 이 땅에 펼치시며 완성을 이루어 가십니다. 처음 네 개의 인은 스가랴 1장에서 온 장면이며, 전쟁과 정복과 기근과 죽음을 상징합니다. 이것은 첫째 아담의 반역이후 인류 역사에 늘 있는 문제들입니다. 다섯째 인은 순교자들의 신원입니다. 여섯째 인봉은 이사야와 요엘이 예언한 여호와의 날입니다. 누가 그것을 견딜 수 있겠습니까? 어린양의 피로 구속을 받아 죽임을 당한 어린양의 그 좁은 길을 걸어간 144,000명입니다. 그리고 일곱째 인을 떼십니다(요한계시록 4:1-8:1).

밧모섬의 요한은 성령에 사로잡혀(4:2), 우리 주 예수 그리스도께서 일곱 나팔로 경고하시는 모습을 봅니다(8-11장). 처음 다섯 번의 나팔은 출애굽의 10가지 재앙들 중에 자연계에 내리는 우박, 피, 쓴 물, 어둠 등과 메뚜기 떼의 재앙이 재연됩니다. 여섯 번째 나팔에서는 처음 네 개의 인봉한 것을 떼면서 본 네 말의 네 기수들인 네 천사가 유브라데강에서 결박을 당하였다가 풀려납니다. 하지만 이 모든 재앙의 경고에도 불구하고 나라들은 회개하지 않습니다(9:20-21). 이것은 출애굽 당시 이집트의 바로도 마찬가지입니다. 세상에 붙잡힌 자들은 재앙의 경고와 심판으로는 완악한 마음을 돌이키지 않을 뿐만 아니라 더욱 완악해집니다.

여기서 우리는 이 책의 중앙에 배치한 힘센 다른 천사가 들고 있는 펴진 '작은 두루마리'의 메시지에 주목합니다. 에스겔이 두루마리를 먹고 가서 이스라엘 족속에게 메시지를 전한 것처럼(에스겔 3:1-5), 요한도 그 천사에게서 작은 두루마리를 받아서 삼킵니다(요한계시록 10:10). 이제 요한이 열방을 향해 예언을 해야 할 두루마리의 내용은 두 환상에 담겨 있습니다. 먼저 그는 하나님의 성전과 제단 곁의 순교자들을 봅니다. 성전과 제단을 측량하라는 명령을 받습니다. 이것은 스가랴 2장을 인용한 것으로 '보호'의 의미를 담고 있습니다. 성전은 거듭나 본래 있어야 할 자리 은혜의 보좌 앞에 머무는 믿는 자들을 상징합니다(고린도전서 3:16; 히브리서 3:6; 베드로전서 2:4-5). 우리 겉사람은 박해를 받고 죽임을 당해도, 세상은 우리의 '진정한 나'를 해치지 못합니다.

둘째, 요한은 하나님께서 열방에 예언할 대표로 두 증인을 세우시는 것을 봅니다. 두 증인 두 촛대는 교회입니다(요한계시록 11:4, 1:20). 모세와 예언자들을 계승하여, 교회는 우상을 숭배하는 열방에게 유일하신 참하나님께로 돌아오라고 복음을 선포합니다. 그런데 끔찍한 짐승이 등장하여 두 증인을 죽입니다. 그러나 하나님은 그들을 다시 살리시고 박해자들 앞에서 두 증인을 높이십니다. *이것은 교회가 죽임을 당한 어린양의 그 길을 걸어가는 것을 의미합니다.* 예수님은 자신을 박해하고 죽이려는 적대자들을 죽이지 않고 오히려 그들을 대신해 죽음으로 세상을 향한 아버지의 사랑을 나타내십니다. 하나님은 죽기까지 복종한 주 예수님을 만왕의 왕으로 영원한 대제사장으로 높이십니다. 그리고 하늘과 땅의 모든 영광과 존귀와 능력을 주 예수님께 주십니다. *이제 그분의 군대인 교회 또한 어린양의 그 죽음을 본받아 자신의 목숨을 내어놓으므로, 열방은 그 십자가에서 나타나는 아가페 사랑으로 인해 회개하고 주님께로 돌이킬 것입니다.* 이것이 교회의 사명입니다.

교회가 펴진 작은 두루마리의 사명을 감당한 후에 일곱 번째 나팔이 울립니다. 그때에 하늘에서 큰 소리가 납니다: "세상 나라는 우리 주님의 것이 되고, 그리스도의 것이 되었다. 주님께서 영원히 다스리실 것이다"(요한계시록 11:15). 그리고 하나님 앞에서 자기 보좌에 앉아 있는 스물네 장로도 엎드려서 얼굴을 땅에 대고 하나님을 경배하며 말합니다: "지금도 계시고 전에도 계시던 전능하신 분, 주 하나님, 감사합니다. 주님께서는 그 크신 권능을 잡으셔서 다스리기 시작하셨습니다. 뭇 민족이 이것에 분개하였으나 오히려 그들이 주님의 진노를 샀습니다. 이제는 죽은 사람들이 심판을 받을 때가 왔습니다. 주님의 종 예언자들과 성도들과 작은 사람이든 큰 사람이든 주님 이름을 두려워하는 사람들에게 상을 주실 때가 왔습니다. 땅을 망하게 하는 자들을 멸망시킬 때가 왔습니다"(요한계시록 11:17-18).

일곱째 날 - 주야로 15분씩 임재 기도

요한계시록 12-22장

밧모섬의 요한은 성령에 사로잡혀(요한계시록 4:2), 우리 주 예수 그리스도께서 눈에 보이는 것 너머의 영적 판세를 주장하시는 것을 봅니다(요한계시록 12-14장).

　먼저, 로마의 박해 아래 고난을 받고 있는 일곱 교회의 배후에서 벌어지고 있는 보이지 않는 세계인 심중(잠재의식)과 양자장에서의 영적 전쟁입니다. 이것은 에덴동산에서부터 시작된 오래된 갈등이(창세기 3:15) 나타난 것입니다. 온 세상은 악마의 세력 아래 있는데, 그 악마가 세상의 시작에서는 뱀으로 그리고 이제 로마제국 아래서는 용으로 등장합니다. 용으로 상징되는 악마가 여자의 후손으로 상징되는 메시아를 공격하는데, 메시아는 죽음과 부활을 통하여 용을 물리칩니다. 그 결과로 땅으로 내쫓긴 악마는 증오와 박해를 부추기지만, 교회는 어린양의 피와 자신들의 순교로 그 용을 이깁니다(요한계시록 12:11). 이 같은 보이지 않는 세계에서의 영적 전쟁이 세상에서 되풀이됩니다. 용에게서 권한을 위임을 받은 **두 짐승은 '폭력이 동반된 국가적인 군사력과 그 힘을 신성한 것으로 높이는 경제적 선동'입니다.** 당시 로마제국과 네로 황제는 **'안보와 경제적 번영'**을 약속하며 충성을 강요하고 교회를 핍박합니다.

　'네로와 짐승'이라는 히브리 자음 값을 계산하면, 짐승도 666 총합이 나오고 네로도 666 총합이 나옵니다. 즉 **666은 악마로부터 권한을 위임 받아 거짓된 '번영과 안보' 속에 우리 영혼을 빼앗는 짐승의 표와 숫자를 상징**합니다. 이것은 로마나 네로만이 아니라, 모든 시대속에서 나라들이 자기 힘과 경제적 안정을 신격화하여 전적인 충성을 요구할 때, 그 나라들과 지도자들과 개개인은 괴물 즉 난폭한 짐승으로 변한다는 뜻입니다(요한계시록 13장). 바로 이 짐승이 두 증인을 죽입니다(11:7). 이 같은 짐승들과 용의 반대편에 선 자가 바로 죽임을 당한 어린양과 그의 군대입니다. 그들에게는 '영원한 복음'이 있습니다: "무너졌다. 무너졌다. 큰 도시 바빌론이 무너졌다. … 그 짐승과 그 짐승 우상에게 절하고, 이마나 손에 표를 받는 사람은 누구든지, 하나님의 진노의 포도주를 마실 것이다. … 하나님의 계명과 예수를 믿는 믿음을 지키는 성도들에게는 인내가 필요하다. … 이제부터 주님 안에서 죽는 사람들은 복이 있다"(14:8-13). 하나님 백성에 대한 곡식 추수와 인류의 악에 대한 포도송이 추수는 최후의 심판을 상징합니다(14:13-20).

밧모섬의 요한은 성령에 사로잡혀(요한계시록 4:2), 우리 주 예수 그리스도께서 일곱 대접으로 심판하시는 것을 봅니다(15-16장). 출애굽 당시의 충성을 강요하던 이집트와 바로처럼, 로마와 황제는 충성을 강요하며 교회를 핍박합니다. 이집트의 열 가지 재앙처럼, 독종과 피와 불과 어둠의 다섯 대접의 재앙이 그들에게 내려집니다. 그러나 이집트와 왕이 회개하지 않았던 것처럼 이들도 회개하지 않고 저항하며 하나님을 저주합니다. 여섯째 대접에서는, 용과 짐승이 하나님 백성에 맞서 모든 나라들을 아마겟돈으로 불러 모읍니다. 여기서 요한은 하나님의 공의에 대항하여 반역하는 에스겔서의 곡과 마곡의 이미지를 사용하여 일곱째 대접을 묘사합니다(에스겔 38-39장). 악이 열방 가운데서 단번에 완전히 패하는 날입니다.

지금까지 요한은 성령에 사로잡혀(요한계시록 1:10, 4:2), 우리 주 예수 그리스도께서 첫 번째 파루시아와 두 번째 파루시아 사이의 전과정을 주관하고 다스리는 것을 다섯 번의 반복으로 다양하게 증거합니다. 그런데 우리는 반복을 거듭할수록 점차적으로 재림을 향하여 더 다가가며 묘사하는 것을 볼 수 있습니다. 앞으로 두 번 더 반복되는 묘사에서는 나선형으로 더욱 긴박하게 재림과 그로 인해 펼쳐지는 영원한 그리스도의 나라를 보게 됩니다.

밧모섬의 요한은 성령에 사로잡혀(요한계시록 17:3), 우리 주 예수 그리스도께서 바빌론 도시 즉 세상 나라의 멸망을 주관하시는 것을 봅니다 (17-18장). 큰 바다 물 위에 앉은 큰 창녀는 음녀 바빌론입니다. **그녀는 로마제국의 군사력과 경제력을 의인화한 것입니다.** 그녀가 타고 있는 빨간 짐승은 그런 로마제국에 합세하여 반역하는 나라들을 상징합니다. 여기서 요한은 이사야(21, 23, 34, 47장)와 예레미야(50-51장)와 에스겔(26-27장) 의 바빌론, 두로, 에돔의 이미지를 인용하여 음녀와 짐승이 심판을 받는 모습을 묘사합니다. 이것은 로마뿐만 아니라 이전의 니므롯의 바벨탑 세상부터 시작하여 바빌론, 페르시아, 그리스에 이르기까지, 그리고 로마 이후 오늘의 시대와 앞으로 일어날 모든 나라들에 해당됩니다. 즉 **이것은 항상 '군사력과 경제력'을 신격화하여 거짓된 충성을 강요하며 하나님 백성과 창조 세계를 핍박하고 파괴하는 인간들의 실체와 자화상의 전형입니다.** 이러한 나라들의 흥망성쇠는 우리 주 예수님께서 재림하시어 세상 나라를 영원한 그리스도의 나라로 바꾸실 그날까지 무한 반복될 것입니다.

아마겟돈의 최후전쟁은 발생하지 않습니다. 우리 주님께서 피 묻은 옷을 입고 백마를 타고 오심으로 그 전쟁은 시작 직전에 무산됩니다. 원수들을 위해 자신의 피를 흘리고 죽으신 예수님께서 '공의'를 선포하시기 때문입니다. 이제 주님은 선한 세상을 파괴하고도 회개하기를 거부하는 자들에게 책임을 묻고 그들이 만들어 놓은 파멸의 지옥불로 가게 할 것입니다. 반면에, 그분의 여자는 단장을 끝내고 어린양의 혼인 잔치에 참여합니다 (요한계시록 19:7).

밧모섬의 요한은 성령에 사로잡혀(요한계시록 21:10), 우리 주 예수 그리스도께서 새 도시 새 예루살렘성이 새 하늘과 새 땅에 임하게 하시는 것을 봅니다(20-22장). 요한은 두 환상을 통해 천상과 땅 두 영역에 동시에 존재하는 교회의 현존을 경험합니다(20:1-6). 땅으로 쫓겨난 악마는 이 땅의 성도들의 영을 해치지 못합니다. 천상에서는 승리한 자들이 그리스도와 함께 주님의 재림을 기다립니다. 최후심판을 위해 악마가 잠시 풀려나는데, 그는 최후의 전쟁을 시도하지만 하늘에서 불이 내려와 그와 추종자들을 삼켜 버립니다(20:8-9). **용과 짐승들 그리고 그들을 추종하고자 선택했던 자들은 영원히 결박되어 다시는 하나님의 창조 세계를 더럽힐 수 없습니다.** 바빌론이 멸망되고, 짐승과 거짓 예언자와 악마와 사망과 지옥과 생명책에 기록되지 않은 자들이 불바다에 던져집니다. 이 불바다가 둘째 사망입니다(20:10-15).

이렇게 하늘과 땅이 사라지고 새 하늘과 새 땅 가운데 새 예루살렘 도성이 마치 남편을 위하여 단장한 신부처럼 하고 하나님으로부터 하늘에서 내려오며 큰 음성이 들립니다: "보아라, 하나님의 집이 사람들 가운데 있다. 하나님이 그들과 함께 계실 것이요, 그들은 하나님의 백성이 될 것이다. … 이기는 사람은 이것들을 상속받을 것이다. 나는 그의 하나님이 되고, 그는 내 자녀가 될 것이다"(21:3-7). **하나님과의 연합입니다.** 우리 혼이 본래 있어야 할 자리로 돌아가 주와 합한 한 영이 되었고, **이제 신령한 몸으로 변화되어 영과 혼과 몸이 우리 주 하나님과 연합하여 영원히 한 영 되어 새 하늘과 새 땅의 영원한 그리스도의 나라에서 삽니다.** "내가 진실로 속히 오리라 … 아멘, 주 예수여 오시옵소서"(22:20).

결론: 창조의 시작과 완성

창세기 1-2장; 요한계시록 21-22장

땅은 혼돈하고 공허합니다. 나와 세상은 없음nothingness이며 오직 하나님만 위대하십니다. 흑암이 깊음 위에 있습니다. 나와 세상의 텅빔emptiness 가운데 오직 하나님만 충만하십니다. 하나님의 영은 수면 위에 운행하십니다. 모든 것이 정지됨stillness 가운데 오직 주님의 영만 움직이십니다. 그 태초에 하나님께서 "빛이 생겨라" 말씀하시니, 빛이 생겨나며 하늘들과 땅이 창조됩니다(창세기 1:1-3). 창조된 에덴동산에는 강 하나가 동산을 적시고 네 줄기로 갈라져서 네 강을 이룹니다. 비손강이 있는 땅에는 정금과 베델리엄과 호마노가 있습니다(창세기 2:12). 개역성경은 만나를 설명할 때에 베델리엄을 진주라고 번역합니다: "만나는 깟씨와 같고 모양은 진주와 같은 것이라"(민수기 11:7). 동산의 한가운데는 생명나무와 선과 악을 알게 하는 나무가 있고, 하나님은 생혼a living-soul으로 지음을 받은 아담/인류를 그 동산에로 인도하여 다스리게 하십니다. 아담은 자신의 몸에서 나온 여자를 하와/생명이라고 부릅니다. 그들은 생육하고 번성하여 땅에 충만하고 땅을 경작하여 다스릴 사명이 있습니다(창세기 1:28).

　　한편, 새 하늘과 새 땅에는 거룩한 도성 새 예루살렘이 하나님으로부터 하늘에서 내려옵니다. 그 도성은 하나님과 연합된 나와 세상 가운데 그리스도의 위대하심으로 충만합니다. 그 도성의 길은 맑은 유리 같은 정금으로, 열두 대문은 각각 진주 한 개로, 그리고 벽은 12보석으로 되어 있습니다(요한계시록 21:21). 에덴동산 땅에 있던 정금과 진주와 보석이 새 하늘과 새 땅에서는 새 예루살렘성으로 건축되어 있습니다. ***그런데 놀라운 것***

은, **그곳에는 선과 악을 알게 하는 나무가 없다는 것입니다.** 오직 하나님 보좌와 어린양의 보좌로부터 흘러나오는 생명수의 강 좌우에 열두 종류의 열매를 맺는 생명 나무만 있을 뿐입니다. 달마다 열매를 맺고 그 나뭇잎은 민족들을 치료하는 데 사용합니다. 그 도성에는 생명을 주는 영a life-giving spirit이신 신랑과 한 몸이 된 신부가 있습니다. 민족들이 하나님의 영광과 어린양의 등불 사이로 다니며 어린양 생명책에 기록된 왕 같은 제사장들이 자신들의 영광을 가지고 그 도성으로 들어옵니다(요한계시록 21:23-27). 하나님께서 창조하신 세계의 시작이 이렇게 완성됩니다.

이렇게 창조되고 완성되는 **하나님 나라의 주체는 바로 하나님**이십니다. **지음을 받은 사람은 하나님과 연합하여 절대 안식하며 하나님의 일하심을 수종 듭니다.** 그러면, 주님께서 우리의 믿음과 순종 가운데 말씀과 생명으로 운행하시며 이 땅을 주관하시고 하나님 영광을 나타내십니다. 창조 세계는 이렇게 시작되었습니다. 그런데 피조물인 사람이 의심과 불순종 가운데 **스스로 선과 악의 주체가 되어** 조물주의 자리를 차지합니다. 그 결과로, **사람은 하나님과 더 이상 연합되지 못하고 분리됩니다.** 죄책감과 죄의식 가운데 남녀가 서로의 결핍과 부족을 헤아리며 정죄합니다. 흔들리는 불안의 눈빛은 결국 돌을 들어 동생을 향해 내리쳐 죽게 합니다. 죄가 이 땅에 사망을 가져온 것입니다. 가인계열의 7대손 라멕은 선언합니다: "나를 상하게 한 젊은 남자를 내가 죽였다. 가인을 해친 벌이 일곱 갑절이면, 라멕을 해치는 벌은 일흔일곱 갑절이다"(창세기 4:23-24). 라멕의 후손들은 그 힘으로 문명을 일으킵니다. 니므롯의 후손들은 바벨탑을 쌓으며 하나님을 대적합니다.

하나님은 그렇게 타락한 세상에서 한 사람을 불러 구속하여 창조 본래의 목적을 이어 가십니다: "내가 너로 큰 민족이 되게 하고, 너에게 복을 주어서, 네가 크게 이름을 떨치게 하겠다. 너는 복의 근원이 될 것이다. … 땅에 사는 모든 민족이 너로 말미암아 복을 받을 것이다"(창세기 12:2-3).

아브라함은 갈 바를 알지 못하면서도 오직 믿음으로 하나님을 따랐습니다 (히브리서 11:8). **선과 악의 주체가 자신이 아닌 하나님이었기에,** 아브라함은 하나님의 말씀이 구체적으로 어떻게 성취될지 모르면서도 하나님을 믿고 따랐던 것입니다. 하나님은 그런 아브라함의 믿음을 의롭게 여깁니다 (창세기 15:6; 로마서 4:3; 갈라디아서 3:6). 아브라함은 오직 믿음으로 주 예수께서 성취하시고 완성하실 구속의 은총을 미리 받아 누렸고, 그래서 그는 믿음의 아버지가 된 것입니다.

모세의 출애굽 사건은 아브라함 **한 사람의 믿음을 민족의 차원에서** 펼쳐 내시는 하나님의 주권과 섭리입니다. 또한 이 출애굽 사건은 예수님에 의한 두 번째 출애굽 사건을 미리 보여 주고 있습니다. 그러므로 우리는 모세의 출애굽 사건을 통해 우리 주 예수님의 십자가와 부활승천으로 인해 펼쳐지는 구원사건을 봅니다. 즉, 우리는 **이제 한 민족에서 열방으로 향하며 인류를 세상 나라에서 하나님 나라로 인도하시는 하나님의 차원을 오직 믿음으로 보며 동참합니다.**

모세와 모든 선지자의 글로 시작해서 모든 구약성경에 쓴 내용은 바로 메시아이신 주 예수님께 관한 것입니다(누가복음 24:27). 말씀이 육신되시어 우리 가운데 장막을 치십니다. 그리고 우리 육신의 모습으로 십자가에 달리시어 선과 악의 주체가 된 육신의 죗값을 다 지불하십니다. 하나님 공의는 만족되었고 죄의 권세자 마귀의 머리는 부서집니다. **그렇게 복음에 하나님의 의가 나타나 새 언약을 맺으시고 새로운 창조를 시작하십니다.** 그분 예수를 그리스도로 주인으로 맞이하는 자는 '누구든지' 하나님 자녀가 되어 그리스도 안에서 이미 거룩하고 이미 온전함을 누립니다. 하나님과 연합되었기 때문입니다. 더 이상 자신이 선과 악의 주체가 되어 살지 않습니다. 그러한 나는 그리스도와 함께 십자가에 못 박혔습니다. 그러므로 선악의 주체가 된 나는 더 이상 존재하지 않습니다. 나의 없음 가운데 오직 하나님만 위대하십니다. 나의 텅빔 가운데 오직 하나님만 충만하십니다. 나의 정지됨 가운데 오직 하나님의 영만 움직이십니다. 하나님과의 연합입니다. **내 안에 살아계신 그리스도께서 선과 악의 주체이십니다.** 내가 육체 가운데 사는 것은 그리스도의 믿음으로 존재하며 죽임을 당한 어린양 그리스도의 그 길을 따르는 것입니다. 이것을 통해, 우리 주 예수께서 성취하신 하나님 나라는 확장되어 갑니다.

그리고 주님께서 재림하실 때, 새로워진 이 하늘과 새로워진 이 땅에 그 나라는 완성된 모습을 드러낼 것입니다. 완성된 그 모습이 바로 요한계시록 21-22장의 풍경입니다. 에덴동산의 땅에 있던 정금과 진주와 보석이 새 도시의 건축 자재로 사용되었습니다. 즉, **죽임을 당한 어린양을 따르던 교회가 십자가 고난의 신비를 통해서 새 성전으로 세워진 것입니다.** 주님께서 속죄제물의 피를 흘리시므로 우리 영이 주의 영과 연합하여 정금처럼 한 영이 됩니다. 또한 우리 혼이 본래 있어야 할 자리로 돌아와 은혜의 보좌 앞에서 주의 영과 연합하여 진주처럼 한 영이 되고, 그리고 이제 주님의 재림으로 인해 우리 몸(생각, 감정, 신체)도 홀연히 변화되어 12보석처럼 하나님 영광의 빛을 반사합니다. 즉, 파루시아 가운데 우리 영과 혼과 몸 전부가 하나님과 연합된 것입니다.

이러한 우리는 하나님이 거하시는 새 성전이며, 우리와 연합하여 계신 주 하나님과 어린양 또한 그 도시의 성전이 됩니다. 하나님과 연합의 신비입니다. 그러므로 새 하늘과 새 땅에 펼쳐지는 그 도시에는 성전이 별도로 존재하지 않습니다(21:22). 도시의 모든 곳에 우리 주 예수님 계십니다. 그분이 말씀하십니다: "내가 곧 가겠다"(22:12). 성령과 신부 된 우리들이 화답합니다: "오십시오!" 이 말을 듣는 사람도 외칩니다: "오십시오!"(22:17). 이 모든 것을 증언하신 우리 주 예수 그리스도께서 말씀하십니다: "그렇다. 내가 곧 가겠다." 우리도 외칩니다: "아멘. 오십시오, 주 예수님!"(22:20).

부록: 하나님 임재와 성경일독 17주 120일 읽기표

	주일	월	화	수	목	금	토
1 주	출애굽기 1-11장	출애굽기 12:1-19:1	출애굽기 19:2-31장	출애굽기 32-40장	창세기 1-2장 요한계시록 21-22장	창세기 3-11장	창세기 12-20장
2 주	창세기 21-31장	창세기 32-40장	창세기 41-50장	레위기 1-10장	레위기 11-16장	레위기 17-27장	민수기 1-9장
3 주	민수기 10-20장	민수기 21-27장	민수기 28-36장	신명기 1:1-11:30	신명기 11:31-20:20	신명기 21-30장	신명기 31-34장 여호수아 1:1-5:10
4 주	여호수아 5:11-15:63	여호수아 16-24장	사사기 1-8장	사사기 9-16장	사사기 17-21장	룻기 1-4장 사무엘상 1-7장	사무엘상 8-14장
5 주	사무엘상 15-20장	시편 59, 1-17편	사무엘상 21-25장 시편 52-57, 34편	사무엘상 26-30장 시편 22-28편	사무엘상 31장 사무엘하 1-7장	시편 29-41편	사무엘하 8-12장 시편 60, 51편
6 주	사무엘하 13-15장 시편 53-63편	사무엘하 16-22장 시편 68-71, 18-21편	사무엘하 23-24장 시편 64-67, 42-50편	열왕기상 1-11장 시편 72-73편	잠언 1-15장	잠언 16:1-22:16	잠언 22:17-31:31
7 주	전도서 1-12장	아가서 1-8장	열왕기상 12-22장	열왕기하 1-11장	열왕기하 12-14장 요나 1-4장	아모스 1-9장	호세아 1-8장
8 주	호세아 9-14장 열왕기하 15-17장	이사야 1-12장	이사야 13-27장	이사야 28-39장	열왕기하 18-20장 미가 1-7장	이사야 40-52장	이사야 52-55장 마태복음 26-27장
9 주	이사야 56-66장	열왕기하 21:1-23:30 나훔 1-3장 스바냐 1-3장	예레미야 1-12장	예레미야 13-25장	예레미야 26-33장	열왕기하 23:31-25:7 예레미야 34-39, 52장	열왕기하 25:8-30 예레미야 40-45장

10주	예레미야 46-51장 예레미야애가 1-5장	하박국 1-3장 요엘 1-3장 오바댜 1장	역대상 1:1-9:34	역대상 9:35-14:17	역대상 15-17장 시편 105편	시편 74-83편	시편 84-89편
11주	역대상 18:1-22:1 시편 90-106편	역대상 22:2-19 시편 107-118편	시편 119편	역대상 23-29장	시편 120-134편	시편 135-150편	역대하 1-9장
12주	역대하 10-20장	역대하 21-28장	역대하 29:1-36:21	다니엘 1-12장	에스겔 1-11장	에스겔 12-19장	에스겔 20-28장
13주	에스겔 29-37장	에스겔 38-48장	역대하 36:22-23 에스라 1:1-5:2 학개 1-2장 스가랴 1-6장	스가랴 7-14장 에스라 5:3-6:22	에스더 1-10장	에스라 7-10장 느헤미야 1-7장	느헤미야 8-13장 말라기 1-4장
14주	욥기 1-14장	욥기 15-31장	욥기 32-42장	마태복음 1-13장	마태복음 14-28장	히브리서 1-10장	히브리서 11-13장 야고보서 1-5장
15주	마가복음 1-8장	마가복음 9-16장	로마서 1-7장	로마서 8-16장	요한복음 1-12장	요한복음 13-21장	요한1서 1-5장 요한2서 1장 요한3서 1장
16주	누가복음 1-9장	누가복음 10-24장	사도행전 1:1-12:24	사도행전 12:25-16:5 갈라디아서 1-6장	사도행전 16:6-17:10 데살로니가 전서 1-6장 데살로니가 후서 1-3장	사도행전 17:11-19:20 고린도전서 1-4장	고린도전서 5-16장
17주	고린도후서 1-13장 사도행전 19:21-20:6	사도행전 20:7-28:31 골로새서 1-4장	에베소서 1-6장 빌립보서 1-4장 빌레몬서 1장	디모데전서 1-6장 디모데후서 1-4장 디도서 1-3장	베드로전서 1-5장 베드로후서 1-3장 유다서 1장	요한계시록 1-11장	요한계시록 12-22장
부활	창세기 1-2장 요한계시록 21-22장						

하나님 임재와
성경일독

ⓒ 황웅렬, 2024

초판 1쇄 발행 2024년 6월 11일

지은이   황웅렬
펴낸이   이기봉
편집   좋은땅 편집팀
펴낸곳   도서출판 좋은땅
주소   서울특별시 마포구 양화로12길 26 지월드빌딩 (서교동 395-7)
전화   02)374-8616~7
팩스   02)374-8614
이메일   gworldbook@naver.com
홈페이지 www.g-world.co.kr

ISBN   979-11-388-3245-8 (03230)